国家古籍整理出版专项经营资助项目

宋版古籍佚存书录（一）

书目卷

夏其峰 编著

山西出版传媒集团
三晋出版社

图书在版编目（C I P）数据

宋版古籍佚存书录 / 夏其峰编著. —太原：三晋出版社，2010.4

ISBN 978-7-5457-0225-5

I. 宋… Ⅱ. 夏… Ⅲ. 古籍—图书目录—中国—宋代 Ⅳ. Z838

中国版本图书馆 CIP 数据核字（2010）第 052541 号

宋版古籍佚存书录

编　　著： 夏其峰
统　　筹： 原　晋
责任编辑： 朱　屹
责任印制： 李佳音

出 版 者： 山西出版传媒集团·三晋出版社（原山西古籍出版社）
地　　址： 太原市建设南路 21 号
邮　　编： 030012
电　　话： 0351-4922268（发行中心）
0351-4956036（综合办）
0351-4922203（印制部）
E-mail： sj@sxpmg.com
网　　址： http://sjs.sxpmg.com

经 销 者： 新华书店
承 印 者： 扬州文津阁古籍印务有限公司

开　　本： 787mm×1092mm　1/16
印　　张： 192
字　　数： 900 千字
版　　次： 2010 年 7 月　第 1 版
印　　次： 2010 年 7 月　第 1 次印刷
书　　号： ISBN 978-7-5457-0225-5
定　　价： 980.00 元（全四册）

ISBN 978-7-5457-0225-5
9 787545 702255 >

目　录

《宋版古籍佚存书录》序

□ 辛德勇

古籍版本、目录，过去是古代文史学者治学的一项基本知识和技能。说是过去，其实主要也是清代乾嘉考据学兴盛以后，才普遍有这方面的讲究。民国学者，承其流风余韵，又与西洋实证方法相结合，研求日精，使得版本、目录之学，在很大程度上，成为我国古代文史研究走向现代学术的一项重要基础。如史学界开山劈路的古史辨学派，以辨古史、古书之伪为主要研究路径；文学界研究俗文学之《红楼梦》研究、《水浒传》研究、《金瓶梅》研究等等，大多也都是循版本、目录以登堂入室，以至于成就一带学术之巅峰事业。

在广泛依赖版本、目录知识研究学术问题的同时，学术界也开始把版本和目录自身，作为研究的对象。在古代典籍目录方面，余嘉锡在民国时期，结合大学授课，撰写《目录学发微》一书，系统阐释中国古典目录学的发展脉络，使之成为一门系统的科学。直到今天，在这一领域，并没有太多新的进展；至少在总体上，新出各项论著，仍然没有能够超越余氏当年的水平。余氏另有《古书通例》，研究古书体例、形式以及目录著录方式等，也是版本目录领域的不刊之著，其中很多内容，属于书籍刊本行世以前的版本研究范畴。

宋代以后，雕版印刷书籍，成为书籍流通的一般形式；活字印刷，也从宋代起，就在行世书籍当中占有一定份额。但不管是雕版印刷，还是活字印刷，总之，先雕刻成字，再印字于纸面的印刷术，已经取代用毛笔直接书写于纸张的书籍制作传播方法。这是中国古代“四大发明”之一，它在人类文明史上的贡献作用，不亚于当今电脑技术的发明，是学术史上值得大书特书的历史性事件。

王国维在民国时撰写《两浙古本考》、《五代两宋监本考》等，从宋代及其以前的古刻本入手，开始从现代学术角度，探索古籍版本的发展规律，将版本研究纳入科学的轨道，为“版本学”的建立，奠定基础。继王氏之后，赵万里、张秀民、郑振铎、屈万里、钱存训、黄永年诸人，又相继刊布一系列著述,从各个侧面,阐释古籍版本的内在规律。迄至今日,也已探索揭示出古籍版本演变的基本面貌,全面建立起科学的古籍版本学。

不过,与古典目录学相比,古籍版本学的研究,涉及面更广,难度更大。因此,也还存在很多十分重要的问题,有待深入论证。宋代是古代版刻的肇始时期,对该时期版本的研究,具有特别的意义,而存在的问题,也尤为引人注目。即以我本人所关注的宋代版刻地理分布问题而论,虽然也有人撰写文章或者是在相关著述中做过叙述,但往往只是泛泛袭用版本学研究总结的一般现象,没有能够真正从历史地理学角度,分析宋代版刻地理分布的特征和成因。如众所熟知的宋代三大刻书中心杭州、建阳、眉山,究竟这三大刻书中心,在宋代版刻业中各自占有多大比重?形成这三大刻书中心的地理原因究竟是哪些?其技术传播和扩散的范围、途径又是怎样?刻书业的发展对于自然环境特别是山地林木造成了怎样的影响?等等,有一系列饶有趣味的问题,等待研究者做出解答。这些只是版刻研究中很次要的一个侧面,至于版刻技术、版刻艺术、版刻行业经营成本利润状况等等这些核心领域,有待深入研究的问题,更是不胜枚举。这种研究状况,与我们这个发明印刷术的国度,很不相称。

造成版刻研究这种相对滞后局面的客观原因,主要是版本研究必须依赖的旧刻古籍,著录和收藏都相当分散,不像古典目录书籍,容易掌握和获取。因此,需要从基础工作做起,首先理清家底,尽可能全面地汇总所有见于文献著录和现有刻本存世的各个时代所刊刻的书籍,为相关研究提供充分、可靠的条件。令人遗憾的是现在一般论述版本学知识的著述很多,却很少见到有人愿意花苦功夫,从事这类基础工作。长此以往,版本学研究,恐怕很难取得有价值的实质性进展。当然,这不只是版本学研究领域独有的问题,在很大程度上,也是整个中国学术界的严重病态。这里有研究者个人的学术境界追求问题,但是学术管理者的荒唐无知和肆意胡作非为,恐怕应当承担更多的责任。

在这样一种学术现状下,夏其峰先生在没有任何费用资助的情况下,凭着自己对于古代版刻事业的喜爱,利用业余时间,潜心多年,耐心细致地广泛搜集、整理宋代版刻资料,汇集编著了这部《宋版古籍佚存书录》,成为著录宋代版刻状况的集大成著述,为进一步研究宋代版刻,提供了最为全面系统的资料,不能不使人感到由衷的敬佩。这是多年以来版本学研究中一项令人兴奋的重要成果,我相信,它的出版,一定会大大推进对宋代版刻的研究,同时也会带动版本学其他方面的研究进一步走向深入。

2005年2月18日记

自 序

作者近照

雕刻印书，自唐、五代刻印经史韵开始，进入宋代，官刻、私雕遍及全国。技术之精登峰造极，形成了我国历史上雕版印刷事业发展的黄金时代。南北两宋刻书之多，雕镂之广、规模之大、刻印之精，流通之宽，都是空前未有的。宋代刻书，由于精湛，既有高度工艺技术，可喜的艺术风格，有着很高的文物价值。由于宋代去古未远，刻书每多重视校雠，较多的保留了古书的原貌，资料性很高。因此，从明清以来受到学者、藏书家的珍视。清代康、雍以来，宋元旧刻日稀，藏书家、学者按宋秘宋之风，遂成一时佳话。乾隆至光、宣，藏书家贵宋版，记宋版，谈此学者咸视为身心性命之事。

20 世纪 50 年代初，我步入中国书店，从事古籍工作，后又进入中国社会科学院历史研究所图书馆，主管善本古籍。在半个世纪中经见了数以万计的古籍和善本古籍，对宋元版书直接接触了一些。20 世纪 80 年代开始积累资料，加深对版刻图书源流知识的研究，提高了鉴别版本的能力。自此，我开始大量披阅古籍善本的专著、书目、题跋、仿宋本、影宋本、书影等。并进行了广泛的收集、旁搜书目、有关文献。不温不躁，不弃细流，巨细咸备，时辍时记，退休后仍坚持不辍。回首屈指已经历二十多年的积累，记录了数量可观的宋代刻书及刻工姓名。辽、金、西夏亦兼录之。经过汇集、核重、编次,连缀成篇,编制成目,即形成这部《宋版古籍佚存书录》。是书汇集有宋一代刻印图籍四千六百余种。宋代刻工,与书籍本身即为一体,故而也录之书中,即"宋代刻工名录",共收录刻工六千余名。刻工姓名是版本鉴定刻书年代,刻书地区的非常重要的依据,也是可靠的依据之一。是书记录了宋代刻书概况和佚存概况的版本书录,分编为刻书年代可考者;刻书地区可考者;刻书年代、刻书地区不清者为辽、金、西夏刻书部分。是书引用了百余种主要参考书刊,所列各书均有较明确出处。

此书如有益社会学林,则甚感快慰。本人由于学识浅薄、见闻狭隘,再加之书海无边,繁简失宜、取舍不当,疏漏谬误必多,缺点甚至错误不少,有望读者批评和不吝赐教。本书能够出版行世,对中国书店郗荣生先生的赤诚相助,对山西古籍出版社(现三晋出版社)的鼎力支持,深表感谢!

夏其峰写于宣南斗室

2010 年 1 月 26 日

凡 例

一、本书所收仅限宋代时期版刻书籍，兼及辽、金、西夏刻书。

二、本书分北宋有纪年，始于建隆至靖康，与无纪者合为一类。

三、南宋刻书有纪年者始于建炎至祥兴。刻书时间以绝对年代为准，如绍兴元年。绝对年代不肯定者，以相对年代为准，如绍兴间。以纪年顺序分为一类。

四、宋代刻书地区有浙江、四川、福建等地区。各地区刻书无年代，不记载年代，或不详其年代者，均按不同地区按各省刻书分为一类。

五、刻书既无纪年，又无地区，或有纪年，有地区而无记载者，均按无年代、无地区刻书分为一类。

六、辽、金、西夏刻书数量不多，有纪年与纪年者统编一类。

七、凡书名、撰者、刊刻等完全相同，多有收藏，只收录一部，不重复收录。

八、本书所列书名、书名索引、刻工人名索引，均按繁体字笔划排列。

出版说明

《宋版古籍佚存书录》是夏其峰老先生集数十年之功力完成的宏篇巨作。全书共收录有宋一代刻印图籍4600余种，宋代刻工6000余名。值得一提的是，近几年的整理、抄写工作夏先生一直是抱病坚持着。由于是印影出版，因此，书中难免会有因抄写而造成一些瑕疵。如“人名索引”中，“吕”应为六画，却被放在了七画里；在“书目”部分，有些书目索引里有，在正文中却没有相应的条目。有些则相反。这些无法对应的条目，是删除或是保留，我们在编辑过程中也曾犹豫，最后，咨询了有关学者，决定还是保留。也算是作为一种资料保留下来。在此，谨向读者表示深深的歉意。

附：书目索引与正文条目无法对应的页码及书目

一、正文有条目，索引没有

书目正文页码	条　目
44	仪礼疏五十卷
116	歙砚图谱一卷
151	周易注十卷
162	历代地理
178	重修本草三十卷
181	圣济经十卷
188	圣宋尊老录

书目正文页码	条 目
952	大宋登科记二十一卷
956	扬子法言十卷
968	西铭解
972	金光明最胜王经三十卷
974	密庵语录一卷
975	云峰悦禅师录
977	楚辞十七卷
993	东革吕太史文集十五卷
1002	圣朝名画评三卷
1003	经鉏堂杂志八卷
1006	韦苏州集十卷
1031	寒山诗一卷
1033	礼记集说一百六十卷
1049	唐书二百二十五卷
1085	闲斋琴趣
1094	详注东莱先生左氏博仪二十五卷
1106	资治通鉴考三十卷
1140	新编翰苑新书
1189	河南程氏遗书
1267	妙法莲花经卷二、残五、六十三行
1278	曹子建集十卷
1280	张司业诗八卷
1284	南阳集六卷
1285	新雕徂徕文集二十卷
1295	梅亭先生四六集
1297	诗苑众芳
1330	大方广佛华严经抄序
1331	大方广佛华严经讲义
1339	续一切经

书目正文页码	条　目
1354	重修政和经史三十卷
1354	泰和五音新改
1356	增节标目音注
1362	素问玄机
1398	诸密咒要论
1406	贤智集

二、索引有条目,正文没有

书目索引页码	条　目
13	大方广佛华严经疏卷四下
19	大广佛华严普贤行愿品
19	大慧普觉禅师年谱一卷
20	大学衍义四十三卷
20	大藏经
23	小儿药证直诀三卷 附董汲小儿广疹备急方论一卷
23	千金翼方三十卷
25	六经
25	六经坛经三卷
27	文海
34	天台前集三卷别编一卷续集三卷拾遗一卷
37	五朝名臣言行录(宋明溪刻本)
37	五经正义一百八十卷
38	五经传疏
39	太平圣惠方一百卷
45	毛诗正义
46	毛诗正义四十四卷
48	分门古今类事二十卷(影宋抄本)
59	史记集解一百三十卷(北宋刻递修本)

书目索引页码	条　目
256	图解素问旨论
257	铜人腧穴针灸图经五卷
261	论语精义
261	诸史要略
266	欧阳文忠公集五十卷
273	澹庵文集七十卷
274	历代名画记十卷
274	历代故事十二卷
281	礼记正义七十卷(宋绍兴二十二年)
281	礼记月令一卷
281	礼记注二十卷(宋婺州刻本)
284	弥勒菩萨经(西夏文)
289	医学真经察脉总括一卷
289	旧唐书二百卷
291	类编朱氏集验医方十五卷
292	关氏易传一卷
292	纂图互注春秋经传集解三十卷
297	纂图互注老子道德经二卷
298	纂图附释音重言重意互注尚书十三卷
300	续画品一卷
301	龟溪集十二卷
303	观音经
304	观弥勒菩萨上生兜率天经

書名筆畫索引

一畫

一切如來心秘密全身舍利寶篋印陀羅尼經一卷 北宋乾德三年（965）錢氏重刻本 1

一切如來心秘密全身舍利寶篋印陀羅尼經一卷 北宋開寶八年（975）吳越國王錢俶刻本 17

一切如來心秘密全身舍利寶篋印陀羅尼經一卷 北宋景祐間（1034—1037）陳徵抄本 86

一切佛菩薩名集三卷 遼重熙二十二年（1053）刻本 1341

一切佛菩薩名集卷六 遼刻本 1310

一切經音義二十五卷 宋刻本 1276

一百三十二家唐人詩集一百五十冊 清葉樹廉手抄影宋本 1297

乙巳占三卷 影宋抄本 1262

二畫

二十先生廻瀾文鑑二十卷後集二十卷 宋建安江仲達刻本 1179

二十四箴 宋廣德軍刻本 1042

二李唱和詩集一卷 北宋閩起刻本 227

二典義一卷　宋嘉定間(1208-1224)陸子遹嚴州刻本　726
二程文集十三卷附録二卷　宋劉珙、張栻長沙刻本　1188
二程遺書二十五卷附録一卷　宋淳祐六年(1246)衆川李襲之刻本　813
二程遺書二十五卷附録一卷　宋淳祐六年(1246)古汴趙師耕刻大字本　813
二馮先生集四十五卷　宋嘉定八年(1215)瀘州周鋭刻本　688
二楊歸朝録一卷　宋紹興九年(1139)刻本　261
二蘇集　宋開禧間(1205-1207)眉山蘇森刻本　646
七十二賢贊　北宋國子監刻本　203
七里先生自然庵詩七卷　宋嚴州刻本　992
七真要訓　金刻本　1367
七經小傳三卷　北宋刻本　194
七經小傳三卷　宋刻本　1241
七經正義　北宋淳化五年至咸平四年(994-1001)國子監刻本　34
十一面神咒心經　宋咸淳六年(1270)刻本　898

十一面神咒經　西夏刻本 1390

十一家注孫子三卷　宋乾道間(1165-1173)刻本 437

十二先生詩宗韻十二卷　宋江西刻本 1064

十二先生詩宗集二十卷　宋建刻本 1142

十二時　北宋乾德末李福延抄本 4

十二國　西夏刻本 1375

十二經傳注　北宋景德二年(1005)國子監刻本 43

十二經傳注　北宋大中祥符七年(1014)國子監刻本 53

十二經傳注　北宋天禧五年(1021)國子監刻本 66

十七史　金國子監刻印 1360

十七史蒙求　北宋建中靖國元年(1101)王獻可刻本 164

十七史蒙求十六卷　宋乾道五年(1169)建陽麻沙鎮虞千里刻本 410

十七史詳節二百七十三卷　宋建陽書坊刻 1115

十七史百將傳十卷　宋建陽刻本 1129

十七家易集義六十四卷　宋寶祐間(1253－1258)魏克愚刻本 862

十三經注疏　宋刻元明遞修本 1233

十先生奥論四十卷　宋建陽麻沙書坊刻本 1181

十戒　遼寫本 1330

十便良方四十卷　宋萬卷堂刻大字本 1131

十便良方四十卷　宋刻本 1257

十家宫詞十二卷　宋陳氏書棚本 1026

丁卯集二卷　宋臨安府陳宅書籍鋪刻本 1008

丁卯集二卷續一卷續補一卷詩外詩一卷　宋蜀刻本有拾遺二卷 1218

丁卯集二卷續集二卷續補一卷外集遺詩一卷 宋沈氏刻本 宋曾氏刻本 宋賀方回刻本 1282

丁翁易説一卷 宋紹興十二年(1142)陳正同刻於官舍 269

卜筮書殘葉 遼刻印 1327

八唐人詩 宋刻本 1296

八師經報應記 遼刻本 1323

八經白文 宋婺州刻本 917

九家集注杜詩三十六卷 宋淳熙八年(1181)成都刻本 487

九國志十二卷 北宋治平元年(1064)上之 113

九章算經五卷 宋嘉定六年(1213)鮑澣之汀州刻本 677

九華集二十五卷 宋寶慶三年(1227)員學祖刻五十卷本 747

九華拾遺一卷 北宋至和二年(1055)自序 98

九聖院僧圓吟澄鑑講提念誦 遼末期寫本 1331

九朝通略一百六十八卷 宋淳熙十一年(1184)熊克上詔 496

九朝編年綱目備要三十卷 宋紹定二年(1229)

刻本　757

九经　北宋景德二年（1005）國子監刻本　43

九经　北宋大中祥符七年（1014）國子監刻本　53

九经　北宋天禧五年（1021）國子監重刻本　66

九经　宋廖瑩中世綵堂刻本　917

九经　金國子監雕印　1358

九经白文　宋淳熙間（1174-1189）麻沙書坊刻巾箱本　521

九经白文　宋婺州刻本　917

九经正文　宋成都路刻本　1227

九经要義二百六十三卷　宋淳祐十二年（1252）魏克愚刻本　835

九经排字直音前集一卷後集一卷　宋明州刻本　934

九经補韻一卷　宋淳祐四年（1244）俞任禮刻本　807

九僧詩一卷　北宋景德元年（1004）自序　42

九僧詩一卷　明末毛氏汲古閣影寫宋刻本　995

九疑考古二卷　北宋宣和六年（1124）自序　186

人天寶鑑不分卷　宋紹定三年（1230）刻本　764

入注附音司馬温公資治通鑑一百卷　宋刻本　1103

入注附音司馬温公資治通鑑一百卷　宋紹熙間(1190—1194)刻本　568
入注附音司馬温公資治通鑑目録五卷外紀十卷綱目六十卷　宋刻本　1105
入注附音資治通鑑外紀一百卷　宋刻元修本　1104
入楞迦經十卷　宋刻本　1274

三畫

三子書　金國子監雕印　1362
三才雜字　西夏刻本　1379
三山志四十二卷　宋淳熙九年(1182)福州梁克家自刻本　491
三山志四十二卷　宋淳祐重修本　844
三山拙齋林先生尚書全解四十卷　宋淳祐十年(1250)林耕刻本　829
三世屬明言集文　西夏乾祐間(1190—1193)刻本　1406
三代相照言文集　西夏木活字本　1406
三老奏議　宋和州刻本　1040
三因極一病證方十八卷　宋刻本　1130
三辰通載三十卷　影寫宋刻本　1264
三洞群仙錄二十卷　宋紹興二十四年(1154)序　319

三昧華鮮經 金泰和六年(1206)玉田縣李彪重刻本 1354

三國六朝五代紀年總辨二十八卷 宋開禧中坊刻本 642

三國志 西夏刻本 1375

三國志注六十五卷 北宋咸平三年(1000)國子監刻本 37

三國志注六十五卷 宋紹興間(1131-1162)衢州刻宋元遞修本 353

三國志注六十五卷 宋淳熙十二年(1185)潼州轉運司刻本 499

三國志注六十五卷 南宋監本 939

三國志注六十五卷 宋杭州刻本 943

三國志注六十五卷 宋蜀刻本 1201

三國志注六十五卷 清影寫宋蜀刻本 1200

三國志注六十五卷 南宋中建本 1098

三國志精語六卷 宋淳熙十二年(1185)洪邁婺州刻本 498

三朝北盟集編二百五十卷 宋慶元二年(1196)臨江軍錄以進 576

三朝國史一百五十卷 北宋天聖八年(1030)上 74
三朝國朝會要一百五十卷 北宋慶曆四年(1044)書成 91
三朝訓鑑圖十卷 北宋皇祐元年(1049)御府刻本 94
三朝經武聖略十五卷 北宋寶元元年(1038)上進 86
三朝寶訓三十卷 北宋明道元年(1032)上進 76
三輔黃圖六卷 北宋政和元年(1111)建安余靖安勤有堂刻本 171
三輔黃圖一卷 宋隆興元年(1163)撫州刻本 383
三輔黃圖六卷 宋刻本 1251
三場文海一百卷 宋慶元五年(1199)武夷桂林主人序 597
三墳訓義三卷 宋紹興十五年(1145)進 295
三曆撮要一卷 宋刻本 1263
三謝詩 宋嘉泰四年(1204)重修本 631
三謝詩 宋刻本 1297
三禮節 宋廖瑩中世綵堂刻本 926
三禮圖二十卷 北宋建隆二年(961)序 1
三禮圖集注二十卷 宋淳熙中(1174-1189)陳伯廣重刻本 535

三隱詩一卷 宋淳熙十六年(1189)天臺國清寺僧志南刻本 521

三蘇文粹六十二卷 宋淳熙三年(1176)武溪游恭德榮登俊齋刻本 461

三蘇文粹七十卷 宋浙刻本 996

三蘇文粹 宋婺州吴宅桂堂刻王宅桂堂修補印本 996

三蘇先生文粹七十卷 宋乾道間(1165-1173)婺州吴宅桂堂刻本 444

干祿字書一卷 宋寶祐五年(1257)衡陽陳蘭孫刻本 856

于湖先生長短句五卷拾遺一卷 宋乾道七年(1171)序刻本 420

于湖居士文集四十卷附録一卷 宋嘉泰元年(1201)刻本 617

于湖居士集四十卷 宋嘉定間(1208-1224)刻本 735

于湖詞三卷 李福影抄宋乾道刻五卷本 445

于湖詞一卷 宋嘉熙三年(1239)刻本 798

于濆詩集一卷 宋臨安府陳宅書籍鋪刻本 1011

土牛經 北宋景祐元年(1034)崇文院刻本 78

才調集十卷 宋臨安府書籍鋪 1015
才調集十卷 汲古閣影寫宋刻本 1015
大川語錄 宋寶祐間(1253-1258)刻本 863
大方便佛報恩经卷一 遼刻本 1309
大方便佛報恩经優婆離品卷八 遼刻本 1316
大方等大集月藏经十卷 宋刻本 1270
大方廣佛華嚴经附普賢行願品八十一卷 北宋淳化元年至咸平三年(990-1000)刻本 31
大方廣佛華嚴经八十卷 北宋政和三年(1113)刻本 176
大方廣佛華嚴经八十卷 北宋潘四娘刻本 214
大方廣佛華嚴经一藏要解二卷 宋建炎二年(1128)序 231
大方廣佛華嚴经八十卷 宋紹興十二年(1142)刻本 272
大方廣佛華嚴经八十卷 宋紹興十九年(1149)刻本 307
大方廣佛華嚴经八十卷 宋紹興間(1131-1162)釋楚近刻本 363
大方廣佛華嚴经八十卷 宋寶祐三年(1255)江陵

府先鋒隘李安檜刻本 851

大方廣佛華嚴經八十卷 宋張即之寫本 850

大方廣佛華嚴經八十卷 宋寫大和寧國藏本 1271

大方廣佛華嚴經八十卷 宋刻本 1271

大方廣佛華嚴經八十卷 宋刻本 1271

大方廣佛華嚴經八十卷 宋刻本 1270

大方廣佛華嚴經卷二十四 遼刻本 1307

大方廣佛華嚴經卷二十六 遼刻本 1307

大方廣佛華嚴經卷四十七 遼刻本 1306

大方廣佛華嚴經卷五十一 遼刻本 1307

大方廣佛華嚴經八十卷 遼重熙間（1032—1054）僧
瓊煦泥金寫本 1341

大方廣佛華嚴經八十卷 金大定間（1161—1189）晉陽
威德院僧明玘刻 1351

大方廣佛華嚴經八十卷 西夏刻本 1383

大方廣佛華嚴經八十卷 蒙古憲宗六年（1256）西
安龍興院刻本 855

大方廣佛華嚴經八十卷 蒙古憲宗五年（1225）
羅光大刻本 852

大方廣佛華嚴經八十卷 西夏刻本 1384

大方廣佛華嚴經隨疏演義鈔　宋刻本 1271

大方廣佛華嚴經隨疏演義鈔卷一　遼寫本 1330

大方廣佛華嚴經隨疏演義鈔卷一上　遼刻本 1318

大方廣佛華嚴經隨疏演義鈔卷一下　遼刻本 1318

大方廣佛華嚴經隨疏演義鈔卷五上　遼刻本 1319

大方廣佛華嚴經隨疏演義鈔卷五上半　遼刻本 13

大方廣佛華嚴經十迴向品疏　遼寫本 1331

大方廣佛華嚴經答問　遼寫本 1331

大方廣佛華嚴經隨疏演義玄鏡記第三上半
　遼寫本 1331

大方廣佛圓覺略疏注二卷　宋刻本 1272

大方廣佛圓覺修多羅了義經略疏　西夏刻本 1384

大方廣佛圓覺修多羅了義經略疏　西夏刻本 1385

大方廣佛圓覺修多羅了義經頌集解講義十二卷
　宋淳祐六年刻本 815

大方廣總持寶光經五卷　宋刻本 1271

大中祥符刪定教儀制書德音目錄四十三卷 16
　宋大中祥符九年（1016）刻板頒行 55

大日經義釋演密經　遼清寧五年（1059）道宗敕
　令雕印 1339

大字毛詩四卷　宋明州刻本　923

大宋登科記二十一卷　宋紹興吳興郡學鋟板不分卷　329

大宋登登記二十一卷　宋洪適刻於新安郡　1041

大宋重修廣韻五卷　北宋大中祥符元年(1008)刻本　49

大宋重修廣韻五卷　南宋中期刻本　937

大宋新譯三藏聖教序　宋刻本　1276

大佛頂如來密因修證了義諸菩薩萬行首楞嚴經解二十卷　宋建炎間(1127—1130)刻本　232

大佛頂如來密因修證了義諸菩薩萬行首楞嚴經十卷　宋紹興九年(1235)重刻本　261

大佛頂如來密因修證了義諸菩薩萬行首楞嚴經十卷　金天興三年(1235)刻板　1358

大佛頂首楞嚴經十卷　宋張即之寫本　950

大定新編便覽二卷　金大定間(1161—1189)刻本　1351

大法炬陀羅尼經十三卷　遼刻本　1309

大事記十二卷通釋三卷解題十二卷　宋嘉定五年(1212)吳興郡學舍刻本　668

大事記十二卷　宋嘉定十五年(1222)吳郡學舍刻本　711

大易集義十卷　宋淳祐十二年（1252）魏克愚刻本 840

大易粹言十二卷　宋淳熙三年（1176）舒州公使庫刻本 453

大易粹言十卷總論三卷　宋淳熙四年（1177）建安劉叔剛刻本 461

大易粹言十二卷　宋嘉定六年（1213）張嗣古重修本 67

大明曆　金大定十三年（1173）刻本 1347

大金玄都寶藏六千四百五十五卷　金明昌元年（1190）補刻成藏 1351

大金弔伐録不分卷　清呂晚村影寫金刻本 1361

大金國志四十卷　宋端平元年（1234）上書表 777

大唐三藏取經詩話三卷　宋臨安府府門保佑坊中瓦子前張官人經史子文籍鋪刻本 1033

大唐六典三十卷　北宋元豐三年（1080）刻本 134

大唐六典三十卷　宋紹興四年（1134）溫州州學刻本 245

大唐西域記十二卷　宋思溪藏 972

大唐開元禮一百五十卷　影宋抄本 1252

大唐新語十五卷　宋刻本 1265

大般若波羅蜜多經六百卷　北宋熙寧十年(1077)抄海鹽縣法喜寺轉輪大藏本 132

大般若波羅蜜多經六百卷　北宋元豐間(1078-1085)刻本 141

大般若波羅蜜多經六百卷　遼聖宗統和至太平間(983-1030)雕造 1339

大般若波羅蜜多經六百卷　北宋寫金粟山廣惠禪院大藏本 214

大般若波羅蜜多經六百卷　宋紹興三十二年(1162)奉化王公祠堂刻本 335

大般若波羅蜜多經六百卷　宋淳熙七年(1180)沃承章刻本 482

大般若波羅蜜多經六百卷　宋嘉定十五年至端平元年(1222-1234)刻本 712

大般若波羅蜜多經六百卷　宋刻本 1270

大般若波羅蜜多經六百卷　金大定六年(1166)鏤板印造 1345

大般涅槃經四十二卷　北宋景祐四年(1037)大中祥符寺刻本 81

大般涅槃經四十卷　宋刻本 1269

大乘八關齋戒儀　遼天慶二年(1112)寫本　1330

大乘百法明鏡集　西夏木活字印本　1391

大乘雜寶藏經及唱詞合册　遼寫本　1332

大乘聖無量壽經　西夏刻本　1390

大乘默有者道中入順大寶聚集要論　西夏刻本　1.

大密咒受持經　西夏刻本　1391

大寒林經　西夏刻本　1391

大智度論　西夏刻本　1391

大華嚴經　遼統和至太平間(983-1030)雕造　1339

大華嚴經卷一上　遼刻本　1319

大華嚴經第一百十一卷　宋淳祐二年(1242)安吉州姚智聰刻本　803

大隨求陀羅尼輪曼荼羅　北宋太平興五年(980)李知順施印本　20

大隨求陀羅尼咒經　北宋咸平四年(1001)蘇州刻本　39

大悲心陀羅尼經一卷　北宋明道二年(1033)胡則刻本　78

大悲心陀羅尼經一卷　北宋慶曆三年(1043)公詔寫本　90

大悲心陀羅尼經一卷　北宋慶曆三年（1043）知白寫本　90
大乘大悲分陀利經八卷　宋刻本　1272
大聖文殊師利菩薩像　五代或北宋初年刻本　214
大廣佛華嚴普賢行願品　西夏乾祐二十年（1189）刻印
大廣益會玉篇三十卷　北宋天禧四年（1020）國子監刻本　66
大廣益會玉篇三十卷　北宋天聖四年（1026）國子監刻本　70
大廣益會玉篇三十卷　北宋刻本　195
大廣益會玉篇三十卷　宋建刻本　1096
大廣益會玉篇三十卷　宋浙江刻本　936
大慧普覺禪師年譜一卷　宋寶祐元年（1253）徑山明月堂刻本　848
大慧普覺禪師年譜一卷　宋寶祐元年（1253）天臺僧德源刻本
大慧普覺禪師普說一卷　宋浙江刻本　849
大積寶經一百二十卷　宋廣東運使曾噩刻　1231
大學中庸章句二卷　宋淳熙十六年（1189）朱熹自

刻本 517

大學分門增廣聖賢事實十卷　宋建陽坊刻本 1141

大學衍義四十三卷　宋端平刻小字本 776

大學衍義四十三卷　宋刻大字本 1255

大學衍義四十三卷　宋刻巾箱本

大學新增合璧連珠聲律萬卷菁華前集六十卷後
集八十卷　宋刻本 1142

大戴禮記十三卷　宋淳熙二年(1175)建安郡齋韓
元吉 448

大藏四十八小藏四十八　宋紹興二十三年前馮
檝印造 316

大藏音三卷　北宋紹聖元年(1094)序 156

大藏音釋　宋刻本 1276

大藏經五千四十八卷　北宋吳越王錢俶金銀泥
書寫 210

大藏經　西夏刻本

大藏經綱目指要錄八卷　宋刻本 1276

大蘇小集　遼范陽書肆刻本 1305

大觀馬遞鋪敕令格式百冊　北宋大觀三年(1109)
鏤板頒行 171

大觀證類本草三十二卷釋音一卷　宋紹興二十七年（1157）國子監刻本　321
子略四卷子略目一卷　宋寶慶間（1225—1227）刻本　749
子華子　宋會稽官刻本　960
己丑廷對　宋明州刻二十板　960
己易一卷　宋嚴州刻本　963
上生經疏科文一卷　遼統和八年（990）刻印　1319
上乘藏經節要宗鏡錄一百卷　宋刻本　973
山谷集　北宋九江碑工李仲寧刻　225
山谷內集詩注二十卷外集注十七卷別集注二卷　宋嘉定元年（1208）史容序　650
山谷外集注十七卷別集注二卷　宋寶祐史季温刻本　863
山谷外集注十七卷　宋淳祐十年（1250）福州史季温刻本　831
山谷外集詩注十七卷　宋紹熙元年（1190）刻本　537
山谷別集二十卷　宋慶元間（1195—1200）莆田黃汝嘉增刻本　611
山谷外集詩注十七卷　宋淳熙間（1174—1189）刻本　532
山谷先生詩集三十九卷詩集注二十卷別集二卷

外集十七卷 宋刻本 1289

山谷老人刀筆二十卷 宋刻本 1289

山谷詩集注二十卷 宋紹定五年(1232)黄埒刻本 771

山谷編年詩集二十卷年譜二卷 宋嘉定元年(1208)
錢文季眉山刻本 650

山谷編年詩集三十卷別集二十卷年譜三卷 宋
嘉定間(1204-1224)黄㽦刻本 734

山谷編年詩集三十卷年譜二卷 宋括蒼刻本 984

山林長語□卷 金國學刻本 1362

山海經十八卷 北宋京都刻本 206

山海經傳十八卷 宋淳熙七年(1180)池陽郡齋刻
本 481

山家義苑二卷 宋嘉熙二年(1238)比丘良卓刻本 790

小兒保生方 宋建康板 1035

小兒瘡疹論方 宋建康板 1035

小兒衛生總微論方二十卷 宋嘉定三年(1210)太
醫局刻本 658

小兒衛生總微論方二十卷 宋嘉定九年(1216)太
醫局刻本 694

小兒醫方妙選三卷 宋建康元年(1126)自序 188

小兒藥證直訣三卷附董汲小兒斑疹備急方論一卷　北宋宣和元年(1119)閻季忠編集刻本

小畜集三十卷　北宋咸平(1000)自序　37

小學五書五卷　清初毛扆汲古閣影宋鈔本　1277

小學史斷二卷　宋端平三年仲琦自序　786

小學集注六卷　宋寶慶間(1225-1227)顏耆中刻本　749

小學集注六卷　蒙古(124-1250)河南輝縣楊古仿畢昇泥活字印行　830

千字文一卷　北宋乾德三年(965)夢英手書刻板　3

千姓編一卷　北宋嘉祐八年(1063)刻本　107

千金寶要六卷　北宋宣和六年(1124)刻石於華州　186

千金要方三十卷　北宋國子監刻本　100

千金要方三十卷　宋黑口本　1256

千金翼方三十卷　北宋嘉祐二年(1057)國子監刻本　100

千金翼方三十卷　北宋紹聖三年(1096)國子監刻本

千金翼方三十卷　宋刻本　1256

千眼千臂觀世音菩薩陀羅尼神呪經二卷　宋淳祐年(1244)周康年刻本　809

千慮策二卷　宋端平二年(1235)羅茂良刻本　785

千慮策二卷　宋江西刻別行本　1055

千巖集七卷　宋嚴州刻本　992

女真字孝經　金大定二十三年（1183）分賜護衛親軍　1348

四畫

六壬大占一卷　影寫宋刻本　1263

六壬課秘訣　金刻本　1364

六甲天元氣運鈐二卷　宋刻小字本　964

六臣注文選六十卷　北宋元祐八年（1093）秀州學刻本　153

六臣注文選六十卷　南宋國子監刻本　994

六臣注文選六十卷　宋咸淳十年（1294）刻本　912

六臣注文選六十卷　宋建刻本　1175

六帖補二十卷　宋淳祐四年（1244）衢州學宮刻本　808

六祖壇經三卷　宋紹興二十三年（1153）晁子健刻本　316

六度集經八卷　北宋元豐間（1078-1085）刻本　141

六家文選六十卷　宋開慶至咸淳廣都裴氏進修堂刻本　866

六朝國朝會要三百卷　北宋熙寧十年（1077）書成　132

六朝事迹類編二卷　宋紹興三十年（1160）建康府

刻本 330
六朝事迹類編二卷 宋刻本 1251
六朝通鑑博議十卷 影宋抄本 1253
六經(周易、尚書、毛詩、周禮、儀禮、春秋)
宋紹興初年建康學宫刻本 336
六經 宋嘉定六年(1213)國子監刻本 674
六經 宋咸淳九年(1273)修刻撫州六經
六經天文編二卷 宋乾道間(1165-1173)刻本 437
六經正文 論孟正文 宋嚴州刻本 917
六經正訛六卷 宋慶元間(1195-1200)魏了翁刻本 609
六經正誤六卷 宋寶元年(1225)福建刻本 737
六經義疏 宋成都路刻本 1229
六經圖六卷 宋乾道元年(1165)刻本 388
六經圖六卷 宋建安刻巾箱本 1065
六經壇經三卷 宋紹興二十三年(1153)晁子健
刻本
六韜 西夏刻本 1380
亢倉子一卷 北宋政和七年(1117)刻本 179
文心雕龍十卷 宋刻本 1300
文中子十卷 北宋景祐二年(1035)國子監刻本 80
文中子十卷 宋紹興間(1131-1162)錢佃刻本 359

文公大學章句一卷　文公中庸章句一卷　宋明州刻十八板 931

文公小學書四卷　宋明州刻二百板 958

文正集二十卷別集四卷補編五卷　宋刻小字本
宋刻大字本 1284

文房四友　宋嘉定間（1208–1244）泉州安溪縣書局刻本 727

文房四友除授集一卷　宋淳祐八年（1248）林希逸序刻本 821

文房四譜五卷　北宋雍熙三年（986）序 25

文房四譜五卷　宋洪適新安郡刻本 1042

文定集二十四卷　宋刻本 1294

文忠集一百五十三卷附錄五卷　北宋政和四年（1114）吉州公使庫刻本 177

文昌雜錄二卷　宋乾道三年（1167）夏僧尹方公刊置建康 399

文苑英華一千卷　北宋景德四年（1007）校刻 48

文苑英華一千卷　北宋大中祥符四年（1011）國子監刻本 51

文苑英華一千卷　宋嘉泰元年至四年（1201–1204）周必大刻本 618

文苑英華辨證十卷　宋嘉泰間(1201-1204)周必大刻本　635
文苑英華纂要八十四卷辨證十卷　宋嘉定十六年(1223)高似孫序　719
文泉子集六卷　宋蜀刻本　1222
文則二卷　宋乾道六年(1170)自序　416
文海　西夏宋宗時(1086-1089)刻印
文海寶韻　西夏刻本　1373
文章正宗二十卷續集二十卷　宋嘉定間(1208-1224)真德秀刻本　736
文章正宗二十四卷　宋紹定五年(1232)刻本　772
文章正宗二十卷續集二十卷　宋淳祐間(1241-1252)劉克莊刻本(廣東本)　845
文章正宗二十卷續集二十卷　宋咸淳二年(1266)金華倪澄刻本　890
文章正宗二十卷續集二十卷　宋麻沙刻本　1182
文章正宗二十四卷　宋江西刻大字本　1064
文章正宗　宋建康府書板六十八種之一　1036
文章緣起一卷　宋郎中刻本　1300
文章軌範　宋福建刻本　1184
文粹一百卷　注　宋寶元二年(1039)杭州孟琪刻本　87

文粹一百卷　宋绍興九年(1139)臨安府刻本 263

文場資用分門近思錄十卷　宋末建安曾氏家塾刻本 1125

文標集三卷　宋绍興三十年(1160)宜春郡庠刻本 330

文標集三卷　宋宜春郡齋刻本 1058

文選注六十卷　北宋大中祥符四年(1010)監本 188

文選注六十卷　北宋天聖四年(1026)四川書肆平昌孟氏刻本 70

文選注六十卷　北宋天聖四年(1026)兩川　兩浙刻本 70

文選注六十卷　北宋天聖七年(1029)刻本 74

文選注六十卷　北宋崇寧五年至政和元年(1106-1111)廣都裴氏刻本 168

文選注六十卷　北宋刻遞修本 225

文選注六十卷　宋明州刻绍興二十八年(1158)補修本 323

文選注三十卷　宋绍興三十一年(1161)建陽崇化坊陳八郎宅刻本 334

文選注六十卷　宋绍興末年贛州州學刻本 379

文選注六十卷　宋淳熙八年(1181)池陽郡齋刻本 488

文選注六十卷　宋建寧刻本 1176

文選五臣注　宋杭州開牋紙馬鋪鍾家刻本　229

文選補遺四卷　宋末茶陵陳仁子刻本　1176

文選雙字類要五卷　宋淳熙八年(1181)袁說友池陽郡齋刻本　490

文選雙字類要三卷　宋紹熙三年(1192)池陽郡齋重修本　555

方氏編類家藏要方二卷　宋慶元三年(1197)陳日華臨汀刻本　581

方氏類編家藏集要方二卷　日本影宋抄本　1257

方先生詩集九卷　宋趙敬叔永嘉縣齋刻本　991

方是閒居士小稿　宋嘉定十一年(1 18)刻本　701

方秘校集十卷　南宋中期莆田刻本　1160

方壺存稿八卷　宋咸淳元年(1265)新安刻本　888

方壺詞三卷　宋嘉定元年自序　651

方輿勝覽前集四十卷後集七卷續集二十卷拾遺一卷　宋嘉泰間(1201-1204)祝穆刻本　633

方輿勝覽七十卷前集四十三卷後集七卷續集二十卷補遺一卷　宋嘉熙三年(1239)刻本　793

心經一卷　宋端平元年(1234)顏若愚泉州府學刻本　777

心經一卷政經一卷　宋淳祐二年(1242)趙時
棣合刻本　802
王子安集十六卷　宋蜀刻二十卷本　1208
王文公文集一百卷　宋紹興龍舒本　375
王文公文集一百卷　宋紹興麻沙本　377
王氏博濟方三卷附莫氏方一卷　北宋熙寧間
(1068-1077)吳興莫伯虛刻本　132
王氏博濟方三卷　宋嚴州刻本　961
王右丞文集十卷　宋高宗時刻本。　1282
王右丞文集　宋江西刻本　1057
王狀元集百家注編年杜少陵詩史三十二卷宋
麻沙坊刻本　1156
王狀元集百家注分類東坡先生詩二十五卷宋
乾道間(1165-1173)泉州市舶司刻本　440
王狀元集百家注分類東坡先生詩二十五卷東坡
紀年錄一卷　宋慶元間(1195-1200)建安黃善夫
家塾刻本　610
王狀元集百家注分類東坡先生詩二十五卷宋
建安萬卷堂家塾刻本　1164
王狀元集百家注分類東坡先生詩二十五卷宋

建安魏忠卿家塾刻本 1164
王状元集百家注分類東坡先生詩二十五卷 宋
建安黄及甫家塾刻本 1165
王状元集百家注分類東坡先生詩二十五卷 金
刻本 1368
王建詩集十卷 宋臨安府陳解元宅刻本 1007
王校理集六十卷 宋浙刻本 990
王荆文公詩注五十卷 宋撫州刻大字本 684
王荆公詩注五十卷 宋撫州刻本 1062
王荆公唐百家詩選二十卷 宋紹興撫州刻本 383
王荆公唐百家詩選二十卷 宋乾道五年(1169)
倪仲傳刻本 411
王黄州小畜集三十卷外集七卷 宋紹興十七年
(1147)黄州刻本 300
王黄州小畜外集三十卷 北宋皇祐間(1049-1053)王
芬刻本 97
王黄州小畜外集二十卷 宋紹興十八年(1148)
刻本 304
王陵變 北宋太平興國三年(978)敦煌寫本 20
王着作集四卷 宋寶祐間(1253-1258)王思文刻本 863

王碩易簡方不分卷 宋永嘉刻本 961

王摩詰文集十卷 北宋刻本 218

王摩詰文集十卷 南宋建昌刻本 1056

王歐書訣 宋嘉定間(1208—1244)泉州安溪印書局刻

本 727

王魏公集二十卷 宋浙江刻本 990

元氏長慶集六十卷 北宋宣和六年(1124)建安劉

麟刻本 186

元氏長慶集六十卷 宋乾道四年(1168)洪邁刻於

紹興蓬萊閣 406

元氏長慶集六十卷 宋成都路刻本 1229

元公周先生濂溪集不分卷 宋刻本 1287

元包經 宋成都路刻本 1229

元包經傳注五卷 宋紹興三十一年(1161)四川臨

邛張洮刻本 332

元亨利貞說一卷 宋閩縣黄幹官安慶府時刻印 1041

元和姓纂 宋成都路刻 1229

元和郡縣志四十卷目錄二卷 宋淳熙三年(1176)

張子顏刻本 456

元始説先天道德經注解一卷 宋咸淳間(1265—1274)

道士李可久刻本 913
元祐詳定敕令 北宋元祐間(1086-1093)頒行 154
元城先生盡言集十三卷 宋淳熙五年(1178)處州
郡齋刻本 467
元城語錄解三卷附行錄一卷 宋紹興五年(1135)
刻本 252
元城語錄三卷附行錄一卷 宋紹興二十六年(1156)
張九成序 321
元城先生語錄三卷 宋章貢刻本 1052
元英集八卷 宋刻本 1283
元微之文集六十卷 宋乾道間(1165-1173)洪適刻於
越州 439
元憲集三十六卷 宋嘉定二年(1209)刻本 655
元豐九域志十卷 北宋元豐三年(1080)書成 134
元豐功臣圖 北宋崇寧三年(1080)顯謨閣繪 167
元豐官志四卷 宋淳熙二年(1175)刻本 451
元豐類稿五十卷 宋開禧元年(1205)趙汝礪建昌
刻本 639
元豐類稿五十卷 宋建陽刻巾箱本 1161
元豐類稿五十卷 宋刻大字本 1225

元豐類稿五十卷 宋刻本 1285

天定録八卷 宋嘉泰間(1201-1204)岳珂刻本 635

天竺靈籤 宋紹定間(1228-1233)刻本 776

天竺靈藏 南宋後期建陽刻本 1144

天盛改舊新定律令 西夏刻本 1377

天新菩薩第一論及雜抄 遼寫本 1332

天聖令文三十卷 北宋明道元年(1032)崇文院鏤板頒行 77

天聖編敕十三卷 北宋明道元年(1032)崇文院鏤板頒行 77

天聖鹵簿圖記十卷 北宋天聖六年(1028)上 72

天聖廣燈録三十卷 宋紹興十八年(1148)刻本 303

天臺集三卷別編一卷續集三卷別集六卷 宋嘉定元年(1223)台州州學刻本 650

天臺前集三卷別編一卷續集三卷拾遺一卷 宋嘉定十六年(1223)刻本

天臺前集三卷 宋嘉定十六年(1223)李僕台州郡齋刻本 719

天臺前集三卷別編一卷拾遺一卷續集三卷 宋淳祐八年(1248)刻本 821

天臺後集二卷　宋淳祐八年(1248)台州州学刻本 822
天臺教苑清規　宋湖州刻本 975
五子纂圖互注四十二卷　宋末建陽麻沙刻本 1119
五木經一卷　宋嘉熙二年(1238)臨安李氏書肆刻本 790
五代史記一百五十卷　北宋開寶六年(973)修 15
五代史記七十四卷　北宋熙寧五年(1072)刻本 128
五代史記七十四卷　宋绍興間(1131-1162)王永從刻本 355
五代史記七十四卷　宋乾道七年(1171)衢州郡齋刻本 417
五代史記七十四卷　宋慶元五年(1199)曾三異校刻本 588
五代史記七十四卷　南宋監本 940
五代史記七十四卷　南宋初撫州刻本 1050
五代史記七十四卷　宋浙江刻本 945
五代史記七十四卷　宋刻元明遞修本 1246
五代史纂誤五卷雜錄一卷　北宋绍聖元年(1098)刻本 155

五代史通錄六十五卷　北宋乾德五年（967）上

五代史通錄□□卷　宋乾道七年（1191）施元之坐嘯齋刻本 417

五代史纂誤五卷雜錄一卷　宋紹興八年（1138）宇文時刻本 255

五代史纂誤五卷雜錄一卷　宋紹興間（1131-1162）吳元美刻本 355

五代名畫補遺一卷　北宋嘉祐四年序 101

五代登科記一卷　宋洪适新安刻本 1041

五代開皇紀　北宋天禧三年（1021）進 67

五代會要三十卷　北宋慶曆六年（1046）文彥博刻本 92

五代會要三十卷　宋乾道七年（1171）衢州軍州學刻本 417

五代會要三十卷　宋刻巾箱本 1252

五臣注文選六十卷　宋紹興八年（1138）明州刻本

五百家注音辯唐柳先生文集四十五卷外集二卷　宋蜀刻本 1214

五百家播芳大全文粹一百十卷　宋書肆刻本 1178

五峰胡先生文集五卷　宋淳熙三年（1176）張栻刻本 460

五峰先生文集五卷　宋紹定元年(1228)胡大石編刻本　755

五曹算經五卷　宋嘉定六年(1213)鮑澣之汀州刻本　678

五朝名臣言行錄十卷三朝名臣言行錄十四卷　宋淳熙間(1174-1189)江西刻本　527

五朝名臣言行錄前錄十卷後錄十四卷續錄八卷別集上十三卷別集下十三卷外集十七卷　宋麻沙刻本　871

五朝名臣言行錄前錄十卷後錄十四卷續錄八卷別集上十三卷別集下十三卷外集十七卷　宋明溪刻本　1123

五經　宋紹熙間(1190-1194)婺州刻本　563

五經　金泰和間(1201-1208)寧晉荊氏後齋荊祐刻本　1355

五經文字三卷　北宋重和元年(1118)　181

五經文字三卷　清初席氏釀華草堂影宋鈔本　1243

五經正義　北宋雍熙二年(985)國子監刻本　24

五經正義一百八十卷　北宋端拱元年至淳化五年(988-994)刻本

五經正義　宋紹興二十二年(1152)興國軍學刻本　312

五經正義　宋紹熙間(1190-1194)兩浙東路茶鹽司刻本　564

五經正義　宋嘉定九年(1216)興國軍學刻本　689

五經傳疏(易、書、詩、禮記、春秋)　遼道宗清寧元年(1055)頒五經傳疏

五聲切韻　西夏刻本　1372

五燈會元二十卷　宋寶祐元年(1253)沈淨明刻本　848

五禪師語録不分卷　北宋元祐三年(1088)序刻本　147

友林乙稿一卷　宋慶元間(1195-1200)三山鄭域刻本　612

友林乙稿一卷　宋嘉定五年(1212)四明史家刻本　672

友會叢記　北宋天聖五年(1027)自序　72

太上老君八十一化圖説(舊稱化胡經)　宋刻本　1277

太上老君混元上德皇帝實録　影宋抄本　537

太上老君説常清静經一卷　北宋寫本　215

太上洞玄靈寶天尊説救苦經　西夏刻本　1391

太上洞寶無量度人上品妙一卷　宋張即之寫本　851

太上感應篇八卷　宋紹定六年(1233)胡微瑩刻本　773

太上靈寶感應篇三教至言評釋八卷　宋嘉熙二年(1238)黃巖真大圭刻本　791

太玄經集注十卷　北宋元豐五年(1082)萬玉堂刻本　138

太玄經集注十卷　南宋初浙刻本　963
太玄集注六卷太玄外四卷附太玄曆一卷　宋抄本　1261
太玄經十卷　宋紹興三年(1133)兩浙東路茶鹽司刻本　243
太平廣記五百卷目錄十卷　北宋太平興國六年(981)雕印　21
太平御覽一千卷目錄十卷　北宋太平興國八年(983)書成　22
太平御覽一千卷　北宋慶曆五年(1045)刻本　91
太平御覽一千卷　宋慶元五年(1199)成都路轉運司刻本　589
太平御覽一千卷　南宋福建刻本　1135
太平聖惠方一百卷　北宋淳化三年(992)國子監刻本　33
太平聖惠方一百卷　宋紹興十六年(1146)淮南轉運司刻本　296
太平聖惠方一百卷　宋紹興十七年(1147)福建轉運司刻本
太平惠民和劑局方十卷指南總論三卷　北宋元豐間(1078-1085)刻本　141

太平惠民和劑局方十卷指南總論三卷　北宋大觀四年(1110)重修本　171

太平惠民和劑局方十卷　宋紹興二十一年(1151)國子監刻本　310

太平惠民和劑局方十卷　宋嘉定元年(1208)福建提舉司刻本　648

太平惠民和劑局方十卷指南總論三卷　宋寶慶間(1225—1227)刻本　749

太平惠民和劑局方十卷　宋淳祐間(1241—1252)刻本　844

太平寰宇記二百卷目録二卷　北宋太平興國七年(982)進表　22

太平寰宇記二百卷目録二卷　宋蜀刻本　1202

太平陰經八卷　影宋抄本十卷　1262

太宗天宫寶藏四千五百六十五卷　北宋咸平六年(1003)刻　41

太宗皇帝實録　宋理宗時館閣寫本　1249

太宗御製書目一卷　北宋至道二年(996)刻本　35

太宗實録八十卷　北宋咸平元年(998)刻本　36

太祖實録五十卷　北宋太平興國三年(978)修　19

太倉稊米集七十卷　宋乾道二年(1166)陳天麟刻本　396

太倉稊米集七十卷　宋淳熙十年(1183)刻本　495
太常因革禮一百卷　北宋治平二年(1064)成書　114
太常因革禮一百卷　宋淳熙十五年(1188)學宮刻本　514
太常新禮四十卷　北宋慶曆四年(1044)書成　91
太極一卷　通書一卷　宋淳熙間(1174－1189)朱熹南康刻本　530
太極外傳　宋乾道間(1165－1173)晁子健刻本　436
太極因記　宋乾道間(1165－1173)晁子健刻本　436
太極圖解　宋明州刻十七板　963
太學新增合璧連珠萬卷精華一百四十卷　宋建炎二年(1128)序刻　230
尹文子二卷　宋末茶陵陳仁子刻本　1133
巴東集　宋巴東縣刻本　1227
孔子世家補十二卷　宋淳祐十一年(1251)書成　833
孔子家語二卷　宋景定元年(1260)進付秘書省收藏　868
孔子家語十卷　北宋刻本　203
孔子家語十卷　南宋國子監刻本　953
孔子家語注十卷　宋蜀刻大字本　1204
孔子家語十卷　宋建康刻本　1035

孔子编年五卷 宋绍興八年(1138)胡舜陟序 255

孔氏六帖三十卷 宋绍興元年(1131)泉州刻本 233

孔氏六帖三十卷 宋乾道二年(1166)泉南郡庠刻本 394

孔氏祖庭廣記二十卷 金正大四年(1227)南京重刻本 1357

孔氏祖庭廣記十二卷 蒙古乃馬真后元年(1242)刻本 802

孔叢子七卷 北宋嘉祐八年(1063)吳逵刻本 107

孔叢子七卷 宋淳熙十五年(1188)刻本 514

孔叢子三卷 宋明州公使庫刻本 955

孔叢子注七卷 宋刻本 1124

止齋集五十二卷 宋嘉定元年(1208)永嘉郡齋施栻刻本 650

止齋文集五十卷 宋三山陳傅良刻本 1173

止齋先生文集五十二卷 宋嘉定五年(1212)永嘉郡齋徐鳳刻本 672

止齋春秋後傳十二卷 宋嘉泰間(1201-1204)施栻刻本 632

止齋春秋後傳十二卷 宋施栻温州郡齋刻本 930

中州集十卷 金刻本 1371

中阿含经六十卷 北宋爲金粟山廣惠禪院大藏
本 214
中阿含经六十卷 遼刻本 1309
中書備對十卷 北宋元豐三年(1080)序 134
中庸子集五十一卷 宋刻本 1294
中庸集略 宋湖州刻本 1230
中庸集解三卷 宋婺源張氏刻本 1040
中庸集解三卷 宋建陽刻本 1095
中庸集解三卷 宋長沙刻本 1186
中庸集解三卷 宋尤溪刻本 1240
中庸說六卷 宋江西刻本 1047
中庸輯略二卷 宋朱熹刻本 1240
中華古今注三卷 宋嘉定間(1208-1224)丁黼刻本 732
中說注十卷 北宋末刻本 204
中說注十卷 北宋末南宋初刻本 956
中說注十卷 宋淳熙間(1174-1189)錢佃江西漕司刻
本 529
中說注十卷 宋淳熙間(1174-1189)唐仲友刻本 529
中說十卷 宋王氏取瑟堂刻本 1124
中說十卷 宋刻本 1253
中論十卷 宋紹興二十八年(1158)石邦哲序刻 323

中興以來絶妙詞選十卷　宋淳祐九年(1239)劉誠
甫刻本 827
中興百官題名五十卷　宋兩浙西路轉運司刻本 952
中興兩朝編年綱目十八卷　宋刻元修本 1248
中興登科小録三卷姓類一卷　宋嘉熙(1237-1240)倪
祖常刻本 789
中興登科小録　宋徽州刻本 1040
中興聖語六十卷　宋紹興二十六年(1156)修 320
中興間氣集二卷　北宋元祐三年(1088)刻本 147
中興間氣集二卷　清述古堂影宋抄本 1298
中興禮書三百卷　宋嘉泰二年(1202)葉宗禮續修 619
中興館閣録十卷　宋嘉定三年(1210)刻寶慶至咸
淳增補本 657
中興館閣書目七十卷序例一卷　宋淳熙五年(1178)
浙西轉運司刻本 468
中興館閣書目三十卷　宋嘉定十三年(1221)上 705
内簡尺牘編注　宋慶元間(1195-1200)蔡文子刻本 612
少儀外傳一卷　宋紹熙二年(1191)刻本 542
少儀外傳一卷　宋嘉定十六年(1223)刻本 716
少儀先生年譜　宋建康刻本 1035
水雲集二卷　金大定二十七年(1187)掖水長生子

劉公童刻本 1349
水雲集二卷 金正大六年(1229)道士蕭某刻本 1358
水雲集二卷 金山陽城西庵高友及妻孟常善印行 1349
水雲集二卷 金濬州王琉輝等鏤板印行 1349
水心先生文集二十九卷 宋淮東刻本 1044
水心先生文集二十九卷拾遺一卷 宋趙汝讜刻本 1291
水经注四十卷 北宋元祐二年(1087)成都新刻何聖從家本 145
水经注四十卷 宋绍興間(1131—1162)浙江刻本 356
月湖漁唱一卷 宋祥興元年(1278)刻本 916
比紅兒詩集一卷 北宋政和六年(1116)方性夫序刊本 179
毛詩二十卷 宋刻巾箱本 1070
毛詩三卷 宋刻本 1070
毛詩二十卷 宋婺州刻本 923
毛詩正義 宋婺州刻本
毛詩四卷 宋刻白文本 1236
毛詩不分卷附圖 宋刻巾箱本 1070

毛詩正義四十四卷　北宋端拱元年(988)國子監刻本 28

毛詩正義四十四卷　北宋淳化三年(992)刻本 33

毛詩正義四十四卷　北宋咸平元年(998)國子監刻本 36

毛詩正義四十卷　宋紹興九年(1139)紹興府刻本 258

毛詩正義四十卷　宋紹興十五至二十一年(1145-1151)臨安府刻本 291

毛詩正義四十四卷　宋紹興二十二年(1152)鄭仲熊刻本

毛詩正義四十卷　宋紹熙三年(1192)兩浙東路茶鹽司刻本 548

毛詩正義三十二卷　宋建安余仁仲萬卷堂刻本 1073

毛詩名物解二十卷　宋刻本 1237

毛詩注疏二十卷　蒙古定宗二年(1247)刻本 816

毛詩要義二十卷譜序要義一卷　宋淳祐十二年(1252)魏克愚刻本 837

毛詩詁訓傳二十卷　宋建刻本 1073

毛詩詁訓傳二十卷　宋刻本 1236

毛詩詁訓傳二十卷　宋刻中箱本 1236

毛詩指説一卷　宋乾道八年(1172)建陽熊克刻本 420
毛詩指説一卷　宋沈必毅刻本 1237
毛詩草木鳥獸蟲魚疏二卷　宋刻本 1238
毛詩傳二十卷　宋紹興二十一年(1151)國子監刻本 309
月月娛詩　西夏刻本 1407
丹陽集二十卷　北宋舊京本 222
丹陽集二十四卷　宋隆興二年(1164)宋晓修補本 388
丹陽集二十四卷　宋淳熙十三年(1186)姚恪重修刻本 506
丹陽後集四十二卷　宋紹興間(1131-1162)浙江刻本 378
丹淵集四十卷拾遺二卷附錄一卷　宋成都路刻本 1229
丹淵集四十卷拾遺二卷附錄一卷　金泰和六年(1206)晦明軒張宅刻本 1354
仁王護國般若波羅蜜多經　西夏刻本 1390
仁王護國般若波羅蜜多經科文一卷　遼寫本 1333
仁宗實錄二百卷事目十卷　北宋熙寧二年(1069)上之 123
仁皇訓典六卷　北宋元祐八年(1093)上之 152
仁皇訓典六卷　宋刻本 950

仁齋直指方論二十六卷小兒方論五卷傷寒類書
活人總括七卷醫學真經一卷 宋景定五年
(1264)環溪書院刻本 879

反離騷一卷 宋臨安府尹家書籍鋪刻本 1031

反離騷一卷 宋章貢郡齋刻本 1056

化書六卷 宋刻本 1264

分門古今事類二十卷 北宋政和七年書成 180

分門古今類事二十卷 宋書坊劉壽卿刻本 1266

分門古今類事二十卷 影宋抄本

分門史志通典治原之書十五卷 宋刻本 1252

分門集注杜工部詩二十五卷 宋建陽刻本 1152

分門禮選二十一卷 北宋雍熙四年(987)進 26

分門纂類唐歌詩一百卷 宋刻本 888

分門纂類唐宋時賢千家詩選十五卷後集五卷
宋末坊刻本 1177

分章標題南華真經十卷 宋末坊刻本 1150

分類試齋文膾後集十二卷 宋末書坊刻本 1178

公羊春秋不分卷 穀梁春秋不分卷 宋刻本 1240

公羊穀梁傳不分卷 宋刻白文小字本 1197

公是先生七經小傳三卷 宋浙中刻本 934

公是弟子記四卷 宋淳熙元年(1174)趙不黯刻本 446
公是弟子記四卷 宋淳熙元年(1174)江溥刻本 446
公是先生弟子記四卷 宋蜀中刻本 1204
介庵居士集六卷 宋淳熙十四年(1187)江西軍副趙彥操刻本 512
壬辰改證呂太尉經進莊子全解十卷 金刻本 1346

五畫

永明智覺禪師方丈實錄一卷 宋刻本 1274
永城學記 宋米芾刻本 1255
永嘉四靈詩四卷 998
永嘉先生三國六朝五代紀年總辨二十八卷目錄四卷 宋慶元間(1195-1200)建安魏仲舉家塾刻本 810
永嘉先生標注張文潛文集十卷 南宋中期建安余騰夫刻本 1169
永嘉守禦錄 宋温州州學刻本 950
永嘉譜二十四卷 宋紹熙三年(1192)曾叔遠刻為義例 553
半山集二卷 宋淳熙十五年(1188)陳輔之金陵學舍刻本 516
半山老人絶句 宋建康府三十八板。 1033

正法念處經 西夏刻本 1395

正法眼藏 宋刻本 1273

平安悔稿十五卷後編六卷 宋慶元二年（1196）序刊 579

平庵悔稿十五卷續六卷 宋刻本 1294

平塘先生集三卷 宋景定三年（1267）序 877

平齋文集三十二卷 宋刻本 989

玉泉寺菩薩戒壇所牒 遼統和間（1101-1110）刻印 1324

玉泉寺菩薩戒壇牒封 遼刻印 1325

玉皇本行集經三卷 宋嘉熙四年（1240）臨安府刻本 798

玉皇本行經 宋成都路刻 1229

玉峰志三卷續一卷 宋淳祐十一年（1251）崑山縣學刻本 833

玉堂逢辰錄二卷 北宋大中祥符八年（1015）刻本 53

玉堂雜記 宋紹熙四年（1193）周必大泥活字印本 558

玉楮詩稿八卷 宋嘉熙四年（1240）序刊 799

玉照新志六卷 宋慶元二年（1194）自序 576

玉臺新詠十卷 北宋舊京本 226

玉臺新詠十卷 北宋明州刻紹興修補本 226

玉臺新詠十卷 宋嘉定八年（1215）陳玉父刻本 688

玉壺野史十卷　北宋元豐元年(1078)序 133
玉篇三十卷　宋慶元間(1195-1200)建安蔡文子刻本 609
玉藻講義　宋嚴州刻本 960
刊正九經沿革例一卷　宋刻本 1242
刊謬正俗二卷　宋紹興十三年(1143)徐滋刻本 274
刊謬正俗二卷　宋嘉定十三年(1210)樓鑰序刊 657
可齋雜稿三十四卷續稿八卷續稿後十二卷　宋
淳熙間(1174-1189)李氏自刻家塾本 533
可齋雜稿三十四卷　宋淳祐十二年(1252)李曾伯
荊州自刻本 842
可齋雜稿三十四卷續稿八卷續稿後十二卷　宋
寶祐二年(1254)劉甄刻本 851
可齋雜稿三十四卷續稿八卷續稿後十二卷　宋
咸淳六年(1270)李杓重刻巾箱本 899
丙丁龜鑑十卷　宋淳祐六年(1246)自序並上書表
815
甘棠集二卷　宋婺州刻本 991
世說新語三卷敘錄一卷考異一卷人名譜一卷
宋紹興八年(1138)嚴州刻本 255
世說新語三卷　宋淳熙十五年(1188)陸游刻本 515
世說新說三卷　宋寶祐三年(1227)劉應登刻本 746

世說新語三卷 北宋晏殊(991—1055)抄本 207

古三墳書三卷 宋紹興十七年(1147)婺州州學刻本 298

古文四聲韻五卷 宋紹興間(1131—1162)僧寶達刻本 344

古文尚書 北宋元豐五年(1082)鏤板 137

古文尚書十三卷 宋吉州刻本 1045

古文苑九卷 宋淳熙六年(1179)韓元吉刻本 476

古文苑二十一卷 宋端平三年(1236)常州軍刻淳祐六年盛如杞重修本 786

古文苑二十一卷 宋嘉熙元年(1237)刻本 788

古文苑九卷 宋陸游嚴州刻本 994

古文苑九卷 宋婺州刻本 994

古文苑二十一卷 宋麻沙大字本 1176

古文集成全集七十八卷 宋刻本 1298

古今文章正印前集十八卷後集十八卷續二十卷別集二十卷 宋咸淳九年(1273)刻本 910

古今注三卷 宋紹興間(1131—1162)李燾刻本 360

古今注三卷 宋嘉定十三年(1220)丁黼刻本 706

古今合璧事類備要前集六十九卷後集八十一卷續集五十六卷別集九十四卷外集六十六卷 宋寶祐五年(1257)刻大字本 859

古今合璧事類備要增集十二卷　宋或元刻本 860
古今姓氏書辯證四十卷　宋紹興四年(1134)上 245
古今源流至論前集十卷後集十卷續集十卷　北宋嘉祐二年(1057)刻本 100
古今絕句三卷　宋紹興二十三年(1153)刻本 317
古今歲時雜詠四十六卷　宋紹興十七年(1147)蒲積中刻本 298
古玉圖譜三十二卷　宋乾道元年(1165)自序 389
古史六十卷　北宋紹聖二年(1095)刻本 156
古史六十卷　宋紹興間(1131-1162)刻本 347
古史六十卷　宋衢州刻本 940
古史六十卷　宋浙東刻本 941
古史六十卷　宋江西刻本 1048
古史六十卷　宋刻本 942
古周易一卷　北宋元豐五年(1082)呂汲成都刻本 137
古周易十二卷　宋會稽刻本 919
古清涼傳二卷廣清涼傳三卷續清涼傳二卷　金大定四年(1164)刻本 1345
古尊宿語錄二十九卷　宋淳熙五年(1178)刻本 471
古尊宿語錄　宋咸淳三年(1267)章裳刻本 891
古尊宿語錄十四種十六卷　宋刻本 892

古畫品錄一卷　宋臨安府陳道人書籍鋪刻本 1000

古靈先生文集二十五卷　宋建炎二年（1128）刻本 231

古靈先生文集二十五卷附錄一卷　宋紹興五年（1135）徐世昌閩中刻本 252

古靈先生文集二十五卷　宋紹興三十一年（1161）章貢郡齋重刻本 333

古靈先生文集二十五卷使遼錄一卷　宋慶元三年（1197）陳曄刻本 583

古靈先生文集二十五卷年譜一卷附錄一卷　宋末福州刻本 1160

古靈先生文集二十五卷　宋臨汀郡齋刻本 1160

本事方二卷　宋嚴州刻本 962

本草衍義二十卷　北宋宣和元年（1119）寇宅刻本 183

本草衍義二十卷　宋淳熙十二年（1185）江西轉運司刻慶元元年重修本 500

本草衍義二十卷　南宋中期建陽刻本 1130

本草集方　宋刻本 1259

本草集方　金刻本 1363

本草單方　宋明州刻本 961

本草圖經二十卷　北宋紹聖三年（1096）重刻小

字本 158
打馬圖一卷 清秦氏石研齋影宋寫本 967
左氏章指三十卷 宋嘉泰間(1201—1204)施栻永嘉刻本 632
左氏摘奇十二卷 宋乾道九年(1173)胡元質自刻本 423
左傳法言六卷 宋淳熙十二年(1185)洪邁婺州刻本 499
左傳事類本末五卷 宋淳熙間(1174—1189)章冲台州刻本 527
左傳事類本末五卷 宋山陽郡庠刻本 1035
左傳節 宋廖瑩中世綵堂刻本 930
左傳類编 宋婺州刻本 928
左傳訓練二册 北宋治平間(1064—1067)吴郡林希抄本 119
石本金剛經一卷 宋乾道間(1165—1173)劉岑刻印石本 438
石林居士建康集八卷 宋嘉泰二年(1202)刻本 624
石林居士集一百卷 宋吴興里舍刻本 985
石林奏議十五卷 宋開禧二年(1206)天台郡齋葉箋刻本 639

石林燕語十卷　北宋宣和五年(1123)自序　185

石室十三經　北宋皇祐二年(1050)畢工　95

石屏詩集十卷　宋紹定間(1228-1233)刻本　776

石屏詩集八卷附錄二卷　宋淳祐三年(1242)吳子良刻本　806

石湖居士集三十四卷　宋嘉泰三年(1203)壽櫟堂刻本　624

石湖居士詩文集一百三十卷　宋嘉泰間(1201-1204)范華刻本　634

石湖詩集三十四卷　宋嘉定間(1208-1224)刻本　735

石鼓論語問答三卷　宋寶慶元年(1225)許複道序　736

石壁精舍音注唐書詳節　宋建刻巾箱本　1118

切韻拾玉　北宋劉熙古刻本　195

切韻指掌圖一卷　宋紹熙三年(1192)越州讀書堂刻本　552

切韻指掌圖二卷　宋紹定三年(1230)婺州麗澤書院刻本　762

切韻義一卷纂要圖例一卷　宋紹興十年(1140)自序　264

司空表聖文集十卷　南宋中期蜀中刻唐人集本　1220

司馬氏書儀十卷　宋紹熙三年(1192)傳授堂刻本　552

司馬太師溫國文正公傳家集八十卷　宋淳熙十年(1183)泉州公使庫刻本　495
司馬太師溫國文正公傳家集八十卷　宋嘉定十七年(1224)重刻本　725
司馬溫公全集一百十六卷　宋浙刻本　982
司馬溫公書儀十卷　宋嘉定間(1208-1224)泉州安溪縣印書局刻本　727
北山小集四十卷　宋乾道九年(1173)刻本　429
北山集三十卷初集十二卷中集八卷後集十卷　宋鄭良嗣刻本　1293
北山錄十卷　北宋熙寧元年(1068)沈遼刻本　120
北山錄三十卷　宋乾道九年(1173)鄭良嗣刻本　429
北戶錄三卷　宋臨安府太廟前尹家書籍鋪刻本　1029
北史一百卷　北宋天聖二年至嘉祐三年(1024-1058)國子監刻本　69
北史一百卷　宋慶元間(1195-1200)建安蔡建溪刻本　809
北史一百卷　南宋監本　940
北史一百卷　宋建刻本　1099
北史一百卷　宋刻本　1099
北門集　宋潮州刻本　1232
北堂書鈔一百六十卷　明影宋鈔本　1288

北溪大全文集五十卷外集一卷　宋淳祐八年(1248)漳州龍江書院刻本　821

北溪大全文集五十卷外集一卷　宋咸淳四年(1268)薛季良刻本　894

北溪先生字義二卷　宋明州刻一百五十板　958

北溪先生字義二卷　宋永嘉趙崇瑞刻本　959

北溪字義二卷　宋潮州刻本　1230

北溪字義二卷　宋淳祐間(1241-1252)清漳刻本　843

北齊書五十卷　北宋治平二年(1065)刻本　113

北齊書五十卷　南宋監本　940

北磵文集十卷　宋嘉定十年(1217)崔尚書宅刻本　698

北磵和尚外集一卷　宋淳祐十年(1250)序　831

北磵詩集九卷文集十卷外集一卷　日本五山翻宋崔尚書宅刻本　698

北磵詩集九卷　宋崔尚書宅刻本　698

北磵語録一卷　宋刻本　1276

田氏書目六卷　北宋元祐間(1068-1093)序　154

田畝比類乘除捷法二卷算法通變本末一卷乘除通變寶算一卷算法取用本末一卷續古摘奇算法一卷　宋德祐元年(1275)晚山書院刻本　915

甲乙集十卷　宋刻本　981

甲申雜記一卷聞見近錄一卷 宋吉州刻本 1054
甲戌使遼錄 北宋紹聖元年(1094)范陽書坊刻印. 155
申鑑五卷 宋淳熙九年(1182)尤袤江西漕臺刻本 492
史氏指南方一卷 宋嚴州刻本 960
史記集解一百三十卷 北宋淳化三年(992)杭州陳氏萬卷堂刻本 133
史記集解一百三十卷 北宋淳化五年至咸平二年(994—999)國子監刻本 34
史記集解一百三十卷 北宋元祐間(1068—1093)刻本 154
史記集解一百三十卷 北宋刻遞修本
史記集解一百三十卷 北宋刻本 196
史記集解一百三十卷 北宋刻十四行本 195
史記集解一百三十卷 北宋刻遞修本 179
史記 漢書 遼咸雍十年(1074)頒定 1303
史記集解一百三十卷 宋紹興八年(1138)建刻本 254
史記集解一百三十卷 宋紹興九年(1139)重刻本 259
史記集解一百三十卷 宋紹興十年(1140)邵武朱中奉宅刻本 264
史記集解一百三十卷 宋紹興間(1131-1162)衢州刻本 347
史記集解一百三十卷 宋紹興間(1131-1162)杭州刻本 347
史記集解一百三十卷 宋紹興淮南路轉運司刻

宋元遞修本 344

史記集解一百三十卷 宋紹興間(1131-1162)江南東
路轉運司刻本 346

史記集解一百三十卷 南宋監本 939

史記集解一百三十卷 南宋初建陽刻本 1097

史記集解一百三十卷 宋蜀刻大字本 1200

史記集解一百三十卷 宋蜀刻小字本 1200

史記一百三十卷 金大定四年至六年(1164-1166)頒行

史記正義一百三十卷 宋紹興三年(1133)官刻本 238

史記正義一百三十卷 宋嘉定六年(1213)萬卷樓
刻本 675

史記索隱一百三十卷 北宋嘉祐二年(1057)建邑
王氏世翰堂刻本 99

史記集解索隱一百三十卷 宋紹興二十七年(1157)
建寧府刻本 321

史記集解索隱一百三十卷 宋乾道七年(1171)建
安蔡夢弼東塾刻本 416

史記集解索隱一百三十卷 宋淳熙三年(1176)張
杅桐川郡齋刻本 456

史記集解索隱一百三十卷 宋淳熙三年(1176)張
杅桐川郡齋刻淳熙八年(1181)耿秉補刻本 484

史記集解索隱一百三十卷　宋嘉定六年（1213）萬卷樓刻本 675
史記集解索隱一百三十卷　蒙古中統二年（1261）段子成刻本 870
史記集解索隱正義一百三十卷　宋慶元間（1195—1200）建安黄善夫刻本 573
史記語法八卷　宋淳熙十二年（1185）洪邁刻本 498
史通二十卷　宋刻十卷本 1253
史略六卷　宋寶慶元年（1225）刻本 737
史載之方二卷　宋徽宗時刻 209
史載之方二卷　宋嚴州刻本 960
史載之方二卷　宋刻本 1258
四子（論語、孟子、大學、中庸）　宋紹熙二年（1190）朱熹臨漳刻本 542
四分律比丘尼鈔六卷　宋開禧三年（1207）刻本 643
四分律比丘尼含注戒本二卷　南宋中期刻本 972
四分律行事鈔資持記□卷　宋明州刻本 973
四分律刪補隨機羯磨疏濟緣記二十二卷　宋刻本 1273
四分律刪繁補闕行事鈔三卷　宋景定元年（1260）明慶寺僧聞思刻本 869

四如集五卷 宋唐清子刻六卷本 1175

四公四六話二卷 北宋宣和四年(1122)自序 185

四言雜字 西夏刻本 1380

四明它山水利備覽二卷 宋淳祐二年(1122)
自序 801

四明志二十一卷 宋紹定二年(1229)刻本 757

四明尊堯集四卷 宋紹興二十九年(1159)陳正綱
刻本 326

四明尊堯集四卷 宋明州刻本 986

四明圖經十二卷 宋乾道五年(1169)張津編纂
刻本 410

四明續志十二卷 宋開慶元年(1259)刻本 863

四書朱子集注二十六卷 宋衢州郡庠刻本 934

四書注二十八卷 宋紹熙元年(1190)朱熹刻於
漳州 535

四書章句集注二十八卷 宋嘉定十年(1217)當塗
郡齋刻嘉熙四年淳祐十年遞修本 696

四書章句集注二十六卷 宋刻本 840

四書章句集注二十八卷 宋刻本 841

四書集注二十八卷 宋淳熙十六年(1189)序定本 517

四書集注二十八卷 宋紹熙三年(1192)曾集南康

刻本 552
四書集注二十八卷、宋慶元五年(1199)建陽書坊
刻本 587
四書集注二十六卷 宋咸淳間(1265-1274)趙淇衢州
刻本 912
四書集編二十六卷 宋咸淳九年(1273)劉才之
序 903
四書管見十三卷 宋刻本 756
四家禮范五卷 宋金陵劉宏刻本 1034
四美圖 金平陽姬家刻印 1364
四時纂要 北宋至道二年(996)刻本 35
四朝名臣言行錄 宋建刻巾箱本 1111
四朝名臣言行錄別集十六卷後集十六卷 宋建
陽書坊刻本 1111
包孝肅公奏議十卷 宋紹興二十七年(1157)廬州
州學刻本 321
包孝肅奏議十卷 宋淳熙元年(1174)趙磻老廬州
刻本 445
册府元龜一千卷 北宋大中祥符八年(1015)國子
監刻本 33
册府元龜一千卷 北宋蜀刻本 210

册府元龜一千卷　宋蜀中刻本 1205

外科精要三卷　宋景定四年(1263)自序 878

外臺秘要四十卷　北宋熙寧二年(1069)國子監
刻本 123

外臺秘要四十卷　北宋熙寧二年(1069)兩浙東路
茶鹽司刻本 124

外臺秘要四十卷　北宋元祐三年(1088)國子監
刻小字本 146

外臺秘要四十卷　宋紹興兩浙東路茶鹽司刻本

仙源類譜□□□卷　宋內府抄本 1250

仙源積慶圖一卷　南宋重刻本 55

仙溪志四卷　宋寶祐五年(1257)序 858

片玉詞二卷　宋淳熙七年(1180)強煥刻本 483

片玉詞二卷補遺一卷　宋刻陳元龍注十卷本 1300

白文八經　宋紹熙間(1190-1194)刻十字本 563

白孔六帖一百六卷　宋乾道二年(1166)衢州刻本 394

白氏六帖事類集三十卷　北宋天聖二年(1024)國
子監刻本 69

白氏六帖事類集三十卷　北宋刻本 210

白氏六帖事類集三十卷　宋紹興間(1131-1162)刻本 362

白氏文集七十一卷　北宋景祐四年(1037)杭州刻

本 82
白氏文集七十一卷 北宋宣和五年(1123)廬山刻本 185
白氏文集七十一卷 北宋蜀刻本 220
白氏文集七十一卷 北宋蘇州刻本 220
白氏文集七十一卷 宋紹興間(1131-1162)杭州刻本 370
白氏文集七十一卷 南宋初期刻十一行本 978
白氏文集七十一卷年譜一卷 宋嘉定初李大異刻本 733
白氏文集七十一卷 宋刻十三行本 978
白氏文集七十一卷 宋廬山本 1060
白氏文集七十一卷 宋蘇州刻 1038
白氏文集七十一卷 宋蜀刻本 1215
白氏文集七十一卷 宋忠州刻本 1215
白氏長慶集七十一卷 宋紹興初年平江公使庫刻本 370
白氏策林四卷 明翻宋刻本 1281
白石詩傳三十卷詩訓詁三卷 宋嘉定間(1208-1224)丁黼刻本 735
白石詩傳三十卷詩訓詁三卷 宋紹定六年(1233)溫州郡齋刻本 774

白石詩集一卷　宋紹定六年(1233)刻本　774
白石道人歌曲四卷別集一卷　宋嘉泰二年(1202)
錢希武東巖讀書堂刻本　622
白石道人歌曲四卷別集一卷　宋嘉定五年
(1212)刻於雲間　674
白石道人歌曲四卷別集一卷　宋嘉定十五年
(1222)刻於雲間　714
白虎通義四卷　北宋刻本　204
白蓮集十卷附風騷旨格一卷　北宋刻本　222
瓜廬詩一卷　宋淳祐六年(1246)浙東刻本　815
台州十類因革論四卷　南宋末刻本　976
幼幼新書四十卷目錄一卷　宋紹興二十年(1150)
刻本　308

六畫

字苑類編十卷　宋刻本　1245
字通一卷　宋寶祐二年(1254)虞兟刻本　849
字說二十四卷　北宋紹聖二年(1095)國子監刻本　156
安岳馮公太師文集十二卷　宋景定間(1260-1264)
閩銳刻本　881
安南表狀一卷　宋紹興二十五年(1095)李天祥進
貢　319

安陸集一卷　宋湖州郡齋刻本　983

安陸詩集一卷補遺一卷　北宋舊京本　225

安溪縣志　宋嘉定間(1208-1224)泉州安溪縣印書局刻本　727

安晚堂詩集六十卷　宋臨安刻本　993

安驥集　僞齊阜昌五年(1134)刻本。　249

守臻集略示戒相儀孝思集毗奈耶藏近事優婆塞五戒本等合卷　遼寫本　1329

汗簡集七卷　北宋太平興國間(976-983)李建中抄本　23

汗簡七卷　北宋天禧二年(1018)刻本　65

江文通集十卷　宋臨安府棚前北睦親坊南陳宅經籍鋪刻本　1005

江西詩派一百三十七卷續派十三卷　宋慶元間(1195-1200)黃汝嘉刻　612

江行圖録　宋建康書板六十八種之一　1035

江東集十卷附讒書五卷　宋淳熙二年(1175)姚叔祥刻本　452

江湖小集九十五卷　宋臨安府棚前街陳宅經籍鋪刻本　1024

江湖長翁文集四十卷　宋嘉定二年(1209)陸游序　656

江湖前集若干卷後集若干卷續集若干卷中興江湖集若干卷　宋臨安府陳宅書籍鋪刻本　1024

冲虛至德真经八卷　北宋大中祥符五年（1012）刻本　52

冲虛至德真经八卷　北宋宣和元年（1119）刻本　183

冲虛至德真经注八卷　北宋宣和五年（1123）國子監刻本　185

冲虛至德真经八卷　北宋刻本　217

冲虛至德真经八卷　宋建刻本　1151

冲虛至德真经八卷　宋刻本　976

冲虛至德真经四解二十卷　北宋宣和元年（1119）吳師中序　183

次山集十二卷　宋江川本　1210

米海嶽書史一卷　宋臨安府陳道人書籍鋪刻本　1000

米海嶽畫史一卷　宋臨安府陳道人書籍鋪刻本　1002

刑统律文　宋紹興二十六年（1156）國子監印造　320

刑统　宋淳熙四年（1177）國子監重刻本　465

刑统三十卷刑统申明一卷　宋淳熙十四年（1187）國子監重刻本　510

吏部銓注條例　宋建炎四年（1130）越州雕印　232

夷堅志　宋乾道八年（1172）洪邁贛州刻本　422

夷堅志　宋淳熙七年(1180)洪邁建安刻本　482

夷堅志甲志二十卷乙志二十卷丙志二十卷丁志二十卷　宋嘉定建寧府刻本　730

夷堅志甲志二十卷乙志二十卷丙志二十卷丁志二十卷　宋寶祐六年(1258)刻本　861

夷堅志甲志二十卷乙志二十卷丙志二十卷丁志二十卷支甲十卷支乙十卷支丙十卷支丁十卷支戊十卷支庚十卷支癸十卷三志己十卷三志辛十卷三志壬十卷　清影宋抄本　731

老子注二卷　北宋政和五年(1115)晁說之刻本　178

老子注二卷　宋乾道六年(1170)建陽熊克刻本　414

老子道德經章句二卷　宋乾道間(1165-1173)建安虞氏家塾刻本　1146

老子道德經古本集注直解二卷　宋建安虞氏刻本　1146

老子道德經古本集注二卷　南宋初道士王洞應刻本　1276

老學庵筆記十卷　宋紹定元年(1228)陸子遹刻本　752

老學庵筆記十卷　宋天台郡齋刻本　1190

考古圖十卷　北宋元祐七年(1092)摹寫　151

考古圖十卷續考古圖五卷釋文一卷　北宋鏤板　203

考古圖十卷　宋末茶陵陳仁子刻本　1115

考古編十卷　宋淳熙七年(1180)陳應行刻本　482

考古質疑六卷　宋淳祐四年(1244)刻本　808

地理新書十五卷　北宋皇祐三年(1051)進書序　96

地藏菩薩本願經　西夏活字印本　1393

西山文集五十五卷　宋刻本　1294

西山仁政類稿　宋嘉定間(1208-1224)泉州安溪縣印書局刻本　727

西山先生真文忠公讀書記甲集三十七卷乙集十六卷丙集(未見)丁集八卷　宋建安漕司刻本　1128

西山真文忠公讀書記甲集三十七卷乙集二十二卷丁集二卷　宋開慶元年(1259)福州學宮刻本　864

西方淨土十疑論　西夏刻印　1390

西夏官階封號表　西夏刻本　1376

西夏詩集　西夏乾祐十六、十七年(1185-1186)刻印司刻本　1407

西崑酬唱集二卷　北宋寶元二年(1039)刻本　87

西崑酬唱集二卷　宋嘉定間(1208-1224)陸子遹嚴州刻本　736

西渡集二卷補遺一卷　宋刻本　1291

西湖古蹟事實一卷 宋紹興三十二年(1162)自序 336

西湖紀遊一卷 宋刻本 949

西湖高僧事略一卷 宋寶慶間(1225-1227)杭州瑪瑙寺僧元敬輯刻本 749

西溪易說十二卷 宋慶元四年(1198)書成 584

西溪集十卷 宋沈遘撰 雲巢集十卷 宋沈遼撰 長興集十九卷 宋沈括撰 南宋初高布括蒼合刻本 986

西溪叢語二卷 宋紹興二十三年(1153)序刻本 315

西塘集二十卷 宋盱江郡齋刻本 1062

西塘文集二十卷 宋乾道三年(1167)林栗九江郡齋刻本 401

西塘先生文集十卷 宋乾道三年(1167)福州刻本 401

西塘先生文集二十卷 宋隆興二年(1164)盱江郡齋刻本 388

西塘先生文集十卷 宋嘉定三年(1210)刻本 660

西漢文類四十卷 宋紹興十年(1140)臨安府刻本 265

西漢文類二十一卷 東漢文類二十卷 宋建陽書坊刻本 779

西漢詔令十二卷 北宋大觀三年(1109)鏤板 170

西漢會要七十卷 宋嘉定(1208-1224)建寧郡齋刻本 685

西嶽華山志一卷　金大定二十三年(1183)刻本 1348

西疇居士春秋本例　宋刻本 1239

列子八卷　宋刻巾箱本 1277

列子鬳齋口義二卷　宋景定三年(1262)王庚序刻本 875

列女傳七卷續列女傳一卷　宋嘉定七年(1214)建安余氏勤有堂刻本 682

百川學海一百種一百七十九卷　宋咸淳九年(1273)刻本 904

百斛珠　金刻本 1360

百菊集譜六卷補遺一卷　宋淳祐十年(1250)跋刻本 830

百壽字圖一卷　宋紹定二年(1229)史渭刻本 760

匡謬正俗八卷　北宋崇文院刻本 195

艮齋先生薛常州浪語集三十卷　宋寶慶二年(1226)薛師旦撫州刻本 742

艮齋餘稿四卷　影寫宋刻本 1295

丞相魏公譚訓十卷　宋紹熙四年(1193)周泌刻本 557

吉祥遍至口和本續　西夏木活字印本 1392

成都文類五十卷　宋慶元五年(1199)袁說友序刻本 597

成都古今集說三十卷　北宋熙寧七年(1074)書成 129
成唯識論了義燈鈔科文三卷　偽齊阜昌八年(1137)醴州軋明院刻本 253
成唯識論述記應新抄科文三卷　遼刻本 1321
成唯識論第一卷　遼寫本 1328
成就妙法蓮華王瑜伽觀智儀軌一卷　宋刻本 1055
艾軒先生文集九卷附錄一卷　宋咸淳十年(1274)林希逸跋 911
艾軒集九卷附錄一卷　宋淳祐十年(1250)鄱陽刻本 832
同安志十卷　宋紹興十三年(1143)張彥聲刻本 274
音同　西夏正德六年(1132)刻本
曲江集二十卷　北宋元祐間(1086-1093)曲江縣刻本 154
曲江集二卷　宋蜀刻本 1208
曲洧舊聞十卷　宋臨安府太廟前尹家書籍鋪刻本 1027
回溪史韻四十二卷　宋慶元五年(1199)侯玟刻本 592
吁天辯誣錄　宋嘉泰間(1201-1204)岳珂刻本 636
朱子年譜　宋建康刻本 1035
朱子年譜一卷　宋洪友成刻本 1251

朱子章句集注大學一卷中庸一卷論語十卷孟子十四卷朱子序說讀書法 宋咸淳九年(1273)衢州郡庠刻本 902

朱子語類(或稱朱子語錄)四十三卷 宋嘉定二年(1209)李道傳編刻本 653

朱子語類(或稱朱子語錄)四十三卷 宋嘉定八年(1215)李道傳編刻本

朱子語類一百四十卷 宋嘉定間(1204-1228)眉山史廉叔刻本 730

朱子語類一百四十卷 宋咸淳六年(1270)盱江郡齋黎靖德刻本 898

朱子語類一百四十卷 宋蜀刻本 1204

朱子語類一百四十卷 宋安徽刻本 1041

朱子語類後錄二十六卷 宋淳祐九年(1249)蔡抗刻本 824

朱子語類別錄二十卷 宋咸淳元年(1265)吳堅建安刻本 884

朱子續錄四十六卷 宋嘉熙二年(1238)李性傳鄱陽刻本 790

朱子讀書法四卷 宋咸淳二年(1266)鄞縣頖宮刻本 889

朱文公小學書四卷 宋嚴州刻本 958

朱文公年譜一卷 宋瑞陽刻本 1251

朱文公年譜一卷 宋康廬刻本 1251

朱文公訂正門人蔡九峰書集傳六卷書傳問答一卷 宋淳祐十年(1250)上饒郡學刻本 828

朱文公訂正門人蔡九峰書集傳六卷 宋成都路刻本 1229

朱文公校昌黎先生集四十卷外集十卷遺文一卷 宋紹熙間(1190—1194)建刻本 570

朱文公校昌黎先生集四十卷外集十卷遺文一卷 宋紹定六年(1233)臨江軍學刻本 774

朱文公校昌黎先生文集四十卷外集十卷集傳一卷遺文一卷 宋寶慶三年(1227)南平郡齋刻本 747

朱文公校昌黎先生文集四十卷 宋麻沙刻黑口本 1158

朱文公校昌黎先生集四十卷外集十卷 宋江西刻本 1060

朱文公論孟或問 宋湖州刻本 1230

朱文公韓文考異十卷 宋三山鄭伯義刻本 1158

朱文公編昌黎先生傳一卷 宋刻昌黎文集本 1060

朱氏易傳五卷 宋紹聖元年(1094)自序 155

朱慶餘詩集一卷 宋臨安府陳宅經籍鋪刻本 1012

朱熹語略　宋道州蕭一致刻本　1188

竹坡詞三卷　宋乾道九年(1174)周䋺重刻本　431

竹洲文集二十卷　宋淳祐七年(1247)刻本　819

竹屋癡語一卷　清初汲古閣影宋精抄本　1301

竹溪先生奏議　宋嘉定間(1208-1224)泉州安溪縣
印書局刻本　727

竹隱畸士集一百二十卷　宋趙剛立復州刻止四
十卷　1192

名公書判清明集不分卷　宋刻本　871

名公增修晉書詳節三十卷　宋刻本　1253

名公增修標注南史詳節二十五卷　宋刻本　1117

名公增修標注隋書詳節二十卷　宋刻本　1117

名臣言行録前集十卷後集十卷續集十卷別集二
十六卷外集十七卷　宋麻沙霞明溪本　1112

名臣言行録前集十卷後集十卷續集十卷別集二
十六卷外集十七卷　宋明溪本　1187

名賢氏族言行類稿六十卷　宋麻沙本　1042

仲景全書四種　北宋元祐三年(1088)國子監刻本　146

伊川先生點校附音周易二卷　南宋末年刻本　1234

伊川擊壤集二十卷　北宋治平間(1064-1067)蜀刻本　119

伊川擊壤集二十卷　北宋元祐六年(1091)邢恕後

序 150
伊川擊壤集二十卷 宋刻本 1286
伊洛淵源錄十四卷 宋乾道九年（1173）書成 426
自堂存稿十三卷 宋咸淳十年（1274）刻本 911
自撓錄一卷 宋淳祐七年（1274）譚友聞序 818
自警編五卷 宋嘉定十七年（1224）刻本 724
全芳備祖前集二十七卷後集三十一卷 宋末麻沙刻本 854
全嬰方論二十三卷 宋淳熙間（1174-1189）刻本 529
合肥志四卷 宋淳熙十五年（1181）鄭興裔刻本 514
如住賢劫千佛名經上卷 西夏刻本 1393
如庵小稿□卷 金天興間（1233-1235）完顏璹自刻本 1358
肋後方 遼乾統間（1101-1110）刻本 1305

七畫

宋人選青賦箋十卷 宋建安王懋甫書坊刻巾箱本 1185
宋九朝編年備要三十卷 影寫宋刻本 1247
宋文選三十二卷 宋建刻本 1182
宋文鑑一百五十卷 宋端平元年（1235）刻本 780
宋文鑑一百五十卷 宋麻沙劉將仕宅刻本 1181
宋中興群公吟稿戊集七卷 宋臨安府陳宅書籍

鋪刻本

宋丞相李忠定公奏議六十卷附錄九卷 宋淳熙十年(1183)朱熹序 493

宋名賢四六叢珠一百卷 宋慶元二年(1196)建安陳彥甫家塾刻本 575

宋宰輔編年錄二十卷 宋寶祐五年(1257)福州府永泰縣學刻本 857

宋宰輔編年錄二十卷 宋咸淳間(1265-1274)吳革刻本 912

宋書一百卷 北宋治平二年(1065)刻本 113

宋書一百卷 南宋監本 939

宋景文筆記三卷 宋寶慶二年(1226)李衎跋 742

宋詩秘本二十三卷 影抄宋臨安府棚北大街睦親坊南陳解元書籍鋪刻本 1017

宋端明殿學士蔡忠惠公文集四十卷 宋乾道五年(1169)興化郡庠刻本 411

宋藩慶系錄 宋內府抄本

宏辭總類四十卷後集三十五卷三集十卷四集九卷 北宋紹聖二年(1095)建昌軍學刻本 159

宏辭總類四十一卷 宋紹興間(1131-1162)陸時雍刻本 383

宏辭總類四十一卷後集三十五卷三集十卷四集九卷 宋嘉定元年(1208)建昌軍學刻本
沈下賢集十二卷 北宋元祐元年(1086)刻本 144
沈氏三先生文集 南宋初括蒼高布刻本 997
沈存中圖畫歌一卷 宋臨安府陳道人書籍鋪刻本
沈忠敏公龜谿集二十卷 宋紹興元年(1131)刻本 234
沈忠敏公龜溪集十二卷 宋淳熙三年(1174)泉州軍學刻本 460
沈忠敏公龜溪集十二卷 宋紹熙二年(1191)浙西轉運司刻本 545
汲古閣影鈔南宋六十家小集九十七卷 明末毛氏汲古閣影寫宋臨安府陳宅書籍鋪刻本 1020
汲冢周書十卷 宋京口刻本 1038
河南集二十七卷 宋尤袤刻本 983
忘懷清樂集一卷 南宋杭州刻本 965
冷齋夜話十卷 宋衢州刻本 969
初虞世必用方 宋紹興十三年(1143)瓊州刻本 274
初寮詞一卷 汲古閣影宋精抄本 1301
初學記三十卷 北宋天聖二年(1024)國子監刻本 69

初學記三十卷　宋绍興十七年(1147)東陽崇川余四十三郎刻本　299

言子三卷　宋端平初王鎬刻本　787

祀汾陰記五十卷　北宋大中祥符六年(1013)上　52

辰州風土記六卷　宋隆興二年(1164)徐彭年序刊本　386

迂齋先生標注崇古文訣二十卷　宋寶慶三年(1227)陳森刻本　748

迂齋標注諸家文集五卷　宋寶慶二年(1226)陳振孫序刻本　743

孝史五十卷　宋淳熙十五年(1188)刻本　514

孝经注一卷　北宋天聖明道間刻本　76

孝经注一卷　宋绍興二十一年(1151)國子監刻本　309

孝经鄭氏注一卷　宋乾道八年(1172)建陽熊克刻本　421

孝经正義三卷　北宋咸平四年(1001)國子監刻本　38

孝经正義三卷　宋绍興十五年(1145)臨安府刻本　293

孝经正義三卷　宋閩中刻本　1095

孝經正義三卷　宋刻本
孝經衍義四十七卷　北宋慶曆七年（1047）樓部序刊　92
孝詩一卷　宋臨安府陳解元宅書籍鋪刻本　1014
孝肅包公奏議集十卷　宋紹興間（1131–1162）毗陵胡彥國刻本　357
孝肅包公奏議集十卷　宋廬州州學刻本　1040
赤城集十八卷　宋淳祐八年（1248）刻本　822
却掃編三卷　宋嘉泰二年（1202）桂陽軍學刻本　621
却掃編三卷　宋臨安府尹家書籍鋪刻本　1027
甫里集十九卷附錄一卷　宋寶慶五年（1257）吳江葉茵刻本　860
酉陽雜俎二十卷　宋嘉定七年（1214）周登刻本　683
酉陽雜俎前集十卷後集十卷　宋嘉定十六年（1223）鄧復刻本　717
酉陽雜俎前集二十卷後集十卷　宋淳祐十年（1250）彭奎刻本　831
批點分類誠齋先生文膾前集十二卷後集十二卷　宋麻沙本　867
杜工部集二十卷　北宋嘉祐四年（1059）蘇州公使庫王琪刻本　102

杜工部集二十卷補遺一卷 北宋治平間（1064—1067）裴某刻本 119

杜工部集附補遺 北宋刻小字本 219

杜工部集二十卷 宋紹興三年（1133）建康府學刻本 244

杜工部集二十卷補遺一卷 宋紹興初年浙江刻本 371

杜工部集二十卷附補遺 宋姑蘇郡齋刻本 1038

杜工部集二十卷 宋建康刻五百二十板 1036

杜工部草堂詩箋五十卷 宋嘉泰元年（1201）建安蔡夢弼望道亭刻本 616

杜工部草堂詩箋四十卷 宋刻本 1154

杜子美集二十二卷 宋紹興間（1131—1162）黄鄂刻本 373

杜荀鶴文集三卷 南宋蜀刻本 1222

杜審言詩集二卷 宋乾道六年（1170）吉州刻本 415

杜審言集二卷 宋乾道間（1165—1173）趙彥清刻本 439

杜審言詩不分卷 宋臨安府陳氏書棚本 1014

李太白文集三十卷 北宋元豐三年（1080）臨川晏知止刻本 136

李太白文集三十卷 北宋刻本 219

李太白文集三十卷 宋紹興間（1131—1162）蜀刻本 370

李太白文集三十卷 宋高宗時刻本 1279

李文公集十八卷 宋馮師虞刻本 1282

李文公集十八卷 宋建陽刻小字本 1159

李公家傳 宋建康府書板六十八種之一 1035

李丞相詩集二卷 宋臨安府陳宅書籍鋪刻本 1010

李長吉文集四卷 南宋初期宣城刻本 1043

李長吉文集四卷 宋蜀中刻本 1222

李侍郎經進六朝通鑑博議十卷 宋紹熙三年(1192)畢萬裔富春堂刻本 553

李商隱詩集三卷 清影抄北宋本 221

李商隱詩集三卷 清影宋抄本 1282

李群玉詩集三卷後集五卷 宋臨安府陳宅書籍鋪刻本 1008

李賀歌詩編四卷集外詩一卷 北宋刻南宋乾道印本 220

李賀歌詩編四卷集外詩一卷 宋臨安府棚前北睦親坊南陳宅經籍鋪刻本 1008

李賀歌詩編四卷 金承安元年(1196)刻本 1353

李綱奏議 宋邵武郡齋刻本 1114

李衛公文集二十卷別集十卷外集四卷 明抄宋本 1217

李翰林集三十卷詩二十卷雜著十卷　宋咸淳五年(1269)刻本 896

李翰林别集十卷　北宋咸平元年(998)序 36

李學士新注孫尚書尺牘十六卷　宋慶元三年(1197)建陽蔡建侯刻本 583

杏溪傅氏禹貢集解二卷　宋江西刻本 1045

君臣政要四十卷　北宋嘉祐八年(1063)書成 107

攻媿先生集一百二十卷　宋四明樓氏家刻本 986

别本韓文考異四十卷外集十卷遺文一卷　宋麻沙刻小字本 1158

别本象山文集六卷　宋開禧三年(1207)高商老刻本 644

别本韓文考異四十卷外集十卷遺文一卷　宋麻沙刻小字本

别本韓文考異四十卷外集十卷遺文一卷　宋王伯大南劍州刻本 1213

吳文肅公文集二十卷附棣華雜著一卷附錄一卷　宋淳祐七年(1247)刻本 819

吳中花品一卷　北宋慶曆五年(1045)自序 92

吳志二十卷　北宋咸平三年(1000)崇文院刻本 37

吳志二十卷　北宋咸平六年(1003)國子監刻本 40

吴郡志五十卷 宋绍定二年(1229)廣德李壽朋刻本 758
吴郡圖经 北宋大中祥符間(1008-1016)刻本 57
吴郡圖经 北宋绍聖三年(1096)刻本 157
吴郡圖经續記三卷 北宋元豐間(1078-1085)刻本 140
吴郡圖经續記三卷 北宋元符元年(1098)蘇州公使庫刻本 160
吴郡圖经續記三卷 宋绍興四年(1134)蘇州官刻本 247
吴郡樂圃先生餘稿十卷附録一卷 宋绍熙五年(1194)刻本 563
吴陵志十卷 宋淳熙十二年(1185)泰州刻本 499
吴都文粹九卷 宋刻十卷本 998
吴越春秋十卷 宋绍興十年(1140)刻本 265
吴越春秋十卷 宋新安郡齋刻本 1040
吴越春秋十卷 越绝書十五卷 宋嘉定十七年(1224)新安汪綱兩書同刻 723
吴越備史遺事五卷 北宋開寶五年(972)序 14
吴興志二十卷 宋嘉泰元年(1201)傅兆敬序 614
吴興统記十卷 北宋景德元年(1004)序 42
吕大著點校標抹增節備注資治通鑑一百二十卷

宋麻沙刻本 113

吕氏易集解 宋湖州刻本 1230

吕氏春秋二十六卷 北宋元祐壬申後三年(1095)
刻本 154

吕氏春秋二十六卷 北宋紹聖二年(1095)賀鑄校
鈔本 156

吕氏家塾讀詩記三十二卷 宋淳熙九年(1182)
江西漕臺刻本 490

吕氏家塾讀詩記三十二卷 宋淳熙九年(1182)
尤延之刻小字本 490

吕氏家塾讀詩記三十二卷 宋慶元間(1041-1048)
吕祖儉刻巾箱本 608

吕氏家塾讀詩記三十二卷 宋嘉定間(1208-1224)眉
山賀春卿刻本 726

吕氏家塾讀詩記 宋婺州刻本 923

吕氏家塾讀詩記三十二卷 宋建刻本 1073

吕氏家塾增注三蘇文選二十七卷 宋嘉定八年
(1215)建安蔡文子刻本 689

吕氏鄉約附鄉儀 宋嘉定五年(1212)刻本 669

吕東萊圈點重言似句春秋經傳集解三十卷 宋

刻巾箱本
吕忠穆公家傳 宋吕昭問廣德軍刻本 1044
吕忠穆公集十五 宋浙江刻本 990
吕和叔文集 清鮑氏知不足齋影寫宋刻本 1281
吕惠卿治縣法十卷 北宋紹聖二年(1095)刻本 157
吕聖求詞一卷 宋嘉定五年(1212)趙師岌序 673
吕觀文經進莊子內外篇義十卷 北宋元豐七年(1084)進 139
吹劍錄一卷 宋淳祐三年(1243)刻本 805
吹劍三錄一卷 宋淳祐十年(1250)序刻 831
吟窗雅錄五十卷 宋紹興五年(1135)浩然子序 252
盱江志十卷續志十卷 宋慶元五年(1199)三山陳峴修刻本 588
岑參詩 宋成都路刻本 1229
岑嘉州詩八卷 宋乾道九年(1173)陸游刻本 426
佛母大金孔雀明王經三卷 遼刻本 1333
佛母大孔雀明王經三卷 宋刻本 1272
佛名集 遼刻本 1317
佛祖統紀五十卷 宋咸淳五年(1269)刻本 894
佛國圜悟禪師碧巖錄十卷 宋建炎二年(1128)普照

序 231

佛國圜悟真覺禪師心要二卷 宋刻本 1275

佛國禪師文殊指南圖讚一卷 宋臨安府衆安橋
南街東開經書鋪賈官人宅刻本 1031

佛頂心陀羅尼經三卷 宋刻本 1272

佛頂心陀羅尼經 西夏刻印 1386

佛頂心觀世音菩薩大陀羅尼經三卷 北宋崇寧
元年（1102）石處道等刻本 165

佛頂心觀世音菩薩大陀羅尼經三卷 北宋嘉祐
八年（1063）江西虔州贛縣刻本 110

佛頂心觀世音菩薩大陀羅尼經 遼寫本 1329

佛頂心觀世音菩薩大陀羅尼經 遼寫本 1329

佛頂心觀世音菩薩大陀羅尼經一卷 宋乾道間
（1165-173）葉岳刻本 438

佛頂尊勝陀羅尼等靈異神咒二十通一卷 宋乾
道九年（1173）秀州惠雲院僧德求刻本 426

佛眼法錄 宋刻本 1145

佛經 咒語 塔圖 佛像 北宋開寶八年（975）
吳越釋延壽 鏤版印 17

佛說八師經一卷 遼刻本 1316

佛說大方等集菩薩念佛三昧分經十卷 宋刻本 1272
佛說大孔雀咒王經卷上 遼刻本 1316
佛說大孔雀咒王經 西夏刻印 1389
佛說大乘三歸依經 西夏乾祐十五年(1184)刻本 1387
佛說大乘聖無量壽決定光明王如來陀羅尼經一卷 遼寫本 1310
佛說大乘聖無量壽決定光明王如來陀羅尼經一卷 宋淳祐三年(1243)方寔熙刻本 805
佛說父母恩重經 西夏天盛四年(1152)刻本 1388
佛說生天經 金貞元三年(1155)刻本 1344
佛說末劫經 北宋崇寧三年(1104)前荊湖南路刻本 168
佛說北斗七星經一卷 北宋雍熙三年(986)絳州刻本 26
佛說百壽解結怨陀羅尼經 西夏刻本 1388
佛說佛母出生三法藏般若波羅蜜經 西夏刻本 1389
佛說延壽經 遼寫本 1333
佛說竺蘭陀心文經一卷 北宋元豐六年(1083)刻本 138
佛說長壽經一卷 大理國刻本 1407

佛説阿弥陀经　西夏刻本 1387

佛説阿弥陀经　西夏刻本 1387

佛説阿弥陀经　西夏刻印漢文本 1387

佛説阿弥陀经　西夏大安十一年（1084）刻本 1086

佛説相輪陀羅尼经一卷　北宋天禧元年（1017）吴
縣湯氏二娘寫施舍卷子本 58

佛説相輪陀羅尼经一卷　北宋天禧元年（1017）吴
縣顧氏三娘寫施舍卷子本 58

佛説相輪陀羅尼经一卷　北宋天禧元年（1017）吴
縣袁氏三娘寫施舍卷子本 59

佛説相輪陀羅尼经一卷　北宋天禧元年（1017）吴
縣唐氏七娘寫施舍卷子本 58

佛説相輪陀羅尼经一卷　北宋天禧元年（1017）吴
縣周福寫施舍卷子本 58

佛説相輪陀羅尼经一卷　北宋天禧元年（1017）吴
縣馬四娘寫施舍卷子本 58

佛説相輪陀羅尼经一卷　北宋天禧元年（1017）吴
縣陳氏一娘寫施舍卷子本 59

佛説相輪陀羅尼经一卷　北宋天禧元年（1017）吴
縣陳氏五娘寫施舍卷子本 59

佛說相輪陀羅尼經一卷　北宋天禧元年(1017)吳縣黃永熙寫施舍卷子本　59

佛說相輪陀羅尼經一卷　北宋天禧元年(1017)吳縣朱從慶寫施舍卷子本　59

佛說相輪陀羅尼經一卷　北宋天禧元年(1017)吳縣唐進寫施舍卷子本　59

佛說相輪陀羅尼經一卷　北宋天禧元年(1017)吳縣翁承諤寫施舍卷子本　59

佛說相輪陀羅尼經一卷　北宋天禧元年(1017)吳縣錢太和寫施舍卷子本　60

佛說相輪陀羅尼經一卷　北宋天禧元年(1017)吳縣夏惟貞寫施舍卷子本　60

佛說相輪陀羅尼經一卷　北宋天禧元年(1017)吳縣夏惟員寫施舍卷子本　60

佛說相輪陀羅尼經一卷　北宋天禧元年(1017)吳縣夏用龍寫施舍卷子本　60

佛說相輪陀羅尼經一卷　北宋天禧元年(1017)吳縣夏用能寫施舍卷子本　60

佛說相輪陀羅尼經一卷　北宋天禧元年(1017)吳縣夏元扶寫施舍卷子本　60

佛説相輪陀羅尼經一卷 北宋天禧元年(1017)吳縣楊承福寫施舍卷子本 63

佛説相輪陀羅尼經一卷 北宋天禧元年(1017)吳縣吳聳寫施舍卷子本 64

佛説相輪陀羅尼經一卷 北宋天禧元年(1017)吳縣許旺寫施舍卷子本 64

佛説相輪陀羅尼經一卷 北宋天禧元年(1017)吳縣周信寫施舍卷子本 64

佛説相輪陀羅尼經一卷 北宋天禧元年(1017)吳縣金德從寫施舍卷子本 64

佛説相輪陀羅尼經一卷 北宋天禧元年(1017)吳縣周榮寫施舍卷子本 64

佛説相輪陀羅尼經一卷 北宋天禧元年(1017)長洲縣吳氏四娘寫施舍卷子本 61

佛説相輪陀羅尼經一卷 北宋天禧元年(1017)長洲縣胡慶符寫施舍卷子本 64

佛説相輪陀羅尼經一卷 北宋天禧元年(1017)長洲縣沖七娘寫施舍卷子本 60

佛説相輪陀羅尼經一卷 北宋天禧元年(1017)長洲縣吳氏四娘寫施舍卷子本 64

佛說相輪陀羅尼經一卷 北宋天禧元年(1017)長洲縣胡住姐寫施舍卷子本 61

佛說相輪陀羅尼經一卷 北宋天禧元年(1017)長洲縣張七娘寫施舍卷子本 61

佛說相輪陀羅尼經一卷 北宋天禧元年(1017)長洲縣張氏十一娘寫施舍卷子本 61

佛說相輪陀羅尼經一卷 北宋天禧元年(1017)長洲縣陳氏一娘寫施舍卷子本 61

佛說相輪陀羅尼經一卷 北宋天禧元年(1017)長洲縣費氏六娘寫施舍卷子本 61

佛說相輪陀羅尼經一卷 北宋天禧元年(1017)長洲縣盛氏一娘寫施舍卷子本 62

佛說相輪陀羅尼經一卷 北宋天禧元年(1017)長洲縣盛氏二娘寫施舍卷子本 62

佛說相輪陀羅尼經一卷 北宋天禧元年(1017)長洲朱仁達寫施舍卷子本 62

佛說相輪陀羅尼經一卷 北宋天禧元年(1017)長洲縣周仁章寫施舍卷子本 62

佛說相輪陀羅尼經一卷 北宋天禧元年(1017)長洲縣胡用之寫施舍卷子本 62

佛説相輪陀羅尼经一卷　北宋天禧元年（1017）長
洲縣胡承福寫施舍卷子本　62

佛説相輪陀羅尼经一卷　北宋天禧元年（1017）長
洲縣胡清寫施舍卷子本　62

佛説相輪陀羅尼经一卷　北宋天禧元年（1017）長
洲縣趙貴寫施舍卷子本　63

佛説相輪陀羅尼经一卷　北宋天禧元年（1017）長
洲縣俞光祐寫施舍卷子本　63

佛説相輪陀羅尼经一卷　北宋天禧元年（1017）長
洲縣賀文展寫施舍卷子本　63

佛説相輪陀羅尼经一卷　北宋天禧元年（1017）長
洲戚延禄寫施舍卷子本　63

佛説相輪陀羅尼经一卷　北宋天禧元年（1017）長
洲顧永禄寫施舍卷子本　63

佛説相輪陀羅尼经一卷　北宋天禧元年（1017）長
洲縣葛明寫施舍卷子本　63

佛説相輪陀羅尼经一卷　北宋天禧元年（1017）長
洲縣蔣文德寫施舍卷子本　64

佛説海意菩薩所問淨印法門经　宋福州馮識捨
俸鏤板　1144

佛說高王觀世音經 金大定十三年(1173)刻本 1347
佛說溫室洗浴衆僧經一卷 北宋熙寧間(1068-1077)安守廉抄本 132
佛說無垢淨光經造寶塔相輪陀羅尼經 北宋天禧元年(1017)寫本 65
佛說無常經 北宋開寶四年(971)寫本 14
佛說無常經 西夏刻本 1389
佛說聖大乘三歸依經 西夏刻本 1388
佛說母般若波羅蜜多經 西夏刻本 1388
佛說聖佛母般若心經誦持要論 西夏刻本 1388
佛說聖星母陀羅尼經 西夏刻本 1388
佛說調伏與經 西夏刻本 1388
佛說濁散節下經 西夏刻本 1388
佛說轉女身經 西夏天慶二年(1195)刻本 1389
佛說藥師琉璃光佛本願功德經二卷 宋淳祐九年(1249)刻本 825
佛說寶雨經 西夏刻本 1389
佛說觀世音經一卷 北宋大中祥符六年(1013)篤誘刻本 52
佛說觀世音經一卷 北宋政和間(1111-1117)張衍刻

本 181

佛説観世音经一卷 北宋杭州法昌院印造 215

佛説観世音经一卷 遼寫本 1317

佛説觀世音经一卷 北宋金銀寫本 215

佛説觀世音经一卷 西夏刻漢文本 1388

佛説觀無量壽佛经一卷 北宋刻本 215

佛説觀無量壽佛经二卷 北宋大觀元年（1107）

刻本 169

佛説觀無量壽佛经一卷 宋绍興二十二年（1152）

刻本 313

佛賦一卷 北宋淳化元年（990）藏於秘閣 31

佛遺教经一卷 宋寶祐三年（1255）張即之寫本

佛鑑禪師語錄十四卷 宋淳祐十一年（1251）田興

隆等施資刻 833

作邑自箴十卷 北宋政和七年（1117）自序 179

作邑自箴十卷 宋淳熙六年（1179）浙西提刑司刻

本 474

伸蒙子三卷 宋咸淳九年（1273）莆田刻本 903

延平志十卷 宋绍興三十年（1160）韓刻 329

役法撮要一百八十九卷 宋慶元六年（1200）上 602

刪定編敕赦書德音　北宋崇文院刻 202
妙法蓮華經七卷　北宋建隆二年(961)寫本 1
妙法蓮華經七卷　北宋開寶六年(973)金銀寫本 16
妙法蓮華經七卷　北宋開寶六年(973)金銀寫本
存一卷
妙法蓮華經七卷　北宋太平興國元年至三年(976—978)刻本 18
妙法蓮華經七卷　北宋大中祥符間(1008—1016)僧靈素抄本 57
妙法蓮華經七卷　北宋天禧元年(1017)刻本 57
妙法蓮華經七卷　北宋明道二年(1033)金銀寫本 78
妙法蓮華經七卷　北宋慶曆二年(1042)杭州晏家刻本 89
妙法蓮華經七卷　北宋皇祐三年(1051)刻本 96
妙法蓮華經七卷　北宋嘉祐五年(1060)杭州錢家刻本 105
妙法蓮華經七卷　北宋嘉祐八年(1063)杭州錢家刻本 108
妙法蓮華經七卷　北宋熙寧元年(1068)杭州晏家刻本 121

妙法蓮華经七卷　北宋熙寧二年(1069)刻本 124

妙法蓮華经七卷　北宋元豐間(1078-1085)刻本 141

妙法蓮華经七卷　北宋刻六行本 212

妙法蓮華经七卷　北宋刻八行本 213

妙法蓮華经七卷　北宋刻十三行本 213

妙法蓮華经七卷　北宋刻二十六行本 213

妙法蓮華经七卷　宋绍興二十四年(1154)袁得纯
抄本 319

妙法蓮華经七卷　宋绍興二十九年(1159)秀州惠
雲院刻本 327

妙法蓮華经七卷　宋绍興間(1131-1162)杭州刻本 363

妙法蓮華经七卷　宋淳熙六年(1179)刻本 474

妙法蓮華经七卷　宋淳熙間(1174-1189)王二郎刻本 530

妙法蓮華经七卷　宋景定二年(1261)安吉州歸安
陸道源刻本 873

妙法蓮華经七卷附釋音　宋杭州刻本 971

妙法蓮華经七卷　宋臨安府沈二郎經坊刻本 1031

妙法蓮華经七卷　宋杭州睦親坊内沈八郎刻本 1031

妙法蓮華经七卷　宋臨安府衆安橋南賈官人經
書鋪刻本 1031

妙法蓮華经七卷　宋刻本　971

妙法蓮華经七卷　宋刻本　1268

妙法蓮華经七卷　宋刻本　1268

妙法蓮華经七卷　宋抄本　1268

妙法蓮華经七卷　宋刻两面印　1267

妙法蓮華经七卷　宋刻大字本　1267

妙法蓮華经七卷　宋刻本　1144

妙法蓮華经七卷　宋刻本　971

妙法蓮華经七卷　遼统和至太平間(983-1030)雕造　1339

妙法蓮華经七卷　遼咸雍五年(1069)釋方矩等刻本　1341

妙法蓮華经卷一　遼刻本　1311

妙法蓮華经卷一　遼刻本　1311

妙法蓮華经卷一　遼刻本　1311

妙法蓮華经卷一　遼刻本　1315

妙法蓮華经卷二　遼刻本　1308

妙法蓮華经卷二　遼刻本

妙法蓮華经卷三　遼刻本　1312

妙法蓮華经卷三　遼刻本　1312

妙法蓮華经卷四　遼刻本　1312

妙法蓮華经卷四　遼太平五年(1025)刻本　131

妙法蓮華经卷七　遼刻本　1314

妙法蓮華经卷四　遼刻本　1314

妙法蓮華经卷五　遼刻本　1314

妙法蓮華经卷八　遼刻本　131

妙法蓮華经卷八　遼刻本　1315

妙法蓮華经七卷　金曲沃縣裴長官莊吉贇吉用刻本　1366

妙法蓮華经七卷　西夏人慶三年(1146)刻本　138

妙法蓮華经七卷　西夏刻本　138

妙法蓮華经淨经契增品口卷三　西夏刻本　138

妙法蓮華经方便品第三妙法華经第一　北宋刻本　214

妙法蓮華经玄義二十卷　宋刻本　1269

妙法蓮華经品前纪口卷　金皇统八年(1148)寇昌李守忠刻本　134

妙法蓮華经譬喻合文不分卷　北宋元符二年(1099绛州曲沃縣兜率院抄本　162

妙法蓮華经觀世音菩薩普門品一卷　宋刻本　126

妙法蓮華经觀世音菩薩普門品一卷　西夏刻漢文本　138

妙湛和尚偈頌一卷 宋绍興十二年(1142)福建醵貲刻本 273
妙绝古今四卷 宋咸淳福州刻本 915

八画

宗玄集三卷附錄一卷玄綱論一卷內丹九章经一卷 宋刻大字本 1280
宗門统要錄十卷 宋绍興五年(1135)鄭諶序 252
宗門统要集二卷 宋淳熙間(1174-1189)刻本 530
宗忠簡公遺事四卷 宋嘉定五年(1212)劉克莊序 668
宗忠簡公集八卷 宋嘉定十四年(1221)樓昉序 710
宗藩慶系錄(原名慶緒錄) 北宋熙寧二年(1069)太常院詳定 126
宗藩慶系錄□□卷 宋內府抄本 1249
宗鏡錄一百卷 北宋绍聖三年(1096)刻本 158
定齋集二十卷 宋绍定三年(1230)蔡廙刻本 764
官箴一卷 宋寶慶三年(1227)陳昉跋 745
官箴一卷 宋寶祐間(1253-1258)刻本 862
宜州乙酉家乘□卷 宋绍興三年(1133)范廖刻本 242
宛邱集七十六卷 宋绍興十三年(1143)張表臣刻本 276
宛邱集七十五卷 宋蜀刻七十五卷本 1227

宛邱集七十六卷　宋建安余騰夫刻十卷本 116

宛陵先生文集六十卷　北宋慶曆六年(1046)歐陽
修序 92

宛陵先生文集六十卷　宋紹興十年(1140)宣城刻
嘉定十七年(1224)重修本 266

宛陵先生文集六十卷　宋嘉定十七年(1224)重修
紹興本 725

注心賦四卷　宋紹興三十年(1160)釋行拱等刻本 330

注東坡先生詩四十二卷　宋嘉泰二年(1202)淮東
倉司刻本 621

注東坡先生詩四十二卷　宋嘉泰二年淮東倉司
刻景定三年(1262)鄭羽補刻本 876

注陸宣公奏議十五卷　宋紹熙二年(1191)婺州刻
本 543

注華嚴法界觀門　宋刻本 1273

注鶴山先生渠陽詩一卷　宋淳祐二年(1242)刻本 804

河防通議　金明昌間(1190-1195)都水監頒印 1352

河東先生文集四十五卷外集二卷　北宋天聖元
年(1023)穆修刻大字本 68

河東先生集四十五卷外集二卷龍城録二卷附録

二卷集傳一卷　北宋政和四年(1114)刻本 176
河東先生集四十五卷　北宋沈晦刻四明新本 220
河東先生集四十五卷外集二卷龍城錄二卷附錄二卷集傳一卷　宋紹興四年(1134)刻本 249
河東先生集四十五卷外集二卷　宋咸淳廖瑩中世綵堂刻本 914
河東集十五卷　影宋本 1284
河東柳仲塗先生集十五卷附錄一卷　北宋咸平三年(1000)序刻 37
河南志　北宋元豐六年(1083)司馬光序 138
河南程氏文集十二卷　疑宋紹興中(1131-1162)刻本 1286
河南程氏文集十卷　宋淳熙六年(1179)舂陵郡齋刻本 476
河南程氏文集八卷　宋建寧刻大字本 1162
河南程氏遺書二十五卷附錄一卷　宋乾道四年(1168)跋 405
河南程氏遺書二十五卷附錄一卷　宋淳祐六年(1244)舂陵刻本 814
河南程氏遺書二十五卷附錄一卷外集十三卷文集十二卷　宋淳祐間(1241-1252)趙師耕刻本 844

河南集二十七卷　宋尤袤刻本 1044

河南程氏經說七卷　宋婺州刻本 957

河南穆先生文集三卷遺事一卷　北宋慶曆三年(1043)序 90

河南穆先生文集三卷　宋淳熙十四年(1187)歐陽椿刻本 511

河南穆公集三卷遺事一卷　清初錢曾述古堂影寫宋刻本 1284

河嶽英靈集二卷　宋刻本 997

河嶽英靈集二卷　宋末書棚本 1015

法帖刊誤二卷　北宋政和五年(1115)跋刻 178

法帖釋文十卷　北宋元祐七年(1092)摹刻 152

法苑珠林一百卷　北宋重和元年(1118)福州開元寺刻本 182

法苑珠林一百二十卷　宋張亢寫本 1267

法界觀　宋刻本 1274

法華文句記十卷　宋紹興間(1131-1162)安吉州寶雲院僧懷就刻本 364

法華文句記十卷　宋安吉州寶雲院刻本 973

法華文句記三十卷　宋刻本 1274

法華文句記□□卷　宋刻本　1274

法華玄贊會古通今新抄卷二　遼刻本　1322

法華玄贊會古通今新抄卷六　遼刻本　1322

法華經一卷　北宋嘉祐間(1056-1063)蘇軾抄本　112

法華經　西夏刻印　1395

法華經手記第七　遼重熙十年(1041)寫本　1329

法語二十卷　北宋開寶七年(974)序　16

法藏碎金錄十卷　北宋天聖九年(1031)自序　75

波羅密經一卷　宋嘉熙二年(1238)洪林刻本　791

治平類要四十卷　北宋刻本　207

治療惡瘡要論　西夏刻印　1381

治未病方□卷　宋潮州刻本　1231

泳齋近思錄衍注十四卷　宋刻本　1254

放光摩訶般若波羅蜜經三十卷　北宋金粟山廣惠禪院大藏本　214

放翁先生劍南詩稿六十七卷目錄□卷　宋陸子虡吉州刻本　1063

京本附釋音纂圖互注重言重意周禮十二卷　宋坊刻本。　1078

京本春秋左傳三十卷　宋建刻大字本　1087

京本增修五代史詳節十卷　宋刻本 111

京本點校附音重言重意互注周禮十二卷　宋刻
本 1078

京本點校附音重言重意互注禮記二十卷　宋刻
巾箱本 1086

京本點校重言重意春秋經傳集解三十卷　宋刻

京本纂圖附音重言重意互注春秋經傳集解三十
卷　宋書坊刻本 1091

京兆金石録　北宋元豐五年（1080）序 138

性理字訓　宋明州刻三十板 959

性理群書句解前集二十三卷後集二十二卷　宋
刻本 1254

庚戌星曆封事奏録　宋嘉定間（1208-1224）泉州安溪
縣印書局刻本 727

育德堂集五十卷内制三卷外制八卷　宋綦氏家
刻本 1173

育德堂奏議六卷　宋嘉定間（1208-1224）建寧府刻
本 728

劉賢　西夏刻本 1406

奉天曆　北宋熙寧元年(1068)頒行曆書奉天曆 119
奉使雞林志三十卷　北宋崇寧元年(1102)進 165
青山集三十卷　宋當塗本 1036
青社黃先生伐檀集二卷　北宋皇祐五年(1053)序 97
青社黃先生伐檀集二卷　宋嘉定二年(1209)浙西路轉運司黃舉刻本 654
青箱雜記　北宋元祐二年(1089)自序 145
武元衡集三卷　宋蜀刻本 1210
武昌土俗編二卷　宋紹興三十二年(1161)刻本 332
武陽志十卷　宋乾道六年(1170)廖遲刻本 412
武溪集二十一卷　宋紹興七(1137)刻本 254
武經七書二十五卷　北宋天聖三年(1025)國子監刻本 70
武經七書二十五卷　北宋元豐二年(1079)國子監刻本 133
武經七書二十五卷　宋乾道間(1165-1173)刻本 436
武經總要四十卷　北宋太平興國元年(976)序 18
武經總要四十卷　北宋寶元至慶曆(1038-1048)刻本 87
武經總要前集二十二卷後集二十一卷附行軍須

知二卷百戰奇法二卷 宋紹定四年（1231）鄭魏挺等跋刻 766

武經龜鑑二十卷 宋隆興乾道間刻本 387

長安志十卷 北宋熙寧九年（1076）序 131

長江集十卷 宋紹興二年（1132）王遠序刻本 236

長江集十卷 宋遂寧刻本 1218

長沙志五十二卷 宋紹熙二年撰修 544

長短經九卷 南宋初杭州刻本 967

長樂志十四卷 北宋宣和三年（1121）自序 184

長樂志四十卷 宋淳熙九年（1182）序刻本 492

門類增廣十注杜工部詩集二十五卷 宋江西刻本 1059

門類增廣集註杜詩二十五卷 宋刻本 1280

坡門酬唱集二十三卷 影抄宋紹興本 383

坡門酬唱集二十三卷 宋紹熙元年（1190）豫章刻本 539

坡門酬唱集二十三卷 宋紹熙間（1190–1194）永嘉張叔椿刻本 570

東山詞二卷 宋書棚本 1027

東方朔盜桃版畫 金平水刻本 1365

東里楊聘君集一卷　宋紹定元年(1228)嚴陵郡齋刻本　755
東京記三卷　北宋建隆三年(962)書成　2
東林和尚雲門庵主頌　宋紹興間(1131-1162)刻本　244
東坡大全文集一百十二卷　宋麻沙書坊刻本　1165
東坡志林五卷　北宋元祐元年(1086)刻小字本　143
東坡外制集三卷　宋蜀刻小字本　1224
東坡外制集　續別集　宋淳祐十年(1250)廬陵郡齋刻本　831
東坡先生外制集三卷　南宋中期湖北黄州刻本　1192
東坡先生別集□卷續別集□卷　宋蘇嶠建安刻本　1166
東坡先生後集二十卷　宋黄州刻本　1191
東坡先生奏議十五卷　宋江西刻本　609
東坡先生奏議十五卷　宋慶元間(1195-1200)刻本　609
東坡全集四十卷後集二十卷　北宋後期居士英刻本　225
東坡全集一百十五卷東坡集四十卷後集二十卷奏議集二十卷內制集十卷外制集附樂語三卷應詔集十卷續十二卷　宋蜀刻大字本　1225

東坡紀年錄一卷　宋刻本 1250

東坡和陶詩集　北宋末刻南宋淳熙七年(1180)重
修本 227

東坡奏議十五卷　金國學刻本 1361

東坡詞一卷　宋刻二卷本　宋刻十二卷本 1300

東坡詞一卷　宋紹興二十一年(1151)刻本 312

東坡集四十卷後集二十卷内制集十卷外制集三
卷奏議十五卷和陶詩四卷　北宋杭州刻本
蘇季真杭州刻本 224

東坡集　北宋京師本　九江碑工李仲寧刻本 225

東坡集四十卷　宋杭州刻本 427

東坡集四十卷後集二十卷　宋淳熙間(1174-1189)吉
州刻本 531

東坡集四十卷後集二十卷内制集十卷外制集三
卷奏議十五卷和陶詩四卷　南宋監本　宋蔡
嶠杭州重刻本 984

東坡集四十卷後集二十卷　宋江西刻本 1061

東坡集四十卷後集二十卷　宋建安蘇嶠刻本 1164

東坡集　宋蘇氏眉山功德寺刻大小二本 1224

東坡論語　宋建康府書板六十八種之一 1034

東坡應詔集十卷　宋蜀中刻中箱本 1225

東南進取輿地通鑑二十卷 宋刻十一行本 1113

東南進取輿地通鑑二十卷 宋刻十三行本 1112

東浦詞一卷 汲古閣影宋精抄本 1301

東洲几上語一卷 宋淳祐四年(1244)俞任禮刻於學宮 808

東軒筆錄十五卷 北宋元祐元年(1086)自序 143

東家雜記二卷 宋紹興五年(1135)刻遞修本 251

東家雜記二卷 南宋初期衢州家廟刻本 468

東家雜記二卷 宋咸淳元年(1265)馮夢得重刻本 885

東皋子集三卷 宋刻五卷本 1279

東都事略一百三十卷 宋紹熙間(1190-1194)眉山程舍人刻本 567

東陽志十卷 宋紹興二十四年(1154)刻本 317

東萊先生分門詩律武庫二十卷 宋刻本 1135

東萊先生分門詩律武庫前集十五卷後集十五卷宋閩中刻本 1136

東萊先生呂成公點句春秋經傳集解三十卷 宋刻本 1238

東萊先生音注唐鑑二十四卷 宋元間恩州刻本 1230

東萊先生書說十三卷 嚴九能手抄宋本 1235

東萊先生校正隋書詳節二十卷　宋刻本 1117

東萊先生標注三國志詳節二十卷　宋紹熙間(1190-1194)建陽書肆刻巾箱本 568

東萊先生增入正音注史記詳節三十卷　宋麻沙刻本 1116

東萊先生詩集二十卷　宋乾道二年(1166)沈公雅吳興郡齋刻本 395

東萊先生詩集二十卷外集三卷　宋慶元五年(1199)黄汝嘉刻江西詩派本 594

東萊先生詩集二十卷　宋吳興郡齋刻本 1038

東萊呂太史文集十五卷別集十六卷外集五卷　宋嘉泰四年(1204)呂喬年刻本 629

東萊家塾讀詩記三十二卷　宋淳熙間(1174-1189)呂祖儉刻巾箱本 523

東萊校正晉書詳節三十卷　宋刻本 1117

東萊校正北史詳節二十八卷　宋刻本 1117

東萊校正南史詳節二十四卷　宋刻本 1117

東萊校正五代史詳節十卷　宋刻本 1118

東萊集四十卷　宋刻巾箱本 1293

東萊集注類編觀瀾文集甲集二十五卷乙集二十

五卷　宋建安坊刻本　178

東萊集注觀瀾文集丙集二十卷　宋建安坊刻本　178

東萊標注三國志詳節二十卷　宋刻本　119

東萊標注三蘇文粹五十八卷　宋刻本　1299

東萊標注老泉先生文集十二卷　宋紹熙四年(1193)吳炎刻本　559

東萊標注老泉先生文集十二卷　宋刻本　1288

東園叢說二卷　宋紹興四年(1134)周庭筠刻本　247

東漢會要四十卷　宋寶慶二年(1226)建寧郡齋刻本　740

東漢詔令十一卷　宋紹定元年(1228)鄭清之跋　751

東漢精語十六卷　宋淳熙十二年(1185)洪邁贛州刻本　498

東澗集十四卷　宋潮州刻本　1232

東澗先生妙絕古今文選四卷　宋寶祐五年(1257)刻本　860

東巖周禮訂義八十卷　宋刻本　1238

東觀漢記二十四卷　宋羅願刻本　1245

東觀餘論不分卷　北宋大觀二年(1108)自序　170

東觀餘論不分卷　宋紹興十七年(1147)黃訪刻於

建安漕司 298

東觀餘論二卷 宋嘉定三年(1210)刻本 658

東觀餘論不分卷 宋嘉定間(1208-1224)攻媿樓氏

刻本 732

東觀餘論不分卷 南宋中期九江刻本 1053

事文類聚前集六十卷後集五十卷續集二十八卷

別集三十卷 宋嘉泰間(1201-1204)祝穆刻本 633

事物紀原集類二十卷 宋閩中刻本 1135

事類賦注三十卷 宋紹興十六年(1146)兩浙東路

茶鹽司刻本 29

兩宋名賢小集三百六十六卷約二百四十家 宋

臨安府陳宅書籍鋪刻本 1024

兩朝國史一百二十卷 北宋元豐五年(1082)吴充

上之 137

兩朝寶訓二十卷 北宋元豐六年(1083)表上 138

兩漢刊誤補遺十卷 宋淳熙十六年(1189)吴仁傑

自刻本 517

兩漢刊誤補遺十卷 宋慶元五年(1199)全州郡齋

陳慶英刻本 582

兩漢詔令二十三卷西漢詔令十二卷東漢詔令十

一卷 宋紹定六年(1233)刻本 772
兩漢博聞十二卷 宋乾道八年(1172)胡元質姑孰
郡齋刻本 421
兩漢策要十二卷 北宋景祐二年(1035)阮逸序 79
兩漢筆記十二卷 宋嘉熙二年(1238)奏進 790
兩漢蒙求十卷 北宋紹聖間(1094-1097)序 160
直講李先生文集 北宋慶曆三年(1043)序 90
直講李先生文集三十七卷外集三卷年譜一卷
宋景定二年(1261)刻本 877
邯鄲書目十卷 北宋皇祐元年(1049)自序 95
拙齋文集二十卷拾遺一卷 宋刻本 1172
拙齋文集二十卷 宋刻二十八卷本 1293
抱朴子内篇二十卷 北宋汴梁坊刻本 217
抱朴子内篇二十卷 宋紹興二十二年(1152)臨安
府榮六郎家刻本 313
林之奇尚書全解四十卷 宋麻沙初刻本 1193
林之奇尚書全解四十卷 宋婺州刻本 922
林之奇尚書全解四十卷 宋蜀刻本 1069
林和靖集四卷 宋淳熙間(1174-1189)刻本 531
林間錄二卷後錄一卷 北宋大觀元年(1107)序刻本 169

林賢良草范集　宋潮州刻本五十板　1231

松陵集十卷　明末汲古閣毛氏影寫宋刻本　1298

松漠纪聞二卷　宋绍興二十六年(1156)洪適刻本

松漠纪聞一卷　宋乾道五年(1169)洪適刻本　410

松漠纪聞一卷補遺一卷　宋乾道九年(1173)洪遵

建業刻本　424

杼山集十卷　影宋本　128

析城鄭氏家塾重校三禮圖集注二十卷　蒙古定

宗二年(1247)析城鄭氏家塾刻本　816

奇効良方瘡疹論不分卷　宋绍定三年(1230)刻本　764

居士集五十卷　宋紹興間(1131-1162)衢州刻本　374

邵子擊壤集十五卷　北宋治平三年(1066)建安蔡

子文東塾之堂刻本　116

邵子觀物内篇　宋福建漕治刻本　1128

邵子觀物外篇六卷内篇二卷邵子漁樵問對一卷

宋咸淳間(1265-1274)建寧府吳堅刻本　913

邵氏見聞前錄二十卷　宋紹興三年(1133)自序　243

邵堯夫先生詩全集九卷　宋坊刻本　1161

孟子七卷　宋紹興間(1131-1162)錢佃刻本　339

孟子注十四卷　宋淳熙間(1174-1189)錢佃江西漕司

刻本 527
孟子注十四卷 宋廖瑩仲世綵堂刻本 933
孟子注十四卷 宋蜀刻大字本 1198
孟子古注十四卷 南宋國子監刻本 933
孟子正義十四卷 北宋蜀刻大字本 192
孟子或問纂要 宋刻本 1241
孟子注疏解經十四卷 宋嘉泰間(1201-1204)兩浙東路茶鹽司刻本 632
孟子音義二卷 影寫北宋蜀刻大字本 192
孟子章句十四卷音義二卷 北宋大中祥符七年(1014)國子監刻本 53
孟子章句十四卷 宋紹興二十一年(1151)國子監刻本 309
孟子張宣公解(一作孟子解)七卷 宋咸淳六年(1270)趙與植刻 一説咸淳六年趙與植抄本 898
孟子集注十四卷 宋浙江刻本 933
孟子集注十四卷 宋建安余仁仲萬卷堂刻本 1096
孟子集注十四卷 宋刻本 1241
孟子集注十四卷 宋刻大字本 1241
孟子集疏十四卷 宋刻本 1241
孟子解二卷 宋邢王夫岳陽泮宮刻本 1034

孟子傳二十九卷 北宋刻本 192

孟子傳二十九卷 南宋中期浙江刻本 933

孟子説 宋潮州刻本 1230

孟東野詩集十卷 北宋江西刻本 219

孟東野詩集十卷 宋景定三年（1262）國材刻本 876

孟東野集十卷 宋臨安府棚前北睦親坊陳宅經籍鋪刻本 1007

孟東野詩集十卷 宋江西刻本 1058

孟東野文集十卷 宋蜀刻本 1210

孟浩然詩集三卷 宋蜀刻本 1209

陀羅尼雜集十卷 宋紹興十八年（1148）刻本 303

阿毗達磨順正理論十卷 北宋金粟山廣惠禪院大藏本 215

阿毗達摩順正理論八十卷 宋刻本 1273

阿毗達磨順正理論 西夏刻本 1392

阿毗達磨發智論卷十三 遼刻本 1309

附音釋毛詩注疏二十卷 宋建安劉叔剛宅刻本 1073

附音重言互注禮記二十卷 宋刻本 1238

附釋文互注禮部韻略五卷 宋紹定三年（1230）藏書閣刻本 762

附釋文互注禮部韻略五卷　題宋紹定六年刻於雲間洞天 674

附釋文禮部韻略五卷韻略條式一卷　宋景定五年(1264)郭守正重修本 878

附釋文尚書注疏二十卷　宋慶元元年(1195)建安魏縣尉宅刻本 570

附釋文尚書注疏二十卷　宋慶元間(1195-1200)建安魏仲舉宗正堂刻本 608

附釋音尚書注疏二十卷　宋淳熙間(1174-1189)劉叔剛一經堂刻本 523

附釋音周禮注疏四十二卷　宋刻本 1080

附釋音禮記注疏六十三卷　宋建安劉叔剛宅刻本 1086

附釋音春秋左傳注疏六十卷　宋建安劉叔剛刻本

附釋音春秋左傳注疏六十卷　宋刻本 1092

附釋音纂圖重言重意互注毛詩二十卷　宋麻沙坊刻本

居士集五十卷　宋紹熙二年(1191)刻本 545

附廣肘後方　金皇统四年(1144)刻本 1343

尚書十三卷 宋乾道間(1165-1173)重修刻本 431

尚書十三卷 宋建安王朋甫刻本 1067

尚書十三卷 金大定四年(1164)頒行 1345

尚書孔氏傳十三卷 宋婺州刻本 922

尚書正文 宋婺州刻本 920

尚書正義二十卷 北宋咸平元年(998)國子監刻本 36

尚書正義二十卷 宋紹興十五至二十一年(1145-1151)臨安府刻本 291

尚書正義二十卷 宋紹熙三年(1192)兩浙東路茶鹽司刻本 546

尚書正義二十卷 南光宗時覆北宋刻單疏本 921

尚書全解四十卷 宋建安余仁仲萬卷堂刻本 1070

尚書注疏二十卷 宋建安余仁仲萬卷堂刻本 1069

尚書注疏二十卷 宋刻本 1235

尚書注疏二十卷新尚書纂圖一卷 金刻本 1359

尚書注疏二十卷 蒙古定宗二年(1247)刻本 1359

尚書表注上下卷 宋末元初刻本 1069

尚書括旨十卷　宋景定四年(1263)姚希得序　877
尚書要義十七卷序說一卷　宋淳祐十二年(1252)魏克愚刻本　836
尚書傳十三卷　宋紹興二十一年(1151)國子監刻本　309
尚書無逸講義　宋嚴州刻本　922
尚書說命講義　宋嚴州刻本　922
尚書精義五十卷　宋淳熙七年(1180)建安余氏萬卷堂刻本　477
尚書詳解二十六卷　宋淳熙間(1174—1189)麻沙劉氏書坊刻本　523
尚書圖一卷　宋紹熙間(1190—1194)刻本　564
尚書圖一卷　宋建陽刻本　1069
花間集十卷　北宋嘉祐三年(1058)江寧府刻本　101
花間集十卷　北宋江寧府刻本　226
花間集十卷　宋紹興十八年(1148)建康郡齋刻本　304
花間集十卷　宋乾道間(1165—1173)陸游刻本　445
花間集十卷　宋淳熙十四年(1187)鄂州公使庫刻本　512
花間集十卷　宋開禧間(1205—1207)陸游校刊本　646

花蕊夫人詩一卷　宋紹興二十一年（1151）毛恕可衡陽刻本　310

芥隱筆記一卷　宋嘉泰元年（1201）東寧郡庠刻本

芝田余居士證論選奇方　日本傳抄宋刻本　1258

芝田余居士證論選奇方後集十卷　宋刻本　1259

具茨集六卷　宋紹興十一年（1141）陵陽俞汝礪刻本　269

具茨晁先生詩集不分卷　宋慶元五年（1199）黃汝嘉刻本　592

昌谷集四卷外集一卷　宋會稽刻本　982

昌谷集四卷外集一卷　宋蜀刻本　1218

昌谷集四卷外集一卷　宋鮑欽止家本　1282

昌黎先生集四十卷　北宋大中祥符間（1008-1016）穆修刻本　57

昌黎先生集四十卷外集十卷　北宋嘉祐間（1056-106 蘇溥蜀刻本　112

昌黎先生四十卷　北宋大觀初潮州劉允刻小字本　170

昌黎先生集四十卷　宋紹興九年（1139）劉昉重刻本　262

昌黎先生集四十卷 宋绍興考異本 潮州大字本 中字本 262
昌黎先生集四十卷外集十卷附一卷 宋淳熙元年(1174)錦谿張監稅宅刻本 447
昌黎先生集四十卷外集十卷 宋淳熙八年(1181)唐仲友台州刻本 488
昌黎先生集四十卷 宋淳熙十六年(1189)方崧卿南安軍刻本 518
昌黎先生集四十卷 宋淳祐間(1241-1252)刻本 844
昌黎先生集四十卷外集十卷 宋咸淳廖氏世綵堂刻本 913
昌黎先生集四十卷外集十卷遺文一卷 南宋監刻本 980
昌黎先生集四十卷 宋江西刻本 1059
昌黎先生集四十卷 宋潮州靈山寺刻本 1231
昌黎先生集考異十卷 宋绍定二年(1229)池州張洽刻本 761
昌黎先生文集四十卷諸儒姓氏一卷外集一卷類譜一卷考異十卷 宋绍興二十二年(1152)張敦頤刻本 314

昌黎先生文集四十卷外集十卷　宋紹興二十四年(1154)台州刻本　319

昌黎先生文集四十卷外集十卷　南宋初蜀刻本　1211

昌黎先生文集四十卷外集十卷集傳一卷遺文一卷　宋南劍州郡齋刻本　1158

昌黎先生文集四十卷　宋朱熹校刻本　1281

明天書　北宋治平元年(1064)頒行曆書明天書　113

明州本排字九經直音三卷　宋明州刻本　939

明州阿育王山如來舍利寶塔傳一卷護塔鰻菩薩傳一卷　北宋開寶五年(972)刻本　14

明州阿育王山如來舍利寶塔傳一卷護塔鰻菩薩傳一卷　北宋崇寧二年(1103)序刻　167

明昌辭人雅制　金明昌後天興前刻本　1353

明學編類文公釋奠禮　宋明州刻三十三板　959

易小傳六卷　宋紹興二十九年(1159)刻本　326

易序叢編十卷　宋寶祐五年(1257)福苗中序　855

易林十六卷　清嘉慶黄丕烈仿宋本　1262

易通變四十卷　宋刻本　1234

易補注十卷王劉易辨　北宋皇祐五年(1053)表上　96

易傳十卷略例一卷　北宋慶曆四年(1044)眉陽孫景初刻本　91

易傳十卷略例一卷 宋乾道二年(1166)四川資中郡鮮于侃刻本 392

易傳二十卷 宋嘉定三年(1210)吉州刻本 656

易傳六卷上下篇義一卷 宋咸淳間(1265-1274)吳革刻本 912

易傳六卷 宋江西刻本 1044

易傳四卷 宋刻本 1234

易說五卷 宋隆興二年(1164)李安世刻本 384

易說五卷 宋淳熙十三年(1186)秦焴刻本 502

易數鈎隱圖三卷附遺論九事一卷 宋乾道間(1165-1173)劉敏士刻本 431

易數鈎隱圖三卷附遺論九事一卷 宋浙右漕司刻本 920

易樞十卷 北宋天禧二年(1018)刻本 65

易變體義十二卷 宋紹興二十九年(1159)刻本 326

忠文王紀事實錄五卷 宋咸淳七年(1271)吳安朝等刻 900

忠定公奏議六十八卷附錄九卷 宋淳熙十三年(1168)朱熹序 503

忠惠集三十六卷 宋溫陵郡齋刻本 1174

忠愍集三卷　宋費守樞刻於蜀十二卷本　1228

忠經一卷　宋嘉定六年(1213)張華刻本　675

忠穆集　宋乾道九年(1173)臨安府刻本　428

忠簡先生文選九卷　宋慶元五年(1199)池陽郡學
刻本

典故辯疑十二卷　宋淳熙十二年(1185)序　500

采石瓜州斃亮記一卷　宋臨安府太廟前尹家書
籍鋪刻本　1030

狀元捷報　北宋紹聖元年(1094)刻印　156

知稼翁集十二卷　宋邵陽郡齋刻本　1188

知稼翁詞一卷　宋淳熙十五年(1188)黄沃臨川
刻本　516

乖崖集十二卷附録一卷　宋淳熙八年(　)龔夢
龍刻本　488

乖崖集十二卷附録一卷　宋嘉定三年(1210)郭森
卿刻本　659

乖崖先生文集十二卷附録一卷　宋咸淳五年
(1269)伊賡崇陽縣齋重刻郭森卿本　897

乖崖張公語録二卷　宋紹定三年(1230)刻本　764

乖崖張公語録二卷　宋臨安府俞宅書塾刻本　1033

牧萊脞語二十卷二稿八卷　宋末茶陵陳仁子刻本　1134
和靖先生詩集上下卷　北宋皇祐五年(1053)序　97
和靖先生詩集四卷　宋紹興二年(1132)刻本　238
周元公年譜　宋南康刻本　1051
周官講義十四卷　宋臨安刻本　924
周官總義三十卷　宋衡陽刻本。　1186
周易卜筮斷　西夏刻本　1372
周易正文　尚書正文　毛詩正文　周禮正文　禮記正文　春秋正文　左傳正文　公羊正文　穀梁正文　孝經正文　論語正文　南宋監本　918
周易正義十四卷　北宋端拱元年(988)國子監刻本　27
周易正義十四卷　宋紹興二十二年(1152)鄭仲熊刻本　290
周易本義上下經二卷傳十卷　宋咸淳元年(1265)吳革刻本　881
周易本義經二卷傳十卷　宋杭州刻本　920
周易古占法三卷　宋紹興三十年(1160)自題　328
周易注十卷　宋淳熙間(1174-1189)撫州公使庫刻本　522
周易注十卷　宋刻小字本　1233

周易注十卷　宋建陽刻本　1065

周易九卷略例一卷　宋刻本　1066

周易注十卷　宋建安余仁仲萬卷堂刻本　1066

周易注十卷略例一卷　宋刻本　918

周易注十卷　宋刻本　919

周易注疏十三卷　宋紹興初監本　336

周易注疏十三卷　宋紹熙兩浙東路茶鹽司刻本　545

周易玩辭十六卷　宋慶元四年（1198）自序　584

周易玩辭十六卷　宋嘉定四年（1211）建安書院刻本　660

周易玩辭十六卷　宋嘉熙二年（1238）王埜建安書院刻本　789

周易訂義八十卷　宋嘉熙元年（1237）刻本　787

周易要義十卷　宋淳祐十二年（1252）魏克愚刻本　836

周易卦爻經傳上下篇訓解二卷　宋開禧元年（1205）自序　636

周易兼義九卷　宋刻本　1067

周易指要二十卷　宋皇祐四年（1052）田況上　96

周易啟蒙四卷　宋刻本　1234

周易極解　宋乾道間（1165–1173）晁子健刻本　436

周易參同契考異一卷　宋朱熹刻本　1277

周易參同契簡要釋文　金大定間(1161-1189)真定刻本 1351
周易集義六十四卷　宋紫陽書院刻本 1039
周易集解十七卷　北宋慶曆二年(1042)計用章刻本 88
周易集解十卷　宋嘉定五年(1212)鮮于申之重刻於學宮 666
周易集解十七卷　宋嘉定十五年(1222)鮮于申之刻十卷本 710
周易程氏傳六卷　宋乾道五年(1169)婺州刻本 408
周易程氏傳六卷　南宋國子監刻本 919
周易象義十二卷　宋寧宗時江西刻本 1045
周易傳九卷略例一卷　宋紹興二十一年(1151)國子監刻本 309
周易傳義附錄十四卷　宋咸淳二年(1266)天台家塾刻本 889
周易義海撮要十二卷　宋乾道六年(1170)婺州郡齋李衡自刻本 412
周易義海撮要十卷　南宋國子監刻本 919
周易義海撮要十卷　宋婺州刻本 919
周易義海撮要十卷　宋刻本

周易新講義十卷　北宋刻本　189

周易新講義十卷　宋福建刻本　106

周易詳解十六卷　宋嘉泰三年（1203）李杞自序　623

周易經傳集解三十二卷　宋淳熙十二年（1185）序刻本　497

周易經傳集解三十六卷　元影宋抄本　1234

周易窺餘十五卷　宋淳熙二年（1175）鄭良嗣刻本　448

周易舉正三卷　清鄭珍影宋本　1233

周易總義二十卷　宋紹定元年（1228）陳章序刻　750

周易總義二十卷　宋紹定四年（1231）刻本　764

周美成詞片玉集十卷　宋嘉定間（1208－1224）建安蔡慶之刻本　736

周益文忠公文集二百卷　宋慶元刻本　612

周益文忠公文集二百卷　宋開禧二年（1206）周綸刻本　640

周書五十六卷　北宋天聖二年（1024）刻本　68

周書五十六卷　北宋治平二年（1065）刻本　113

周賀詩集一卷　宋臨安府陳宅書籍鋪刻本　1011

周禮井田譜二卷　宋淳熙間（1174－1189）樓鑰刻本　523

周禮正文　宋婺州刻本　923

周禮考工記解二卷　宋刻本　1079

周禮注十二卷　宋紹興二十一年（1151）國子監刻本　309

周禮注十二卷 宋乾道間(1165-117)刻本 432

周禮注十二卷 宋蜀刻本 1193

周禮注十卷 宋刻小字本 1074

周禮注十二卷 宋刻本 1076

周禮注十二卷 宋建刻本 1075

周禮注十二卷附周禮圖一卷 宋建陽刻重言重意本 1075

周禮注十二卷 宋刻中箱本 1074

周禮注十二卷 宋婺州市門巷唐宅刻本 923

周禮鄭注陸音義十二卷 宋建安余仁仲萬卷堂刻本 1080

周禮十二卷釋音一卷 金刻本 1360

周禮注疏四十二卷 北宋婺州刻本 189

周禮注疏五十卷 宋慶元六年(1200)沈中賓刻本 597 (賓)

周禮注疏四十二卷 宋建安余仁仲萬卷堂刻本 1080

周禮注疏二十卷 宋蜀刻大字本 1193

周禮訂義八十卷 宋淳祐元年(1242)刻本 801

周禮疏五十卷 北宋咸平四年(1001)國子監刻本 38

周禮疏五十卷 北宋國子監杭州鏤板 189

周禮疏五十卷 宋紹興十五年(1145)臨安府刻本 292

周禮疏五十卷 宋绍熙两浙東路茶鹽司刻本 549

周禮新義二十二卷 北宋熙寧八年(1075)國子監刻本 129

周髀算經二卷附音義一卷 宋嘉定六年(1213)鮑澣之汀州刻本 676

侍郎葛公歸愚集二十卷 宋淳熙間(1174-1189)刻本 532

侍郎葛公歸愚集二十卷 宋刻本 1291

佩觿三卷 宋萬玉堂刻本 1243

岳王家集□□卷 宋嘉定三年(1210)岳珂序刻本

岳王家集□□卷 宋端平元年(1234)重刻本 787

岳陽風土記一卷 宋淳熙六年(1179)刻本 473

近事會元五卷 北宋嘉祐元年(1056)序 98

近思錄十四卷 宋朱熹刻本 1254

近思錄十四卷 宋淳熙二年(1175)刻本 452

近思錄十四卷 宋景定間(1260-1264)錢可則刻本 881

近思錄十四卷 宋嚴州刻本 959

近思錄十四卷 宋建康府書板六十八種之一 1035

近思錄十四卷續近思錄 宋明州刻近思錄一百八十板續近思錄一百五十板 959

近思錄十四卷 蒙古(1241-1250)河南輝縣楊古仿畢昇泥活字印行 830

近思錄集解十四卷 宋刻本 841

近思錄續十四卷 宋寶慶三年(1227)蔡模續之 745

近思錄續錄二十二卷 宋刻本 842

近思後錄十四卷 宋末建安曾氏家塾刻本 1126

近體樂府三卷 宋隆興元年(1163)刻本 384

徂徠文集二十卷 宋嘉定間(1204-1228)陸子遹刻本 733

往來翰墨分類 宋福建刻本 1144

金氏文集十五卷 北宋元祐六年(1091)序 150

金石錄三十卷 北宋政和七年(1117)摹印 179

金石錄三十卷 宋紹興四年(1134)刻本 247

金石錄三十卷 宋淳熙龍舒郡齋刻本 528

金石錄三十卷 宋開禧元年(1205)趙不謭刻本 637

金光明經 北宋端拱元年(988)刻本 28

金光明經 北宋刻本 215

金光明經 遼統和至太平間(980-1030)雕造 1339

金光明經四卷 宋刻本 1273

金光明最勝王經十卷 西夏刻本 1385

金光明最勝王經卷一、三、四、五、六、七、八、九、十 西夏刻本 1385

金光明最勝王經疏 大理國保安八年(1052)釋道常保安寫本 1407

金光明最勝王經製　西夏乾祐十六年（1185）刻本
金光明經懺悔滅罪傳一卷　北宋端拱元年（988）
　刻本 30
金陀粹编二十八卷續编三十卷　南宋國子監刻
　本 952
金陀萃编五十八卷　宋嘉泰間（1201-1204）岳珂刻本 635
金陀粹编二十八卷續编三十卷　宋端平元年（1234）
　合刻於廟塾 778
金陀粹编二十八卷續编三十卷　宋紹定元年
　（1228）刻本 750
金科正義　北宋刻本 202
金剛般若波羅蜜經一卷　北宋雍熙二年（985）淮
金剛般若波羅蜜經一卷　北宋乾德七年（實為開
　寶二年（969）寫本 5
金剛般若波羅蜜經一卷　北宋雍熙二年（985）
　淮南東路高郵軍刻本
金剛般若波羅蜜經一卷　北宋端拱元年（988）刻本 29
金剛般若波羅蜜經一卷　北宋崇寧三年（1104）前
　浙刻本 167
金剛般若波羅蜜經一卷　宋淳祐六年（1246）張即
　之抄本

金剛般若波羅蜜經一卷　宋淳祐八年（1248）張即之抄本 821

金剛般若波羅蜜經二卷　宋寶祐元年（1253）張即之抄本 849

金剛般若波羅蜜經一卷　宋寶祐二年（1254）張即之抄本 850

金剛般若波羅蜜經二卷　宋開慶元年（1259）壽聖寺刻本 865

金剛般若波羅蜜經一卷　宋臨安府棚南前街西經坊王念三郎刻本 1032

金剛般若波羅蜜經一卷　宋臨安府棚南前街西經坊王念減郎家刻本 1033

金剛般若波羅蜜多經　西夏天盛十六年（1164）刻本 1383

金剛般若波羅蜜多經　西夏天盛十九年（1167）刻本 1383

金剛般若波羅蜜多經　西夏天盛二十年（1168）刻本 1383

金剛般若波羅蜜多經　西夏乾祐二十年（1189）刻本 1383

金剛般若波羅蜜多經　西夏刻漢文本

金剛般若經鈔　北宋大中祥符九年（1016）梁風施印　56

金剛般若經鈔　西夏刻本　1383

金剛記外別解四卷　宋刻本　127

金剛普賢行願經　西夏刻本　1383

金剛經一卷　北宋嘉祐間（1056—1063）蘇軾抄本　112

金剛經一卷　西夏乾祐二十年（1189）漢文刻本

金剛經一卷　西夏刻本　1383

金剛經　般若經　華嚴經普賢行願品　阿彌陀經　共五萬卷　西夏天慶三年（1196）刻本　1382

金剛經頌一卷　宋紹興三十一年（1196）刻本　333

金剛經纂要刊定記七卷　宋刻本　1273

金章蘭譜一卷　宋紹定六年（1233）序　772

金陵懷古詩　宋建康府書板六十八種之一　1036

金粟山廣惠禪院大藏經千軸　北宋寫本　210

金園集三卷　宋紹興十一年（1141）刻本　268

金匱玉函經八卷　北宋治平間（1064—1067）刻本　118

金匱要略三卷　北宋嘉祐二年（1057）國子監校刻本　99

金匱要略方　北宋紹聖三年（1096）國子監刻本　157

金壺記三卷　宋刻本　964

金藏　金皇统八年至大定十三年(1148-1173)刻本 1342

姑孰志五卷　宋淳熙五年(1178)楊愿刻本 467

姑溪居士文集五十卷後集二十卷　宋乾道三年(1167)當塗戴覃刻本 400

姑溪居士前集五十卷後集二十卷　宋乾道間(1165-1173)吳芾當塗郡齋刻本 443

姓解三卷　北宋景祐二年(1035)自序 80

制勝方略三十卷　宋慶元三年(1197)自序 580

知言六卷附錄一卷　宋咸淳間(1265-1274)建寧府吳堅刻本 913

受戒發願文　遼寫本 1330

九畫

宣和新修明堂敕令格式一千二百六冊
　北宋宣和元年（1119）雕印施行 182

宣和北苑貢茶錄一卷　宋淳熙九年（1182）熊克刻
　本 493

宣和奉使高麗圖經四十卷　宋乾道三年（1167）
　澂江郡齋刻本 398

宣和博古圖三十卷　北宋宣和間刻本 187

宣城集三卷　北宋元符三年（1100）自序 163

客亭類稿□□卷　宋臨安府太廟前尹家書籍鋪
　刻巾箱本 1030

洪文惠公行狀一卷　明末毛氏汲古閣影宋抄本

洪氏集驗方五卷　宋乾道六年（1170）姑孰郡齋
　刻本 413

洪州分寧法昌禪院遇禪語錄　宋刻本 1275

洪範政鑑十二卷　北宋康定元年（1040）御製
　序 88

洪範政鑑十二卷　宋淳熙十二年（1186）內府寫
　本 504

洪範講義四十五板　宋明州刻板 923

洗冤錄二卷　宋淳祐七年（1247）湖南憲治刻本 818

活人事證藥方二十卷 宋嘉定九年（1216）建安余恭禮宅刻本 692
活人事證後集 宋刻本 694
活民書 宋建康府書板六十八種之一 1035
活民書 壽國脈書 宋浙西轉運司刻本 962
洛陽九老祖龍學文集十六卷 宋紹定二年（1229）趙體國跋刻本 761
洛陽名園記一卷 宋紹興八年（1138）嚴州刻本 255
帝王系譜一卷 北宋政和二年（1112）刻本 172
帝王經世圖譜十卷 宋嘉泰元年（1201）趙善璙刻本 615
帝學八卷 北宋元祐三年（1088）自序 145
帝學八卷 宋嘉定十四年（1221）高安郡齋刻本 710
音同 西夏刻印 1374
音注老子道德經二卷 宋麻沙劉通判宅仰高堂刻本 1148
音注韓文公文集四十卷外集十二卷 宋紹熙間（1190-1194）婺州刻本 569
音點大字五子句解五十二卷 宋末刻本 868
音點大字荀子句解二十卷 宋景定間杭州龔士卨刻本 868

音點大字老子道德經二卷 宋景定元年(1260)龔士卨刻本 869

音點大字莊子十卷 宋景定元年(1260)龔士卨刻本 869

音點大字揚子法言十卷 宋景定元年(1260)龔士卨刻本 869

音點大字中說十卷 宋景定元年(1260)龔士卨刻本 869

音點周禮詳節句解 宋刻本 1079

祠山事要指掌八卷 宋嘉熙三年(1239)序刻本

祠部集三十五卷 北宋元豐三年(1080)序 137

祖英集二卷 北宋明道元年(1032)四明徐汝舟刻本 77

祖庭事苑八卷 宋紹興二十四年(1154)刻本 318

祖庭廣記二十卷 金正隆元年(1165)鏤板 1344

祖異志十卷 北宋康定元年(1040)自序 88

神宗皇帝御集二百卷 北宋元符中(1098—1100)刻印

神宗實録二百卷 北宋元祐六年(1091)奏御 150

神咒王陰大孔雀明王經 西夏刻本 1391

神醫普救方一千卷 北宋雍熙三年(986)書成 25

神醫普救方一千卷 北宋元符二年(1099)國子監

刻本 162

神變加持經義釋密抄 遼大康三年(1077)刻印 1339

前漢法說二十卷 宋淳熙十二年(1185)洪邁婺州刻本 498

前漢紀三十卷後漢紀三十卷 北宋大中祥符間(1008-1016)錢塘刻本 56

前漢紀三十卷 北宋天聖七年(1029)益州刻本 74

前漢紀三十卷後漢紀三十卷 宋紹興十二年(1142)浙東轉運司刻本 271

前漢六帖十二卷 宋江西刻本 1055

前賢小集拾遺五卷 清初毛氏汲古閣影宋抄本 1024

首楞嚴經十卷 宋福州刻本 1144

首楞嚴義疏注疏三卷 宋刻本 1272

首楞嚴義疏註經二十卷 宋刻本

施注蘇詩四十二卷東坡年譜一卷王注正譌一卷 634

蘇詩續補遺二卷 宋嘉泰中(1201-1204)施宿刻本

春明退朝錄三卷 北宋熙寧三年(1070)自序 127

春明退朝錄三卷 宋刻本 1265

春秋五禮例宗十卷 北宋紹聖四年(1097)自序 159

春秋五禮例宗十卷 宋紹興間(1131-1162)浙杭刻本 337

春秋五霸列國世紀編三卷 宋羅仲行刻本 1239

春秋比事三十卷　宋紹熙間(1190-1194)陳亮刻本　56

春秋比事三十卷　宋嘉定四年(1211)譚月卿刻本　66

春秋分紀九十卷附例要一卷　宋淳祐三年(1243)袁州軍學刻本　804

春秋分紀九十卷　宋淳祐三年(1243)刻本　804

春秋四譜六卷　宋紹興四年(1134)鄧名世校勘　245

春秋公羊疏二十八卷　宋紹興間(1131-1162)刻本　338

春秋公羊疏三十卷　宋刻單疏本　1239

春秋公羊傳疏三十卷　北宋咸平四年(1001)國子監刻本　38

春秋公羊傳疏二十八卷　北宋國子監杭州鏤板　191

春秋公羊傳疏三十卷　宋紹興十五年(1145)臨安府刻本　292

春秋公羊傳注疏二十八卷　北宋景德二年(1005)刻本　45

春秋公羊傳解詁十二卷　宋紹興二十一年(1151)國子監刻本　309

春秋公羊傳解詁十二卷附釋文一卷　宋淳熙撫州公使庫刻紹熙四年重修本　525

春秋公羊傳解詁十二卷　宋紹熙二年(1192)余仁仲萬卷堂刻本　539

春秋正義三十六卷　宋婺州刻本　928
春秋左傳正義三十六卷　北宋淳化元年至五年(990-994)刻本　30
春秋左傳正義三十六卷　宋紹興十五年(1145)臨安府刻本　292
春秋左傳正義三十六卷　宋紹興二十二年(1152)鄭仲熊刻本
春秋左傳正義三十六卷　宋淳熙三年(1176)種德堂刻本　455
春秋左傳正義三十六卷　宋慶元六年(1200)紹興刻本　598
春秋左傳要義六十卷　宋淳祐十二年(1255)魏克愚刻本　839
春秋左氏傳事類始末五卷　宋淳熙十二年(1185)刻本　498
春秋名號歸一圖二卷　宋刻本　1240
春秋後傳十二卷　北宋政和間(1111-1117)建安余靖安刻本　180
春秋後傳二十卷　宋乾道間(1165-1173)陸游嚴州刻本　432
春秋後傳十二卷　宋嘉定六年(1213)施栻永嘉郡

齋刻本 674

春秋後傳二十卷 宋嚴州刻本 930

春秋後傳十二卷 宋勤有堂刻本 1094

春秋通訓六卷 北宋崇寧五年（1106）自序 168

春秋通説十三卷 宋端平三年（1236）奏進 785

春秋尊王發微十二卷 宋紹興二十一年（1151）魏

安行刻本 309

春秋集注十一卷綱領一卷 宋端平二年（1235）

張洽刻本 781

春秋集注十一卷綱領一卷 宋寶慶三年（1255）臨

江郡庠刻本 851

春秋集注十一卷綱領一卷 宋德祐元年（1275）衛

宋武刻本（華亭義塾本） 915

春秋集注綱領一卷 宋端平元年（1234）臨江郡學

刻本 776

春秋集解三十卷 宋末刻本 1239

春秋集義五十卷綱領三卷 宋李明復刻本 1239

春秋集義五十卷綱領三卷 宋嘉定十四年（1221）

魏了翁跋 710

春秋集傳或問 宋潮州刻本 1230

春秋集傳纂例 北宋慶曆八年（1048）國子監刻本 93

春秋集傳纂例十卷　北宋慶曆間(1041-1048)朱臨刻本 94

春秋集傳纂例十卷　北宋皇祐間(1049-1053)蜀刻小字本 97

春秋集傳纂例十卷　宋蜀刻小字本 1197

春秋集傳纂例十卷　金泰和三年(1203)平陽府刻本 1354

春秋意林二卷　北宋元祐間(1086-1093)刻本 154

春秋意林二卷　宋淳熙十三年(1186)瑞安縣學刻本 503

春秋微旨三卷　宋袁樻刻本 1239

春秋经左氏傳句解七十卷　宋绍興三十一年(1161)刻本 331

春秋经解十五卷　宋绍興四年(1134)高郵郡齋刻本 245

春秋经解十五卷　宋淳熙間(1174-1189)汪綱刻本 525

春秋经解十三卷　宋嘉定九年(1216)汪綱新安刻本 692

春秋经傳十二卷附本例例要一卷　宋绍興六年(1136)崔若上之 253

春秋经傳十五卷　宋绍熙四年(1193)高郵郡齋刻本 556

春秋经傳十三卷　宋绍熙四年(1193)邵韓刻本 556

春秋经傳三十卷　宋臨安刻本 926

春秋经傳集解三十卷　北宋治平(1064-1067)刻本 118

春秋经傳集解三十卷　北宋刻小字本 190

春秋经傳集解三十卷　北宋刻闕氏字本 190

春秋经傳集解三十卷　宋紹興二十一年(1151)國子監刻本 309

春秋经傳集解三十卷　宋乾道間(1165-1173)江陰軍學刻本 432

春秋经傳集解三十卷　宋淳熙三年(1176)左廊司局刻本 454

春秋经傳集解三十卷　宋淳熙三年(1176)閩山阮仲猷種德堂刻本 455

春秋经傳集解三十卷　宋淳熙間(1174-1189)撫州公使庫刻本 524

春秋经傳集解三十卷　宋嘉定六年(1213)臨川郡江公亮刻本 674

春秋经傳集解三十卷　宋嘉定九年(1216)興國軍學刻本 690

春秋经傳集解三十卷　宋潛府劉氏家塾刻本 1089

春秋经傳集解三十卷　宋鶴林于氏家塾棲雲閣刻本 1195

春秋经傳集解三十卷　宋蜀刻大字本 1194

春秋经傳集解三十卷　宋蜀刻本 1194

春秋经傳集解三十卷　宋蜀刻本 1194

春秋经傳集解三十卷春秋名號歸一圖二卷宋

建安余仁仲萬卷堂刻本 1087

春秋经傳集解三十卷　宋廖瑩中世綵堂刻本 927

春秋经傳集解三十卷　宋建刻本 1089

春秋经傳集解三十卷　宋刻巾箱本 1089

春秋经傳集解三十卷　宋刻巾箱本 927

春秋经傳集解三十卷　宋刻巾箱本 1238

春秋经傳集解三十卷附春秋年表一卷　宋刻小

字本 928

春秋经傳集解三十卷　南宋中期刻本 1088

春秋经傳對賦一卷　36 宋皇祐三年(1051)自序 95

春秋傳十五卷　36 宋元祐間(1086-1093)刻本 153

春秋傳三十卷　宋乾道四年(1168)刻慶元五年黃

汝嘉修補本 402

春秋傳十五卷　宋淳熙十三年(1186)瑞安縣學刻

本 503

春秋傳二十卷　春秋考十六卷　春秋讞二十二

卷 宋開禧元年(1205)南劍郡齋葉筠刻本 636

春秋傳十五卷 春秋權衡十七卷 春秋意林二

卷 春秋説例一卷 宋新喻劉龜從刻本 988

春秋傳三十卷 宋婺州刻本 1094

春秋微旨三卷 北宋皇祐間(1049-1053)刻本

春秋會義四十卷 北宋元祐二年(1087)刻本 144

春秋説例一卷 北宋元祐間(1086-1093)刻本 154

春秋説例一卷 宋淳熙十三年(1186)瑞安縣學刻

本 503

春秋疑辨四卷 宋乾道間(1165-1173)羅泌刻本 43

春秋穀梁傳疏十二卷 北宋咸平四年(1001)國子

監刻本 38

春秋穀梁傳疏二十卷 北宋國子監杭州鏤板 191

春秋穀梁傳疏十二卷 宋紹興十五年(1145)臨安

府刻本 293

春秋穀梁傳疏二十卷 宋紹熙二年(1191)建安余

仁仲萬卷堂刻本 540

春秋穀梁傳疏二十卷 南宋監本 929

春秋穀梁傳十二卷 宋紹熙四年(1193)建安余仁

仲萬卷堂刻本 556

春秋穀梁解詁十二卷 宋紹興二十一年(1151)國子監刻本 309
春秋辨疑十卷 36 宋慶曆八年(1048)吳興朱臨刻本
春秋辨疑十卷 宋紹興七年(1137)刻本 253
春秋講義四卷 宋嘉定十六年(1223)金陵學舍刻本 714
春秋講義四卷 宋寶慶二年(1226)牛大年複刻於泰州 739
春秋總鑑十二卷 宋紹興十二年(1142)秘書省錄進類集本 269
春秋繁露十七卷 北宋慶曆七年(1047)刻本 92
春秋繁露十七卷 宋嘉定三年(1210)胡槼江右刻本 656
春秋繁露十七卷 宋嘉定四年(1211)江右計臺刻本 660
春秋繁露十七卷 宋樓鑰刻本。 931
春秋繁露十七卷 宋岳珂嘉禾郡齋刻本 931
春秋繁露十七卷 宋萍鄉本 羅氏蘭堂本 潘景定本 1240
春秋權衡十七卷 北宋元祐間(1086-1093)刻本 154
春秋權衡十七卷 宋淳熙十三年(1186)瑞安縣學刻本 503

春渚紀聞十卷　宋臨安府太廟前尹家書籍鋪刻本　1027

封禪記五十卷　北宋大中祥符元年(1008)成書上之　49

要集　西夏刻本　1373

政和五禮新義二百四十卷　北宋政和三年(1113)進　173

政和五禮　南宋監刻本　939

政和直達綱條敕及申明指揮一百三十一册　北宋政和五年(1115)鏤板頒行　177

政和重修敕令格式一百三十八卷　北宋政和間(1111-1117)雕印頒行　180

政和敕令格式九百三卷　北宋政和六年(1116)鏤板頒行　178

政和祿令格等三百二十册　北宋政和元年(1111)雕印頒行　171

政和經史證類備用本草三十卷　北宋杭人龐氏刻本　209

政府奏議　宋括蒼劉安世刻本　951

政經一卷　宋嘉定十二年(1219)泉州縣齋刻本　704

政經一卷　宋端平元年(1234)大庾縣齋刻本　777

南方草木狀三卷　宋麻沙刻本　1114
南史八十卷　北宋天聖二年至嘉祐三年(1058)國子监刻本　69
南史八十卷　南宋監本　940
南史八十卷　宋淳熙十五年(1188)陸游重刻本　514
南史八十卷　宋刻本　943
南史精語十卷　宋淳熙十二年(1185)婺州刻本　499
南宋群賢小集　宋臨安府陳解元宅書籍鋪刻本　1024
南宋館閣錄十卷续錄十卷　宋刻本　1249
南唐二主詞一卷　北宋嘉祐三年(1058)序刻本　101
南唐先生四六一卷　宋刻本　1295
南唐近事一卷　北宋太平興國二年(977)自序　19
南唐書三十卷　北宋崇寧四年(1105)自序　168
南院首山葉縣神鼎承天石門六禪師語錄　宋刻本　1275
南軒先生文集四十四卷　宋淳熙十一年(1184)朱熹刻本　497
南軒先生文集四十四卷　宋嚴州刻本　985
南軒先生張侍講孟子詳說七卷　宋乾道九年(1173)刻本　423
南康志八卷　宋淳熙十二年(1185)刻本　499

南部新書十卷　北宋嘉祐二年(1057)自序　100

南華正義　北宋太平興國八年(983)成都道士任奉古刻本　23

南華真經注十卷　北宋天禧間(1017-1021)刻本　67

南華真經注十卷　北宋宣和五年(1123)國子監刻本　185

南華真經注十卷　北宋刻本　216

南華真經注十卷　宋乾道間(1165-1173)蜀中安仁趙諫議宅刻本　438

南華真經注二十卷附拾遺一卷　宋西蜀崔氏書肆刻本　1207

南華真經注十卷　南宋初荆湖北路刻本　1190

南華真經注十卷　宋建陽坊刻本　1149

南華真經注疏十卷　宋刻本　976

南華真經疏解三十三卷　北宋景德三年(1006)中書門下牒文　47

南華新傳二十卷　北宋紹聖三年(1096)刻本　159

南華經義海纂微一百六卷　宋咸淳六年(1270)褚伯秀刻本　899

南湖集十卷　宋淳熙十六年(1189)楊萬里序　521

南陽先民傳二十卷　北宋元祐八年(1093)序　152

南陽活人書十八卷 北宋京師刻本 208
南陽活人書十八卷 北宋兩浙刻本 208
南陽活人書十八卷 北宋福建刻本 208
南陽活人書十八卷 北宋宣和五年(1123)湖南刻本 185
南陽活人書十八卷 北宋成都刻本 209
南陽活人書十八卷 宋成都路刻本 1229
南陽集六卷 北宋元符元年(1098)序 160
南陽集三十卷 宋紹興十年(1140)沈晦跋 269
南陽集六卷 宋寶慶元年(1225)趙大忠刻本 738
南無釋迦牟尼佛像 遼木刻彩印 1328
南齊書五十九卷 北宋治平二年(1065)刻本 113
南齊書五十九卷 南宋監本 939
南嶽舊稿 南嶽稿 宋臨安府陳宅書籍鋪刻本 1014
南嶽總勝集三卷 宋隆興二年(1164)拙叟序 387
南嶽總勝集三卷 宋刻本 1251
南豐先生元豐類稿五十卷 北宋元豐八年(1085)王震序 140
南豐曾子固先生集二十四卷 北宋刻本
南豐曾子固先生集二十四卷 金刻本 1368
故唐律疏義三十卷 北宋天聖七年(1029)崇文院

刻本 73
故唐律疏義三十卷附律音義一卷　宋刻本 125
胡子知言六卷　宋福建漕治吳堅刻本 1127
胡氏春秋傳三十卷　宋嚴州刻本 930
胡氏春秋傳通旨一卷　宋嚴州刻本 930
持世經四卷　北宋熙寧元年（1068）吳拱寫金粟
山廣惠禪院大藏本 122
括異志十卷　宋建陽虞叔異刻本 1134
括蒼志七卷　宋乾道六年（1170）樓璩序 414
拾遺記十卷　北宋刻本 207
述異記二卷　宋臨安府太廟前尹家書籍鋪刻本
相模州極樂禪月寺月峰和尚語錄一卷頌古一卷
宋咸淳間（1265-1274）刻本 913
柳河東先生文集四十五卷　北宋大中祥符間（1008-
1016）穆修刻本 57
柳宗元集三十三卷　北宋京師小字本　杭本
蜀本 220
咸平删編敕儀制敕齋德音十三卷　北宋咸平元
年（998）刻本 36
咸平集三十卷　宋漢嘉板 1227

咸平集三十一卷 宋嚴州刻本 982

咸淳臨安志一百卷 宋咸淳刻本 912

建安志二十四卷 宋慶元四年(1198)成之 586

建炎以來繫年要錄二百卷 宋嘉定十六年(1223)國史實錄院牒 715

建炎以來繫年要錄二百卷 宋寶祐初揚州刻本 862

建炎以來朝野雜記甲集二十卷乙集二十卷 宋嘉定九年(1216)序 692

建炎以來朝野雜記四十卷 宋刻本 1202

建炎以來朝野雜記四十卷 宋成都辛氏刻本 1252

建康志十卷 宋乾道五年(1169)刻本 409

建康實錄二十卷 北宋嘉祐三年(1058)江南東路江寧府刻本 100

建康實錄二十卷 宋紹興十八年(1148)荊湖北路安撫使司刻本 301

建康實錄二十卷 宋寶祐四年(1256)鎮江府李士忱刻本

建隆刑統三十卷 北宋乾德元年(963)大理寺刻 2

建隆編敕四卷 北宋乾德元年(963)刻印 2

建隆龍飛日曆 北宋建隆元年(960)撰 1

建寧文選 宋廖瑩中世綵堂刻本 998

韋齋集十二卷附玉瀾集 宋淳熙八年(1181)刻本 488

韋蘇州集十卷 北宋嘉祐元年(1056)刻本 98

韋蘇州集十卷 北宋熙寧九年(1076)校刻本 132

韋蘇州集十卷 宋紹興二年(1132)葛蘩校刊本 236

韋蘇州集十卷 宋紹興二十三年(1152)重刻熙寧九年本 316

韋蘇州集十卷附録一卷 宋紹興間(1131—1162)刻大字本 373

韋蘇州集十卷拾遺一卷 宋乾道七年(1171)平江府學重校刻本 418

韋蘇州集十卷 宋臨安府棚北大街睦親坊南陳宅書籍鋪刻本 1006

眉山七史 宋書一百卷 南齊書五十九卷 梁書五十六卷 陳書三十六卷 魏書一百十四卷 北齊書三十六卷 周書五十卷 宋紹興十四年(1144)四川眉山漕司刻本 276

眉山新編十七史策要一百五十卷 宋蜀中刻本 1203

眉山唐先生文集二十卷 北宋京師印本 223

眉山唐先生文集二十卷 北宋宣和四年(1122)重刻本 185

眉山唐先生文集二十卷 宋绍興二十一年(1151)惠州軍州學刻本 312

眉山唐先生文集三十卷 宋绍興二十九年(1159)刻本 328

屏山集二十卷 宋乾道九年(1173)序 430

厚齋易學五十卷附録二卷 宋嘉定十年(1217)序 695

契丹國志二十七卷 宋淳熙七年(1180)進表 478

契丹藏五千四十八卷 遼统和二十年至重熙七年(1030-1038)刻印 1305

契丹藏五千餘卷不千冊小本 遼刻印 1333

降魔要論 西夏刻本 1401

省元林公集注資治通鑑詳節 宋刻本 1108

省心雜言一卷 宋臨安刻本 969

省齋集十卷 宋廖謙刻本。此本久佚 1291

范文正公集二十卷 北宋元祐間(1086-1093)刻本 148

范文正公集二十卷别集四卷補编五卷 宋乾道三年(1167)鄱陽郡齋刻本 400

范文正公集二十卷别集四卷補编四卷 宋淳熙十三年(1186)綦焕刻本 506

范文正公集二十卷别集四卷 宋嘉定五年(1212)

鄱陽郡齋刻本
范文正公尺牘一卷　宋淳熙三年(1176)張栻刻本 46
范文正公鄱陽遺事錄一卷　北宋紹聖二年(1095)序刻本 157
范忠宣公文集二十卷　宋乾道三年(1167)饒州
刻本 401
范忠宣集二十卷　宋嘉定五年(1212)沈圻刻本 67
范忠宣集二十卷　宋嘉定五年(1212)台州州學
刻本 67
范忠宣公文集二十卷奏議二卷遺文一卷附錄一
卷補編一卷　宋刻本 1288
苕溪漁隱叢話前集六十卷後集六十卷　宋紹興
四年(1134)陳奉議刻本 249
苕溪漁隱叢話後集四十卷　宋乾道三年(1167)
刻本 401
苕溪漁隱叢話前集六十卷後集四十卷　宋淳熙
二年(1175)刻本 45
苕溪漁隱叢話前集六十卷後集四十卷　宋紹熙
五年(1194)陳奉議萬卷堂刻本 563
苕溪集五十五卷　清影宋抄本 1292
茅山記一卷　北宋嘉祐六年(1061)傳 106

苹亭客話十卷　北宋元祐八年(1093)刻本　153

苹亭客話十卷　宋刻本　1266

英宗實錄三十卷事目三卷　北宋熙寧二年(1069)書成上之　123

貞白先生陶隱居文集　宋紹興十三年(1143)張楠刻本　275

貞觀公私畫史一卷　宋臨安府陳道人書籍鋪刻本

貞觀玉鏡統　西夏貞觀(1101-1113)刻本　1380

貞觀政要十卷　宋婺州公使庫刻本　949

貞觀政要十卷　宋刻小字本　1247

貞觀政要十卷　金大定九年(1169)南京路都轉運使梁肅鏤板　1345

貞觀要文　西夏刻本　1376

星命總括　遼刻本　1305

昭明文集五卷　宋紹興間(1131-1162)臨安刻本　370

昭明太子集五卷　宋淳熙八年(1181)池陽郡齋刻五卷本　487

昭德先生郡齋讀書志四卷後志二卷附志一卷考異一卷　宋淳祐九年至十年(1249-1250)宜春郡齋

刻本 82

昭德新編三卷 北宋景祐三年（1036）序 81

昭德新編三卷 宋慶元間（1195—1200）黄汝嘉刻本 610

思無邪 宋紹定五年（1232）四明陳煒刻石 771

思溪圓覺藏五千四百八十卷 宋紹興二年（1132）

王永從刻本 235

思溪資福藏五千七百四十卷 宋嘉熙三年（1139）

安吉州思溪法寶資福禪寺刻本 790

毗尼摩得勒伽 宋寫本 1270

毘陵志三十卷 宋咸淳四年（1268）重修宋刻本 893

幽隱律詩四卷 北宋淳化元年（990）藏於秘閣 31

幽蘭居士東京夢華録十卷 宋淳熙十四年（1187）

趙師俠刻本 510

是齋百一選方二十卷 宋沔陽郡齋刻本 1188

秋浦志八卷 宋乾道八年（1172）刻本 422

秋浦新志十六卷 宋端平三年（1236）重修本 786

秋崖先生小稿八十三卷 宋寶祐五年（1257）竹溪

書院刻本 860

秋崖先生小稿八十三卷詩二十八卷文四十五卷

宋開化刻本 991

秋崖先生小稿八十三卷詩二十八卷文四十五卷 宋建陽刻本	1174
秋崖集四十卷 宋臨安刻本	991
秋崖集四十卷 宋建陽刻本	1174
秋崖新藁三十一卷 宋寶祐五年(1257)刻本	860
急就章四卷 北宋黄庭堅刻本	203
急就章一卷 宋紹興間(1131-1162)黄訥刻本	359
急就篇一卷 宋淳熙十年(1183)刻本	494
信安志十六卷 宋嘉定十二年(1219)劉崖時刻本	704
保慶集 宋建康府書板六十八種之一	1036
修心鑑 宋乾道間(1165-1173)陸游刻本	436
修城法式條約二卷 北宋熙寧八年(1075)上進	130
皇王大紀八十卷 宋紹興十一年(1141)序	268
皇王大紀八十卷 宋咸淳十年(1274)董楷重刻本	910
皇宋十朝綱要二十五卷 宋江西刻本	1051
皇宋書錄三卷 宋咸淳元年(1265)修校成編	882
皇甫冉詩集二卷 宋臨安陳氏書棚本	1006

皇甫持正集六卷　宋乾道間(1165-1173)陸游刻本　43[illegible]
皇甫持正文集六卷　宋蜀刻本　1217
皇祐新樂圖記三卷　北宋皇祐五年(1053)刻大字本　97
皇祐簡要濟衆方五卷　北宋皇祐三年(1051)頒下
諸道　96
皇祐續稿八卷　北宋慶曆間(1041-1048)李覯刻本　94
皇朝大詔令二百四十卷　宋嘉定三年(1210)建寧
(異)李大異刻本　657
皇朝文鑑一百五十卷　宋嘉泰四年(1204)新安郡
齋刻本　630
皇朝文鑑一百五十卷　宋嘉定十五年(1222)趙彥
適修刻本　713
皇朝文鑑一百五十卷　宋建寧書坊刻本　1181
皇朝方域志二百卷　宋嘉熙二年(1238)上饒朝　789
繫 皇朝中興繫年要錄十六卷　宋刻本　1248
皇朝仕學規範四十卷　宋淳熙三年(1176)刻本　458
皇朝百族譜四卷　宋紹興末周益公序　335
皇朝名臣言行類編四十四卷　宋刻巾箱本　1249
皇朝特命錄　宋建康府書板六十八種之一　1034
皇朝通鑑長編紀事本末一百五十卷　宋寶祐元

年(1253)廬陵郡齋刻本 846
皇朝通鑑長編紀事本末一百五十卷 宋寶祐五年(1257)徐琥重刻本 858
皇朝登科錄題名 宋饒州刻本 1051
皇朝新刊實賓錄二十卷 宋乾道八年(1172)施元之三衢坐嘯齋刻本 421
皇朝編年綱目備要二十五卷補刊編年備要五卷 宋紹定二年(1229)刻本 756
皇朝實錄七十卷 遼天祚帝(乾統至保大1101—1125)時刻。 1303
皇極經世外篇衍義三卷 宋咸淳元年(1265)余學古序 884
禹貢論二卷後論一卷山川地理圖二卷 宋淳熙八年(1181)泉州州學刻本 483
律十二卷音義一卷 北宋天聖七年(1029)崇文院刻本 73
律十二卷音義一卷 宋刻本 951
後山先生詩集三十卷 宋末茶陵陳仁子刻本 1168
後山居士文集 宋蜀中刻本 237
後山居士文集二十卷 宋劉孝韙臨川刻本 1062

後山集二十四卷　宋臨川本　106

後山集二十四卷　宋明山本　118

後山集二十四卷　宋明州本　98

後山詩注二十四卷　北宋政和六年（1116）刻本　17

後山詩注十二卷　宋建陽刻本　1168

後山詩注十二卷　宋刻本。　129

後山詩集二卷　宋蜀刻本　122

後村先生大全集一百九十六卷　宋咸淳八年（127
刻本　90

後村先生大全詩集十五卷　宋刻本　129

後村先生江西詩選　宋嘉定間（1208-1224）泉州安
溪縣印書局刻本　72

後村居士集五十卷目録二卷　宋末刻本　1169

後村居士集五十卷　宋淳祐九年（1249）莆田家
齋刻本　82

後村居士集五十卷　宋建刻本　82

後村居士詩二十卷　宋閩中刻本　1168

後村長短句二卷　宋末刻本　116

後典麗賦四十卷　宋淳熙間（1174-1189）唐仲友刻
本　53

後周書五十卷 南宋監本 940
後畫錄一卷 宋臨安府陳道人書籍鋪刻本
後漢書注一百二十卷 北宋淳化五年至咸平二年(994-999)國子監刻本 34
後漢書注一百二十卷 北宋大中祥符九年(1016)錢塘刻本 55
後漢書注一百二十卷 北宋乾興元年(1022)刻本 67
後漢書一百二十卷 北宋景祐元年或二年(1035或1036)國子監刻本 79
後漢書注一百二十卷 北宋嘉祐間(1056-1063)蘇軾抄本 111
後漢書注一百二十卷 北宋宣和六年(1124)國子監刻本 186
後漢書注一百二十卷 北宋刻遞修本 199
後漢書注一百二十卷 北宋刻元修本 199
後漢書注一百二十卷 北宋刻遞修本 86
後漢書注一百二十卷 北宋末南宋初福唐郡庠刻本 199
後漢書注一百二十卷 宋隆興二年(1164)錢塘王叔邊刻本 385

後漢書注一百二十卷 宋隆興二年（1164）麻沙劉仲立刻本 384

後漢書注一百二十卷 宋紹興江南東路轉運司刻本 35

後漢書注一百二十卷 宋慶元二年（1196）建安黄善夫刻本

後漢書注一百二十卷 宋慶元四年（1198）劉元起家塾刻本 58

後漢書注一百二十卷 宋嘉定元年（1208）建安蔡琪純父一經堂刻本 64

後漢書注一百二十卷 宋嘉定元年（1208）白鷺洲書院刻本 64

後漢書注一百二十卷 南宋監本 939

後漢書注一百二十卷 南宋中期江西吉安刻本

後漢書注一百二十卷 宋刻中字本 1245

後樂集二十卷 宋紹興間（1131－1162）刻本 378

後樂集二十卷 宋紹定五年（1232）永州刻本 772

姚少監詩集十卷 南宋蜀中刻唐人集本 1216

姚少監詩集十卷 宋浙刻本

紀元曆 北宋建中靖國元年（1101）頒行 16

叙古千文 宋淳祐十年(1250)宋慈刻本 829

重刊宋諸臣奏議 宋淳祐十年(1250)成都刻本 830

重刊許氏説文解字五音韻譜十二卷 宋蜀大字本 1199

重刊邵堯夫擊壤集九卷 宋刻本 1161

重刊增廣分門類林雜説 金大定二十九年(1189)李子文刻本 1350

重言重意禮記二十卷 宋建刻本 1086

重修政和經史證類備用本草三十卷 宋杭州漕司刻本 960

重修政和經史證類備用本草三十卷 宋南隆刻本(四川之邑) 1205

重修政和經史證類備用本草三十卷附本草衍義二十卷 金貞祐二年(1214)嵩州福昌縣夏氏書籍鋪刻本 1356

重修政和經史證類備用本草三十卷 蒙古定宗四年(1249)晦明軒刻本 824

重修事物紀原二十六卷目録二卷 宋慶元三年(1197)建安余氏刻本 582

重修廣韻五卷 宋刻本 938

重修廣韻五卷　南宋中期浙杭翻紹興本 939

重校正地理新書十五卷　金國子監刻本 1353

重校正地理新書十五卷　金大定二十四年（1184）平陽畢履道刻本 1348

重校正地理新書十五卷　金明昌間（1190—1196）蒲阪書籍鋪刻本 1352

重校正地理新書十五卷　金明昌間（1190—1196）平陽書籍鋪刻本 1352

重校正地理新書十五卷　金明昌間（1190—1196）夷門書籍鋪刻本 1353

重校正地理新書十五卷　金明昌間（1190—1196）古唐書籍鋪刻本 1352

重校正蜀本書林事類韻會一百卷　宋刻本 1207

重校活人書十八卷　南宋初年杭州刻本 981

重校證活人書十八卷　北宋重和元年（1118）杭州大隱坊刻本 181

重校添注音辯唐柳先生文集四十五卷外集二卷　宋蜀刻大字本 1213

重校添注音辯唐柳先生文集四十五卷外集二卷　宋嘉興刻大字本 980

重校鶴山先生大全文集一百十卷目録二卷 宋蜀中刻本 865

重陽全真集 金大定二十八年(1188)東萊劉長生又開板印行 1350

重陽教化集 金朱抱一刻本 1370

重陽傳真集 金京兆家道聚財印行 1368

重廣分門三蘇先生文粹一百卷 宋刻本 1299

重廣分門三蘇先生文粹七十卷 宋刻本 1299

重廣註揚子法言十三卷 宋淳熙八年(1181)唐仲友台州刻本 486

重廣眉山三蘇先生文集八十卷 宋紹興三十年(1160)饒州德興縣銀山莊谿董應夢集古堂刻本 330

重廣草木蟲魚雜詠詩集 宋元間刻本 1299

重廣補注黄帝內經素問二十四卷 宋紹定間(1228—1233)刻本 775

重廣會史一百卷目録一卷 北宋嘉祐五年(1060)杭州刻本 103

重編西湖林和靖先生詩集四卷 宋紹熙三年沈詵浙西漕廨刻本 554

重編改併五音篇八卷 金泰和間(1201—1208)刻本 1355

重編唐登科記十五卷　宋洪适新安刻本　1040

重編海瓊玉蟾先生集六卷續二卷　宋端平元年(1237)彭耜序　788

重編補添分門字苑撮要　金刻本　1355

重編詳備碎金　宋紹熙三年(1191)臨安府趙姓書坊刻本　544

重編楚辭　宋建康府五百七十板。　1036

重雕改正湘山野錄三卷續錄一卷　宋臨安府陳道人書籍鋪刻本　1004

重雕足本鑑誡錄十卷　宋孝宗間刻本　968

重續千字文二卷　宋淳祐八年(1248)葛剛正刻本　820

科判文(經名不詳)　遼寫本　1331

科判文(經名不詳)　遼寫本　1331

香溪先生范賢良文集二十二卷　宋紹興三十一年(1161)范之卿刻本　334

香溪先生范賢良文集二十二卷　宋紹興間(1131-1162)范端臣刻本　379

風俗通義十卷附錄一卷　宋嘉定十三年(1220)丁黼刻本　706

風雅遺音三卷　宋嘉泰四年(1204)陳式子序　635

風雅遺音二卷 清影寫宋刻本 1301

十畫

家晏集十卷 北宋雍熙三年(986)序 26

家語十卷 宋紹熙五年(1194)陸游題識 562

家禮五卷附錄一卷 宋嘉定間(1208-1224)趙師恕刻本 727

家禮五卷附錄一卷 宋嘉定間(1208-1224)趙崇思刻本 727

家禮五卷附錄一卷 宋淳祐五年(1245)上饒刻本 809

家禮五卷附錄一卷 宋開慶元年(1259)葉懋臣刻本 863

家禮五卷 宋陳雷溫州學宮刻本 958

宮教文集十二卷 宋明州刻本 986

容齋隨筆十六卷續筆十六卷三筆十六卷四筆十六卷五筆十卷 宋淳熙十四年(1187)刻本 511

容齋隨筆十六卷續筆十六卷三筆十六卷四筆十六卷五筆十卷 宋嘉定五年(1212)洪伋章貢郡齋刻本 669

容齋隨筆十六卷續筆十六卷三筆十六卷四筆十六卷五筆十卷 宋嘉定五年(1212)江西提刑司刻本 670

容齋隨筆十六卷續筆十六卷三筆十六卷四筆十六卷五筆十卷 宋紹定元年(1228)周瑾刻本 751

容齋隨筆十六卷續筆十六卷三筆十六卷四筆十六卷五筆十卷　宋臨安府鞔鼓橋南河西岸陳宅書籍鋪刻本 1004

容齋隨筆十六卷　宋婺州刻本 968

浦陽人物記二卷　宋婺州刻本 953

酒經上中下卷　北宋政和七年（1117）刻本 180

酒經三卷　宋刻本 966

酒邊詞二卷　宋刻本 1301

海上方一卷　宋乾道間（1165—1173）刻本 435

海野詞一卷　汲古閣影抄宋本 1301

海錄碎事二十二卷　宋紹興十九年（1149）自序 306

海鹽澉水志　宋寶祐四年（1256）刻本 858

涇川志三卷　宋嘉定六年（1212）趙南唐序 675

浸銅要略一卷　北宋紹聖元年（1094）序 156

浣花集十卷　宋臨安府棚前北睦親坊南陳宅書籍鋪刻本 1009

浪語集三十五卷　宋寶慶間（1225—1227）薛旦撫州刻本 750

記纂淵海一百九十五卷　宋嘉定二年（1209）刻本 653

高王觀世音經一卷　遼刻本 1317

高王觀世音經一卷　西夏乾祐二十年（1189）刻印 1390

高氏三宴詩集三卷附九老詩一卷　宋刻本　1297
高氏小史一百三十卷　北宋杭州刻本　202
高宗聖政草一卷　宋陸子遹嚴州刻本　950
高峰文集十二卷　宋乾道七年(1171)邵武軍學刻本　419
高峰文集十二卷　宋咸淳七年(1271)吴邦傑重刻本　900
高常侍集十卷　宋乾道間(1165-1173)陸游刻本　439
高常侍集十卷　清初影宋抄本　1282
高郵志三卷續志十卷　宋淳熙四年(1177)趙不憖刻本　465
高僧傳三十卷　北宋端拱元年(988)表上　29
冥樞會要三卷　宋紹興十五年(1145)湖州報恩光孝寺僧道樞刻本　295
冥樞會要三卷　宋刻本　1263
唐人五十家小集　清光緒二十一年元和江氏靈鶼閣據南宋陳道人本影刻　1017
唐三十家詩　宋刻本　1296
唐子西集二十二卷　宋紹興二十一年(1151)鄭康佐序刻本　311
唐子西集二十四卷　宋番江刻本　1290

唐大詔令集一百三十卷 北宋熙寧三年(1070)序

唐女郎魚玄機詩一卷 宋臨安府陳宅書籍鋪刻本 1008

唐六典三十卷 宋隆興二年(1164)刻本 386

唐五七言絶句 本朝五七言絶句 中興五七言絶句 宋建陽刻本 1184

唐五七言絶句 本朝五七言絶句 中興五七言絶句 宋臨安刻本 998

唐元次山文集十卷拾遺一卷 宋江州刻本 1059

唐本朝中興五七言絶句 宋泉州刻本 1184

唐四傑詩集四卷 北宋景德四年(1007)序 48

唐史論斷三卷 宋紹興二十七年(1157)南劍州學宮張敦頤刻本 321

唐史論斷三卷 宋端平二年(1235)黄準再刻於東陽倅廳 781

唐史論斷三卷 宋劉和甫家刻本

唐史論斷三卷 宋成都路刻本 1229

唐百家詩選二十卷 北宋元符元年(1098)江西章安刻本 161

唐百家詩選二十卷 北宋元符間(1098—1100)楊蟠刻本 163

唐百家詩選二十卷 宋乾道間(1165—1173)倪仲傅

刻本 445
唐百家詩選二十卷 宋刻遞修本 1297
唐先生文集二十卷附文錄一卷 宋紹興八年(1138)刻本 257
唐先生文集三十卷 宋紹興二十一年(1151)處州軍州學刻本 285
唐先生文集二十卷 宋建刻本 1289
唐宋白孔六帖一百卷 宋刻本 134
唐宋高僧詩集 北宋元祐元年(1086)序 144
唐宋諸賢絕妙詞選三卷 清初毛氏汲古閣影宋鈔本 1302
唐求詩集一卷 宋書棚本 1013
唐李推官披沙集六卷 宋紹熙四年(1193)宛陵刻本 559
唐李推官披沙集六卷 宋臨安府陳宅書籍鋪刻本 1012
唐柳先生文集三十卷 北宋元符刻小字本
唐柳先生文集四十五卷外集二卷 北宋政和四年(1114)沈晦刻四明新本 177
唐柳先生集四十五卷 北宋撫州臨川晏殊刻本 220
唐柳先生文集三十二卷外集一卷 宋乾道元年(1165)永州零陵郡庠刻嘉定元年修本 649

唐柳先生文集四十五卷外集一卷附録一卷宋
淳熙十三年(1186)嚴州州學刻本 50
唐柳先生外集一卷 宋乾道元年(1165)永州零陵
郡庠刻本 39
唐柳先生集四十五卷外集一卷附録一卷 宋嘉
定元年(1208)嚴州州學重刻本 65
唐柳先生集四十五卷外集一卷 宋莆﨑南安軍
學刻方崧卿校正本
唐桐梁公廟碑 清影宋抄本 125
唐英歌詩三卷 宋刻本 128
唐風集三卷 北宋刻本 22
唐風集三卷 清影宋抄本 128
唐律疏義三十卷 宋刻大字本 125
唐書直筆四卷新例須知一卷 宋杭州刻本 94
唐書糾謬二十卷 北宋紹聖元年(1094)刻本 155
唐書糾謬二十卷 宋紹興六年(1136)宇文時中
刻本 25
唐秘書省正字先輩徐公釣磯文集十卷 宋建炎
三年(1129)徐師仁序刻本 23
唐書藝文志七卷 南宋監本 953
唐陸宣公集二十二卷 北宋元祐八年(1093)内府

刻本 153

唐陸宣公集二十二卷 宋刻本 979

唐張處士詩集五卷 宋臨安府棚前陳宅經籍鋪刻本 1008

唐國史補三卷 宋刻本 1265

唐黃御史集 宋淳熙三年(1176)黃沃刻本 460

唐御覽詩一卷 宋嘉定間(1208-1224)陸子遹嚴州刻本 733

唐朝名畫錄一卷 宋臨安府陳道人書籍鋪刻本 1002

唐朝畫斷一卷(一名唐朝名畫錄) 北宋天聖三年(1025)序 70

唐詩紀事八十一卷 宋嘉定五年(1212)懷安郡齋刻本 673

唐會要一百卷 北宋建隆二年(960)藏史閣 1

唐會要一百卷 北宋蘇州刻本 202

唐摭言十五卷 北宋開寶六年(973)序 16

唐摭言十五卷 宋嘉定四年(1211)宜春郡齋刻本 662

唐僧弘秀集十卷 宋寶祐間(1253-1258)李龔自刻本 863

唐僧弘秀集十卷 宋臨安府陳解元書籍鋪刻本 1016

唐餘錄史三十卷 北宋寶元二年(1039)上之 87

唐職林三十卷 北宋政和五年(1115)序 178

唐藏经音義　宋成都路刻本　122
唐鑑十二卷　北宋元祐元年(1086)上書表并序　14
唐鑑十二卷　宋浙江刻本　947
唐鑑十二卷　宋刻小字本　125
病機氣宜保命集三卷　金末楊威刊行　136
旅舍備要方　宋咸淳二年(1266)刻本　890
悦禪師初住翠巖語録一卷　宋刻本　127
祥符州縣圖经一千五百六十六卷目録二卷　36
　宋大中祥符四年(1010)頒下　50
益州名畫録三卷　北宋景德三年(1006)序　47
益州名畫録三卷　宋臨安府陳道人書籍鋪刻本　999
兼明書二卷　南宋初當塗刻本　104
泰和律義篇　金泰和間(1201-1208)寧晋荆氏後齋荆
　祐刻本　135
泰軒易傳六卷　宋嘉定十三年(1220)刻本　70
秦隱君詩集一卷　宋紹興間(1131-1162)張端刻本　37
秦隱君集一卷　宋南安刻本　115
素問入式運氣奥論三卷　北宋元符二年(1099)自序
素問入式運氣奥論三卷黄帝内经素問遺篇一卷
　宋刻本　125
素問六氣玄珠密語十卷　影宋抄十六卷本　125

素問玄機氣宜保命集三卷 金大定二十六年(1186)刻本 1348
班左誨蒙三卷 北宋政和三年(1113)自序 173
班左誨蒙三卷 宋紹興三年(1133)華昌刻本 242
班左誨蒙三卷 宋紹興三十一年(1161)南劍州刻本 332
班馬字類五卷 宋淳熙十一年(1184)池陽郡齋刻本 495
班馬字類五卷 宋景定五年(1264)刻 毛氏汲古閣影寫宋刻本 878
班馬字類補遺二卷 清初影宋抄本 1245
珩璜新論一卷 宋淳熙七年(1180)渝川丁氏刻本 482
貢舉條式不分卷 宋嘉定十六年(1223)改正雕印 716
袁氏世範三卷附集事詩鑑不分卷 宋刻本 536
真言 北宋刻印 215
真宗實錄一百五十卷 北宋天聖三年(1025)書成 69
栟櫚先生文集二十五卷 宋乾道間(1165-1173)刻本 443
栟櫚先生文集二十五卷 宋淳祐間(1241-1252)刻本 845
校正諱正書三卷 宋朱熹刻本 1253
校正詳增音訓周禮句解十二卷 宋末刻本
校補兩漢策要 金常氏刻本 1361
桃花源記二卷 宋淳熙七年(1180)趙彥秀重編 482
桂林志二十七卷 宋乾道五年(1169)刻本 435

桂海虞衡志一卷 宋淳熙二年(1175)自序 45

桐江集六十五卷 宋嚴州刻本 993

桐汭新志二十卷 宋紹熙五年(1194)林棐序 56

桐譜一卷 北宋皇祐元年(1049)自序 95

梧齋四六 南康四六 梅亭四六三種 宋刻本 118

梧齋先生三松集一卷 宋刻本 129

夏小正戴氏傳四卷 北宋宣和三年(1121)自序 184

夏小正戴氏傳四卷 宋會稽學宮刻石 92

夏文莊公集三十六卷 宋紹興十年(1140)刻本 26

夏氏尚書詳解二十六卷 宋淳熙十三年(1186)麻
沙劉智明刻本 502

夏侯陽算經三卷 宋嘉定六年(1213)鮑澣之汀州
刻本 67

原本廣韻五卷 宋麻沙本 109

致堂先生讀史管見八十卷 宋淳熙九年(1182)溫
陵中和堂刻本

致堂胡先生斐然集三十卷 宋端平元年(1234)馬
邦佐刻於蜀 77

致堂讀史管見三十卷 宋嘉定十一年(1218)衡陽
郡齋刻本 70

致堂讀史管見三十卷 宋寶祐二年(1254)宛陵刻本 84

致堂讀史管見三十卷 宋衡陽 宛陵合一本 700

致堂讀史管見三十卷 宋宣州郡齋刻本。 1041

晉史屬辭三卷 北宋元祐八年(1093)序 152

晉書一百三十卷 北宋咸平三年(1000)國子監刻本 37

晉書一百三十卷 北宋景德元年(1004)崇文院新印本 42

晉書一百三十卷 宋嘉泰四年至開禧元年(1203-1205)秋浦郡齋刻本 625

晉書一百三十卷 宋寶祐間(1253-1258)刻本 862

晉書一百三十卷 南宋監本 939

晉書一百三十卷 南宋初建刻本 1098

晉書一百三十卷 宋杭州刻本 943

晉書精語五卷 宋淳熙十二年(1185)洪邁婺州刻本 498

晉書載記三十卷 宋刻元明遞修本 1245

晉陽事迹雜記 北宋治平間(1064-1067)河東路太原府刻本 118

書小史十卷 宋書棚本 1000

書舟詞一卷 宋紹興四年(1134)王偁序 250

書屏山集 宋乾道四年(1168)麻沙劉坪刻本 408

書苑十五卷 北宋天聖八年(1030)序 76

書苑菁華二十卷 南宋後期陳思自刻本 1000

書集傳六卷　宋嘉定二年(1209)刻本　6

書集傳十二卷或問二卷　宋嘉熙二年(1238)刻本　78

書集傳六卷　宋明州刻本　92

書說三十五卷　宋南康史省侯刻本　104

書學會編六種十六卷　法帖釋文十卷　書史一卷　法帖刊誤二卷　法帖譜系一卷　法帖音釋刊誤一卷　書法五宗一卷　宋婺州義烏酥溪蔣氏學知齋刻本　96

退居類稿十二卷皇祐續稿八卷　北宋慶曆間(1041-1048)李覯自刻本　92

退齋詞一卷　北宋大觀四年(1110)刻本　17

郡齋讀書志二十卷　宋紹興二十一年(1151)自序　31

郡齋讀書志四卷後志二卷考異一卷附志二卷　宋淳熙十六年(1146)游鈞衢州刻本　518

陝西聚米圖經五卷　北宋慶曆元年(1041)上之　88

孫子兵法三注　西夏刻本　138

孫子算經三卷　宋嘉定六年(1213)鮑澣之汀州刻本　67

孫子傳　西夏刻本　138

孫氏傳家秘寶方三卷　北宋元豐八年(1085)刻本　14

孫公談圃三卷　宋乾道二年(1166)晁子健刻本　39

孫公談圃三卷　宋乾道二年(1166)孫巃刻本	393
孫可之集十卷　北宋天聖元年(1023)刻大字本	68
孫可之文集十卷　南宋中期蜀刻本	1220
孫尚書大全文集五十七卷　宋刻本	1171
孫真人千金方　金刻本	1363
捕蝗圖　金明昌間(1190-1195)詔頒	1353
耕織圖詩無卷數耕圖二十一織圖二十四　宋嘉定三年(1210)刻本	660
耕織圖　宋紹興間(1131-1162)用棗木雕刻	361
亞愚江浙紀行集句詩七卷　清初毛氏汲古閣影宋抄本	1293
草書韻會五卷　金正大八年(1231)王家刻本	1358
草書韻會五卷　金刻本	1360
草堂先生杜工部詩集　宋刻本	1153
草堂詩話二卷　宋建安蔡夢弼刻本	1185
草窗韻語六卷　宋周氏家刻本	879
茶具圖贊一卷　宋咸淳五年(1269)審安老人跋	894
茶酒譜一卷　北宋開寶三年(970)閻海真手記	6
茶錄二卷　北宋治平間(1064-1067)閩中漕治刻本	119
荀子二十卷　北宋景祐二年(1035)國子監刻本	80
荀子二十卷　北宋熙寧元年(1068)國子監刻本	120

荀子注十六卷　北宋元豐間(1078-1085)國子監刻本　14

荀子二十卷　北宋呂夏卿刻本　20

荀子注二十卷　宋紹興間(1131-1162)錢佃刻本　35

荀子注二十卷　宋淳熙八年(1181)唐仲友台州刻本　48

荀子注二十卷　宋淳熙八年(1181)錢佃江西漕司刻本　48

荀子注二十卷　宋浙江刻大字本　95

荀子注二十卷　宋建刻巾箱本　112

荀子注二十卷　宋刻本　125

荔枝譜二卷　北宋治平間(1064-1067)蔡襄刻本　11

莫元遁甲勾股煙波釣叟歌二卷　宋刻本　126

晁文元公道院集要三卷　北宋治平二年(1065)刻本　11

晁氏客語一卷晁氏儒説一卷　宋慶元五年(1199)黄汝嘉刻本　59

晁氏琴趣外篇六卷　清初影寫宋刻本　118

秘傳關尹子言外經旨三卷　宋寶祐二年(1254)王夷受刻本　85

秘藏諸雜賦十卷　北宋淳化元年(990)藏於秘閣

脈訣　遼刻本　130

脈訣針灸　遼刻本　130

脈經十卷　北宋紹聖三年(1096)國子監刻本　15

脈經十卷 北宋紹聖三年(1096)廣西漕司刻本 158
脈經十卷 北宋熙寧二年(1069)刻本 123
脈經十卷 宋紹興二十七年(1157)國子監刻本 322
脈經十卷 宋嘉定二年(1209)太醫局宋大任刻本 653
脈經十卷 宋嘉定二年(1209)陳孔碩刻本 653
脈經十卷 宋嘉定十年(1219)何大任刻本 697
脈經十卷 宋廣西漕司刻本 1232
脈粹一卷 北宋治平三年(1066)序刻本 116
脈粹一卷 宋嘉定十六年(1223)王道甫重刻本 716
純陽真人文集八卷 宋乾道二年(1166)陳道一序刻本 395
倚松老人詩集一卷 宋慶元五年(1199)董汝嘉重刻本 593
師友問答 宋嚴州刻本 960
師說一百五十四板 宋建康府書板六十八種之一 1035
師誨 宋興國朱鑑刻本 1053
師魯文集二十七卷 宋紹熙元年(1190)刻本 538
徐氏家傳方 宋淳熙五年(1178)當塗刻本 473
徐氏家傳方 宋閩山種德堂刻本 1131
徐公文集三十卷 北宋天禧元年(1017)胡克順刻本 57
徐公文集三十卷 宋紹興十九年(1149)明州公使

庫刻本 30

能改齋漫錄十八卷 宋紹興二十七年(1157)吴複

後序 32

能改齋漫錄十八卷 宋紹熙元年(1190)成都郡齋

京鏜刻本 53

笑笑詞一卷 宋嘉定元年(1208)長沙劉氏坊刻本 651

勉齋先生黄文肅公集四十卷附集一卷語錄一卷

年譜一卷 宋江西刻本 1063

勉齋先生黄文肅公集四十卷附集一卷語錄一卷

年譜一卷 宋刻本 129

勉齋集四十卷 宋嚴溪趙氏刻本 117

勉齋集四十卷 宋黄震山陰刻本 990

勉齋集四十卷 宋衡陽刻十卷本 1188

般若波羅蜜多心經一卷 北宋慶曆三年(1043)

陳思戩寫本 90

般若波羅蜜多心經一卷 北宋慶曆三年(1043)

公認寫本 90

十一畫

密咒圓因往生集 西夏天慶七年(1200)雕印 1390

密峰庵净祥禪師語錄二卷 宋明州刻本 974

密齋筆記五卷續筆記一卷 宋淳祐元年(1241)謝

来伯刻本 800
密齋筆記五卷續筆記一卷 宋寶祐四年(1256)臨川郡齋刻本 854
寇忠愍公詩集三卷 北宋宣和三年(1123)舂陵郡齋刻本 186
寇忠愍公詩集三卷 北宋范雍道州初刻本 225
寇忠愍公詩集三卷 宋紹興三十二年(1162)刻本 336
寇忠愍公詩集三卷 宋隆興元年(1163)辛敎道州刻本 384
寇忠愍公詩集三卷 宋道州刻本 1188
寇萊公詩集 宋舂陵郡齋刻本 1192
庵松集六卷 宋淳熙七年(1180)刻本 482
清真集 宋嚴州刻本 993
清真詩餘二卷續集一卷 宋嚴州刻本 993
清真先生集二十四卷 宋嘉泰、開(1201-1204)明州刻本 634
清真先生文集 宋慶元六年(1200)陳杞刻本 608
清真詞 宋淳熙七年(1180)強煥溧水縣齋刻本 482
清真雜著 宋溧水刻本 1036
清湘志六卷 宋嘉泰二年(1202)林瀛修 620
清源志七卷 宋慶元五年(1199)劉穎序 589
清溪弄兵錄一卷 宋嘉泰元年(1201)序 614

清江三孔集四十卷　宋慶元五年(1199)王蓮臨江軍刻　595

清波雜志十二卷　宋紹熙間(約1192)刻本　554

清波雜志十二卷　宋慶元四年(1198)刻本　586

梁昭明太子集五卷　宋四明刻本　993

梁書五十六卷　北宋治平二年(1065)刻本　113

梁益記十卷　北宋天禧四年(1020)序刻本　66

梁溪先生文集一百八十卷　宋嘉定六年(1213)邵武軍刻本　681

梁溪先生文集一百八十卷附錄六卷　宋嘉定間(1208-1224)天台陳彭壽刻本　735

梁溪先生集一百八十卷附錄六卷　宋泉州郡齋刻本　1171

梁溪先生集一百八十卷附錄六卷　宋宜春郡齋刻本

梁溪先生集一百八十卷　宋刻本　1290

梁溪集八十卷總錄一卷　宋嘉定二年(1209)李大有刻八十卷本　656

梁溪集一百八十卷附錄六卷　宋嘉定二年(1209)福建路提舉市舶司刻本　655

梁溪集一百八十卷附錄六卷　宋嘉定間(1208-1224)

史氏刻本 734

梁溪遺稿一卷 宋尤藻新安刻五十卷本 1043

梁溪詞一卷 宋嘉泰元年(1201)劉克遜序刻本 619

梁溪漫志十卷 宋嘉泰元年(1201)施濟刻本 614

添品妙法蓮華經七卷 北宋寫金粟山廣惠禪院大藏本 214

淨土十疑論 西夏刻印 1394

淨心誡觀發真鈔三卷 宋嘉定三年(1210)臨安府菩提教院僧道謙刻本 659

淨德集三十八卷 宋淳熙十三年(1186)秦靖刻本 507

淨覺十諫書 宋端平二年(1235)重刻本 782

淮南鴻烈解二十一卷 影寫北宋刻本 206

淮南鴻烈解二十一卷 宋刻小字本 1264

淮海先生閒居集四十卷後集六卷 宋蜀刻本 1226

淮海居士長短句三卷 宋乾道間(1165-1173)刻本

淮海集四十卷後集六卷長短句三卷 宋紹興二年(1132)謝雩校刻本 237

淮海集十九卷 宋紹興三年(1133)高郵軍學刻本 244

淮海集四十卷後集六卷長短句三卷 宋乾道九年(1174)王定國高郵軍學刻本 428

淮海集四十卷後集六卷長短句三卷 宋乾道九

年高郵軍學刻绍熙三年(1192)謝雩重修本 428

淮海集四十卷 宋淳熙間(1174-1189)高郵郡齋刻本 532

淮海詞一卷 宋刻本 130

淳化東觀集十卷 北宋淳化二年(991) 上之 32

淳化閣帖十卷 北宋淳化三年(992) 王著摹刻 33

章孝標詩集 宋書棚本 1010

塵經二卷 宋嘉定元年(1208)刻本 648

塵經(或作塵論) 宋刻本

塵寶方(或作塵寶諸方) 宋嚴州刻本 962

塵寶類要 宋建康板 1035

許用晦文集二卷遺篇一卷拾遺一卷 南宋中期
蜀中刻唐人集本 1218

許昌集十卷 北宋咸平六年(1003)張詠刻本 42

康定轉神曆一卷 北宋康定元年(1040)頒行 88

康節先生擊壤集十五卷 宋建安蔡子文刻本 1161

康駢劇談錄二卷 宋臨安府太廟前尹家書籍鋪
刻本 1029

啟運慈悲道場懺法一心歸命三世諸佛 北宋太
平興國中(976-983)刻本 23

剪綃集二卷 清初毛氏汲古閣影宋抄本 1294

旌川志八卷 宋紹熙三年(1192)謝國昌序 553

剡録十卷 宋嘉定八年(1215)史安之刻本 686
琅邪白雲二禪師語録 宋慶元六年(1200)刻本 603
理氣心印三卷 北宋治平元年(1064)上書表 113
雪行和尚拾遺録一卷 宋書棚本 1030
雪岑和尚續集二卷 日本室町時代覆宋本 899
雪巢小稿 宋天台刻本 986
雪堂和尚拾遺録一卷 宋後期杭州刻本 974
雪磯叢稿五卷 宋寶祐五年(1257)樂雷發序刻本 859
雪磯叢稿五卷 宋羅季海刻本 1295
雪竇明覺大師語録 宋後期刻本 974
雪巖吟草甲卷忘機集一卷 宋嘉熙元年(1237)刻本 788
都水記二百卷 名山記一百卷 北宋熙寧八年(1075)所進 130
都官集三十卷 宋慶元六年(1200)陳杞四明郡齋刻本 607
都梁志八卷 宋紹熙元年(1190)刻本 535
苕溪詩話十卷 宋乾道五年(1169)黄㽦刻本 412
苕溪詩話十卷 宋嘉泰三年(1203)黄㽦刻本 625
苕溪詩話十卷 宋咸淳五年(1269)刻本 898
連川志十卷 宋嘉定八年(1215)刻本 686

曹子建集十卷　北宋元豐五年(1082)萬玉堂刻本 138

曹子建文集十卷　宋嘉定六年(1213)刻本 680

曹子建文集十卷　宋江西刻本 1050

曹子建文集十卷　宋元間閩刻本 1152

曹子建集十卷　宋刻大字本 1278

曹門光祚禪師語錄一卷　北宋天聖九年(1031)序 75

黃山圖經一卷後集一卷　北宋紹聖三年(1096)刻本 157

黃山圖經一卷後集一卷　北宋元符三年(1100)歙縣重刻本 162

黃文獻公集二十二卷　宋婺州刻本 992

黃氏集千家注杜工部詩史三十六卷　宋嘉定十五年(1222)刻本 713

黃氏補千家注紀年杜工部詩史三十六卷　宋寶慶二年(1226)建刻本

黃氏補注杜詩三十六卷　宋刻本 1280

黃石公三略　西夏刻本 1380

黃帝內經太素三十卷　北宋嘉祐間(1056-1063)刻本 111

黃帝內經素問二十四卷　北宋天聖五年(1027)國子監刻本 71

黃帝內經素問二十四卷　北宋嘉祐二年(1057) 184

下國子監頒行。 100
黃帝內經素問二十四卷靈樞二十卷 宋紹興二十五年(1155)史崧序刻本 320
黃帝內經素問十二卷 宋刻本。 1255
黃帝內經素問二十四卷 金刻本 1362
黃帝明堂灸經一卷 北宋刻本 209
黃帝周書秘奧禳法 宋刻本 1262
黃帝陰符經注 金明昌二年(1191)濟南畢守真刻本 1352
黃帝鍼灸甲乙經十二卷 北宋元祐八年(1093)國子監校刻 153
黃庭內景經一卷 宋紹興間(1131-1162)黃訪刻本 365
黃御史集二卷 宋紹興二十六年(1156)黃公度刻本 321
黃御史集十卷附錄一卷 宋淳熙四年(1177)永豐曾氏刻本 466
黃御史集十卷附錄一卷 宋慶元二年(1196)黃汝刻本 577
黃巖志十六卷 宋嘉定十七年(1224)刻本 722
乾元曆 北宋太平興國元年(976)頒行 18
乾生歸一圖二卷 北宋嘉祐元年(1056)自序 98

乾象通鑑一百卷　宋绍興二年(1132)霊天文府 23

乾道臨安志十五卷　宋刻本 43

救荒録　宋建康府書板六十八種之一 10

梵文经咒　北宋景德二年(1005)刻本 4

梵網经手記卷第二　遼寫本 132

桯史十五卷　宋嘉泰間(1201-1204)岳珂刻本 63

桯史十五卷　宋刻元明修本 68

梅花衲一卷　清初毛氏汲古閣影宋抄本 12

梅花喜神譜二卷　宋嘉熙二年(1238)刻本 79

梅花喜神譜二卷　宋景定二年(1261)雙桂堂重刻本 87

梅亭先生四六標準四十卷　宋刻本 118

梅亭先生四六標準四十卷　宋眉山刻本 122

梅苑十卷　汲古閣影宋本 130

梅溪先生文集二十卷後集二十九卷　宋建安黄及甫家塾刻本 117

梅溪集五十四卷前集二十卷後集二十九卷奏議四卷廷試策一卷　宋绍熙三年(1192)王聞詩刻于江陵 55

梅溪續集二十九卷　宋嘉定十五年(1222)刻本 71

梅溪詞一卷　宋嘉泰元年(1201)張鎡序 61

問梅小稿 宋明州刻八十板 986
張子和醫書十二卷儒門事親三卷直言治病百法二卷十形三療三卷撮要圖一卷華扁病機論三卷六門方一卷世傳名効神方一卷治法雜論一卷 金刻本 1363
張子語錄三卷後錄三卷 宋福建漕治刻本 1126
張文昌文集八卷 北宋川本 平江本 220
張文昌文集八卷 南宋中期蜀中刻本 1222
張文潛文集十三卷 宋刻本 1170
張方平慎真篇集注五卷 北宋元豐元年(1078)序 133
張太史明道雜志一卷 宋慶元六年(1200)陳升刻本 602
張氏小兒方 宋建康板 1035
張氏集注百將傳一百卷 宋建刻本 1128
張司業集三卷 北宋元豐八年(1085)刻本 140
張司業詩集三卷 宋臨安府陳氏書籍鋪刻本 1007
張司業詩集八卷 宋湯中平江刻本 1037
張丘建算經三卷 宋嘉定六年(1213)鮑澣之汀州刻本 677
張先生校正楊寶學易傳二十卷 宋嘉定二年(1209)吉州刻本 651
張承吉文集十卷 宋蜀刻本 1218

張忠獻帖　宋嘉定間(1208-1224)泉州安溪縣御書局刻本　72

張師黯集五十卷　北宋咸平五年(1002)上之　40

張說之文集三十卷　清朱錫庚家傳寫南宋蜀刻本　120

張燕公集二十五卷　宋蜀刻三十卷本　120

張蠙詩集一卷　宋臨安府棚北大街睦親坊南陳宅書籍鋪刻本　101

習學記言序目五十卷　宋淳熙間(1174-1189)汪綱刻本　53

習學記言五十卷　宋嘉定十六年(1223)刻本　71

習學記言五十卷　宋新安郡齋刻本　104

通玄真經十二卷　南宋初建刻本　115

通典二百卷首一卷　北宋刻本　20

通典二百卷　宋紹興間(1131-1162)刻本　36

通典二百卷　宋淳祐七年(1247)撫州臨汝書院新刻　817

通曆十五卷　影宋抄本　124

通鑑外紀十五卷　宋浙東轉運司刻本　946

通鑑外紀詳節十卷　宋乾道二年(1166)刻本　39

通鑑外紀詳節十卷　宋刻本　110

通鑑紀事本末四十二卷　宋淳熙二年(1175)嚴陵郡庠刻本　45

通鑑纪事本末四十二卷 宋淳熙二年嚴陵郡庠刻端平元年淳祐六年重修本 450
通鑑纪事本末四十二卷 宋寶祐五年(1257)趙與𥲅刻本 856
通鑑纪事本末撮要八卷 宋刻本 1110
通鑑要覽 宋明州刻五百五十板 947
通鑑筆意 宋建康府書板六十八輕三一 1035
通鑑詳纲 全板五十册 1360
通鑑舉要歷八十卷 宋紹興初謝克家上之 232
通鑑總類二十卷 宋嘉定元年(1208)樓鑰刻本 648
通鑑總類二十卷 宋嘉定元年(1208)潮陽刻本 648
通鑑總類二十卷 宋嘉定間(1208-1224)潮陽刻本 683
通鑑釋例一卷 宋乾道二年(1166)兩浙東路茶鹽司刻本 392
通鑑釋例一卷 宋浙東提舉常平茶鹽司刻本
陵陽先生詩集四卷 宋慶元間(1195-1200)黄汝嘉刻本 612
陳文正公集三十卷 宋乾道二年(1166)朱熹序 395
陳少陽先生文集十卷 宋嘉定間(1208-1224)刻本 735
陳氏小兒病源方論四卷 宋寶祐二年(1254)刻本 850
陳宋集 宋嚴州刻本 997
陳忠肅公言行錄 宋明州刻三十板 952

陳書三十六卷 北宋治平(1065)刻本 113

陳書三十六卷 南宋監本 940

陳復齋修禊序 宋嘉定間(1208-1224)泉州安溪縣印

印書局刻 727

陳學士吟窗雜録五十卷 宋紹熙五年(1194)浩然序 563

陸士衡集十卷 宋慶元六年(1200)華亭縣齋刻本 604

陸士龍集十卷 宋慶元六年(1200)華亭縣齋刻本 604

陸氏易解 北宋元祐七年(1092)重刻本 151

陸氏易傳一卷 宋建安余仁仲萬卷堂刻本 1067

陸氏禮象十五卷 宋嚴州刻本 926

陸氏續集驗方 宋淳熙七年(1180)陸游刻本 480

陸宣公文集二十二卷 南宋蜀中刻本 1211

陸狀元集百家注資治通鑑詳節一百二十卷 宋

慶元三年(1197)建安蔡建侯校刻本 581

陸狀元集百家注資治通鑑詳節一百二十卷 宋

慶元三年(1197)建安蔡文子校刻本 580

陸狀元集百家注資治通鑑詳節一百二十卷 宋

元刻本合 1107

陸魯望文集八卷 北宋元符二年(1100)刻本 163

陸魯望集十七卷 宋蜀刻本 1218

陰符經注 金正大六年(1229)崇然子周至明刻本

陰符經講義四卷　宋寶慶三年(1227)王九萬樓序　745
陰符經考異一卷　宋朱熹刻本　1277
陰常侍詩集一卷　宋端平三年(1236)趙與懃跋刻　786
陶山集二十卷　宋嘉定間(1208-1224)陸子遹刻本　735
陶朱新錄一卷　宋刻本　1266
陶靖節先生詩注四卷　宋咸淳元年(1265)重刻本　885
陶靖節年譜　宋蜀刻本　1250
陶淵明集八卷　北宋治平三年(1066)刻本　116
陶淵明集十卷　北宋宣和四年(1122)王仲良信陽刻本　184
陶淵明集十卷　北宋宣和六年(1124)刻本　186
陶淵明集十卷　宋紹興十年(1140)刻本　265
陶淵明集十卷　宋紹興間(1131-1162)浙江刻本　365
陶淵明集十卷　宋南康郡齋刻本　1056
陶淵明集十卷　宋旌德李又韓刻本　1043
陶淵明集十卷　宋末刻本　1278
陶淵明詩一卷雜文一卷　宋紹熙三年(1192)曾集刻本　554
赦書德音十二卷　北宋明道元年(1032)崇文院鏤板頒行　77

教化下手遲　分梨十化　好離鄉　金闕中鏤板

印施 137
教化下手遷 分梨十化 好離鄉 金大定二十
三年（1183）靈真子朱抱一募工鏤板 137
現在賢劫千佛名經 西夏刻本 139
現在賢劫千佛名經 西夏活字印本 139
畫上人集十卷 清影宋抄本 128
畫簾緒論一卷 宋淳祐十二年（1252）刻本 842
飛白叙錄一卷 北宋天聖四年（1026）序進 70
舂陵圖志十卷 宋淳熙六年（1179）趙汝誼序刻本 47
頂尊相勝總持功德依經錄 西夏刻印 139
頂髻尊勝佛母像 西夏刻印 139
常建詩集二卷 宋臨安府陳宅書籍鋪刻本 100
逍遥集一卷 宋紹定元年（1228）陸子遹嚴州郡齋
刻本
逍遥詞一卷 北宋崇寧五年（1106）武夷董靜記
刻本 168
逍遥詠一卷 北宋淳化元年（990）藏於秘閣 30
莆陽比事七卷 宋嘉定七年（1214）林瑑書莆田刻本 682
莆陽志十五卷 宋紹熙三年（1192）郡士為之 55
莆陽知稼翁文集十二卷 宋慶元元年（1195）郡陽
郡齋黄沃刻本 573

莆陽居士蔡公文集三十六卷 宋乾道五年(1169)泉州郡庠刻本
莆陽居士蔡公文集三十六卷 宋江西刻本 532
莆陽居士蔡公文集三十六卷 宋刻本 1062
莊子十卷釋文三卷 北宋景德二年(1005)國子監刻本 47
莊子注 西夏刻印 1378
莊子音義三卷 宋寶慶三年(1227)魏峴刻本 747
莊子南華真經十卷 北宋大中祥符元年(1008)崇文院刻本 49
莊子南華真經注疏十卷 宋末刻本 1277
莊子解 西夏刻印 1378
莊子疏二十卷 北宋刻本 216
莊子義十卷 北宋刻本 217
莊子義十卷 宋蜀中刻本 1267
莊子鬳齋口義十卷 宋景定元年(1260)刻本 869
莊敏遺事 宋建康府書板六十八種之一 1635
莫氏方一卷 宋溫州刻本 961
將鑑論斷十卷 宋紹興十一年(1144)自序 268
紫雲先生增修校正押韻釋疑五卷 宋景定間(1260—1264)郭守正校刻本 886

紫薇集不分卷 宋慶元二年(1196)吴郡刻本 579

紫巖易傳十卷 宋嘉定十三年(1220)張獻之舂陵郡齋刻本 704

野人閑話 北宋乾德三年(965)自序 3

野客叢書三十一卷 宋嘉泰二年(1202)刻本 620

累代紀年二卷 北宋治平元年(1064)刻本 112

累代歷年二卷 宋紹興間(1131-1162)陳輝章貢郡齋刻本 355

晦庵集一百卷續集五卷別集七卷 宋淳熙五年(1178)刻續集十一卷 472

晦庵先生文集前集十二卷後集十八卷 宋嘉熙三年(1239)建安王埜刻本 797

晦庵先生文集一百卷續集十一卷別集十卷 宋淳祐五年(1245)浙江刻本 810

晦庵先生朱文公文集一百卷目錄二卷續集十一卷別集十卷 宋咸淳元年(1265)建安書院刻本 888

晦庵先生朱文公文集一百卷 宋江西刻本 1063

晦庵先生朱文公易傳二十三卷 宋寶慶間(1225-1227)朱鑑輯刻本 748

晦庵先生朱文公易說二十三卷 宋淳祐十二年(1252)朱鑑建陽刻本 835

晦庵先生朱文公易說二十三卷 宋淳祐十二年(1252)趙與迿刻本 835

晦庵先生朱文公易說二十三卷 宋建陽坊刻本 1067

晦庵先生朱文公易說二十三卷 宋富川縣齋趙與迿刻本 1067

晦庵先生校正伊川易傳 宋刻本 1066

晦庵先生朱文公語錄四十三卷 宋嘉定八年(1215)李道傳池陽刻本 687

晦庵先生語錄大綱領十卷附錄三卷 宋刻本 1254

晦庵語錄 宋九江刻本 1052

晦庵語類二十七卷 宋中期潘墀處州刻本 958

晦庵語錄續錄 宋鄱陽李性傳敘刻本 1052

晦庵朱侍講先生韓文考異十卷 宋刻本 1158

唯室集四卷附錄一卷 宋乾道四年(1168)刻本 408

國秀集三卷 宋臨安府陳解元書籍鋪刻本 1015

國朝編年政要 宋提舉福建路常平義倉茶蔡倉刻本 1111

國朝會要總類五百八十八卷 宋成都路刻本 1202

國朝諸臣奏議一百五十卷 宋淳祐十年(1250)史季温福州刻本 829

國語韋昭注二十一卷國語補音三卷 北宋天聖七年(1029)江陰軍學刻本 73

國語解二十一卷補音三卷 宋紹興十八年(1149)刻本 305

國語二十一卷 金刻小字本 1361

國語補音三卷 北宋治平元年(1064)刻本 113

圈點龍川水心二先生文粹前集二十卷後集二十一卷 宋嘉定間(1208-1224)刻本 736

略示戒相儀一卷 遼寫本 1333

崑崙文集 金大定間(1161-1189)刻本 1351

崇文總目六十四卷 北宋慶曆元年(1041)上之賜名 88

崇文總目六十四卷 南宋監本 953

崇天曆一卷 北宋天聖二年(1024)序 69

崇慶新雕改併五音集韻十五卷 金崇慶元年(1212)洨川荆珍刻本 1356

崑山雜詠三卷 宋開禧三年(1207)崑山縣學刻本 645

崔舍人玉堂類稿二十卷附錄一卷西垣類稿二卷目錄一卷 宋刻本 987

釣臺江公奏議 宋淳熙十三年(1186)陸游嚴州刻本 504

釣臺詩 釣臺續集 釣臺別集 宋嚴州刻本 992

釣磯立談一卷 宋臨安府太廟前尹家書籍鋪刻本 1029

笠澤叢書四卷補遺一卷 北宋政和元年(1111)朱袞刻本 172

笠澤叢書四卷補遺一卷 宋蜀刻本 1223

造化權輿六卷 宋慶元元年(1195)重校刻本 571

猗覺寮雜記二卷 宋慶元三年(1197)洪邁序 582

猪年新律 西夏刻印 1376

御製攻守衛圖 北宋崇文院刻本 207

御製秘藏詮十卷 北宋淳化元年(990)藏於秘閣 30

御製秘藏詮十卷 北宋大觀二年(1108)刻本 169

御製逍遥詠十一卷 宋福州開元寺刻本 1145

御製碑頌石本目錄一卷 北宋乾興元年(1022)刻本 68

御覽詩一卷 宋慶元四年(1198)刻本 587

得全居士集十卷 宋刻本 1295

巢氏諸病源候論五十卷目錄一卷 北宋天聖五年(1027)國子監刻本 71

巢氏諸病源候論五十卷 北宋嘉祐二年(1057)下國子監頒行 100

巢氏諸病源候論五十卷 日本影宋抄本 1256

婦人大全良方二十四卷 宋嘉熙元年(1237)刻

本 78

婦人大全良方二十四卷 宋余氏勤有堂刻本 113

婚禮新編二十卷 宋刻元修本 1128

姬侍類稿二卷 宋嘉定十三年(1220)序 70

參同契三卷 宋嘉定十六年(1223)紹興府刻本 718

參同契分章通真義三卷明鏡圖訣一卷 宋淳熙

間(1174-1189)汪綱刻本 53

參寥子詩集十二卷 宋紹興間(1131-1162)刻本 377

紺珠集十三卷 宋紹興七年(1137)刻本 25

紹聖新添周易神煞曆殘卷 北宋刻本 210

紹聖儀象法要三卷 北宋紹聖間(1094-1096)刻本

紹熙州縣釋奠儀一卷 宋紹熙五年(1193)刻本 562

紹熙雲間志三卷續一卷 宋紹熙四年(1193)書成 557

紹興十八年同年小錄一卷 宋紹興十八年王佐

榜進士題名 302

紹興米帖十卷 宋紹興十一年(1141)奉旨摹勒 268

紹興重雕大藏音三卷 宋紹興間(1131-1162)重刻本 364

紹興敕令格式 宋紹興二十六年(1156)國子監印

造 320

紹興貢舉法五十卷 宋紹興十六年(1156)表上 320

绍興校定经史證類備急本草二十二卷　宋绍興二十九年(1159)内修司刻本　326

绍興校定经史證類備急本草三十一卷　宋嘉定間(1208-1224)刻本　730

脚氣集二卷　宋咸淳十年(1274)車惟一跋　910

十二畫

寒山子詩一卷　宋刻本　979

寒山拾得詩一卷　宋臨安錢塘門裏車橋南大街郭宅经籍鋪刻本　1031

寒山詩集一卷附豐干拾得詩　宋淳熙十六年(1189)刻本　520

富川志六卷　宋紹熙四年(1193)趙善宣刻本　557

富文公賑濟錄　宋建康府書板六十八種之一　1034

寓簡十卷　宋淳熙元年(1174)自序　446

游宦紀聞十卷　宋紹定五年(1232)刻本　771

涅槃義記卷八　遼刻本　1323

湖海新聞夷堅續志　金刻本　1366

温公日記一卷　北宋熙寧三年(1070)書成　127

温公書儀十卷　宋紹興三年(1133)葛氏傳授書堂刻本　238

温州進士題名録一卷　宋温州學宫刻本　952

温庭筠詩集七卷别集一卷　清錢曾述古堂寫本　1220

温國文正司馬公文集八十卷　宋紹興二年(1132)劉嶠福建路刻本　236

温國文正公文集八十卷　宋紹興間(1131—1162)浙江重刻本　373

温國文正司馬公文集八十卷　宋嘉定十七年(1224)武岡軍學刻本　725

温國文正公文集八十卷　宋福建路泉州刻本　1161

温國文正司馬公文集八十卷　宋光州刻本　1223

温隱居海上仙方一卷　宋嘉定九年(1216)刻本　695

渭南文集五十二卷　宋嘉定十三年(1220)陸子遹刻本　709

馮安岳集十二卷　宋嘉定間(1208—1224)瀘州周銳與馮澥集合刻　734

童溪王先生易傳三十卷　宋開禧元年(1205)劉日新宅三桂堂刻本　636

童蒙訓三卷　宋嘉定八年(1215)金華呂氏祠堂刻本　687

童蒙訓三卷　宋紹定二年(1229)呂祖烈刻本　760

童蒙訓三卷　宋紹定二年(1229)婺州郡齋刻本　760

童蒙訓三卷　宋長沙郡龍溪學刻本 1188
童蒙須知　宋建陽書坊刻本 1128
詁訓柳先生文集四十五卷外集二卷新編外集一卷　宋麻沙小字本 1159
詁訓柳先生文集四十五卷外集二卷新編外集一卷　宋蜀刻無注本 1213
補三史藝文志　金天德三年（1151）國子監印定 1344
補正水經　金蘇伯修刻本 1362
補注蒙求八卷　宋刻本 1255
補註釋文黃帝內經素問靈樞各二十卷　宋刻本 1256
補漢兵志一卷　宋嘉定八年（1215）王大昌刻本 686
善誘文一卷　宋嘉定十四年（1221）刻本 710
尊孟辨三卷續二卷別錄一卷　宋乾道八年（1172）刻本 421
尊者文殊師利結集　西夏刻本 1398
尊前集二卷　宋抄本　明初影宋抄本 1302
尊勝等靈異神咒二十道一卷　宋刻本 1272
普寧藏五千九百三十一卷　宋咸淳五年至元泰定元年（1269-1324）刻本 895
普濟本事方　宋刻本 1053

曾子一卷 宋咸淳十年（1274）自序 91

曾南豐先生文粹十卷 宋婺州刻本 98

雲仙雜記十卷 宋嘉泰二年（1202）郭應祥刻本

雲仙散錄一卷 宋開禧元年（1205）刻本 63

雲谷雜記四卷首一卷末一卷 宋嘉定七年（121

章穎序 68

雲門匡真禪師廣錄二卷 宋熙寧九年（1076）序 13

雲坡姚舍人文集五十卷 宋景定四年序影宋抄

本 87

雲笈七籤一百二十卷 金刻本 136

雲莊四六餘話一卷 宋刻本 130

雲莊集五卷 宋慶元六年（1200）曾炎輯刻本 60

雲莊集 論語發微序 孟子要略序 論語譯說

序 宋建安劉日新三桂堂刻本 117

雲莊劉文簡公文集十二卷 宋嘉定十六年（1223

李埴序刻本 71

雲溪友議三卷 宋刻本 126

雲溪居士集 宋紹興十三年（1143）刻本 27

雲臺編三卷 北宋至和元年（1054）刻本 97

雲臺編三卷 宋刻本 1283

雲齋廣錄八卷後集一卷　北宋政和間(1111—1117)刻本 171
雲麓漫鈔十五卷　宋開禧二年(1206)新安郡齋趙彥衛自刻本 640
琴川志□卷　宋開禧三年(1207)葉凱刻本 642
琴川志十五卷　宋淳祐元年(1241)加師成書 800
琴史六卷　宋紹定六年(1233)朱大正刻本 773
琴辨　金苟金瑞刻本 1366
壺山先生四家四六不分卷　宋刻本 1183
越中牡丹花品二卷　北宋雍熙三年(986)序 26
越絶書十五卷　宋嘉定十三年(1220)刻本 705
越絶書十五卷　宋新安郡齋刻本 1040
越絶書十五卷　宋成都路刻本 1229
越絶書十五卷　宋王文伯蜀中刻本 1201
博古圖說十一卷　北宋宣和間修 187
博物志十卷　汲古閣影寫北宋本 207
博濟方三卷　北宋慶曆七年(1047)自序 93
博濟方三卷　宋溫州刻本 961
埤雅二十卷　北宋宣和七年(1125)陸宰刻本 187
埤雅二十卷　宋贛州郡庠陸鎣刻本 1048

項氏家說十卷附錄二卷　宋刻本　125
朝野類要五卷　宋端平三年（1236）趙升自刻本
揚子法言十卷　北宋景祐四年（1037）宋咸重注
　上進書表　81
揚子法言十卷　北宋治平二年（1065）國子監刻本
揚子法言十三卷　宋紹興間（1131-1162）錢佃刻本
揚子法言十卷　宋咸淳八年（1272）刻本　90
揚子法言注十三卷　宋杭州刻本　95
揚子法言十卷　宋麻沙大字本　112
揚子法言微旨　金元光元年（1222）古澤陳氏購工
　板行　135
揚州詩集二卷　北宋元豐四年（1081）序　13
搜神秘覽二卷　北宋政和三年（1113）自序　17
開寶通禮二百卷　北宋開寶四年（971）書成　6
開寶新詳定本草　北宋開寶二至七年（969-974）
　監本　5
開寶諸道圖經　北宋開寶八年（975）刻本　1
開寶藏五千四十八卷　北宋開寶四年至太平興
　國八年刻　6
　佛說阿惟越致遮經　北宋開寶六年　10

雜阿含經　北宋開寶七年　9
大般若波羅蜜多經　北宋開寶五年　7
十誦尼律　北宋開寶七年　12
佛本行集經　北宋開寶七年　12
婺本附重言重意春秋傳集解三十卷　宋刻本　1239
婺本點校重言重意互注尚書十三卷　宋刻本　1068
散花庵詞一卷　明影宋刻本　1301
隋書八十五卷　北宋天聖二年至嘉祐三年（1024—1058）國子監刻本　69
隋書八十五卷　宋嘉定間（1208—1224）刻本　728
隋書八十五卷　南宋國子監刻本　940
隋書八十五卷　宋江西刻本　1048
隋書八十五卷　宋中字建本　1100
隋書八十五卷　宋刻本　1246
搜神秘覽三卷　宋臨安府太廟前尹家書籍鋪刻本　1028
揮麈錄前錄四卷後錄十二卷三錄三卷餘話二卷　宋慶元元年（1195）龍山書堂刻本　572
揮麈前錄四卷後錄十一卷三錄三卷餘話二卷　宋臨安府陳道人書籍鋪刻本　1004
極玄集一卷　明末汲古閣影寫宋刻本　1015

棲霞長春子丘神仙磻溪集三卷　金刻本　136
焚椒錄一卷　遼道宗時(1055-1100)刻本　134
硯史一卷　宋嘉泰元年(1201)刻本　615
硯箋四卷　宋嘉定十六年(1223)書成自序　71
硯譜三種　宋乾道四年(1168)洪適刻本　406
畫一元龜□□□卷　宋建安余氏萬卷堂刻本　136
畫史一卷　宋嘉泰元年(1201)筠陽郡齋刻本　614
畫墁集□卷　北宋政和間(1111-1117)刻本　181
畫墁集□卷　宋刻本　129
畫繼十卷　宋臨安府陳道人書籍鋪刻本　1001
開元天寶遺事二卷　宋紹定元年(1228)桐江學宮刻本　751
開元天寶遺事四卷　宋興化刻本　1134
開禧曆三卷立成一卷　宋開禧三年(1207)頒　642
開寶重定本草二十一卷　北宋開寶七年(976)國子監刻本　16
陽春集一卷　北宋嘉祐三年(1058)序　101
陰平集二十卷　北宋嘉祐二年(1057)刻本　99
陰平集二十卷　宋紹興十二年(1142)建陽董氏萬卷堂刻本　272

陵平集二十卷 宋紹興十八年(1148)刻本 302
達摩大師觀心本母 西夏刻本 1394
發菩提心戒本一卷 遼天慶二年(1112)寶宮寺寫本 1333
棠湖詩稿 宋嘉泰間(1201-1204)岳珂刻本 636
棠陰比事一卷附錄一卷 宋嘉定四年(1211)金陵郡齋劉錄刻本 662
棠陰比事一卷附錄一卷 宋嘉定六年(1213)金陵郡齋刻本 676
棠陰比事一卷附錄一卷 宋端平元年(1234)重刻本
菩提心及常作法事 西夏刻本 1393
菩薩十無盡戒儀一卷 遼應州寶宮寺寫本 1333
菩薩地持經 西夏刻本 1392
菩薩戒壇所牒 遼天慶間(1111-1120)刻印 1325
菩薩戒壇所牒封 遼刻印 1326
菩薩戒壇消文卷中包首 遼刻經文無存 1332
萍洲可談三卷 北宋宣和元年(1119)序 183
華陽國志十二卷附錄一卷 北宋元豐元年(1078)呂大防成都刻本 132

華陽國志十二卷附録一卷　宋嘉泰四年(1204)李𡌴刻本　62

華陽集四十卷　宋紹興元年(1131)張澄池州刻本　23

華陽集四十卷　宋紹熙二年(1191)池州郡學刻本　54

華嚴經旨歸一卷　宋紹興十二年(1142)臨安府南山慧因講院釋義和刻本　273

華嚴經隨疏演義鈔六十卷　宋嘉定十一年(1218)刻本　70

華嚴經隨疏演義鈔六十卷　宋嘉定十五年(1222)鄭僎刻本　711

華嚴隱居真誥一卷　宋嘉定間(1208-1224)福建閩清葛長庚抄本　732

著作王先生集八卷　宋淳熙三年(1176)蘄春郡庠刻本　46

葬祭會要　宋刻本　963

虛齋樂府二卷　清錢曾述古堂影鈔宋臨安府陳解元書籍鋪刻本　1026

鄂州小集六卷附録二卷 宋乾道二年(1166)鄭玉子美新安刻本 396

鄂州小集十卷 宋淳熙間(1174-1189)劉靜春刻 533

鄂州小集六卷附録二卷 宋劉子澄刻于鄂州 192

鄂公金陀粹编二十八卷 宋嘉定十一年(1218)岳珂自刻于嘉興 699

鄂國公金陀續编三十卷 宋紹定元年(1228)刻本 750

景文宋公集一百五十卷 宋刻本 655

景定建康志一千七百二十八板 宋建康府書板六十八種之一 1034

景定嚴州續志十卷 宋景定三年(1262)刻本 874

景祐天竺字源七卷 北宋景祐二年(1035)摹印頒行 79

景祐乾象新書三十卷 北宋元豐元年(1078)司天監秦孝先等抄本 132

景祐廣樂記八十卷 宋景祐三年(1036)書成 81

景定建康志五十卷 宋景定三年(1261)修宋刻本

景德傳燈録三十卷 宋紹興四年(1134)釋思鑒刻本 248

景德傳燈錄三十卷　宋紹興間(1131-1162)浙江刻本　36

悲華經　西夏刻印　139

斐然集三十卷　宋嘉定三年(1210)鄭肇之湘中刻本　660

斐然集三十卷　宋端平元年(1232)馮邦佐刻本

舒州龍門佛眼和尚語錄二卷　宋刻本　104

策學繩尺十卷　宋建陽書肆刻本　1143

筆法記一卷　宋臨安府陳道人書籍鋪刻本　999

無文印二十卷語錄四卷贊一卷偈頌一卷題跋一卷　宋咸淳元年(1272)刻本　909

無垢先生橫浦心傳錄三卷橫浦日新錄一卷　宋淳熙元年(1174)黄巖縣學刻本　446

無垢先生橫浦心傳錄三卷橫浦日新錄一卷　宋黄巖縣庠刻本　959

無爲集十五卷　宋紹興十三年(1143)趙士彭無爲軍刻本　275

無量壽經一萬卷　金承安二年(1197)印　1353

程氏考古編　宋福建路泉州刻本　1134

程氏演繁露十六卷　宋淳熙七年(1180)刻本　480

程氏演蕃錄十六卷　宋福建路泉州刻本　1134

程氏遺書二十五卷　宋嘉泰間(1201-1204)黄州刻本　634

程氏遺書二十五卷　宋嚴州刻本　958

程端明公洺水集六十卷内制類稿十卷外制類稿二十卷　宋程景山編刻　1293

象山文集三十二卷　宋紹定四年(1231)袁甫文重刻本　769

象山集二十八卷外集四卷附語錄四卷　宋慶元間(1195-1200)建安陳應行刻本　611

象山集二十八卷外集四卷附語錄四卷　宋開禧元年(1205)刻本　639

象山集二十八卷外集四卷附語錄四卷　宋嘉定五年(1212)江西提舉倉司袁燮刻本　672

象山集二十八卷外集四卷附語錄四卷　宋嘉定五年(1212)陸持之刻本　672

象山集二十八卷外集四卷附語錄四卷　宋嘉定十三年(1220)建安陳氏刻本　708

傳忠肅公文集三卷　宋慶元元年(1195)刻本　573

備急千金要方三十卷目錄一卷　北宋治平三年(1066)國子監刻本　115

備急千金要方三十卷　北宋刻本

備急方　宋潮州刻本 123
備急灸法一卷　宋寶慶二年(1226)聞人耆年刻本 74
備急灸法一卷　宋淳祐五年(1245)刻本 81
備急灸法一卷　宋咸淳元年(1265)刻本 88
備急總效方四十卷　宋紹興二十四年(1154)刻本 31
集千家注分類杜工部詩二十五卷附文集二卷年
譜一卷　36宋元祐五年(1090)序 15
集千家注分類杜工部詩二十五卷附文集二卷年
譜一卷　宋嘉泰四年(1204)蔡夢弼刻本 628
集千家注分類杜工部詩二十五卷　宋紹定四年
(1231)趙氏素心齋刻本 768
集千家注杜工部詩集二十卷　宋建陽刻小字本 113
集古文韻五卷　宋紹興十五年(1145)齊安郡齋刻
本 29
集古錄十卷　宋廬陵刻本 104
集古錄跋尾十卷　宋刻本 125
集注東坡先生詩十八卷　宋蜀刻中字本 122
集注東坡詩前集十八卷　宋麻沙刻本 1166
集要方　宋臨汀陳日華刻本 1131
集補後漢書年表十卷　影宋刻本 124

集篆古文韻海五卷 北宋宣和元年(1119)自序 182
集韻十卷 北宋寶元二年(1039)延和殿奉旨鏤板 86
集韻十卷 北宋慶曆三年(1143)刻本 90
集韻十卷 宋紹興間(1131-1162)明州刻本 343
集韻十卷 宋淳熙十四年(1187)金州軍重刻本 508
集韻十卷 宋淳熙間(1174-1189) 田世卿刻本 527
集韻十卷 宋刻本 1186
集韻十卷 汲古閣影寫宋刻本 343
集驗方五卷 宋九江郡齋刻本 1053
復古編二卷 宋紹興十三年(1143)徐滋刻本 274
復古編二卷 宋紹興十三年(1143)王佑才刻本 274
復古編二卷 宋嘉定三年(1210)刻本 656
復齋易說六卷 宋嘉定十四年(1221)嚴州刻本 709
順庵集 宋嚴州刻本 984
絳帖平六卷 宋嘉泰三年(1203)姜夔自序 623
絳帖釋文二卷 宋嘉泰三年(1203)桐川郡齋曾槃自刻本 623
絳守居園池記一卷 北宋景德元年(1004)刻 42

絳聖記五十卷 北宋天禧元年（1017）上之 57

統元曆一卷 宋紹興二十二年後用紀元 31

鄉飲酒紀事 宋嚴州刻本 967

番漢合時掌中珠 西夏乾祐二十一年（1190）刻本

等持集品 西夏刻本 1394

欽定義海 西夏刻本 1378

十三畫

滁陽慶曆集十卷後集十卷 北宋宣和四年（1122）
唐恪序 184

溪堂集十卷 宋淳熙二年（1175）趙煜刻本 452

滑稽集四卷 北宋淳化四年（993）序刻 34

準齋雜說二卷 宋端平間（1234－1236）刻本 787

準齋雜說二卷 宋羅愚復廣右漕臺刻本 1232

滄洲塵缶編十四卷 宋淳祐改元（1241）序刻本 800

滄浪詩話一卷 宋閩中刻本 1185

濂溪先生集不分卷 宋淳祐刻本 801

源流至論前集十卷後集十卷續集十卷別集十卷
宋嘉熙元年（1237）刻本 787

源流至論前集十卷後集十卷續集十卷別集十卷
宋麻沙書坊刻本。 1178

漱玉詞一卷 宋紹興四年(1134)刊本 250
滏水文集二十卷 金平水中和軒王宅刻本 1369
滏水文集二十卷 金平陽張存惠晦明軒刻本 1369
新入諸儒議論杜氏通典詳節十二卷圖譜一卷 宋紹熙五年(1195)南京擇善堂刻本 562
新大成醫方十卷 宋咸淳三年(1267)刻本 891
新刊山堂先生章宮講考索十集一百卷 宋金華曹氏中隱書院刻巾箱本 969
新刊元微之文集六十卷 宋刻本 1216
新刊分類近思錄 宋刻巾箱本 1125
新刊仁齋直指方論二十六卷 宋末建陽環溪書院刻本 1131
新刊仁齋直指方論醫脈真經一卷 宋刻本 1257
新刊仁齋傷寒類書活人總括七卷 宋刻本 1257
新刊五百家註音辯昌黎先生文集四十卷外集十卷評論詁訓諸儒名氏一卷昌黎先生序傳碑銘一卷韓文類譜一卷 宋慶元六年(1200)建安魏仲舉崇正堂刻本 606
新刊五百家註音辯昌黎先生文集四十卷 宋慶元間(1195-1200)建安黃善夫刻本 610

新刊五百家註音辯唐柳先生文集四十五卷　宋
建安魏仲舉刻本　60
新刊名臣碑傳琬琰之集上集二十七卷中集五十
卷下集二十五卷　宋紹熙五年(1194)序宋刻元
明修本　56
新刊李學士新注孫尚書内簡尺牘十卷　宋建陽
刻本　1172
新刊灸膏肓腧穴法一卷　宋建炎二年(1128)自序
新刊注王叔和脈訣三卷　杬宋元祐五年(1090)序　15
新刊直音傍訓纂集東萊毛詩句解二十卷　宋刻
本　123
新刊宣和遺事　宋刻本　118
新刊唐昌黎先生論語筆解十卷　宋蜀刻文讜注
昌黎集本　1198
新刊校定集注杜詩三十六卷　宋寶慶元年(1225
廣東漕司刻本　738
新刊指南錄四卷　宋刻本　915
新刊淮南鴻烈解二十一卷　宋元間茶陵譚叔瑞
刻本　113
新刊國朝二百家名賢文粹三百卷　宋慶元三年

(1197)書隱齋刻本 583

新刊詁訓唐昌黎先生文集四十卷外集十卷遺文一卷 宋淳熙四年(1177)臨邛韓醇刻本 465

新刊詁訓唐柳先生文集四十五卷外集二卷龍城錄二卷附錄二卷集傳一卷 宋淳熙四年(1177)臨邛韓醇刻本 466

新刊補注銅人腧穴鍼灸圖經五卷 金大定二十六年(1186)書軒陳氏刻本。 1348

新刊嵩山居士文全集五十四卷 宋乾道四年(1168)師傅甫韓刻本 407

新刊經進詳注昌黎先生文集四十卷外集十卷遺文二卷附錄三卷 宋眉山刻本 1212

新刊精選諸儒奧論策學統宗前編五卷後集八卷續集七卷別集五卷 宋茶陵譚叔端刻本 1143

新刊監本冊府元龜一千卷 宋刻本 1266

新刊圖解素問要旨論八卷 清影寫金刻本 1363

新刊諸儒批點古文集成前集七十八卷 宋末麻沙刻本 1179

新刊履齋示兒編二十三卷 宋嘉定十六年(1223)劉氏學禮堂刻本 716

新刊增廣百家詳補註唐柳先生集四十五卷 南

宋中期蜀刻本 121
新刊劍南詩稿二十卷 宋淳熙十四年(1187)嚴州郡齋刻本 51
新刊輿地紀勝二百卷 影寫宋本 74
新刊韻略五卷 金正大六年(1229)中和軒王宅刻本 1350
新刊權載之文集五十卷 南宋中期蜀刻本 1211
新刊續添是齋百一選方二十卷 日本寬政(1799)覆宋本 125
新加九經字樣一卷 清初席氏釀華草堂影宋鈔本 124
新安志十卷附一卷 宋淳熙二年(1175)刻本 45
新定九域志十卷 宋閩中刻本 111
新定三禮圖集注二十卷 宋淳熙二年(1175)鎮江府學刻本 449
新定嚴州志八卷 宋嚴州刻本 94
新序十卷 宋紹興間(1131-1162)杭州刻本 358
新序十卷 北宋刻本 203
新吳志二卷 宋嘉定七年(1214)序刻本 683
新注周易十卷卦德統論一卷略例一卷 宋乾道間(1165-1173)劉敏士刻本 43

新注華嚴經　北宋元祐二年（1087）杭州新注華嚴經校 145

新刻詁訓唐昌黎先生文集十五卷　宋刻十二卷本 1281

新律　西夏刻本 1376

新唐書二百二十五卷　北宋嘉祐五年（1060）杭州刻本 103

新唐書二百二十五卷　北宋嘉祐間（1056-1063）刻本 110

新唐書二百二十五卷　宋紹興三十年（1160）麻沙鎮水南劉仲吉宅刻本 328

新唐書二百二十五卷　宋紹興刻宋元遞修本 354

新唐書二百二十五卷　南宋監本

新唐書二百二十五卷　宋杭州刻本 944

新唐書二百二十五卷　宋江西刻本

新唐書二百二十五卷　宋建陽刻本 1100

新唐書二百二十五卷　南宋初小字建本

新唐書二百二十五卷　宋建安魏仲立刻本

新唐書略三十五卷　宋紹定三年（1230）麗澤書院刻本 763

新唐書略三十五卷　宋婺州刻本 944

新唐書糾繆二十卷　宋紹興八年（1138）吳興郡齋刻本 255

新書十卷　宋淳熙三年（1176）潭州州學刻本　45

新書十卷　宋淳熙八年（1181）程漕使刻本　48

新書十卷　宋淳祐八年（1248）長沙刻本　82

新修絫音引證群籍玉篇三十卷　金刻本　13

新修潮陽圖經　宋潮州刻本　12

新校正老泉先生文集　宋紹熙四年（1193）刻本　56

新集古文四聲韻五卷　北宋慶曆四年（1044）刻本　9

新集古文四聲韻五卷　宋刻本　124

新集錦合辭　西夏刻本　14

新經尚書十三卷　北宋熙寧八年（1075）國子監刻本　12

新經詩義三十卷　北宋熙寧八年（1075）國子監刻本　12

新箋決科古今源流至論前集十卷後集十卷續集十卷別集十卷　宋淳祐七年（1247）建陽朱士餘刻本　81

新增詞林要韻一卷　宋菉斐軒刻本　124

新增隸續四卷　宋淳熙四年（1177）范成大蜀中刻本　46

新儀象法要三卷　宋乾道八年（1172）吳興施元之三衢坐嘯齋刻本　42

新儀象法要三卷　宋淳祐間（1241—1252）韓仲刻本　84

新儀象法要三卷　影宋精抄本　85

新编方舆勝覽七十卷　宋咸淳三年(1267)建安祝氏刻本　891
新编方舆勝覽七十卷　宋咸淳三年(1267)吴革劉震孫刻本　891
新编四六必用方舆勝覽七十二卷道二卷　宋刻本　793
新编分門標題皇鑑箋要六十卷　宋嘉定九年(1216)林駧德序　694
新编分類增注正誤决疑韻五卷　宋刻巾箱本　1244
新编古今事文類聚前集六十卷後集五十卷續集二十八卷別集三十二卷　宋淳祐六年(1246)祝穆序　815
新编近時十便良方四十卷　宋慶元二年(1196)武夷安樂堂刻本　576
新编近時十便良方四十卷　宋蜀中萬卷堂刻本　571
新编音點性理群書句解前集二十三卷　宋建陽刻本　1127
新编通用啟劄截江網甲集八卷乙集八卷丙集八卷丁集八卷戊集八卷己集六卷庚集六卷辛集六卷壬集五卷癸集五卷　宋刻巾箱本　867
新编詔誥章表機要□□卷　金刻本　1366
新编增廣事聯詩苑叢珠三十卷　宋刻本　1177

新编醉翁談録甲集二卷乙集二卷丙集二卷丁集
二卷戊集二卷己集二卷庚集二卷辛集二卷壬
集二卷癸集二卷 宋刻本 11

新雕宋朝文鑑一百五十卷 宋慶元六年(1200)太
平府學刻本 60

新雕聖宋文海一百二十卷 宋淳熙四年(1177)臨
安府刻本 46

新雕聖宋文海一百二十卷 南宋中期刻本 11

新雕雲齋廣録 金刻本 13

新雕詩品三卷 北宋慶曆六年(1046)京臺岳氏刻本 9

新雕諸雜讚一卷 遼燕臺大憫忠寺刻本

新雕雙金殘卷 北宋刻本 20

新纂門目十朝名臣言行錄四十卷 宋刻本 11

新纂門目五臣音注揚子法言十卷 宋棠川余氏刻本 11

詳注周美成詞片玉集十卷 宋嘉定四年(1211)刻本 66

試筆一卷 北宋元祐四年(1089)刻本 14

詩人玉屑 宋刻本 8

詩本義十五卷鄭氏詩譜一卷 宋開禧三年(1207)跋 64

詩苑衆芳一卷 南宋後期吴郡劉瑄編刻本 10

詩家鼎臠二卷 宋麻沙刻本 11

詩集傳二十卷 宋淳熙四年(1177)刻本 10

詩集傳二十卷 宋淳熙七年(1180)蘇詡校正筠州公使庫刻本 477
新編類要圖注本草綱目四十二卷 宋嘉定間(1208-1224)劉信甫校刻本 730
新編類要圖注本草四十二卷序例五卷目録一卷 宋建安余彥國勵賢堂刻本 1129
新編儒學樞要六卷 宋刻本 1255
新編簪纓必用翰苑新書 宋刻本 1267
新雕入篆説文正字一卷 北宋建中靖國元年(1101)刻本 164
新雕文酒清話 金刻本 1366
新雕石林先生尚書傳 宋東陽魏十三郎書鋪刻本 922
新雕白氏六帖事類添注出經三十卷 北宋慶曆二年(1042)準轉運司牒文 89
新雕白氏六帖事類添注出經三十卷 宋刻本 1277
新雕名臣紀述老泉蘇先生事實一卷 南宋初建本 1114
新雕注疏珞琭子三命消息賦三卷新雕李燕陰陽三命二卷 北宋嘉祐四年(1059)刻本 101
新雕注疏珞琭子三命消息賦三卷附新雕李燕陰陽三命二卷 金刻本 1363
新雕注唐胡曾詠史詩三卷 宋建陽刻本 1160
新雕洞靈真經注五卷 南宋初建本 1151

新雕皇朝類苑七十八卷 宋紹興二十三年(1153)
建陽麻沙書坊刻本 315
詩集傳二十卷 宋刻本 461
詩集傳二十卷 宋刻大字本 123
詩集傳二十卷 宋江西刻本 1046
詩集傳二十卷詩序辯説一卷 宋趙崇憲江西漕
治刻本 1046
詩準四卷詩翼四卷 宋刻本 807
詩傳遺説六卷 宋端平二年(1235)富川學宮刻本 780
詩經白文 宋刻巾箱本 1235
詩説十二卷總説一卷 宋吉州刻本 769
詩説十卷 宋淳祐六年(1246)刻本 812
詩總聞二十卷 宋淳祐三年(1243)陳日强刻於富川 804
誠齋先生四六膏馥十卷後集十卷續集十卷別集
十卷 宋刻本 1183
誠齋先生南海集八卷 宋淳熙十三年(1186)劉渙
刻本 507
誠齋先生江湖集十四卷荆溪集十卷西歸集四卷
南海集八卷江西道院集五卷朝天續集八卷退休
集十四卷 宋淳熙紹熙間刻本 508
誠齋先生易傳二十卷 宋嘉泰四年(1204)刻本 625

誠齋先生集一百三十二卷 宋淳熙十六年(1189)刻本 521

誠齋集一百三十二卷 宋嘉定元年(1208)楊長孺刻本 650

誠齋集一百三十二卷 宋端平二年(1235)羅茂良校刻本 784

誠齋詩集四十二卷 宋淳熙間(1174-1189)劉伯順刻本 533

遊宦紀聞十卷 宋書棚 1003

愧郯錄十五卷 宋嘉泰間(1201-1204)岳珂刻本 636

愧郯錄十五卷 宋嘉定七年(1214)鄭定嘉興刻本 683

廉吏傳十卷 北宋宣和七年(1125)自序 187

雍熙新定廣韻一百卷 北宋端拱二年(989)上 30

資治通鑑二百九十四卷 北宋元祐元年(1086)國子監刻本 142

資治通鑑二百九十四卷 北宋蜀廣都費氏進修堂刻本 200

資治通鑑二百九十四卷 宋紹興三年(1133)兩浙東路茶鹽司公使庫刻本 239

資治通鑑二百九十四卷 宋紹熙間(1190-1194)建刻大字本 565

資治通鑑二百九十四卷 宋建刻本 1101

資治通鑑二百九十四卷 宋建刻本

資治通鑑二百九十四卷 宋末建刻小字本 1102

資治通鑑二百九十四卷　宋建刻小字本　110
資治通鑑二百九十四卷　宋建刻小字本　110
資治通鑑二百九十四卷　宋建刻大字本　110
資治通鑑二百九十四卷　宋建刻大字本　110
資治通鑑二百九十四卷　南宋初小字建本　110
資治通鑑二百九十四卷　宋小字建本　110
資治通鑑二百九十四卷　宋鄂州孟太師府鵠山
書院刻本　118
資治通鑑二百九十四卷　宋建康刻本　103
資治通鑑　金板一百二十卷五十册　136
資治通鑑目録三十卷　宋紹興二至三年兩浙東
路茶鹽司公使庫刻本　24
資治通鑑目録三十卷　金刻本　136
資治通鑑外紀十卷目録五卷　北宋元祐四年(1089
趙友澄刻本　148
資治通鑑外紀十卷目録五卷　宋紹興十二年(1142
兩浙東路茶鹽司刻本　271
資治通鑑外紀詳節十卷　宋刻本。　124
資治通鑑考異三十卷　宋紹興二年(1232)兩浙
東路茶鹽司公使庫刻本　242
資治通鑑考異三十卷　南宋中期杭州刻本　945

資治通鑑釋文三十卷　宋紹興三十年(1160)建刻本　328
資治通鑑綱目五十九卷　宋乾道八年(1172)刻本　421
資治通鑑綱目五十九卷　宋嘉定十二年(1219)溫陵郡齋刻本　702
資治通鑑綱目五十九卷　宋嘉熙元年(1237)國子監重刻本　787
資治通鑑綱目五十九卷　宋淳祐十二年(1242)泉州縣學刻本　801
資治通鑑綱目五十九卷目録一卷　宋淳祐間(1241-1252)武夷詹光祖月崖書堂刻本　843
資治通鑑綱目五十九卷　宋咸淳元年(1265)王柏刻本　882
資治通鑑綱目五十九卷　宋景定廬陵刻本　880
資治通鑑綱目五十九卷　宋廬陵刻本　1050
資治通鑑綱目五十九卷　宋刻本　1247
資治通鑑綱目五十九卷　宋刻本　1247
資治通鑑綱目提要　宋廬陵陳趙希刻本　1051
資暇集三卷　宋尤延之刻本　1042
福州東禪寺萬壽大藏六千四百三十卷　北宋元豐三年至政和二年(1080-1112)福州東禪等覺院刻本　134

福州開元寺毗盧大藏六千一百十七卷　北宋政和二年至乾道八年（1172）福州開元寺雕都會刻本

義同一類　西夏刻本　1380

義勇武安王位（年畫）　金平陽府徐家雕印　1365

義烏志七卷　宋婺州刻本　948

義陽志八卷　宋紹熙二年（1191）撰　544

義豐文集　宋淳祐三年（1243）王旦刻本　806

道山清話一卷　宋建炎四年（1130）序　232

道命錄十卷　宋淳祐十一年（1251）朱申元江郡齋刻本　832

道院集要三卷　宋慶元五年（1199）黄汝嘉刻本　593

道鄉集四十卷　宋紹興五年（1135）福唐刻本　252

道鄉集四十卷　宋刻本　1292

道德真經取善集　金大定十二年（1172）王賓刻本　1346

道德經二卷　北宋咸平六年（1003）校刻　41

道德經二卷　北宋大中祥符元年（1008）國子監刻本　49

道德經二卷　宋嘉定間（1208-1244）福建閩清葛長庚本　732

道德經注四卷　北宋建中靖國元年（1101）刻本　164

道德經注四卷　宋寶祐間（1253-1258）刻本　863

道德經全解　金正隆四年（1159）亳社時雍刻本　1344

道德經指歸六卷　宋乾道二年（1166）陸游跋　395

道德經解二卷　北宋大觀二年(1108)自題　170

道德經廣聖義三十卷　宋嘉定十七年(1224)刻本　724

道德經講義十二卷　宋淳熙十五年(1188)進表　516

道德寶章一卷　金正大五年(1228)平水王文郁和軒書坊刻本　1357

道藏二百函　北宋吳越王錢俶銀泥書寫　216

道護錄一卷　宋章貢刻本　1055

運曆圖六卷　北宋雍熙四年(987)獻上　27

慈孝紀　西夏刻印　1378

慈受廣錄　宋紹興五年(1135)武霖序　252

慈悲道場懺法　西夏刻本　1394

慈湖先生遺書十八卷續集二卷　宋嘉定二年(1209)曾熠序　656

慈湖詩傳二十卷　宋刻本　1283

慈溪黃氏日抄分類九十七卷　宋紹定二年(1229)積德堂刻本　759

意林五卷　宋刻六卷本　1266

褚人遺書一卷　宋嘉泰間(1201-1204)劉義先刻本　634

熙寧刪定編敕赦書德音附令敕申明目錄二十六卷　北宋熙寧七年(1074)鏤板頒行　129

零陵志十卷　宋嘉定十二年(1219)重修刻本　704

賈誼新書十卷　宋紹興間(1131-1162)建寧府陳八郎
　崇化書坊刻本　358

賈誼新書十卷　宋淳熙八年(1181)潭州州學刻本　48

聖大乘守護大千國土經　西夏活字印本　139

聖大乘守護大千國土經　西夏刻本　139

聖六字增壽大明陀羅尼經　西夏天慶七年(1200
　刻本　139

聖立義海　西夏乾祐十四年(1183)刻字司刻本　140

聖如來一切之頂冠中軒白佛余音者無文竭誦大
　陰一最讓日　西夏刻本　139

聖宋千家名賢表啓　宋刻本　114

聖宋文選三十二卷　宋乾道間(1165-1173)婺州刻本　43

聖宋名賢四六叢珠一百卷　宋慶元間(1195-1200)建安
　陳彥甫刻本　613

聖宋名賢五百家播芳大全文粹一百卷目錄七卷
　宋紹熙元年(1190)建安魏齊賢富學堂刻本　538

聖宋名賢五百家播芳大全文粹一百五十卷目錄
　十卷　宋嘉定間(1208-1224)唐山宋均鈔本　736

聖妙吉祥真實名經　西夏刻本　1397

聖門事業圖一卷　宋乾道九年(1173)刻本　425

聖政記一百五十卷 北宋天禧五年(1012)序 67

聖政草一卷 宋嘉定間(1208-1224)陸子遹刻本 728

聖散子方一卷 北宋刻本 209

聖勝慧彼岸到德用寶集頌日 西夏刻本 1397

聖勝慧到彼岸功德寶集偈 西夏刻本 1396

聖勝慧集頌經 西夏刻本 1396

聖濟總錄二百卷 北宋政和四年(1114)國子監刻本 176

聖濟總錄二百卷 金大定(1161-1164)重刻本 1345

損益象說一卷 宋閩縣黃幹官安慶時刻印 1042

橘文堂集十五卷 宋淳熙十三年(1186)象州軍學刻本 507

橘文堂集十五卷附錄一卷 宋淳熙十四年(1187)刻本 511

楚州圖經八卷 宋淳熙十三年(1186)錢望之刻本 503

楚辭十七卷 北宋明道元年(1032)陳說之編刻 77

楚辭十卷 宋紹興間(1131-1162)黃訪刻本 365

楚辭八卷辯證二卷反離騷一卷 宋嘉定六年(1213)章貢郡齋刻本 680

楚辭 宋姚廷輝本 1278

楚辭八卷 宋刻本 1278

楚辭集注八卷辯證二卷 宋嘉定四年（1211）楊[illegible]
同安郡齋刻本 66

楚辭集注八卷辯證二卷後語六卷 宋嘉定五年
（1212）刻本 67

楚辭集注八卷 宋嘉定間（約1215）刻本 68

楚辭集注八卷辯證二卷後語六卷 宋端平二年
（1235）朱鑑刻本 78

楚辭集注八卷辯證二卷後語六卷 宋咸淳三年
（1267）湘陰縣齋何文龍刻本 89

楚辭補注十七卷 宋刻本 127

楞嚴義疏注疏二十卷 南宋中期杭州刻本 97

楊文公武夷新集二十卷 北宋咸平元年（998）自[illegible]

楊氏家藏方二十卷 宋淳熙五年（1178）閩山阮
仲猷種德堂刻本 47[illegible]

楊氏家藏方三十卷 宋淳熙五年（1178）楊倓當
塗郡齋刻本 47[illegible]

楊氏家藏方二十卷 宋淳熙十二年（1185）阮仲
猷種德堂刻本 50[illegible]

楊盈川集十卷 宋書棚本 100[illegible]

棣埜集二十五卷 宋景定二年（1261）興化軍刻本

檆溪居士集十二卷　宋嘉泰三年(1203)楊萬里序刻本　625
群公吟稿戊集七卷　宋臨安府陳宅書籍鋪刻本　1014
群史姓纂韻譜六卷　宋建炎元年(1127)序　229
群史姓纂韻譜六卷　宋淳熙十三年(1186)沈樞刻本　506
群書會元截江網三十五卷　宋麻沙刻本
群經音辨七卷　北宋寶元二年(1039)崇文院雕造　86
群經音辨七卷　宋紹興九年(1139)臨安府學刻本　259
群經音辨七卷　宋紹興十二年(1142)汀州寧化縣學刻本　269
酬世大全　宋福建刻本　1144
鄞江志八卷　宋慶元四年(1198)書成　586
絜齋家塾書鈔十二卷　宋紹定四年(1231)象山書院刻本　765
絜齋集二十四卷　宋紹定初元(1228)刻本　754
感應篇八卷　南宋國子監刻本　971
瑜伽師地論　宋刻本　1273
瑜伽師地論　西夏刻本　1397
葉氏錄驗方三卷　宋淳熙十三年(1186)跋刻　504
葉氏錄驗方三卷　宋嘉泰四年(1204)跋刻　628

葉石林詩話三卷　宋末茶陵子刻本　118

萬首唐人絶句四十六卷　宋紹熙元年(1190)洪邁刻

于蓬萊閣　53

萬首唐人絶句一百一卷　宋嘉定十六年(1223)會

稽、鄱陽刻本　71

萬壽道藏五千四百八十七卷　北宋政和三年至

八年(1113-1118)福州天寧萬壽觀刻本　174

董氏小兒斑疹論一卷　北宋元祐八年(1093)序　15

鄖城志十二卷　宋慶元四年(1189)李樟序　586

鄖溪集二十八卷　宋淳熙三年(1176)安陸郡齋

刻本　46

鄖溪集五十卷　宋淳熙十三年(1186)秦焴安陸

郡學刻本　50

農書三卷　宋紹興間(1131-1162)洪興祖真州刻本　35

農書三卷蠶書一卷　宋嘉定三年(1210)汪綱高郵

郡齋刻本　658

農書三卷蠶書一卷　宋嘉定七年(1214)真州郡齋

刻本　683

農書三卷蠶書一卷耕織二圖詩一卷　明末毛氏

汲古閣影宋抄本　126

嵩山居士集五十四卷　宋乾道四年(1168)刻本　13

嵩山集二十卷　宋乾道三年(1167)臨汀郡庠晁子健刻本
蜀鑑十卷　宋淳祐五年(1245)蜀刻本　810
圓教四門答問　遼寫本　1331
路史四十七卷　宋刻本　1247
業障清淨總持和令悪趣淨順總持　西夏刻本　1397
眞子一卷　宋麻沙刻本　1125
鉅宋廣韻五卷　北宋皇祐元年(1049)刻本　95
鉅宋廣韻五卷　宋乾道五年(1169)建寧黃三八郎書鋪刻本　409
鉅鹿東觀集十卷　北宋天聖元年(1023)薛田序刻本　68
鉅鹿東觀集十卷　宋紹定元年(1228)嚴陵郡齋刻本　752
筠溪文集二十四卷　宋嘉定四年(1211)李珏刻本　664
節孝先生文集三十卷　北宋靖康元年(1126)李郇序　188
節孝先生文集三十卷　宋紹興十八年(1148)刻本　304
節孝集三十卷附錄一卷　宋乾道五年(1169)嘉禾刻本　410

節孝集三十卷附錄一卷　宋淳祐十年（1250）

南東路轉運司王央亨刻本　83

節孝集三十卷附錄一卷　宋景定五年（1264）

節孝語錄一卷　宋臨汝郡庠刻本　87

安翁蒙正刻本　10

彙刻唐宋畫書九種十一卷　北宋景祐三年（103

彙刻　8

彙刻唐宋畫書九種十一卷　南宋書坊刻本　113

傳信適用方二卷　影宋抄本

傳家秘寶脈證口訣并方　北宋元豐八年（1085）

刻本　14

傳習錄　宋明州刻一百六十五板　95

傷寒直格三卷　金大定二十六年（1186）太原書

坊劉生刻本　134

傷寒明理論三卷方論一卷　宋景定二年（1261）

建安慶有堂刻本　87

傷寒明理論三卷方論一卷　宋刻本　12

傷寒明理論三卷　金正隆四年（1159）邢台好事

刻　13

傷寒要旨二卷　宋乾道七年（1171）姑孰郡齋

本　41

傷寒須知　宋建康府書板六十八種之一 1035

傷寒補亡論二十卷　宋慶元元年(1195)朱子跋 572

傷寒論十卷　北宋治平二年(1057)國子監刻本 114

傷寒論十卷　北宋嘉祐二年(1057)國子監校刻本 99

傷寒論十卷　北宋元祐三年(1088)前兩浙路刻小字本 145

傷寒論十卷　影北宋抄本 208

傷寒論十卷　宋刻本 1259

傷寒論注十卷附明理論三卷後集一卷　宋開禧元年(1205)張孝忠刻本 638

傷寒論注十卷附明理論三卷論方一卷　金大定十二年(1172)王鼎刻本 1346

傷寒總病論六卷附音訓一卷修治藥法一卷　宋政和三年(1113)刻本 174

傷寒總病論六卷附音訓一卷修治藥法一卷　宋刻本 1260

傷寒總病論六卷音訓一卷　清汪氏藝芸書舍影宋抄本 1259

傷寒類證三卷　金大定三年(1163)宋元公刻本 1344

遁甲選詩圖二卷　宋紹興府刻本 963

逸史二十卷　宋淳熙元年(1174)序 445

逸周書十卷　宋嘉定十五年（1222）丁黼刻本 71

會元曆一卷　宋紹熙會元曆 53

會昌一品制集二十卷別集十卷外集四卷　宋紹

興二十九年（1159）袁州刻本 32

會昌一品制集三十四卷　宋淳熙間（1174—1189）浙江刻

會昌一品集三十四卷　宋耿秉宋□刻本 103

會昌一品集三十四卷　宋蜀刻本有姑臧集五卷

會稽三賦注一卷　宋刻本 69

會稽綴英集二十卷　宋熙寧五年（1072）刻本 12

會靈志（即五嶽鑒聞記）　北宋天禧三年（1019）上

經子法語二十四卷　宋淳熙十二年（1185）婺州刻本

經史證類大觀本草三十卷　北宋大觀二年（1108）

孫氏刻本 17

經史證類備急本草三十卷　北宋政和六年（1116）

重修刻本 18

經史證類備急本草三十二卷釋音一卷　宋淳熙十

二年（1185）江南西路轉運司刻本 50

經史證類備急本草三十一卷　宋嘉定四年（1211）

(梓) 劉甲梓州刻本 66

經史論說　蒙古（1241—1250）河南輝縣楊古仿畢昇

泥活字印行 830
經効產寶三卷續集一卷　北宋刻本 209
經効產寶三卷　宋刻本 1132
經卷　遼重熙十八年(1049)寫本 1341
經律異相　西夏刻本 1391
經典釋文三十卷　北宋乾德三年(965)國子監刻本 3
經典釋文三十卷　北宋開寶二年(969)刻本 4
經典釋文三十卷　北宋蜀刻大字本 192
經典釋文三十卷　影寫北宋蜀大字本 193
經典釋文三十卷　宋紹興間(1131-1162)杭州刻本 339
經典釋文三十卷　宋淳熙四年(1177)撫州公使庫刻本 464
經疏雜抄　遼寫本 1332
經疏雜抄　遼寫本 1332
經進六朝通鑑博議十卷　宋紹熙間(1190-1194)建陽魏齊賢富學堂刻本
經進東坡文集事略六十卷　南宋中期建陽刻本 1166
經進周曇詠史詩三卷　宋刻本 1283
經進新注唐陸宣公奏議二十卷　宋婺州刻本 950

十四畫

漢上易傳十一卷　宋江西刻本　104

漢上易傳十一卷漢上先生履歷一卷　清初毛氏
汲古閣影宋抄本　123

漢文典籍摘譯　西夏刻本　137

漢丞相諸葛忠武侯傳　宋刻本　105

漢官儀三卷　宋紹興九年（1139）臨安府刻本　26

漢春秋一百卷問答一卷　北宋大中祥符二年
（1009）献上　49

漢書注一百卷　北宋淳化五年至咸平二年（994—
999）國子監刻本　34

漢書注一百卷　北宋景德二年（1005）國子監刻本

漢書注一百卷　北宋大中祥符九年（1016）錢塘
刻本　55

漢書注一百卷　北宋乾興元年（1022）刻本　67

漢書注一百卷　北宋景祐二年（1035）刻本　79

漢書注一百卷　北宋景祐刻本　83

漢書注一百卷　北宋嘉祐間（1056—1063）蘇軾抄本

漢書注一百卷　北宋熙寧三年（1070）陳繹重校本

漢書注一百卷　北宋宣和六年（1134）國子監刻

漢書注一百卷 北宋刻遞修本 197
漢書注一百卷 北宋景文公刻本 199
漢書注一百卷 宋紹興六年(1136)刻本 253
漢書注一百卷 宋紹興二十一年(1151)重刻本 309
漢書注一百卷 宋紹興湖北提舉茶鹽司刻本 348
漢書注一百卷 宋紹興江南東路轉運司刻本 350
漢書注一百卷 宋隆興二年(1164)王叔邊刻本 384
漢書注一百卷 宋隆興二年(1164)麻沙劉仲立刻本 384
漢書注一百卷 宋乾道三年(1167)麻沙劉仲立刻本 398
漢書注一百卷 宋慶元二年(1196)建安黄善夫刻本 575
漢書注一百卷 宋慶元四年(1198)建安劉元起家塾刻本 584
漢書注一百卷 宋嘉定元年(1208)建安蔡琪純父一經堂刻本 646
漢書集注一百卷 宋嘉定十七年(1224)白鷺洲書院刻本 720
漢書注一百卷 宋淳祐三年(1242)袁州軍學刻

小字本 80

漢書注一百卷 宋袁州軍學江秦刻本 104

漢書注一百卷 宋福唐郡庠刻本 108

漢書注一百卷 南宋監本 94

漢書注一百卷 宋刻元明遞修本 124

漢書一百卷 金大定四至六年(1164—1166)頒行 134

漢雋十卷 宋紹興二十五年(1155)清渭何通直宅萬卷堂刻本 319

漢雋十卷 宋紹興三十二年(1162)序江右刻本 33

漢雋十卷 宋乾道間(1165—1173)刻本 43

漢雋十卷 宋淳熙五年(1178)滁州刻本 46

漢雋十卷 宋淳熙十年(1183)象山縣學刻本 49

漢雋十卷 宋嘉定四年(1211)滁陽郡齋刻本 66

漢雋十卷 宋湖州刻本 123

漢隸字源五卷碑目一卷附字一卷 宋嘉定五年(1212)重修本 667

漁樵問對一卷 宋福建漕治刻本 1128

演山文集六十卷 宋乾道二年(1166)建昌軍學刻

演禽斗數三世相書一卷 宋末坊刻帶圖本 1264

演繁露六卷 宋淳熙八年(1181)泉州軍州學刻本

演繁露十六卷 續演繁露六卷 宋淳熙八年(1181)彭椿年刻本 487

漫叟文集十卷拾遺續拾遺一卷 宋蜀刻本 1209

漫堂文集三十六卷 宋嘉熙四年(1240)衡山趙葵刻本 799

滹南遺老集四十五卷 宋淳祐九年(1249)董彥明刻本 827

端平集十二卷 宋寶祐間(1253-1258)周弼自刻本 863

齊民要術十卷 北宋天禧二年(1018)頒天下 65

齊民要術十卷 北宋天聖中(1023-1031)崇文院刻本 75

齊民要術十卷 宋紹興十四年(1144)葛祐之刻本 290

齊民要術十卷 宋紹興十四年(1144)張轔池州刻本 289

齊民要術十卷 宋龍舒郡齋刻本 1042

齊安志二十卷 宋慶元五年(1199)重修 589

齊驅集□卷 北宋宣和三年(1121)刻本 184

說文解字十五卷 北宋雍熙三年(986)國子監刻本 25

說文解字十五卷 北宋嘉祐間(1056-1063)國子監刻本 110

說文解字十五卷 宋乾道間(1165-1173)刻本 433

說文解字篆韻譜五卷　北宋雍熙四年(987)刻本　2

說文解字篆韻譜五卷　宋刻本　124

說文解字繫傳四十卷　宋杭州官刻本　936

說文解字韻譜五卷　宋淳熙間(1174-1189)閩山阮
仲猷種德堂刻本　527

說苑二十卷　北宋刻本　204

說苑二十卷　宋紹興五年(1135)耿延禧序刻本　251

說苑二十卷　宋淳熙間(1174-1189)刻本　529

說苑二十卷　宋咸淳元年(1265)鎮江府學刻本　88

說苑二十卷　宋末茶陵陳仁子刻本　1124

說苑二十卷　宋刻本　957

廣川書跋十卷　宋紹興二十七年(1157)董棻序刻　322

廣川藏書志二十六卷　北宋靖康元年(1126)書成　188

廣弘明集三十卷　宋刻本　1270

廣成先生玉函經一卷　宋末麻沙刻本　1129

廣唐卓異記二十二卷　北宋雍熙二年(985)書成　25

廣陵志十二卷　宋淳熙元年(1190)鄭興裔刻本　535

廣陵集二十卷拾遺一卷　宋刻十二卷本　宋刻
二十卷本　1288

廣韻五卷　北宋景德四年(1007)崇文院刻本　47

廣韻五卷　北宋大中祥符五年(1012)刻本　51

廣韻五卷 宋紹興間(1131-1162)刻本 341

廣韻五卷 宋婺州刻巾箱本 938

廣韻五卷 宋麻沙劉仕隆宅刻本 1097

廣韻五卷 宋刻本 1242

廣韻五卷 金泰和間(1201-1208)寧晉荆氏後齋荆祐刻本 1355

肇論中吳集解三卷 南宋中期杭州刻本 973

肇論中吳集解三卷 宋刻本 1274

精選古今名賢叢話詩林廣記前集十卷後集十卷 宋刻本 1184

精選百一方 遼刻本 1305

精騎六卷 宋淳熙間(1174-1189)婺州永康清渭陳宅刻本 533

碧雲集三卷 宋臨安府陳宅書籍鋪刻本 1010

趙忠簡集 宋潮州刻本 1231

趙清獻公文集十卷 宋乾道七年(1171)施元之三衢刻本 419

趙清獻公文集十六卷 宋景定元年(1260)陳仁玉(玉)刻本 869

趙韓王奏議 宋麻沙書坊刻本 1114

臺閣集一卷 宋建炎三年(1129)謝克家刻本 231

嘉定十一年具注曆　宋嘉定十一年(1218)頒行　72

嘉定吏部條法總類　宋嘉定六年(1213)頒行　68

嘉定赤城志四十卷　宋嘉定十六年(1223)序　71

嘉定鎮江志二十二卷　宋嘉定六年(1213)書成　67

嘉祐刪定編敕敕書德附令敕目錄二十卷　北宋嘉祐七年(1062)鏤板頒行　106

嘉祐補注神農本草二十卷　北宋嘉祐七年(1062)刻本　106

嘉祐集十五卷　宋蜀刻本　1223

嘉祐新集十六卷附錄二卷古三墳書三卷　宋紹興十七年(1147)婺州州學刻本　300

嘉泰普燈錄三十卷　宋嘉定四年(1211)杭州淨慈寺刻本　662

嘉泰會稽志二十卷　宋嘉泰二年(1202)紹興府刻本　619

監本音註文中子十卷　宋紹熙間(1190-1194)建刻巾箱本　568

監本附音春秋公羊注疏二十八卷　宋福建刻本

監本附釋音春秋穀梁傳注疏二十卷　宋刻本　1993

監本纂圖重言重意互註點校尚書十二卷　宋婺州刻本　922

監本纂圖重言重意互註點校尚書十三卷附釋文
宋建刻本 1068
監本纂圖重言重意互註毛詩二十卷圖譜一卷
宋建刻本 1084
監本纂圖重言重意互註禮記二十卷 宋刻本 1071
監本纂圖春秋經傳集解三十卷 宋建刻本 1090
監本纂圖春秋精選集解三十卷 宋書坊刻本 1092
監本纂圖重言重意互注論語二卷 宋建安天香
書院刻本 1095
監本纂圖重言重意互注論語二卷 宋建刻本 1095
歌詩編四卷 蒙古憲宗六(1256)趙衍刻本 855
歌詩編四卷 宋宣城刻本 1043
疑龍經一卷 宋刻本 1055
爾雅三卷 北宋仁宗時刻本 194
爾雅三卷 西夏刻本 1372
爾雅注三卷 宋紹興二十一年(1151)國子監刻
本 309
爾雅注三卷 宋紹興間(1131-1162)刻本 344
爾雅注三卷 宋刻大字本 1242
爾雅注疏十卷 宋蜀刻大字本 1200
爾雅疏十卷 北宋咸平四年(1001)國子監刻本 38

爾雅疏十卷 宋紹興十五年(1145)臨安府刻本

爾雅疏十卷 南宋國子監刻本 93

爾雅疏十卷釋文一卷 宋溫州刻本 93

爾雅新義二十卷 北宋元符二年(1099)自序 16

爾雅新義二十卷 宋嘉定間(1208—1224)陸子遹嚴
州刻本 72

爾雅翼三十二卷 宋淳祐六年(1246)刻本 81

爾雅翼三十二卷 宋咸淳六年(1270)刻本 89

盡言集十三卷 宋紹興五年(1135)梁安刻本 25

閩中記十卷 北宋慶曆間(1041—1048)刻本 9

夢溪筆談二十六卷補筆談一卷續筆談一卷 宋
乾道二年(1166)湯修年揚州刻本 39

夢溪筆談二十六卷 宋乾道六年(1170)揚州學舍
刻本 41

夢溪筆談二十六卷 宋末茶陵陳仁子刻本 113

蒲陽知稼翁集十一卷 宋黃處權泉州刻本 117

圖畫見聞志六卷 宋臨安府陳宅經籍鋪刻本 10

圖解素問旨論 清影寫金刻本

圖經本草二十卷目錄一卷 北宋紹聖三年(1096
國子監刻本 15

睽車志六卷 汲古閣影宋抄本 126

蒙求三卷 遼刻本 1303
銅人腧穴鍼灸圖經五卷 金大定二十六年(1186)
書軒陳氏刻本
銅人鍼灸圖經三卷 北宋天聖五年(1027)國子
監刻本 72
銅壺漏箭制度一卷 宋淳祐七年(1247)顧頤仲刻本 818
管子注二十四卷 宋紹興二十二年(1152)瞿源蔡
潛道宅墨寶堂刻本 312
管子注二十四卷 南宋初浙江刻本 359
管子注二十四卷 宋隆興二年(1164)楊忱序 388
算經十書 北宋元豐七年(1084)秘書省校定鏤板 138
算學源流一卷 宋嘉定六年(1213)鮑澣之汀州
刻本 680
箋注陶淵明集十卷 宋刻本 1279
箋注評點李長吉歌詩四卷外集一卷 金刻袖珍本 1368
僧典章爲賣常住十畜狀 遼乾統二年(1102)寫本 1332
僧懷素自序 北宋杭州沈氏板 208
僧寶傳三十二卷 宋寶慶三年(1227)明州府大慈
名山教忠報國淨禪寺寶定刻本 746
綱山集八卷 宋紹定四年(1231)刻本 769
稱讚大乘功德經 遼統和二十一年(1003)燕京刻

契丹藏本 13

種咒王陰大孔雀經 西夏刻印 13

維摩詰所説經 西夏木活字印本 13

十五畫

慶元府阿育王山廣科禪師語錄一卷 宋刻本 58

慶元府雪竇明覺大師祖英集二卷 宋寧宗間

州刻本 98

慶元建康志二百二十板 宋建康府書板之一 103

慶元敕十二卷令五十卷格三十卷式三十卷 宋

慶元四年(1198)表上之 58

慶元條法事類八十卷 宋嘉泰二年(1202)表上 82

慶元條法事類八十卷 影宋鈔本 125

慶元統天曆一卷 宋慶元元年(1195)表進 57

慶湖遺老詩集九卷拾遺一卷後集補遺一卷 北

宋政和四年(1114)序 17

慶湖遺老集九卷 宋紹興三年(1133)刻本 24

慶湖遺老詩集九卷拾遺一卷後集一卷補遺一卷

宋紹熙四年(1193)刻本 56

慶曆刪定編敕赦書德音附令目錄二十卷 北宋

慶曆八年(1048)崇文院鏤板頒行 93

慶曆善救方一卷 北宋慶曆八年(1048)國子監刻本 93

州郡庠陳應行刻本 49

潛虛衍義四卷 宋刻本 126

論孟要義三十四卷 宋建陽刻本 109

論孟精義三十四卷 宋豫章郡刻本 104

論孟精義三十四卷 宋朱熹刻本 109

論語二十卷 宋廖瑩中世綵堂刻本 93.

論語 西夏刻本 137.

論語小義 西夏刻本 137

論語正義 北宋國子監杭州鏤板 19.

論語正義 宋紹興十五年(1145)臨安府刻本 29

論語正義二十卷 宋建刻巾箱本 109

論語音義一卷 影寫北宋蜀大字本 19.

論語拾遺十九板 宋建康府書板六十八種之一 103

論語意原二卷 宋池陽刻本 104

論語意原二卷 宋江西初刻本 104

論語集注十卷 宋婺州刻本 93

論語集解十卷 宋紹興二十一年(1151)國子監刻

論語集解義疏十卷 宋廖瑩中世綵堂刻本 93

論語集說十卷 宋淳熙六年(1179)湖州頖宮刻本

論語集說十卷 宋淳祐(1246)刻本 81.

論語集說十三卷 宋刻本 124

論語集義十四卷　宋淳熙七年(1180)江東道院文公記　478
論語註疏十卷　宋蜀刻本　1197
論語註疏解經二十卷　北宋刻本　191
論語註疏解經二十卷　宋紹熙兩浙東路茶鹽司刻本　565
論語解十卷　宋乾道九年(1173)自序　423
論語解義十卷　宋紹興三十二年(1162)國子監刻　335
論語精義　宋建陽坊刻本
論語纂疏十卷　宋刻本　932
論衡三十卷　北宋慶曆五年(1045)刻本　91
論衡三十卷　宋乾道三年(1167)洪适刻于會稽蓬萊閣　398
論學繩尺　宋福建刻本　1143
諸子品粹　宋福建刻本　1144
諸史要略　宋廖瑩中世綵堂刻本
諸史提要十五卷　宋乾道九年(1173)紹興府刻本　424
諸史精語　宋建康府書板六十八種之一　1034
諸家名方二卷　宋福建提舉司刻本　1131
諸說禪源集都序干文　西夏刻印　1398

諸儒校正西漢詳節三十卷　宋刻本 111

諸儒校正東漢詳節三十卷　宋刻本 111

諸儒校正唐書詳節六十卷　宋建刻巾箱本 111

諸儒集注永嘉先生兩漢博議二十卷　宋紹熙間(1190—1194)建安魏盈刻本 56

諸儒鳴道集七十二卷　宋端平二年(1235)黄壯猷刻本 78

諸葛武侯傳一卷　宋刻本 124

鄭守愚文集二卷　南宋中期蜀中刻唐人集本 122

養生必用方三卷　北宋元豐(1078—1085)刻本 141

養生必用方三卷　北宋元符元年(1095)刻本 160

養生類纂二十二卷　宋嘉定十五年(1222)自序 713

增入名儒講義皇宋中興兩朝聖政六十四卷　宋刻巾箱本 1109

增入名儒集議資治通鑑詳節　宋刻巾箱本 1107

增刊校正王狀元集注分類東坡先生詩二十五卷　宋建安虞平齋務本堂刻本 1164

增注東萊呂成公古文關鍵二十卷　宋慶元間(1195—1200)蔡文子刻本 613

增注唐策十卷　宋麻沙刻本 1185

增城荔枝譜一卷　北宋熙寧九年(1076)書成 131

增修互注禮部韻略五卷 宋隆興元年(1163)毛晃進表 383

增修互注禮部韻略五卷 宋嘉定十六年(1223)國子監刻本 714

增修互注禮部韻略五卷 宋嘉定間(1208–1224)毛居正刻本 728

增修互注禮部韻略五卷 宋淳祐四年(1244)高似孫著本 807

增修互注禮部韻略五卷 宋寶祐四年(1256)蜀中刻本 853

增修互注禮部韻略五卷 南宋監本 715

增修互注禮部韻略五卷 宋秀岩山堂刻本 1244

增修東萊先生禹貢圖說 宋刻本 1235

增修東萊書說三十五卷 宋開禧三年(1207)刻本 641

增修訂正音點春秋左傳詳節句解三十五卷 宋元間建刻本 1092

增修校正押韻釋疑五卷 宋嘉熙三年(1239)禾興郡齋刻本 792

增補六臣文選六十卷 宋末茶陵陳仁子刻本 1176

增節標目音注精義資治通鑑一百二十卷 蒙古

憲宗三年至五年（1253—1255）平陽張宅晦明軒刻
本 84
增廣太平惠民和劑局方十卷指南總論三卷圖經
本草一卷 宋臨江府新喻吾山錢氏刻本 105
增廣注釋音辯唐柳先生集四十五卷 宋乾道三
年（1167）灊山郡齋刻本 40
增廣注釋音辯唐柳先生集四十三卷年譜一卷別
集二卷附録一卷 宋乾道間（1165—1173）吴郡陸
之淵刻本 43
增廣注釋音辯唐柳先生集四十三卷別集二卷外
集二卷 宋麻沙本 105
增廣注釋音辯唐柳先生集四十卷別集二卷附録
一卷 宋灊山郡齋刻本 104
增廣注釋音辯唐柳先生集四十卷外集二卷 宋
淳祐九年（1249）刻本 82
增廣校正和劑局方五卷 南宋初刻本 125
增廣聖宋高僧詩選前集一卷後集三卷續集一卷
清初毛氏汲古閣影宋抄本 102
增廣箋注簡齋詩集三十卷無住詞一卷胡學士續
添簡齋詩箋正誤一卷簡齋先生年譜一卷 宋

刻本 1292
增廣箋註簡齋集三十卷無住詞一卷 宋紹熙三年(1192)刻本 555
增揩隸續五卷 宋淳熙六年(1179)李秀叔刻本 473
增類撰聯詩學欄江網 宋麻沙刻本 1142
彈冠必用集一卷 宋紹熙五年(1194)當塗縣齋刻本 562
樊川文集二十卷外集一卷別集一卷 北宋熙寧五年(1072)田槩刻本 128
樊川文集二十卷外集一卷別集一卷 宋慶元間(1195-1200)建安魏仲舉家正堂刻本 610
橫浦先生文集二十卷孟子發題一卷橫浦心傳錄三卷橫浦日新錄一卷 宋淳熙元年(1174)序刻本 446
橫浦心傳錄三卷橫浦日新一卷 宋淳熙十二年(1185)黃巖縣學刻本 500
橫浦集二十卷 宋紹定二年(1229)嚴州刻本 762
橫塘集二十卷 宋台州郡齋刻三十卷本 991
橫渠集十卷 宋嚴州刻本 984
標題三蘇文粹六十二卷 宋刻本 1299

標題徐狀元補注蒙求二卷　宋杭州刻本 969

撰集百緣經十卷　北宋崇寧元年(1102)曾噩刻本

撫州公使庫刻本群經　宋咸淳九年(1273)修刻 901

霅廷須知一卷　北宋熙元年(1068)序 120

歐公本末四卷　宋嘉定五年(1212)詹義民刻本 668

歐陽六一居士集五十卷　北宋熙寧五年(1072)
刻本 128

歐陽文忠公集五十卷　北宋汴京本 222

歐陽文忠公集五十卷　北宋浙江刻本 222

歐陽文忠公集五十卷　北宋閩刻本

歐陽文忠公集五十卷　北宋綿州刻本 222

歐陽文忠公集五十卷　北宋廬陵刻本 223

歐陽文忠公集五十卷　宋蘇州刻本 1038

歐陽文集五十卷　宋紹興中(1131-1162)曾魯考異
本坊刻本 375

歐陽文忠公六一居士集五十卷續五十卷　北宋
宣和四年(1121)吉州公使庫刻本 184

歐陽文忠公集一百五十三卷附錄五卷　宋慶元
二年(1196)周必大刻本 577

歐陽文忠公集一百五十三卷　宋江西覆刻本 1016

歐陽文忠公集一百五十三卷　宋眉山刻本 1223

歐陽文忠公年譜一卷	宋刻本	1250
歐陽先生文粹	宋婺州刻本	430
歐陽行周文集十卷	南宋蜀刻唐人集本	1216
歐陽修撰集七卷	宋嘉定七年(1214)臨川胡衍刻本	685
歐陽濮議四卷	北宋熙寧元年(1068)書成并序	119
鄧析子一卷	清影寫宋刻本	1255
閫範上下卷	宋乾道六年(1170)張栻序刻本	415
潁濱先生大全文集一百三十七卷	宋刻本	1288
醉翁琴趣外篇六卷	清初影寫宋刻本	1185
履齋示兒編二十三卷	宋劉氏學禮堂刻本	1265
劇談錄二卷	宋臨安府陳道人書籍鋪刻本	1005
數學記遺不分卷	宋嘉定六年(1213)鮑澣之汀州刻本	679
數鈎隱圖三卷附遺論九事一卷	宋乾道三年(1167)浙西轉運司劉敏士刻本	399
數學九章十八卷	宋淳祐七年(1247)自序	818
蓬山志五卷	北宋崇寧四年(1105)自序	168
蓮峰集三十卷	宋乾道二年(1166)刻本	397
蓮峰集三十卷	宋嘉定六年(1213)史師道刻本	682
墨池編六卷	北宋治平三年(1066)自序	116

墨客揮犀十卷　影宋抄本　126

墨經一卷　北宋紹聖三年(1096)廣西漕司刻本

墨譜三卷　北宋紹聖二年(1095)序　15

儀禮注十七卷釋文一卷　北宋汴京刻巾箱本　18

儀禮注十七卷釋文一卷　北宋杭州細字本　18

儀禮鄭氏注十七卷　宋嚴州重刻巾箱本。　925

儀禮注十七卷　宋紹興二十一年(1151)國子監刻本　30

儀禮注十七卷　宋紹興間(1131-1162)刻本　33

儀禮十七卷釋文一卷識誤三卷　宋乾道八年(117　兩浙轉運司曾逮刻本　42

儀禮注十七卷　宋淳祐九年(1249)撫州臨汝書院刻本　82

儀禮注疏十七卷　宋淳熙四年(1177)刻本　46

儀禮注疏十七卷　宋建安余仁仲萬卷堂刻本　108

儀禮注疏詳校十七卷　北宋景德三年(1006)中書門下牒　47

儀禮要義五十卷　宋淳祐十五年(1252)魏克愚刻本

儀禮疏五十卷　北宋咸平四年(1001)國子監刻

儀禮疏五十卷　北宋景德二年(1005)國子監刻本　43

儀禮疏五十卷　宋紹興十五年(1145)臨安府刻本

儀禮集釋三十卷 宋刻本 1238
儀禮經傳通解三十七卷續二十九卷 宋嘉定十年(1217)南康道院刻本 695
儀禮經傳通解續二十九卷 宋嘉定十五年(1222)南康軍刻本 711
儀禮經傳通解集傳集注三十七卷 宋嘉定十六年(1223)南康道院刻本 714
儀禮經傳通解集傳集注三十七卷 宋江左書院刻本 1046
儀禮經傳通解續十四卷 宋淳祐間(1241-1252)刻本 842
儀禮經傳通解續二十九卷 宋寶祐元年(1253)王佖刻本 846
儀禮經傳通釋祭禮十四卷 宋紹定四年(1231)福州楊復刻本 766
儀禮圖十七卷儀禮通圖一卷 北宋政和間(1111-1117)建安余靖安勤有堂刻本 180
儀禮圖十七卷 宋紹定元年(1228)刻本 750
儀禮圖二十卷 宋江西刻本 1046
儀禮釋宮一卷 宋桂林郡學刻本 1232
儀禮釋宮一卷 宋刻本 1238
衡州圖經三卷 宋嘉定十一年(1218)刻本 699

衛生家寶產科備要八卷　宋淳熙十一年(1184)南
　康郡齋刻本　4
衛濟方一卷　宋嚴州刻本　9
德行記　西夏木活字印本　137
德隅齋畫評一卷　北宋元符元年(1098)跋　10
劉子十卷　宋刻本　12
劉文房文集十卷　宋蜀中刻本　120
劉忠肅救荒錄五卷　宋嘉定十八年(1215)真德秀刻本　68
劉知遠諸宮調　金刻本　137
劉涓子鬼遺方五卷　南宋中期浙江刻本　96
劉給事集五卷　宋嘉定間(1208-1224)留玫潛刻本　73
劉夢得文集三十卷外集十卷　宋蜀刻本　121
劉賓客文集三十卷外集十卷　宋紹興八年(1138)
　嚴州刻本　25
劉賓客文集三十卷外集十卷　宋淳熙十五年(1188)陸游重刻
劉賓客文集三十卷外集十卷　南宋初浙江刻本　98
劉賓客嘉話一卷　宋乾道九年(1173)興化縣刻本　42
劉隨州集十一卷　宋書棚本　1007
劉隨州集十卷　宋建昌刻本　1059
劉隨州集十一卷　宋刻本　128
魯史分門屬類賦三卷　北宋乾德四年(966)上　3

魯齋書疑九卷 宋刻本 856
樂全先生文集四十卷 南宋初江西刻本 439
樂全先生文集四十卷 宋刻本 1287
樂府雅詞三卷拾遺二卷 宋紹興十六年(1146)曾慥序 297
樂府詩集一百卷目錄二卷 宋紹興間(1131-1162)杭州刻本 380
樂府混成集一百五冊 宋紹興間(1131-1162)內修司刻本 382
樂書二百卷 北宋建中靖國元年(1101)進獻 164
樂書二百卷 宋慶元六年(1200)建昌軍學林宇沖刻本 601
樂書目錄正誤一卷 宋嘉泰二年(1202)刻本 619
樂圃餘稿十卷附錄一卷 宋紹興四年(1134)孫畏序刻本 249
樂章集一卷 宋刻本 1300
樂善錄十卷 宋紹定二年(1229)會稽郡齋刻本 760
樂靜先生李公文集 影寫宋紹興刻本 378
盤洲文集八十卷拾遺一卷 宋蜀中刻本 1228
盤洲文集八十卷 清嘉慶十九年(1814)洪振安影宋抄本 1291

螢雪叢說二卷　宋慶六年（1200）序刻　60

篇韻全歸三卷　北宋大中祥符（1010）上之　5

蘆中集一卷　宋臨安府太廟前大街尹家書籍鋪
刻本　103

稼軒詞甲乙丙丁集四卷　汲古閣影宋精抄本　51

稼軒詞一卷　宋信州刻十二卷本　106

黎嶽集一卷附錄一卷　宋嘉熙三年（1239）金華
王埜刻本　79

編年通載十卷　北宋熙寧七年（1073）上之　12

編年通載十卷　北宋元祐三年（1088）刻本　14

編年通載十卷　南宋初年重刻本　94

緯略十二卷　宋嘉定八年（1215）自序　68

緝古算經一卷　宋嘉定六年（1213）鮑澣之汀州
刻本　67

鮑氏國策校注十卷　宋紹熙二年（1191）會稽郡
齋刻本　54

鮑氏戰國策注十卷　宋紹興間（1131-1162）刻本　35

餘師錄四卷　宋紹熙四年（1193）自序　56

鄮峰真隱漫錄五十卷　宋淳熙八年（1181）自序

鄱陽集四卷　宋洪景伯本　1292

鄱陽集十卷　宋新安刻本　104

十六畫

墨史三卷　北宋政和五年(1115)自序　178
墨史三卷　宋慶元五年(1199)洪邁重修刻本　589
濂洛論語　宋明州刻六十八板　932
濂溪大成集　宋潮州刻本　1232
濂溪先生集不分卷　宋末閩中刻本　1171
濂溪先生集不分卷　宋刻本　1287
濂溪集六卷　宋紹定元年(1228)黄敏才刻本　754
澹菴文集六卷　宋慶元五年(1199)池州刻本　594
澹菴文集七十卷　宋慶元間(1195—1200)蔡必勝池州刻本
澠水燕談錄十卷　北宋紹聖二年(1095)跋　157
澠水燕談錄十卷　宋臨安府太廟前尹家書籍鋪刻本　1028
禪月集三十卷　北宋乾德五年(967)曇域刻本　4
禪月集二十五卷補遺一卷　宋嘉熙四年(1240)婺州蘭溪縣兜率禪寺僧可燦重刻本　799
禪宗頌古聯珠通集十卷　宋淳熙六年(1179)刻本　475
禪苑蒙求　金刻本　1366
辯證論　宋紹興四年(1134)刻本　248
諭俗編　宋明州刻五十二板　950

熾盛光九曜圖　遼木刻印　13

熾盛光佛頂大威德銷災吉祥陀羅尼經　宋開寶

五年（972）刻本　15

窺豹集　金濟南李德元刻本　13

歷代名醫蒙求二卷附釋音　宋臨安太廟前尹家

書籍鋪刻本　70

歷代名畫記十卷　宋臨安府陳道人書籍鋪刻本

歷代地理指掌圖不分卷　宋紹興間（1131—1162）蜀

刻本。　35

歷代地理指掌圖不分卷　宋淳熙十二年（1185）西

川成都市西俞家刻本　49

歷代地理指掌圖六卷　宋淳熙間（1174—1189）趙亮夫

靜治堂刻本　52

歷代名賢世族言類編六十卷　宋嘉定二年（12[illegible]）序　65

歷代帝王編年圖一卷　北宋熙寧九年（1076）序　13

歷代帝王年運詮要十卷　宋紹興五年（1135）序刻　25

歷代故事十二卷　宋嘉定五年（1212）刻本

歷代紀年十卷　宋紹興間（1131—1162）刻本　35

歷代紀年十卷　宋紹熙三年（1192）盱江郡齋刻本　55

歷代編年釋氏通鑑十二卷　宋末麻沙刻本　114

歷代鐘鼎彝器款識二十卷　宋淳熙間（1174—1189）江

州刻本 528
歷陽志十卷 宋慶元元年(1195)序刻本 571
曆書 西夏人慶二年(1145)刻印 1377
撼龍經一卷疑龍經一卷葬法倒杖一卷 宋刻本 1262
橘林集十六卷後集十五卷 宋麻沙坊刻本 1173
樵隱詞一卷 宋乾道二年(1166)王木叔跋 397
磧沙藏(全稱平江府磧沙延聖院大藏經)六千
三百六十二卷 宋紹定四年至元至治二年平
江府磧沙延聖院募刻本 767
豫章先生遺文十二卷 清影宋抄本 1289
豫章黄先生文集三十卷外集十四卷 宋乾道間
(1165-1173)江西刻本 440
豫章職方乘三卷後乘十二卷 宋淳熙十一年(1184)
程叔達序 496
豫章羅先生文集十七卷 宋刻本 1293
燕喜詞一卷 宋淳熙十四年(1187)宣城刻本 513
燕臺大憫忠寺新雕諸雜贊一策 遼燕京刻本 1324
燕翼詒謀錄五卷 宋寶慶三年(1227)序 746
選青賦箋十卷 宋建安王懋甫桂堂刻本 1143
選腴五卷 宋淳熙元年(1174)自序 448
選編省監新奇萬寶詩山三十八卷 宋刻巾箱本 1176

輶軒使者絶代語釋别國方言解十三卷　宋慶元六年（1200）潯陽郡齋刻本　60

融堂四書管見十三卷　宋景定二年（1261）天臺錢可則刻本　87

翰苑集二十二卷　北宋元祐中（1086-1093）刻本　15

翰苑群書二卷　宋乾道九年（1173）洪遵跋刻于建業　42.

翰苑詩鈔三十八卷　北宋熙寧間（1068-1077）黄庭堅刻本　13

翰墨志一卷　宋建炎元年（1127）刻本　22

聱隅子歔欷瑣微論二卷　南宋初小字建本　113

駱賓王文集　北宋刻本　21

闕里世系□卷　北宋元豐末年（1085）孔宗翰刻本

蔡中郎文集十卷　北宋天聖元年（1023）歐靜序刻

蔡忠惠集三十六卷　宋乾道四年（1168）刻本　40

蔡忠惠集三十六卷　宋乾道四年（1168）興化軍學蔣邕刻本　40

蔡忠惠集三十六卷　宋乾道四年（1168）温陵郡庠刻本　40

戰國策十卷　北宋治平錢塘顔氏刻本　11

戰國策十卷　北宋刻本　20

戰國策十卷　宋紹興元年(1131)會稽郡齋刻本 233
戰國策注三十三卷　宋紹興四年(1134)耿延禧
刻本 247
戰國策注三十三卷　宋紹興十六年(1146)紹興
府嵊縣刻本 295
戰國策注三十三卷　宋紹興三十年(1160)刻本 329
盧氏詳定本草　北宋開寶六年(973)國子監刻本 16
盧仝集三卷集外詩一卷　北宋慶曆八年(1048)韓
盈序刻本 94
盧溪先生文集五十卷　宋淳熙十五年(1188)吉州
東崗劉氏梅溪書院刻本 516
鬳齋考工記解二卷　宋嘉定初年刻本 726
鬳齋續集三十卷　宋咸淳六年(1270)刻本 899
縣務綱目二十卷　北宋元符三年(1100)自序 162
冀王宮花品一卷　北宋景祐元年(1034)滄州觀
察使記 78
默堂先生文集二十二卷　宋抄本 1291
默堂先生文集二十二卷　影寫崑山徐氏傳是樓
藏宋刻本 472
儒行中庸編　北宋淳化三年(992)崇文院刻 33
儒學警悟七集四十卷　宋嘉泰元年(1201)俞聞

中刻本 61

學林十卷 宋紹興十二年(1142)刻本 27

學易集二十卷 宋乾道六年(1170)施元之坐嘯齋刻本 41

學齋佔畢四卷 宋景定三年(1262)鄱陽郡庠刻

獨斷二卷 宋淳熙七年(1180)舒州泮宮刻本 47

獨斷二卷 宋紹熙間(1174-1189)呂宗孟刻本 52

獨斷二卷 宋淳祐七年(1247)舒州頖宮刻本 81

獨醒雜志十卷 宋淳熙十三年(1186)刻本 50

營造法式三十四卷目録看樣二卷 北宋崇寧二年(1103)平江府刻本 16

營造法式三十四卷 北宋紹聖四年(1097)重修本 16

營造法式三十四卷 宋紹興十五年(1145)重刻本 29

營造法式三十四卷 宋紹定間(1228-1233)平江府刻本

燈下閑談二卷 宋臨安府陳道人書籍鋪刻本 100

稽古録二十卷 宋紹興十一年(1141)王銍刻本 26

稽古録二十卷 宋朱熹刻長沙本 118

篔窗集十卷 宋淳祐三年(1243)吳子良江西漕司刻本 80

鮑氏集十卷 明末毛晉影抄宋本 97

鮑參軍集十卷 宋刻本 127

劍南詩稿八十五卷 宋嘉定十三年(1220)陸子虡刻本 709

劍南續稿六十七卷 宋嘉定三年(1210)陸子遹嚴州刻本 660

錢氏小兒方 宋建康板 1035

錢氏小兒藥證直訣三卷附小兒斑疹備急方論一卷 北宋宣和元年(1119)闞季忠刻本 183

錢氏小兒藥證直訣三卷附董氏小兒斑疹備急方論一卷 宋刻本 1260

錢考功集三十卷 宋蜀刻本 1209

錢塘韋先生文集十八卷 宋乾道四年(1168)臨汀郡庠刻本 407

錦里耆舊傳八卷續傳卷 北宋開寶三年(970)書成 5

錦繡萬花谷前集四十卷後集四十卷 宋淳熙十五年(1188)自序 515

錦繡萬花谷前集四十卷後集三十卷 宋刻本 1136

雕印佛畫 西夏刻印 1401

雕板畫殘葉 西夏刻印 1403

雕板畫殘片 西夏刻印 1402

雕板畫殘片 西夏刻印 1403

雕板書六葉殘　西夏刻印 140

十七畫

襄陽耆舊集一卷　宋紹熙元年(1190)襄陽郡齋吳琚刻本 53

應仇類編西漢文章十八卷　宋末建刻本 118

應州當寺沙門祈福願文一卷　遼寫本 133

應現觀音像二十四種　北宋開寶七年(974)吳越王錢俶印 17

濠梁志三卷　宋嘉泰元年(1201)序 61

鴻慶居士文集四十二卷　宋慶元五年(1199)周必大序 594

鴻慶居士文集四十二卷　宋閩刻本 117

鴻慶居士集四十二卷　宋蜀刻本 122

鴻慶居士集四十二卷　宋刻孫尚書大全集七十卷本 129

濟氏莊始末　宋明州刻四十板 95

濟北晁先生雞肋集七十卷　宋紹興七年(1193)福建路轉運司刻本 254

濟北晁先生雞肋集七十卷　宋紹興間(1131-1162)建陽刻本 378

濟北晁先生雞肋集七十卷　宋紹興間(1131-1162)晁謙之建陽刻本 378

禮本傳(爲童蒙讀本) 宋廖瑩中世綵堂刻本 969

禮記正文 宋婺州刻本 925

禮記正義七十卷 北宋咸平二年(999)國子監刻本 37

禮記正義七十卷 宋紹興十五年(1145)臨安府刻本 292

禮記正義七十卷 宋紹興二十二年(1151)鄭仲熊刻本

禮記正義七十卷 宋紹興間(1131—1162)浙江刻本 337

禮記正義六十三卷 宋淳熙四年(1177)撫州公使庫刻二十卷本 464

禮記正義七十卷 宋紹熙三年三年(1192)兩浙東路茶鹽司刻本 550

禮記月令一卷 宋婺州義烏蔣宅崇知齋刻本

禮記注二十卷 宋淳熙四年(1177)撫州公使庫刻本 462

禮記注二十卷 南宋初杭州刻本 925

禮記注二十卷 宋婺州義烏蔣宅崇知齋刻巾箱本

禮記注二十卷 宋建安余仁仲萬卷堂家塾刻本 1081

禮記注二十卷 宋蜀刻大字本 1193

禮記注二十卷 宋江西刻本 1046

禮記疏 北宋國子監杭州鏤板 190

禮記要義三十三卷 宋淳祐十二年(1252)魏克愚刻本 839

禮記集說一百六十卷　宋紹定四年(1231)趙善湘
江東漕院刻本　76

禮記集說一百六十卷　宋嘉熙四年(1240)新定郡
齋刻本　79

禮記集說　宋建康府書板六十八種之一　103

禮記解二十卷　北宋政和二年(1112)表上并序　17.

禮記釋文　北宋建隆三年(962)判監陳鄂等
新校　2

禮詩二十八板　宋明州刻二十八板　92

禮書一百五十卷　北宋建中靖國元年(1101)進表并序　164

禮書一百五十卷　宋慶元五年(1199)陳岐刻本　58

禮部韻略五卷　北宋景祐四年(1037)國子監印造　81

禮部韻略五卷　北宋元祐五年(1090)國子監刻本　14

禮部韻略五卷　宋紹興二十六年(1156)國子監刻本　32.

禮部韻略五卷　宋淳熙五年(1178)國子監刻本　46

禮部韻略五卷　宋嘉定國子監刻本　72

龍川文集三十卷　宋紹熙四年(1193)陳贊刻本　56.

龍川文集四十卷　宋嘉定六年(1213)邱真長金華
州學刻本　8.

龍川水心先生文粹　宋建陽書坊刻本　11

龍川志略六卷別志四卷　北宋元符二年(1099)自序　16

龍川志略六卷別志四卷　宋江西刻本　1054
龍川詞一卷補遺一卷　汲古閣影宋精抄本　1301
龍洲集十四卷　宋紹興四年(1134)陳贇刻本　249
龍洲集十四卷附錄二卷　宋端平元年(1234)劉澥刻本　779
龍城錄二卷附錄二卷　宋廖瑩中世綵堂刻本　949
龍雲先生文集三十二卷　北宋汴京本　麻沙本均先刻二十卷　225
龍雲先生文集三十二卷　宋嘉泰三年(1203)胡元衡刻本　624
龍雲先生文集二十五卷　南宋初浦城刻本　1170
龍雲集三十二卷　宋紹興四年(1134)刻本　249
龍圖寺丞複齋陳先生文集二十三卷拾遺一卷附錄一卷　宋淳祐八年(1248)鄭性之序刻本　822
龍學孫公春秋經解十五卷　宋嘉定間(1208-1224)汪綱修補本　726
龍龕手鏡四卷　遼統和十五年(997)刻本　1303
龍龕手鑑四卷　北宋元祐元年(108)刻本　141
龍龕手鑑四卷　宋紹興間(1131-1162)刻本　340
謝氏蘭玉集　北宋元祐元年(1086)序　144
謝先生論語十卷　宋嚴州刻本　932

謝幼槃文集十卷　宋紹興二十二年(1152)撫州刻本　31

謝幼槃文集十卷　宋淳熙二年(1175)趙煌重刻本　45

謝幼槃集十卷　宋慶元間(1195-1200)黄汝嘉刻本　61

謝虎詩文　金大定二十年(1180)世宗命刊行　134

謝宣城集五卷　宋紹興二十八年(1158)宣州郡齋
　樓炤刻本　323

謝宣城詩集五卷　宋嘉定十三年(1220)洪伋宣州
　郡齋重刻本　707

講經啟　遼大康(1075-1094)刻　132

謹依眉陽正大宋真儒三賢文宗　宋刻本　130

彌勒下生經一卷　北宋嘉祐間(1056-1063)蘇軾抄本　112

彌勒菩薩像　北宋雍熙元年(984)紹興刻　24

彌勒菩薩經(西夏文)西夏乾祐二十年(1189)刻印　127

巽騷九咏一卷　宋紹興間(1131-1162)黄訪刻本　365

環溪詩話上下卷　宋慶元六年(1200)何異序　608

隸韻十卷　北宋德壽殿刻本　195

隸韻十卷　宋刻拓本　1243

隸釋二十七卷　宋乾道三年(1167)洪適刻本　398

隸釋二十七卷隸續十卷　宋淳熙八年(1181)合刻本　485

隸續二十一卷　宋乾道四年(1168)始刻於越十卷本　405

隸續五卷　宋淳熙六年(1179)李顏穎刻本　473

隸續二卷 宋淳熙七年(1180)尤袤刻本 478

隸續二卷 宋江東口本 1034

韓文公詩注八卷 宋泉州刻本 1159

韓文公詩注八卷 宋袁州刻本 1060

韓内翰別集一卷 宋刻本 1284

韓非子二十卷 宋乾道元年(1165)建安黄三八郎書鋪刻本 389

韓昌黎集四十卷 北宋大中祥符二年(1009)杭州明教寺刻本 49

韓昌黎先生集四十卷外集十卷 北宋嘉祐七年(1062)杭州刻小字本 107

韓柳類譜 宋紹興五年(1135)序 251

韓集舉正十卷外集舉正一卷敘錄一卷 清影宋抄本 1281

韓詩外傳十卷 北宋慶曆八年(1048)李用章刻本 93

韓詩外傳十卷 宋嘉定九年(1216)黄舒材刻本 690

聲律關鍵八卷 宋淳祐元年(1241)尚書省劄子 800

聲畫集八卷 宋淳熙十四年(1187)刻本 513

戴斗奉使錄二卷 北宋大中祥符三年(1010)鈔 50

頤堂先生文集五卷 宋乾道八年(1172)王撫幹宅

刻本 42

頤堂先生文集五卷文集又一卷頤堂詞一卷清

影宋抄本 129

頤菴居士集二卷 宋嘉泰元年（1201）四明劉叔

向刻本 61.

𥕢溪集三卷 金泰和八年（1208）樓霞太虚觀丘

氏門徒錄本 135

點校重言重意互注尚書十三卷 宋婺州刻本 92

薛許昌詩集十卷 北宋咸平六年（1003）三川刻本 42

薛許昌集十卷 北宋景德二年（1005）刻本 47

薛許昌詩集十卷 宋紹興元年（1131）陸槃望刻本 233

還丹復命篇一卷 北宋靖康元年（1126）序 18.

簡要濟生方 北宋皇祐四年（1052）崇文院刻本 96

簡齋詩集二十卷 北宋宣和間（1119-1125）周葵刻本 187

簡齋詩集十五卷 清錢謙益絳雲樓影宋鈔本 129

膾炙集一卷 宋乾道九年（1173）嚴煥刻本 42

輿地廣記三十八卷 宋江州刻嘉泰四年嘉定十三

年淳祐十年修本 62

輿地紀勝二百卷 宋刻足本 125

總仙記一百三十七卷目錄四卷　北宋至道二年(996)獻之史館　35

鍼灸甲乙經十二卷　北宋熙寧二年(1069)刻本　123

鍼灸經十二卷　宋紹興間(1131-1162)重刻本　360

鍼灸經十二卷　宋嘉定間(1208-1224)太醫局何大任刻本　730

鍼灸資生經七卷　宋嘉定十三年(1220)徐正卿刻本　706

鍼灸資生經七卷　宋紹定四年(1231)趙綸重刻本　767

十八畫

雜講　遼寫本　1332

雜字　西夏刻本　1379

顏氏家訓七卷　宋淳熙四年(1177)台州公使庫刻本　465

顏氏家訓七卷　宋淳熙七年(1180)台州沈揆刻本　479

顏氏家訓七卷　宋蜀刻本　1204

顏氏家訓七卷　宋閩中刻本　1125

顏魯公文集十五卷補遺一卷附錄一卷　北宋嘉祐中(1056-1063)刻本　112

顏魯公集十五卷　宋紹興間(1131-1162)留元剛永嘉刻本　373

顏魯公集十五卷　宋乾道三年(1167)喻翊鄱陽郡齋刻本　400

顏魯公文集十五卷　宋嘉定間(1204-1228)溫州刻本　73

璧水群英待問會元選要八十二卷　宋麻沙書坊刻本　81

蕭秋詩集一卷　宋嘉定十六年(1223)序刻本　71

蕭閑老人明秀集注六卷　金刻本　136

臨川先生集一百卷　北宋淮南西路龍舒本　22

臨川先生文集一百卷　宋紹興十年(1140)詹太和

臨川郡齋刻本　26

臨川先生文集一百卷　宋紹興二十一年(1151)兩

浙東路茶鹽司刻本　31

臨川先生文集一百卷　宋麻沙刻本　116

臨川志三十五卷　宋景定四年(1263)刻本　870

臨安府刻諸經　宋紹興九年至十五年(1139-114

臨安府刻本　25

臨章四經　古周易十二卷音訓二卷　書古經四

卷序一卷　芸閣禮記解十六卷　宋紹熙二年

(1190)朱熹刻於臨章　541

職官分紀五十卷　北宋元祐七年(1092)序　151

職林二十卷　北宋明道二年(1033)後序　78

邇言十二卷　宋嘉定十六年(1223)葉克跋刻　718

騎省集三十卷　宋紹興十九年(1149)平江府刻本　30

騎省集三十卷　宋紹興末刻本　373

醫說十卷 宋嘉定十七年(1224)刻本 724

醫說十卷 宋紹定元年(1228)諸葛興刻本 752

醫學真經擧脈總括一卷 宋末建安環溪書院刻本

嘯堂集古錄二卷 宋紹興間(1131-1162)王俅刻本 358

嘯堂集古錄二卷 宋刻本 457

舊五代史一百五十一卷目錄二卷 金承安四年(1199)南京路轉運司刻本 1353

舊唐書二百卷 宋紹興(1131-1162)兩浙東路茶鹽司刻本

舊唐書二百卷 宋杭州刻本 944

豐清敏公遺事一卷 宋紹興二年(1132)刻本 234

豐清敏公遺事一卷 宋紹熙二年(1192)刻本 544

叢桂毛詩集解三十五卷 宋淳祐八年(1248)刻本 820

蟠室老人文集二十二卷奏議一卷涉史隨筆一卷 宋浙江東陽刻本 989

蟹譜二卷 北宋嘉祐四年(1059)自序 102

雙溪集十七卷 宋淳熙六年(1179)刻本 476

魏氏家藏方十卷 宋刻本 745

魏全死節 金泰和六年(1206)鐵板 1354

魏書一百十四卷 北宋治平二年(1065)刻本 113

魏書一百十四卷　南宋監本　94
魏鄭公諫錄六卷　宋淳熙六年(1179)吳興郡齋刻本　47
魏鄭公諫錄五卷　宋吳興郡齋刻本　103
魏鶴山渠陽詩注　宋端平間(1234-1236)刻本　78
鎮州臨濟慧照禪師語錄一卷　宋咸淳刻本　91
歸田錄二卷　北宋治平四年(1067)自序　11
歸義軍府衙酒帳單　北宋乾德二年(964)寫本　14
翻譯名義集七卷　宋紹興十三年(1143)姑蘇景德
寺刻本　27
翻譯名義集七　宋紹熙間(1190-1194)集賢刻本　56

十九畫

龐氏家傳秘寶　宋刻本　125
廬山記五卷　宋刻本　105
廬陵歐陽先生文集五十一卷歸田錄二卷集古錄
跋尾六卷附錄三卷　宋廬陵刻本　104
譚津文集二十一卷　宋刻本　128
譚錄一卷　宋章貢刻本　105
韻補五卷　宋乾道間(1165-1173)杭州刻本　40
韻語陽秋二十卷　宋乾道二年(1166)沈詢刻本　39
韻語陽秋十卷　宋淳熙六年(1179)葛刻臨川郡齋

刻本 477

頌詩四卷 北宋淳化元年(990)藏於秘閣 31

韻[illegible]類選一百卷 宋刻本 998

韻鏡一卷 宋慶元三年(1197)刻本 580

潏水集十六卷 宋嘉定間(1204-1224)錢象祖信州刻本 734

類林 西夏乾祐十二年(1181)刻本 1380

類說六十卷 宋紹興十年(1140)麻沙書坊刻本 265

類說六十卷 宋寶慶二年(1226)葉時建安重刻本 741

類篇四十五卷 北宋治平四年(1067)書成上之 116

類編朱氏集驗醫方十五卷 宋咸淳二年(1226)刻本 889

類編朱氏集驗醫方十五卷 宋刻本

類編皇朝大事記講義二十二卷 宋淳祐六年(1247)

劉實甫序 817

類編草堂詩餘四卷 宋刻本 1302

類編增注傷寒百問歌四卷 宋淳熙九年(1182)

刻本 493

類編增廣老蘇先生大全文集□□卷 北宋麻沙

刻本 223

類編增廣老蘇先生大全文集□□卷 宋麻沙本 1163

類編增廣潁濱先生大全文集一百三十卷 宋麻

沙刻本 116

類编增廣黄先生大全文集五十卷 宋乾道間麻

沙鎮水南劉仲吉宅刻本 44

類證普濟本事方十卷 宋乾道六年（1170）張尖

類證普濟本事方十卷 宋淳熙間（1174-1189）刻本 53

類證普濟本事方十卷後集十卷 宋寶祐元年（12

余氏明经堂重刻本 84

類證普濟本事方十卷 宋王陳梁刻本 12

離騷草木疏四卷 宋慶元六年（1200）羅田縣庠

刻本 6

離騷集傳不分卷 南宋中期刻本 97

離騷集傳一卷 宋刻本 10

關氏易傳一卷 宋淳熙六年（1179）跋刻

關羽像（招貼畫） 金徐氏刻印 13

懷古録二卷 宋寶祐二年（1254）自序 85

懷感迴文五七言一卷 北宋淳化元年（990）藏於秘閣

難经二卷 北宋天聖五年（1027）國子監校刻 7

難经二卷 北宋嘉祐二年（1057）下國子監頒行 1

難经五卷 北宋嘉祐末年（1063）書成 1

麗澤集 宋刻本 12

麗澤詩集三十五卷　宋刻本　994
麗澤論說集錄十卷附錄三卷附錄拾遺一卷　宋嘉泰四年(1204)呂喬年刻本　627
藝文類聚一百卷　宋紹興間(1131-1162)嚴州刻本　361
藥師瑠璃光佛說法圖　遼木刻墨印　1328
藥師琉璃光七佛之本願功德經　西夏刻印　1400
羅昭諫甲乙集十卷　宋臨安府陳宅經籍鋪刻本　1010
羅浮山記一卷　北宋皇祐三年(1051)自序　95
羅浮集十卷　北宋元符三年(1100)譚粹刻本　163
羅湖野錄四卷　宋紹興二十五年(1155)自序　320
羅滄洲先生詩集五卷　宋景炎元年(1276)劉辰翁序　916
黼藻文章百段錦三卷　宋淳祐九年(1249)方鎰校刻本　829
繪圖古列女傳七卷續列女傳一卷　北宋政和間(1111-1117)建安余靖安勤有堂刻本　180

二十畫

寶刻叢編二十卷　宋紹定五年(1232)刻本　770
寶祐四年丙辰歲會天萬年具注錄一卷　宋寶祐鐫板印行　853
寶章待訪錄一卷　北宋元祐元年(1086)序　143
寶真齋法書贊二十八卷　宋嘉泰間(1201-1204)岳珂

刻本 6
寶晋山林集拾遺八卷 宋嘉泰元年(1201)筠陽君
齋刻本 6
寶晋英光集八卷 宋紹定五年(1232)岳珂編刻潤
州米祠 7
寶晋集十四卷 宋嘉泰間(1201-1204)岳珂刻本 6
寶峰雲庵真淨禪師語録三卷 北宋崇寧元年(110
刻本 16
寶峰雲庵真淨禪師語録二卷偈頌一卷 宋刻本 12
寶峰雲庵真淨禪師筠州聖壽語録 宋咸淳三年
(1267)阿育王山住持大觀刻本 8
寶慶本草折衷 宋寶慶間(1225-1227)刻本 74
竇氏聯珠集五卷 北宋乾德二年(964)刻本
竇氏聯珠集五卷 宋淳熙五年(1178)王崧刻本 47
權文公集十卷 宋刻四卷本 128
蘇子美集十五卷 宋乾道七年(1171)施元之衢
刻本 4
蘇文忠公集四十卷後集二十卷奏議十五卷 宋
眉山刻大字本 122
蘇文忠公奏議十五卷 宋蜀刻大字本 12
蘇文定公文集五十卷後集二十四卷三集十卷 廣

詔集十二卷　宋眉山刻大字本　1226
蘇氏易傳九卷　宋紹興十三年(1143)南昌莫將刻本　273
蘇氏演義十卷　南宋初當塗刻本　1041
蘇氏演義十卷　宋尤梁溪本二十卷　1265
蘇氏道德經　宋建康府書板六十八種之一　1035
蘇老泉先生集十四卷　宋末坊刻本　1288
蘇州圖經六卷　北宋大中祥符四年(1011)頒下　51
蘇門六君子集　宋蜀刻本　1229
蘇門六君子文粹七十卷　宋書肆刻本　1182
蘇魏公文集七十二卷　宋紹興九年(1139)蘇攜輯刻本　262
蘇魏公集七十二卷　宋乾道七年(1171)施元之三衢刻本　419
蘇魏公文集七十二卷　宋刻本　1285
勸信佛唱詞　遼寫本　1332
蘆川詞二卷　宋刻本　999
蘆川歸來集十卷附錄一卷　宋嘉定十二年(1219)張欽臣刻本　704
蘆浦筆記十卷　宋嘉定八年(1215)六峰縣齋劉詩昌自刻本　688

獻壽記　宋朱熹刻本　125

嚴氏詩緝三十六卷　宋淳祐八年(1248)嚴粲刻本　820

嚴氏濟生方十卷　宋寶祐元年(1253)嚴用和自刻本　847

嚴州圖經八卷　宋紹興間(1131-1162)董棻編刻本　357

嚴州重修圖經八卷　宋淳熙十一年(1184)刻本　496

嚴合論第一百五卷　宋淳祐二年(1242)安吉州金
九道刻本　803

嚴陵集九卷　宋紹興九年(1139)序刻　262

釋氏要覽三卷　,,宋天禧三年(1019)書成　65

釋氏歷代編年通鑑十二卷　宋咸淳六年(270)刻本　898

釋名八卷　宋臨安府陳氏經籍鋪刻本　999

釋書品次錄　金刻本　134

釋摩訶衍論鈔　遼道宗時(1055-1100)刻本　1340

釋摩訶衍論通贊疏科卷下　遼咸雍七年(1074)燕
京雕印
京雕印　1320

釋摩訶衍論通贊疏科卷十　遼咸雍七年(074)燕
京雕印　1320

纂圖互注文中子十卷　宋書坊刻本　1125

纂圖互注毛詩二十卷附舉要圖一卷　宋紹興間

(1190—1194)建陽書坊刻本 564
纂圖互注周禮十二卷 宋建刻本 1076
纂圖互注周禮十二卷 宋建刻本 1076
纂圖互注周禮十二卷 宋刻本 1076
纂圖互注禮記二十卷 宋麻沙本 1083
纂圖互注禮記二十卷 宋刻本 1083
纂圖互注禮記二十卷附禮記舉要圖一卷 宋麻
沙本 1083
纂圖互注春秋經傳集解三十卷 宋末龍山書院刻本
纂圖互注荀子二十卷 宋建陽書坊刻本 1121
纂圖互注老子道德經二卷 宋景定間(1260—1264)
刻本 881
纂圖互注老子道德經二卷 宋建陽劉旦高仰堂
刻本
纂圖互注南華真經十卷 宋末建刻本 1150
纂圖互注列子沖虛至德真經八卷 宋建陽麻沙本 1151
纂圖互注揚子法言十卷 宋末建刻本 1123
纂圖互注揚子法言十卷 宋建刻本 1122
纂圖互注重言重意四子(荀子、莊子、揚子法
言、中說) 宋建安書坊刻本 1120

纂圖互注重言重意周禮十二卷 南宋中期建安

余氏萬卷堂刻本 107

纂圖互注重言重意周禮十二卷 宋刻本 107

纂圖互注重言重意周禮十二卷 宋刻本 107

纂圖互注重言重意周禮十二卷 宋麻沙本 107

纂圖分門類題五臣注揚子法言十卷 宋劉通判

宅高仰堂刻本 112

纂圖分門類題音注荀子二十卷 南宋初福建刻

巾箱本 112

纂圖附釋重言重意互注周易九卷略例一卷 宋

刻本 123

纂圖附釋音重言重意互注尚書十三卷

宋麻沙刻本。

纂圖釋文重言互注老子四卷 宋刻本 114

二十一畫

鶴山全集一百九卷 宋淳祐間(1241—1252)刻本 84

鶴山全集一百九卷 宋刻本 129

鶴山集一百九卷 宋姑蘇本 103

鶴山集一百九卷 宋建陽刻本 117

鶴山集一百九卷 宋溫陽刻本 117

鶴林玉露十六卷　宋淳祐十二年(1252)刻本 842
蘭亭考十二卷附群公帖跋一卷　宋嘉定十七年(1224)齊碩和台州刻本 723
蘭亭考十二卷　宋浙東庾司刻本 949
蘭亭博議一卷　宋開禧元年(1205)刻本 638
蘭亭續考二卷　宋淳祐二年(1242)刻本 802
蘭皋集二卷　宋咸淳十年(1274)宇文十朋跋 911
鶡冠子注三卷　宋嘉定間(1208-1224)陸子遹嚴州刻本 730
續文章正宗二十卷　宋後期浙江刻本 996
續文選補遺十二卷　宋末茶陵陳仁子刻本 1176
續世說十二卷　宋紹興二十七年(1157)沅州公使庫刻本 322
續世說十二卷　清影寫宋臨安府陳道人書籍鋪刻本 1003
續長沙志十一卷　宋刻本 544
續附經驗方不分卷　金大定十二年(1172)家塾刻本 1346
續易簡方論六卷　影宋抄本 1258
續易簡方後集五卷　宋刻本 1258
續易簡方脈論一卷　影宋抄本 1258
續幽怪錄四卷　宋臨安府太廟前尹家書籍鋪刻本 1028

續後漢書四十三卷音義四卷　宋慶元六年(1200)周必大序　60[illegible]

續高僧傳三十卷　宋紹興十八年(1148)刻本　30[illegible]

續家訓八卷　宋刻本　105

續書斷二卷　北宋熙寧七年(1074)自序　129

續書譜一卷　宋嘉定元年(1208)天台謝采伯刻本　648

續添是齋百選方二十卷　宋慶元二年(1196)汧陽郡齋刻本　576

續通典二百卷　北宋咸平四年(1001)刻本　39

續畫品一卷　宋臨安府陳道人書籍鋪刻本

續畫品錄一卷　宋臨安府陳道人書籍鋪刻本　100[illegible]

續畫譜一卷　宋嘉定元年(1208)天台謝采伯刻本　648

續資治通鑑長編五百二十卷　宋蜀刻本　120[illegible]

續資治通鑑長編　宋刻本　404

續資治通鑑長編撮要一百八卷　宋刻本　1246

續資治通鑑節要十三卷　宋乾道間(1165-1173)刻本　434

續演繁露六卷　宋淳熙七年(1180)陳應行刻本　480

續編兩朝綱目備要十六卷　宋刻元修本　1248

續增歷代奏議麗澤集十卷附關鍵增廣麗澤集文一卷　宋刻本　1298

續增歷代奏議麗澤集文十卷附關鍵一卷　宋刻本　995
續墨客揮犀十卷　影宋寫本　1265
續翰林志二卷　北宋淳化二年(991)上之　32
續稽古錄　宋袁說友成都刻本　1201
雞肋編不分　宋紹興七年(1133)自序　243
雞肋集七十卷　宋紹興七年(1137)晁謙之建陽刻本　254
雞肋本七十卷　宋慶元五年(1199)黃汝嘉刻本　593
雞峰普濟方三十卷　宋徽宗時刻本　208
雞峰普濟方二十四卷　南宋初賈兼校刻本　242
雞跖集二十卷　宋建炎元年(1172)黃邦俊後序　229

二十二畫

讀易管見　宋咸淳二年(1266)新安郡齋刻本　889
讀教記二十卷　宋寶祐四年(1256)刻本　854
鬻子一卷　宋嘉定間(1208-1224)陸子遹嚴州刻本　730
龜山先生集三十五卷　宋咸淳五年(1269)丁應奎序　897
龜山先生語錄四卷後錄二卷　宋福建漕治刻本　1127
龜山集四十二卷　宋刻三十五卷本　1290
龜山楊文清公集三十五卷　宋延平郡齋刻本　1171
龜溪集十二卷　宋紹興元年(1131)刻本

龜溪集十二卷 宋紹熙間(1190–1194)沈詵刻本 570

二十三畫

欒城集五十卷後集二十四卷三集十卷應詔集十
二卷 宋淳熙六年(1179)筠陽郡齋刻本 475

欒城集五十卷欒城後集二十四卷欒城三集十卷應
詔集十二卷 宋開禧三年(1207)蘇森重刻本 644

欒城集五十卷欒城後集二十四卷欒城三集十卷
應詔集十二卷 宋建安刻本 宋麻沙刻本 1160

欒城集五十卷後集二十四卷三集十卷 宋刻本 1280

欒城遺言一卷 宋刻本 1265

讜論集五卷 宋紹興五年(1135)陳安國序 250

讒書五卷 宋淳熙二年(1175)楊罙濟新城刻本 452

麟臺故事五卷 宋紹興元年(1131)刻本 233

二十四畫

蠹齋鉛刀編三十二卷 宋淳熙六年(1179)解百榆
刻本 476

靈溪集七卷 宋紹熙元年(1190)洪邁刻本 537

靈樞經十二卷 宋刻本 1256

靈隱佛海禪師語錄 宋淳熙四年(1177)刻本 465

嬾窟詞一卷 汲古閣影宋抄本 1301

鹽鐵論十卷 宋淳熙元年(1174)錦谿張監稅宅刻本 445

鹽鐵論十卷　宋嘉泰二年(1202)刻本　620

二十五畫

觀天曆　北宋元祐元年(1086)頒行　143
觀史類編六卷　宋刻本　970
觀音偈一卷　邙山偈一卷　金刻本　1367
觀音经　西夏刻本
觀瀾文集甲集二十五卷乙集七　清嘉慶間阮元進呈影宋抄本　1297
觀彌勒菩薩上生兜率陁天經疏　北宋天聖二年(1024)河北東路滄州歸化鎮彰教院刻本　69
觀彌勒菩薩上生兜率天經疏　遼刻本　1340
觀弥勒菩薩上生兜率陁天經　西夏乾祐十六年(1185)刻本　1401
觀弥勒菩薩上生兜率天經　西夏乾祐二十年(1189)刻本　1400
觀弥勒菩薩上生兜率天經　西夏乾祐二十年(1189)刻漢文本　1400

觀弥勒菩薩上生兜率陀天經　西夏乾祐十六年

(1185)刻本　14

觀弥勒菩薩上生兜率天經　西夏乾祐二十年(118

刻本　14

觀弥勒菩薩上生兜率天經　西夏乾祐二十年(118

刻漢文本　14

觀弥勒菩薩上生兜率天經　西夏刻本

二十六畫

癰疽方　宋嚴州刻本　96

癰疽辨疑論上下卷　宋淳祐三年(1242)刻本　80

建隆元年 庚申（960）

建隆龍飛日曆一卷

趙普紀顯德七年正月藝祖受事，是年改元建隆，三月普撰此書。普時爲樞密學士。玉海：國初循前代之制，以昭文館、史館、集賢院爲三館，通名之曰崇文館至校勘通謂之館職必試後命。昭文館在唐爲宏文館，隸門下省。建隆元年避宣祖廟諱，改爲昭文館大學士一人，以宰相充學士，直學士不常置，直館以京朝官充掌經、史、子、集四庫圖籍修寫校讎之事。

建隆二年 辛酉（961）

三禮圖二十卷 宋聶崇義撰

建隆二年序曰，舊圖十卷，形制缺漏文字，省略不知所臣先於顯德三年，奉命差定郊廟器玉，因改刪改云。

唐會要一百卷 宋王溥撰

建隆二年奏御太祖覽而嘉之詔藏史閣。

妙法蓮華經七卷 後秦鳩摩羅什譯

北宋建隆二年（961）寫本。浙江博物館藏。

建隆三年（962）壬戌

禮記釋文

北宋建隆三年（962）判監陳鄂等上新校禮記釋文。以後又陸續校訂孝經釋文、論語釋文，詔并刻板頒行。

東京記三卷 宋宋敏求撰

上卷爲宮城周五里，唐時宣武節度使治所。建隆三年廣城之；中卷爲舊城周二十一里，唐汴州地，號闕城亦曰裏城；下卷爲新城周四十八里，周世宗築羅城，號曰國城，亦曰外城。三城之內宮殿、坊巷、第宅、寺觀、營房次第記之。

乾德元年癸亥（963）

建隆刑統三十卷 宋竇儀撰

宋乾德元年（963）大理寺刻板模印。法律書印本之始。

建隆編敕四卷 宋竇儀撰集

此爲中國法典最早印本。

乾德二年甲子（964）

竇氏聯珠集五卷 唐儲藏言輯

宋乾德二年（964）刻。凡竇氏曰常、曰牟、曰群、曰庠、曰鞏撰。乾德甲子和峴所校刊。

乾德三年　乙丑（965）

經典釋文三十卷　唐陸明德撰

宋乾德三年（965）國子監刻本。

千字文一卷　南岳宣義撰

宋乾德三年（965）夢英手書刻板。陶穀序。

野人閒話五卷　宋景煥撰

宋乾德三年（965）自序。所記孟蜀時事。

一切如來心秘密全身舍利寶篋印陀羅尼經一卷

五代顯德三年（956）吳越國王錢俶刻印卷軸裝，每行八至九字，行數每幅不等。至北宋乾德三年（965）錢氏重行刻印。乾德本每行十一、十二字。開寶本每行十至十三字。三次各印四萬八千卷。紹興出土乾德本，精美。

乾德四年　丙寅（966）

魯史分門屬類賦三卷　宋楊鈞撰

宋乾德四年（966）詔國子丞楊鈞上，詔褒之。

乾德五年　丁卯（967）

五代通錄六十五卷　宋范質撰

以五代實錄三百六十卷爲繁，遂總爲一部，命曰通錄。自梁開平迄於周顯德凡五十三年。乾德五年范旻上先臣所撰五代通錄。

禪月集三十卷　唐釋貫休撰

宋乾德五年（967）曇域刻本。

十二時

宋乾德末甘肅敦煌人李福延手抄本。（見伯希和劫經錄）。

開寶元年　戊辰（968）無印書

開寶二年　己巳（969）

經典釋文三十卷　唐陸德明撰

凡卷一序、條例注解傳述人、目錄。卷二周易。卷三、四尚書。卷五、六、七毛詩。卷八、九周禮。卷十儀禮。卷十一至十四禮記。卷十五至二十春秋。卷二十一公羊。卷二十二穀梁。卷二十三孝經。卷二十四論語。卷二十五老子。卷二十六、七、八莊子。卷二十九至末爾雅。每卷之後有經注若干字。其

第七卷末有乾德三年勘官張崇甫、李守忠、皇甫興、姜融、馮英。又詳勘官聶崇義、銜融。重詳勘官陳鄂、姚恕等銜名九名。開寶二年吕慶餘、薛居正、趙普等全銜七行。是書官刊，爲元國子監、崇文閣官書，至明文淵閣傳藏，今在故宫圖書館。

開寶新詳定本草

北宋開寶二年至七年（969-974）監本。次年名開寶重定本草。

金剛般若波羅蜜经一卷　後秦釋鳩摩羅什譯

北宋乾德七年（實爲開寶二年969寫本。其裝禎是書脊内側打三個透眼，用兩股搏在一起的絲繩横索書脊，並沿書脊竪穿横索，最後在中間透眼處打起蝴蝶结系記。

開寶三年　庚午（970）

錦里耆舊傳八卷續傳十卷　宋張緒撰

開寶三年秘書省丞劉蔚知榮州得此傳，其詞蕪穢，請延慶修之，改曰成都理亂記，書成之後，别加編次，起咸通九載迄乾德四年，百餘年蜀事大略備矣。又續傳十卷，蜀人張緒

撰，起於乾德乙丑迄祥符己酉。太常博士[illegible]

約序。

茶酒譜一卷　宋宋數撰

宋開寶三年（970）門人閻海真手記。

開寶四年　辛未（971）

開寶通禮二百卷　宋劉溫叟　永齡等撰

開寶四年五月命溫叟及李昉、盧多遜、楊昭儉、扈蒙、賈黃中、和峴、陳鄂以開元禮重加損益，以成此書。

開寶藏五千四十八卷

宋開寶四年（971）至太平興國八年（983）刻。每版二十二行，行十七字。宋太祖開寶四年朝命張從信往益州雕造全藏，益州即今之成都，至太宗太平興國八年告成。依開元釋教録編次。硬黃紙，卷軸裝。四百八十函，五千四十八卷。編號用千字文。其後版送汴京存儲，今所見零帙卷後有熙寧辛亥歲中書劄子奉聖旨賜大藏經於顯聖寺壽禪院木記可證。靖康之變，當盡為金人掠去。所知北京圖書館、山西省博物館等單位存有殘卷如下。

大般若波羅蜜多經卷二百六　唐釋玄奘譯

宋開寶五年刻。秋字號，全卷共二十紙，每紙二十三行，行二十四字。字類顏體，墨色較濃，刻工尤精美。卷首四紙殘缺。卷後有"大宋開寶五年壬申歲奉敕雕造"，並鈐"陸永印"墨記。陸永可能是當時的印經工人。又有施經牌記："蓋聞施經妙善，獲三乘之惠因；贊誦真詮，超五趣之業果。然願普窮法界，廣及無邊，水陸衆生，同登覺岸。時皇宋元符三年歲次庚辰八月日慶贊記。庫頭僧鑒智，供養主僧鑒招，印經當講僧法憲，都化緣報願主持鑒巒。"山西博物館藏。

大般若波羅蜜多經卷五百八十一

李字號。全卷二十四板，存十七板，第一至六板殘佚，第七板存末十一行。卷末有"大宋開寶五年壬申歲（972）奉敕雕造"題記。一九五年在山西省孝義縣興福寺發現，現藏中國佛教協會。

大方等大集經卷四十三

有字號，首尾完整，有施经牌記：蓋聞施经妙義，獲三乘之惠因；賛誦真詮，超五趣之業果。然願普窮法界，廣及無邊，水陸群生，同登覺岸。時皇宋大觀二年（1108）歲次戊子十月日畢。庄主僧福滋，管居養院僧福海，庫頭僧福深，供養主僧福住，都化缘報願住持沙門鑒巒。"原葉恭绰藏，現藏上海圖書館。

大方廣佛華嚴经卷一

卷尾有大宋開寶九年（976）丙子歲奉敕雕造字樣及太平興國八年（983）奉敕印，其餘不詳。有學者懷疑此件并非開寶藏原件，應該是開寶藏的傳抄或再抄本，只是经尾保留了題記而已。此经為外國藏，可能藏於日本大德寺。

妙法蓮華经第七卷　無千字文號

全卷二十九板，前十九紙焦脆殘破嚴重。尾題後有"大宋開寶四年（971）辛未歲奉敕雕造"題記。下鈐"同安郵"墨記。有印经牌記"熙寧辛亥（四年1071）仲秋初十日中書箚子奉聖旨賜大藏經板於顯聖寺聖壽禪院印造，提轄管勾印經院事演梵大師慧敏等。施經牌記：“蓋聞施經妙善，獲三乘之惠因；贊誦真詮，超五趣之業果。然願普窮法界，廣及無邊，水陸群生，同登覺岸。時皇宋大觀二年（1108）歲次戊子十月日畢。庄頭僧福保，管居養院僧福海，庫頭僧福深，供養主僧福住，都化緣報願住持沙門鑒巒。”一九五八年山西省高平縣農民任玉書交縣博物館收藏。

阿雜含經　宋天竺三藏求那跋陀羅譯　存卷三十、卷三十九

原卷三十的實際為：第一紙，卷首題“雜阿含經卷第三十”盛字號，題“宋天竺三藏求那跋陀羅譯”，存四行。第二紙，存二十三行。第三紙，存十五行。第四紙，存十行，卷四十。第五紙，存九行，卷四十。第六紙，存七行，卷四十。第七紙，存十行，卷三十五。第八紙，存十三行，卷四十四。第九紙，存二十一行，為“佛說聖法印經”，

題"西晉月氏國三藏竺法護譯"，經文後有譯經題記一段："元康四年十二月二十五日，月氏菩薩沙門曇法護於酒泉演出此經，弟子竺法首筆受，令此深法普流十方，大乘常光"。第十紙，接"佛說聖法印經"譯經題記後有"大宋開寶七年甲戌歲奉敕雕造"題記及"入內內侍省內侍黃門勾當印經院劉惟德一行題記。

原卷三十九的實際為：第一紙，卷首題"雜阿含經卷第三十九"，川字號，題"宋天竺三藏求那跋陀羅譯"，存二十三行。第二紙，存二十三行，卷三十。第三紙，存十三行，卷三十一。第四紙，存十八行，卷四十四。第五紙，存十三行，卷四十四。北京圖書館藏。

阿惟越致遮經卷上　晉釋竺法護譯

宋開寶六年刻，大觀二年印本。草字號。共三十四板，尾題後有"大宋開寶六年癸酉歲奉敕雕造"題記，又鈐"陸永"墨記。卷後印經牌記云："熙寧辛亥歲仲秋初十日中書劉子奉聖旨賜大藏經板於顯聖寺聖壽禪院印造，提轄管勾印經院事演梵大師慧敏等。"施經牌記："蓋聞施經妙善，獲三乘之惠因；贊誦真詮，超五趣之業果。然願普窮法界，廣及無邊，水陸群生，同登覺岸。時皇宋大觀二年歲次戊子十月日畢。庄主僧福滋，管居養僧福海，庫頭僧福深，供養主僧福住，都化緣報願住持沙門鑒巒。"原山西省太原崇善寺藏，今由北京圖書館收藏。

大雲經請雨品第六十四

無千字文編號。卷末有"大宋開寶六年癸酉歲奉敕雕造"題記，又鈐"隨喜"墨記。無印經題記和施經題記。一九五八年山西省高平縣農民焦玉書交縣博物館收藏。

中論卷二殘葉

寶字號。尾題後刻"大宋開寶七年甲戌歲奉敕雕造"題記，又鈐"陳宣"墨記。卷末有施經牌記云："蓋聞施經妙善，獲三乘之惠因；贊誦真詮，超五趣之業果。然願普窮法界，廣及無邊，水陸群生，同登覺岸。

時皇宋大觀二年歲次戊子十月日畢。庄主僧福滋，管居養院僧福海，庫頭僧福深，供養主僧福住，都化緣報願住持沙門鑒巒。原葉恭綽藏，現藏上海圖書館。

佛本行集經卷十九

令字號，首尾完整。全卷共二十二板，尾題有"大宋開寶七年甲戌歲奉敕雕造"題記，又鈐"孫清"墨記。卷後印經牌記云："熙寧辛亥歲仲秋初十日中書劄子奉聖旨賜大藏經板於顯聖寺聖壽禪院印造，提轄管勾印經院事智悟大師賜紫懷謹"。日本京都南禪寺藏。

佛本行集經卷十九

令字號，首尾完整。尾題後有"大宋開寶七年甲戌歲奉敕雕造"題記。廣西壯族自治區博物館藏。

十誦尼律卷四十六

首尾完整，全長二千四百厘米。尾題後有"大宋開寶七年甲戌歲奉敕雕造"題記，又鈐"陸永"墨記。卷尾有施經牌記云："蓋聞施經妙善，獲三乘之惠因；贊誦真詮，超五趣之業果。然願普窮法界，廣及無邊，水陸群生，同登覺岸。時皇宋大觀二年歲次戊子十月日畢。莊主僧福滋，管居養院僧福海，庫頭僧福深，供養主僧福住，都化緣報願住持沙門鑒巒。"發現於敦煌，一九三二年為日本人中村不折所得，現藏日本書道博物館藏。

龍樹菩薩勸戒王頌

日本收藏，其餘各項不詳。頗疑此件非開寶藏原件。

御製秘藏詮卷十三

不詳千字文號。此卷中插圖有四幅版面，卷題下鈐"紹明印"墨記。卷尾有施經牌記："蓋聞施經妙善，獲三乘之惠因；贊誦真詮，超五趣之業果。然願普窮法界，廣及無邊，水陸群生，同登覺岸。時皇宋大觀二年歲次戊子十月日畢。莊主僧福滋，管居養院僧福海，庫頭僧福深，供養主僧福住，都化緣報願住持沙門鑒巒。"美國哈佛大學福格美術館藏。

華嚴經疏科卷四

不詳千字文號。尾題後有印經牌記："熙寧辛亥歲仲秋初十日中書劄子奉聖旨賜大藏經板於顯聖寺聖壽禪院印造，提轄管句印經院事左街僧錄管句教門公事妙善淨覺慧慈大師善因"。卷後有刊印題記："幹刊華嚴疏鈔出家男僧文藻，刊此科文一卷，功德追薦，先考陸九郎，先妣浦氏十娘，超生淨土"。日本靜嘉堂藏。

佛說無常

宋開寶四年（971）寫本。一卷。

歸義軍府衙酒帳單　（補乾德二年條）

北宋乾德二年（964）寫本。敦煌研究院收藏。

開寶五年　壬申（972）

吳越備史遺事五卷　宋錢儼撰

其序言備史亦其所作，託名林苑而遺名墜迹，殊聞異見闕漏未盡者，復為是編。時皇宋平南海之二年，吳興西齋序，蓋開寶五年。

明州阿育王山如來舍利寶塔傳一卷　護塔鰻菩薩

傳一卷

宋開寶五年（972）刻本。卷末有原本刊記：“宋開寶五年歲在實沉周朔旦，此板一十三片，係空頭交割責得久無論墜矣。”

熾盛光佛頂大威德銷災吉祥陀羅尼經　唐三藏不空譯

宋開寶五年（972）刻本。卷軸裝，共二紙，共四十三行，行十七字。卷首扉畫有邊欄，扉畫主題與經卷首所說文字相同，為釋迦牟尼在淨居天宮間，諸宿曜游空天衆九執大天及二十八宿十二天宮神一切聖衆”說法。卷尾有題記：“□□□□□錢昭慶發心印造熾盛光經一藏，散施持誦，所構勝因，乃叙凡懇。伏願先將巨善上贊嚴親，潤似海之幅源，益如椿之運數。然以昭慶鯉庭永慶，萊服長披。禎祥恒集於私門，災沴全銷於喜曜。更願以斯功果溥及含靈。時大宋天寶五年歲次壬申（972）四月八日記。”日本上之坊藏。

開寶六年　癸酉（973）

五代史記一百五十卷　宋薛居正等撰

宋開寶六年盧多遜、扈蒙、張澹、李昉同修

唐摭言十五卷　宋何晦撰

其序言太歲癸酉，下第於金陵鳳台旅舍，癸酉者開寶六年（973）。

盧氏詳定本草

宋開寶六年（973）國子監刻本。

妙法蓮華經七卷　後秦鳩摩羅什譯

北宋開寶六年（973）金銀寫本。存一卷。上海博物館藏。

開寶七年　甲戌（974）

法語二十卷　南唐劉鶚撰

甲戌歲擢南唐進士，寶開七年；著作凡八十一篇，言治國立身之道。徐鉉為序。

開寶重定本草二十一卷　宋劉翰　馬志等詳定

宋太祖開寶六年詔尚藥奉御劉翰、道士馬志、醫官翟煦等九人，詳校諸本為開寶新詳定本草二十卷。馬志注解，御製序，鏤版於國子監。七年詔以新定本草，所釋藥類或有未允，又命劉翰、馬志重詳定，名開寶重定本草。新舊藥合九百八十三種，：廣頒天下，傳而行焉。”

應現觀音像二十四種

宋開寶七年（974）吴越錢俶用絹素印二十四种應現觀音像二萬本。

開寶八年　乙亥（975）

開寶諸道圖經　宋宋準撰

宋開寶八年（975）刻。是宋人地理著作最早者。

一切如來心秘全身舍利寶篋印陀羅尼經

宋開寶八年（975）吴越國王錢俶刻本。匡高五·七厘米，長二〇五·八厘米。一九二四年八月杭州西湖雷峰塔圮甎孔中出此經。首鐫天下兵馬大元帥吴越國王錢俶造此經八萬四千卷，捨入西關甎塔，永充供養，乙亥八月日紀三行。次鐫佛說法圖。又次鐫陀羅尼經全文。乙亥爲宋太祖開寶八年，吴越王錢俶在位之二十九年，世稱五代刻本。北京圖書館藏。

佛經　咒語　塔圖　佛像

宋開寶八年（975）吴越釋延壽、錢俶印。

有數字可考者六十八萬二千卷（我本）。

太平興國元年　丙子（976）

乾元曆

宋太平興國元年（976）頒行曆書曰乾元曆

武經總要四十卷　宋曾公亮奉撰

太平興國元年御製序。直齋所藏慶曆四年本首有昭陵御製序，蓋再刻但已不存。是年頒行天下刻書之式，名曰書範。

妙法蓮華經七卷　後秦釋鳩摩羅什譯　存六卷

宋太平興國元年至三年刻本。卷軸裝。每紙一版，每版十八行，行二十四字，間有二十五字，每卷引首有長十四至十八厘米碧紙為"包首"，第一卷引首（即包首）有朱題"天禧元年九月十五日，雍熙寺僧永宗轉舍妙法蓮華經一部七卷，入瑞光院新建多寶佛塔相輪珠內。所集福利，上報四恩，下資三有，若有瞻禮頂戴口念此一報身同生極樂國"。據此推測刻本問世應早於天禧元年。其雕版無墨線版框，版尾間有直行"四、三"、"二四．四二四．五"等卷數及版數編號，其作用猶如"花口"。佛經的版式沒有版框非常少見。無版框僅見開寶藏。法華經行款有二十四至二十五字，它與開寶六年刻阿惟越致遮經行款有十四字至十五字，和吳越錢氏開寶八年刻寶篋印陀羅尼經的行款有十字至十一字的情況相同。此為補版，推測年代是雍熙年間左右。初版即太平興國元年至三年（976—978）。蘇州圖書館藏。

太平興國二年　丁丑（977）

南唐近事一卷　宋鄭文寶撰

宋太平興國二年（977）自序。

太平興國三年　戊寅（978）

太祖實錄五十卷　宋沈倫監修

太平興國三年詔史官李昉、扈蒙、李穆、宋白同修，更二載成書。玉海：重修太祖實錄，真宗咸平元年下詔以沈倫所修多漏略先朝，命張洎重修未成，倫沒。命呂端、錢若水重修。又以王禹偁、李宗諤、梁顥、趙安仁等同修。二年書成，凡五十卷，並事目二卷。李沆監修表上之，而真宗猶謂未備，大中祥符九年後召趙安仁、晁迥、陳彭年、夏竦、崔遵度同修，王旦監修。明年書成。前後凡三修。

王陵變

北宋太平興國三年(978)敦煌寫本。這是現存的宋蝶裝書

太平興國四年　無印書

太平興國五年　庚辰(980)

大隨求陀羅尼輪曼荼羅

宋太平興國五年(980)李知順施印本。此印本上部圓形內的文字，乃古梵文。上部右方有"施主李知順"一行，左方有"王文沼雕板"一行。印本下部中文雕板記共二十一行，其文曰："大隨求陀羅尼，若有受持此神呪者，所在得勝。若有能書寫帶在頸者，若在臂者，是人能成一切善事，最勝清淨，常為諸大龍王之所擁護，又為諸佛菩薩之所憶念。此神咒能與衆生最勝安樂，不為夜叉羅剎諸鬼神等為諸惱害，亦不為寒熱等病之所侵損，厭蠱呪咀不能為害。先業之罪受持消

災。持此呪者，常得安樂，無諸疾病，色相熾盛，圓滿吉祥，福德增長，一切呪法皆悉成就。若有人受持供養切宜護淨。太平興國五年六月二十五日雕板畢手記。”此是敦煌發現北宋早期木刻板畫的代表作。刻工王文沼爲北宋初期著名刻工。

太平興國六年 辛巳（981）

太平廣記五百卷目錄十卷 宋李昉等輯

太平興國二年（977）太宗命李昉、吳淑、徐鉉等十餘人，取野史小說集爲此書，三年（978）八月書成。六年（981）正月奉太宗旨雕印板。後以言者謂非後學所急，乃收墨板，貯太清樓。南宋亦未重刻。因此宋人見者不多。此書滙叙神仙、報應、神鬼、妖怪故事，集古代野史傳說小說之大成，被譽爲小說家淵海。魯迅對它有高度評價，說“廣記採摭宏富，用書至三百四十四種，或云五百二十六種。自漢、晉至五代之小說家言，本書今已散亡者，往往賴以考見。”

太平興國七年 壬午（982）

太平寰宇記二百卷目錄二卷　宋樂史撰

太平興國進表。自序云從梁至周郡國割據，更名易地，朝三暮四，訖河南周於海外，若賈耽之漏落，李吉甫之缺遺，此盡收焉。蓋以賈十道志，李元和志爲簡而未備。

大平興國八年　癸未（983）

太平御覽一千卷目錄十卷　宋李昉等輯

太平興國二年（977）詔翰林學士李昉、扈蒙、李穆、湯悅、徐鉉、張洎、李克勤、宋白、陳鄂、吳淑、徐用賓、舒雅、李文仲、阮思道等編。八年（980）十二月書成。初名太平總類，又稱太平類編。太宗爲誇耀自己好學，特改今名。共一千卷，目錄十卷，分五十五門，五千三百六十三類。據宋人編圖書綱目，共輯引圖書一千六百九十種。然近人馬念祖查核，知引書實爲二千五百七十九種。資料浩博，所載古籍佚文很多，對校勘、輯佚、考訂是一部很有價值的參考工具書。曾有數種版本：一、北宋本已失傳；二、南宋閩刻本，此書到明代已不全，到清嘉慶間僅存三百六十六卷，半葉十三行，行二十二至二十三字。同治間入歸安陸心源皕宋樓，僅存三百五十一卷。陸氏誤為北宋殘本，非。光緒三十三年心源子樹藩出售給日本岩崎氏靜嘉堂文庫；三、南宋蜀刻本。慶元五年蒲叔獻刻，此本國內已無存者。日本尚有殘卷兩部，一藏於宮內省圖書寮，半葉十三行，行二十二至二十四字不等。版心有刻工姓名。冊首尾有"金澤文庫"印記。一藏於京都東福寺，見森立之經籍訪古志。

南華正義

宋太平興國八年（983）成都道士任奉古撰。

汗簡集七卷　宋郭忠恕撰

宋太平興國間（976－983）李建中抄本。

啟運慈悲道場懺法一心歸命三世諸佛

北宋太平興國間（976－983）刻本。作梵夾裝，每頁豎分兩欄，上方四分之一的位置雕坐於蓮花座上的佛像，下方雕大字佛名，佛名兩旁且有花卉紋裝飾，莊重大方。

雍熙元年甲申（984）

彌勒菩薩像

宋雍熙元年（984）紹興刻本。畫面正中佛像，坐蓮座上，下方左右都有侍者，左上方有飛天像。右上方劃出一小長方框，題"待詔高文進畫"，左上方同樣，題"越州僧知禮雕"，中間空隙處，左方框内題"甲申歲十月丁丑朔十五日辛卯雕印普施永充供養"（分三行），右框内題"雲離兜率月滿娑婆稽首拜手惟阿逸多沙門仲休贊"。全幅綫條柔和，作風細膩，面貌都是長眉豐頤，和敦煌風俗相似。佛像神情肅穆，侍者和飛天，姿態凝重，衣褶的曲綫表現了輕柔的動態，生動而又安祥。畫幅刻印精美，工致絶倫。此畫雖是歷來常見的佛像畫，但畫面莊嚴曼妙，與一般宗教畫相比，精粗之間大有不同。原畫發現於日本，是宋代到中國來的日本僧人帶回日本的。待詔高文進，是北宋初著名畫家，專工佛道畫。

雍熙二年　乙酉（985）

五經正義　唐孔穎達撰

宋雍熙二年（985）國子監刻印。

周易正義十四卷

尚書正義二十卷

毛詩正義四十四卷

禮記正義七十卷

春秋左傳正義三十六卷

續唐卓異記二十卷 宋樂史撰

序曰嘗以李翱卓異記未傳，撰續繼之爲廣。

金剛般若波羅蜜經一卷

宋雍熙二年（985）淮南東路高郵軍刻。封底繪：變相圖：

雍熙三年 丙戌（986）

說文解字十五卷 漢許慎撰 南唐徐鉉校

宋雍熙三年（986）令國子監刻版。依九經例許人納墨錢收贖。是書每卷分上下合爲三十卷。

神醫普救方一千卷 宋賈黃中奉敕編

宋雍熙三年（986）書成御製爲序。

文房四譜五卷 宋蘇易簡輯

宋雍熙三年（986）徐鉉序。

越中牡丹花品二卷　宋僧仲林撰

序言越之所好尚惟牡丹具绝麗者三十二種。末稱丙戌歲八月十五日移花日。序丙戌者，當是雍熙三年。

佛說北斗七星經一卷

宋雍熙三年（986）絳州刻本。“佛說北斗七星經一卷後刻有‘雍熙叁年歲次丙戌柒月拾伍日雕印記，大宋國絳州部下弟子宋守真伏為先世不修少失父母願寫造此北斗七星經印施與人，願一切罪障業障煩惱□□悉皆消滅，願一切有情同增勝利’”五行。卷末刊有“周印人趙萬。”山西省圖書館藏。

家宴集五卷　不著撰人名氏

宋雍熙三年丙戌（986）序。稱子起失其姓氏所集唐末五代樂府。

雍熙四年　丁亥（987）

分門禮選二十一卷

宋雍熙四年（987）邢昺撰進。

說文解字篆韻譜五卷　南唐徐鍇撰

宋雍熙四年（987）刻。雍熙四年徐鉉序，稱：比之繕寫，省之百倍。"

運曆圖六卷　宋龔穎撰

宋雍熙丁亥（四年987）獻於朝。

端拱元年　戊子（988）

五經正義即周易、尚書、毛詩、儀禮、春秋左傳

宋雍熙二年（985）國子監刊五經正義。端拱元年（988）國子監司業孔維等奉敕校勘孔穎達五經正義一百八十卷，詔國子監次第鏤板，至淳化五年（994）全部板成。

周易正義十四卷　唐孔穎達撰

宋端拱元年秦奭等上表，次有銜名王沔、辛仲甫、呂蒙正、趙普。都校孔維、再校李說、胡令問、畢道昇、劉弼。校勘官胡令問、解貞吉、解損、孔維。詳勘官孫奭、王元貞、劉弼、尹文化、畢道昇、李說等在卷末若干行。

尚書正義二十卷　唐孔穎達撰

北宋刻，半葉十五行，行二十四字。左右雙邊。首有端拱元年（988）三月日臣秦奭等

上表。後題軒轅胡令問、胡尚吉、胡廸、舒損、李覺、袁逢吉、孔維八衔名。又有永徽四年一月二十四日太尉揚州都督上柱國趙國公臣无忌等上表及尚書正義序，卷端題尚書正義卷第一，次行署國子監祭酒上護軍曲阜縣開國子臣孔穎達奉敕撰。宋諱玄、胤、讓、敬、弘等字缺筆。日本楓山官庫藏。

毛詩正義四十四卷　唐孔穎達撰

宋端拱元年（988）國子監奉敕校刊九經三傳正義等書，到咸平四年（1001）完成。毛詩正義是群經義疏方面有刻本之始。北宋時代的原刻本現已不傳。惟現尚有南宋初的覆本傳世，留半葉十五行，即世稱的單疏本。

金光明經

宋端拱元年（988）刻本。卷軸裝，四卷六十二開，每開長五十、高三十四厘米。單线版框，每開二十八行，行十七或四四成行。四卷共十九品，十九品後有“金光明經忏悔滅罪傳”共六十九行，行二十、二十一字不等。每卷引首刻有經變圖一幅，每幅中有三至六祖佛教故事，线條精細流暢，生動地刻畫出神、佛、動物等形象，外加海水、八寶圖案的邊飾。卷首題簽為"金光明經第□，三藏法師曇無讖譯"，卷尾鐫刻"大宋端拱元年戊子歲二月□日雕印"，并有墨書"孫氏女弟子經"六字。江陰北宋瑞昌縣君孫四娘墓出土。

金剛般若波羅蜜經一卷

北宋刻本。卷軸裝。全卷共十四開，每開二十八行，行十七字。單线版框。引首有經變圖一幅，中坐如來，左右八金剛諸菩薩，下面是跪或站着的比丘眾，旁邊題榜注有名稱，上下邊各繪法圖案。起首為"若人持此經先須……後即分法會因由分第一至應化非真分第卅二"。卷尾有墨筆行書"孫氏女弟子經"。此卷雖無刊刻年代，據字體刀法系北宋刻本無疑。另據端拱元年所刻金光明經墨書該"孫氏女弟子經"六字，此卷亦有之。江陰北宋瑞昌縣君孫四娘墓出土。

高僧傳三十卷　宋釋贊寧撰

宋太平興國七年李昉等編撰，至端拱元年(988)十月書成奉表上。

金光明經懺悔滅罪傳一卷

北宋端拱元年(988)刻本。蘇州市文物管理委員會藏。

端拱二年　己丑(989)

雍熙新定廣韻一百卷

玉海：太宗召句中正訪字學令集有聲無文者翌日中正上其書上曰，朕亦得二十一字，當附其末，因命中正及吳鉉、楊文舉等考古今同異，究篆籀根源，補缺刊謬，端拱二年上之詔付史館。

淳化元年　庚寅(990)

春秋左傳正義三十六卷　唐孔穎達撰

宋淳化元年(990)王炳、胡迪校，邵世隆再校迨五年以獻洛陽趙安仁善楷書之刻板。

竹汀日記稱：朱文游所藏為淳化本。蓋淳化庚寅官本。

御製秘藏詮十卷

逍遥詠一卷

祕藏諸雜賦十卷

佛賦一卷

幽隱律詩四卷

韻詩四卷

懷感廻文五七言一卷　凡四十卷　麟臺故事：
宋淳化元年七月藏於秘閣。

大方廣佛華嚴經附普賢行願品八十一卷　唐釋實叉難陀譯
宋淳化元年至咸平三年（990-1000）刻本。半葉五行，行十五字。顏體。卷一後有刻經記及人名二十一行：“今此印版依華嚴大疏所釋經本校勘已定，其間經文或有欠失文字，並是翻譯時誤。觀疏主一一檢會新舊二經梵夾，將所欠文編在疏中，不敢擅添經內，請後賢悉之耳。大宋杭州龍興寺結華嚴社沙門可政、智海廣化四衆率淨財選良工雕造。大方廣佛華嚴經大字印版一部，并普賢十大願王品，共八十一卷。起淳化庚寅，終咸平庚子，凡十一戴功畢。復召施主印經千本，寘於天下名山聖跡之間，募十萬人為社，常讀此經，

同修淨業。所願一乘頓教，徧布人寰，三有
羣生，俱明性海者耳。東京天壽寺沙門懷清
發心書、當州講華嚴大疏沙門從朗校勘、蒲
州菩薩戒弟子周承晨　徐承潤　黄文質、盛
從晏　徐延福　徐延德　丁紹昌勸募雕版。
湖州菩薩戒弟子沈文通捨錢助緣。東京菩薩
戒弟子錢氏二娘捨錢圓就。”後有題名：“至
正甲辰上月八日顧阿瑛再閱於布涇業。”鈐“顧
瑛”、“玉山人”、“在家僧”三印。“大
德二年九月三日當寺老宿比丘子知敬閱。”“紹
定庚寅歲佛菩薩弟子陳拱敬閱。”“信士唐叔
達看過。”“淳祐庚戌唐叔達敬再閱。”“紹熙
癸丑信士王元佐敬讀。”台灣故宫博物院藏。

淳化二年　辛卯（990）

續翰林志二卷

玉海：宋淳化二年（991）蘇易簡獻續唐李
肇翰林志，詔藏史館，仍賜詩二章。

淳化東觀集十卷　宋羅處約撰

玉海：淳化二年（991）七月蘇易簡上之藏
史館。

淳化三年 壬辰（992）

毛詩正義四十卷 唐孔穎達撰

宋淳化三年（992）李沆所進，卷末銜名有賈黃中、張齊賢、李昉。又校勘官秦奭、胡令問、胡吉貞、解損、孔維。詳勘官孫俊、元員、牛文化、畢道昇。再校者劉弼、胡令問、畢道昇、孔維、李覺。并有書者韋宿、陳元吉、張致用、趙安仁等若干行。

儒行中庸編

宋淳化三年（992）崇文院刻。

史記集解一百三十卷 漢司馬遷撰 劉宋裴駰集解

宋淳化三年（992）杭州陳氏萬卷堂刻本。

太平聖惠方一百卷 宋王懷隱等編

宋淳化三年（992）國子監刻。淳化三年書成，頒天下諸州。王禹偁小畜集有“謝賜聖惠方表”。書凡一百一冊。

淳化閣法帖十卷

宋淳化三年（992）王著摹名人真蹟刻棗木（棗）板。是年三月詔三館所少書，有進納者卷給千錢，三百卷以上量材録用。

淳化四年　癸巳（993）

滑稽集四卷　宋錢易撰

首有淳化癸巳（四年993）自序。是書南宋末

有重刻。梁溪尤延之所藏。

淳化五年　甲午（994）

七經正義　即周禮、禮記、春秋公羊傳、春秋

穀梁傳、論語、孝經、爾雅

宋淳化五年（994）至咸平四年（1001）國

子監刻本。其中禮記正義七十卷，日本昭和

五年東方文化學院影印宋淳化本。

史記集解一百三十卷　漢司馬遷撰　劉宋裴駰

集解

漢書注一百卷　漢班固撰　唐顏師古注

後漢書注九十卷　劉宋范曄撰　唐李賢注　志

注補三十卷　梁劉昭撰

宋淳化五年（994）至咸平二年（999）國

子監刻。這是我國正史有刻本之始。麟臺故

事：淳化五年七月詔選官分校史記、前後漢

書，虞部員外郎崇文院檢討兼秘閣校理杜鎬

屯田員外郎秘閣校理舒雅、都官員外郎秘閣校理吳淑、膳部郎中直秘閣潘慎修校史記。度支郎中直秘閣朱昂再校。又命太常博士直昭文館陳充、國子博士史館檢討阮思道、著作佐郎直昭文館尹少連、著作佐郎直館趙況、著作佐郎直集賢院趙安仁、將作監丞直史館孫何校前後漢書。既畢，遣內侍裴愈齎本，就杭州鏤板。

至道元年　乙未（995）無印書

至道二年　丙申（996）

太宗御製書目一卷

直齋書錄解題：除玉宸殿所藏，兼有真宗御製序十四篇。又一本稍多而無序文。

四時纂要　唐韓鄂撰

宋至道二年（996）刻本。早佚，日本人近發現萬曆間朝鮮樸宣翻刻宋至道二年（996）刻本，加以影印。

總仙記一百三十七卷目錄四卷

宋至道二年（996）知黃州樂史獻宣帝示宰臣付史館。

至道三年　丁酉（997）無印書

咸平元年　戊戌（998）

尚書正義二十卷　唐孔穎達撰

宋咸平元年（998）國子監刻本。

毛詩正義四十四卷　唐孔穎達撰

宋咸平元年（998）國子監刻本。

太宗真録八十卷

晁志：自至道三年命錢若水監修，石隸、史司，若水即引柴成務、宋度、吳淑、楊億為佐，咸平元年（998）書成上朝。

咸平刪編敕儀制敕書德音十三卷

宋咸平元年（998）詔鏤板頒行。

李翰林別集十卷　唐李白撰　宋樂史編。

宋咸平元年（998）樂史序。曰翰林歌詩，李陽冰纂為草堂集十卷，史又別收歌詩十卷，與草堂互有得詩，因校勘排為二十卷，號曰李翰林集。今於三館得李白賦序表、讚書頌等，亦排為十卷，號曰別集。清李霞刻。

楊文公武夷新集二十卷　宋楊億撰

宋咸平戊戌（元年998）自序。清康熙傳刻

咸平二年　己亥（999）

禮記正義七十卷　唐孔穎達撰

宋咸平二年（999）國子監刻。卷末銜名孔維校、紀自成再校、李説詳校勘、李至詳定。咸平二年邢昺上新印本。

咸平三年　庚子（1000）

三國志注　六十五卷　晉陳壽撰　劉宋裴松之注。

宋咸平三年（1000）國子監刻本。

晉書一百三十卷　唐房玄齡等撰

宋咸平三年（1000）國子監刻本。

吳志二十卷　晉陳壽撰

宋咸平三年（1000）崇文院刻。十四行，行二十五字。

小畜集三十卷　宋王禹偁撰

宋咸平三年（1000）自序。

河東柳仲塗先生集十五卷附錄一卷　宋柳開撰　張景編

前有行狀，張景撰。咸平三年（1000）夏五月己亥門人張景述。傳有舊鈔本。何焯跋稱二次本通字皆缺末筆，乃避明肅父諱，疑知出於北宋刻。"

咸平四年辛丑（1001）

周禮疏五十卷　唐賈公彥等撰

儀禮疏五十卷　唐賈公彥等撰

春秋公羊傳疏三十卷　唐徐彥撰

春秋穀梁傳疏十二卷　唐楊士勛撰

孝經正義三卷　宋邢昺撰

論語正義十卷　魏梁皇侃疏

爾雅疏十卷　宋邢昺撰

宋咸平四年（1001）國子監刻本。玉海：至道二年判國子監李至請命李沆、杜鎬等校定周禮、儀禮、公羊、穀梁傳疏及別纂孝經、論語、爾雅正義從之。咸平三年三月癸巳命祭酒邢昺代領其事，杜鎬、舒雅、李維、孫奭、李慕清、王渙、崔偓佺、劉士元預其事。凡賈公彥周禮、儀禮疏各五十卷，公羊疏三十卷，楊士勛穀梁疏十二卷，皆校舊本而成之。孝經取元行沖疏，論語取梁皇侃疏，爾雅取孫炎、高璉疏，約而修之又二十三卷。四年九月丁亥以獻，十月九日命杭州刻板。又景德二年六月庚寅國子監上新刻公、穀、周禮、儀禮正義印板，先是有唐長興中雕九經板本而正義傳寫紕繆，太宗命校刊雕印，而四經未畢，上遣直講王渙就杭州鏤板，至是皆備。王國維案：宋初淳化中國子監刊五經正義，不知命何地鏤板，至咸平中七經正義則刊於杭州。儀禮疏後有校勘進官銜名，具王渙結銜中有杭州監雕印板字樣。足為玉海之證。咸平刊今皆不傳，惟儀禮、公羊、爾雅三疏，尚有南宋重刻本。儀禮疏每葉三十行，每行二十七字。公羊疏三十行，行二十二、三字至二十七、八字。爾雅疏每三十行，行三十字。

續通典二百卷　宋宋白撰

宋咸平三年（1000）奉召，四年（1001）九月書成。

大隋求陀羅尼咒經

宋咸平四年（1001）蘇州刻本。左右雙邊，兩邊各有一行字。右行自"朝請大夫給事中知蘇州軍州事清河縣開國男食邑三百户柱國賜紫金魚袋張去華"起，有一連串的職官姓名。左行最後為"進士郭孟書"。經咒中心為釋迦像，環以漢字經文。四角為四天王像。上部正中有闍棠，下部正中長方形框內印有，"劍南西川成都府淨衆寺講經論持念賜紫義超同募緣傳法沙門蘊仁……同入緣男弟子張暄……同入緣女弟子沈三娘……咸平四年十一月日杭州趙宗霸開"。蘇州瑞光寺塔發現。

咸平五年　壬寅（1002）

張師黯集五十卷　宋張洎撰

晁志：其子安期編，咸平五年（1002）上之

咸平六年　癸卯（1003）

吳志二十卷　晉陳壽撰　劉宋裴松之注

宋咸平六年（1003）國子監刻本。半葉十四行，行二十五字。注大字低一格。版心下魚尾下記吳志幾，下記葉數、刻工姓名，有丁明、元仲、六喜、王太、王文、王詢、王閏、王椿、王稹、付才、付宥、甘正、江受、吳先、李昱、周中、周文、周琳、廸、明、林見、林俊、范亮、孫左、孫受、張佑、康、張遂、章、郭康、陳忻、陳長、陳得、陳從

陳章、陳慶、陳歸、陳贇、蔣馭、鄭有、鄭榮、丁保、王溢、王仁、王玫、王敏、王詢、丘迪、何生、李保、李傑、周泗、林茂、孫老、高宣、張果、許元、陳武、陳英、楊順、潘元、鄭勤、鄭寶、鍾才。卷一首行：“孫破虜討逆傳第一　吳書　國志四十六”。首爲上三國志表，表後直接吳書目錄，目後有詳校官杜鎬等、校勘官錢惟演等銜名。別一葉刻咸平六年中書門下牒：“中書門下　牒吳志　牒奉”敕書契云云。此後列官銜五行，無人名。宋諱匡、殷、玄、敬、貞、徵、桓皆缺末筆。此本陸心源跋定爲咸平國子監所刻而徽宗時脩補本。百宋一廛賦所謂孤行吳志數冊仍六者。日本靜嘉堂文庫藏。

太宗天宮寶藏四千五百六十五卷

宋咸平六年（1003）刻。自太宗時命徐鉉、王欽若等校，張君房編，依千字文敘例，函目始天終宮。

道德經二卷　題河上公注

玉海：宋咸平六年（1003）四月命杜鎬校六

月校畢。

薛許昌詩集十卷　唐薛能撰

宋咸平六年（1003）三川刻本。

許昌集十卷　唐薛能撰

北宋咸平六年（1003）張咏刻本。

景德元年　甲辰（1004）

晉書一百三十卷　唐房玄齡撰

宋景德元年（1004）崇文院新印本。

吳興統記十卷　宋左文質撰

直齋書錄解題：分門類古事頗詳。序稱甲辰者本朝景德元年（1004）。

絳守居園池記一卷　唐樊宗師撰

宋景德元年（1004）孫沖序稱：在京師得此文不能詳其意旨，咸平六年沖奉詔爲絳州通判，觀園池記，其石甚卑小，文字多摧缺，太子中舍耿君說知是州，念園池記，惜文缺落因磨石別刊之。

九僧詩一卷　不著編者名氏

直齋書解題：景德元年（1004）陳充序，撰者曰劍南希晝、金華保暹、南越文兆、天台行肇、沃州簡長、青城惟鳳、淮南惠崇、江東宇昭、峩眉懷古等。

景德二年　乙巳（1005）

九經

宋景德二年（1005）國子監刻本。

十二經傳注

宋景德二年（1005）國子監刻本。

儀禮疏五十卷　唐賈公彥撰

宋景德二年（1005）國子監刻。半葉十五行，行二十七字。前有景德二年中書門下牒文一通。末有校勘銜名呂蒙正、王旦、李沆等。卷末有：計肆拾柒萬伍阡捌伯肆拾捌字。宣德郎守大理寺丞國子監直講賜緋魚袋臣崔偓佺校正。通直郎守太子洗馬國子監直講騎尉杭州監雕印臣王渙校定。諸王府侍講承奉郎守尚書屯田員外兼國子監直講賜金魚袋臣孫奭校定。承奉郎守尚書屯田員外郎直集賢院騎都尉臣李維校定。朝散大夫行尚書職方員外郎秘閣檢理上國柱臣舒雅校正。朝請大夫尚書虞部郎中崇文院檢討口閣護軍臣杜口校

定。南宫伯收朝請郎中守大理寺臣□□文再

校。朝奉郎守國子博士騎都尉臣李慕清再校

翰林侍講學士中大夫守尚書工部侍郎兼國子

監祭酒權同勾當官院事柱國河間郡開國侯食

邑一千户食實封四百户賜紫金魚袋臣邢昺都

校。大宋景德元年六月日”吴縣黄氏所藏，

後歸汪士鐘，并爲之覆刻。重刻宋本儀禮疏

後序：“道光庚寅歲閬源觀重刻所藏宋景德官

本五十卷”。

儀禮疏五十卷　清汪閬源覆宋景德嚴州本。半

葉十五行，行二十七字。白口，左右雙邊。

版心上記字數，下記刻工姓名，有王桂、王

桓、李俊、李恂、朱明、宋廸、陳明、陳章、

楊昌、石昌、沈思忠、劉昭、吴春、徐榮、

沈升、余榮、王壽、高道、吴文昌、慶本、

高異、徐國、繆恭、曹冠英、何澤、毛興祖、

馬祖、朱六、張富、陳仲、毛端、鄭埜、龐

汝升、龐知柔、徐瑛、孫開一、曹興祖、勵

夫、丁松年、高文、沈定、子文、楊十三、

陳壽、陳真、徐珙、孫日新、文玉、顧澄、

李成、王政、駱成、丁銓、王亮、李懋、葉禾、陳璞、弓華、李畢、楊文、霍元、李碩、王大、王學、章文、蔣先、孫斌、弓恩四、虞玉、張珍、石寶、楊茂、周鼎、段富、沈祥、胡杏、李祥、金芳、李詳、楊明、郭生同、楊潤、毛文、李中、立山、李岳、劉忠、王林章、陳彬、李庚、陳新、葉翰、翁子和、王國瑞、李宿、徐宗、江中、王榮、黃常、唐中、張居用、金茂、李洵、葉公輸、江仲、李興、嚴先、王百九、許夫、李中、沈貴、雷寧、高諒、徐泳、李昱、王沔、章才、林俊、江氏、楊茂、付中、吳文昌、詹德潤、王介、陳邦卿、章子才、洪來甸、張彥昭、張允、陳子、趙遇春、傀平山、繆士元、曹德耕、許茂、李權、沈思恭、符政等。汪氏藝芸精舍覆刻傳世，又印入四部叢刊續編。

春秋公羊傳注疏二十八卷　周公羊高傳述　其元孫壽及胡毋子都錄為書　漢何休注　唐徐彥疏

天祿琳琅後目宋本卷首有景德二年六月。呈

口本，每葉二十行，行十七字。

漢書注一百卷　漢班固撰　唐顏師古注

宋景德二年（1005）國子監刻本。

景德新編敕十五卷

宋景德二年（1005）雕印頒行。

梵文經咒

宋景德二年（1005）刻，皮紙，一張，正中有一個高八·五、寬六·二厘米的長方形框，框內畫佛教經變故事，畫的左、上、右三邊各有四個雙線圓圈，圈上畫代表巴比倫黃道十二宮的圖像。四周為橫書梵文經咒。經咒上邊為花卉圖案，兩邊各有十四壘疊起來的神像，代表我國古代的二十八宿。下部有一些六角形表示星星。兩端為護法神像，下方欄內刊有漢字題記四十三行：“佛説普口光明……景德八年八月日記”。這一梵文經咒也是《大隨求陀羅尼經咒》。此經刻類似一九四四年成都唐墓中出土的印本陀羅尼經咒。是把我國古代二十八宿和巴比倫黃道十二宮畫在一張經咒上的星官圖。蘇州瑞光寺塔發現。

莊子十卷釋文三卷

宋景德二年（1005）國子監刻印。

薛許昌集十卷　唐薛能撰

宋景德二年（1005）知益州張詠授鬻書者雕印。

景德三年　丙午（1006）

儀禮注疏詳校十七卷

陸有宋刻本，附景德三年中書門下牒。

益州名畫錄三卷　宋黃休復撰

宋景德三年（1006）李畋序，言益州多名畫，富視他郡，迨淳化甲子盜發二川，焚劫略盡，黃氏心鬱久之，故自唐乾元初至皇宋乾德歲，取其圖畫尤精者五十八人品爲三卷。

南華真經疏鈔三十三卷　晉郭象注　唐成玄英疏。

前有景德二年（1006）八月中書門下牒文一通。

景德四年　丁未（1007）

廣韻五卷　宋陳彭年等奉敕撰

宋景德四年（1007）令崇文院雕印，送國子監依《九經》書例施行。次年大中祥符改名爲大宋重修廣韻。

韻略五卷　宋毛晃增注

宋景德四年（1007）詔頒行新定韻略，送胄監鏤板。

文苑英華一千卷　宋李昉等輯

太平興國七年詔李昉、宋白、扈蒙、徐鉉、賈黃中、呂蒙正、李穆、李至、楊徽之、李範、楊礪、吳淑、呂文仲、胡丁、戴貽慶、杜鎬、舒雅等編。雍熙三年書成。帝覽稱善至景德四年詔三館分校，以前所編未盡，遂令文繁補缺換易之卷。四庫總目提要：雍熙四年書成宋四大書之一。其刻不見有錄。

唐四傑詩集四卷　不著編輯名氏

前有景德四年（1007）王補序。每卷不標大題，惟題著作人姓名，又楊、王、盧詩前無目駱賓王詩前有之。此本從北宋本影摹，序文詩後有"琴泉生"、"古思堂"、"汪良用"影摹墨印。中籍本，半葉十三行，行十九字每葉左上方有"錢遵王述古堂藏書"。收藏印有"吳元潤"、"澤均"、"長洲吳謝堂氏香雨齋珍藏書畫印"。

大中祥符元年　戊申（1008）

大宋重修廣韻五卷　宋陳彭年等奉敕撰

宋大中祥符元年（1008）刻本。自始改名大宋重修廣韻。

封禪記五十卷

宋大中祥符元年（1008）詔丁謂、李宗諤、陳彭年以景德五年泰山修封事迹編次，成書上之，御製序首。

道德經二卷　題漢河上公注

宋大中祥符元年（1008）國子監刻。

莊子南華真經十卷　晉郭象注

宋大中祥符元年（1008）崇文院檢討杜鎬校定，刻板賜輔臣各一部。

大中祥符二年　己酉（1009）

漢春秋一百卷問答一卷　宋胡旦撰

玉海：淳化五年自言願給楷館吏繕寫，帝曰褒貶出於胸臆，豈得容易流傳。祥符二年謝泌又為言，敕襄州給紙寫獻之。

韓昌黎集四十卷（無外集）唐韓愈撰

宋大中祥符二年（1009）杭州明教寺刻本。寺院刻俗書，是少見的。方崧卿韓集舉正叙錄：祥符杭本，杭州明教寺大中祥符二年所刻本時尚未有外集，與閣本多同。洪慶善謂劉軍碑傳本作反柩，於京師後得祥符閣印本乃作反機蓋此本也。劉碑世有石本實作反機則知此本最為近古，頃嘗於姜祕監輔之家得校韓文一帙，考訂頗密，亦以此本為正而參知己見。又李漢老本每字皆注閣本舊本二語所謂舊本亦此本也。信知前輩取與之不謬，猶恨此本斷爛多字難徧考，尚賴姜本以相參對云。

大中祥符三年 庚戌（1010）

篇韻筌蹄三卷 宋丘雍撰

宋大中祥符三年（1010）丘雍撰上之。

戴斗奉使錄二卷 宋王曙撰

宋景德三年為契丹主生辰使。祥符三年（1010）為弔慰使所錄。

大中祥符四年 辛亥（1011）

祥符州縣圖經一千五百六十六卷目錄二卷 宋

李宗諤、王曾　張知白　晏殊　李垂　韓羲
等六人修
宋祥符三年（1010）書成。四年（1011-1082）
頒下。

蘇州圖經六卷　宋李宗諤撰　越州圖經九卷
直齋書錄解題：末有秘閣校理李垂、鄒煥修
及覆修名銜。黃州圖經四卷附錄一卷，宗諤
所修，郡守李說又以近事為附錄。景德四年
詔以四方郡縣所上圖經刊修校定為一千五百
六十六卷，以大中祥符四年頒下。今皆散亡，
館中僅存九十八卷，余家所有惟蘇、越、黃
三州刻本耳。

文苑英華一千卷　宋李昉等輯
北宋大中祥符四年（1011）國子監刻本。
大中祥符五年　壬子（1012）

廣韻五卷　宋陳彭年修
前有景德四年及大中祥符五年（1012）牒文
二通。隋仁壽元年陸法言序，唐儀鳳二年郭
知玄序，孫愐唐韻序。是書江安傅氏藏，存
三卷，與日本岩崎藏本相同。半葉十行，行

二十字。

沖虛至德真經八卷　周列禦寇撰

宋大中祥符五年（1012）刻，詔賜親王輔臣人各一部。

大中祥符六年　癸丑（1013）

祀汾陰記五十卷

宋大中祥符三年降祀汾陰，四年詔丁謂、陳彭年編次事蹟，踰二年成書上。

佛說觀世音經一卷

宋大中祥符六年（1013）葛誘刻本。梵夾裝全長三百六十七厘米，分四十七折，折高二十八，寬七.八厘米。每折四行，行十六、十七字。單邊版匡。引首有經變圖一幅，上下右三邊均有環形花邊，下飾秋葵紋邊。左邊刻題簽，上為"將仕郎試江陰軍助教葛誘雕板印施"，下有壺門和蓮座。圖中觀音菩薩坐須彌山中，左手托淨瓶，右手拈蓮花。其他人物各具姿態。起首為"佛說觀世音經"。卷尾墨書題記約一百五十字，其中有"大宋國江陰軍江陰縣太寧鄉就日里信心弟子將仕郎試江陰軍助教翁諤……許印觀世音经一藏五千四十八卷"等語，最後爲"大宋祥符六年癸丑歲"。江陰瑞昌縣孫四娘善發說。

大中祥符七年　甲寅（1014）

九经

宋大中祥符七年（1014）國子監刻本。

十二经傳注

宋大中祥符七年（1014）國子監刻本。

孟子章句十四卷音義二卷　宋孫奭撰

宋大中祥符七年（1014）國子監刻本。大中祥符七年上新印，有張鎰、丁公著二家撰錄，今采衆家之長爲音義。

大中祥符八年　乙卯（1015）

玉堂逢辰錄二卷　宋錢惟演撰

宋大中祥符八年（1015）刻。

冊府元龜一千卷　宋王欽若等編

宋大中祥符八年（1015）監本。初擬名歷代君臣事迹，後改今名。共一千卷。冊府涵義是書籍的總滙，元龜涵意是重要借鑒。由王欽若、楊億等奉敕編集，李维等六人撰寫统一段定稿，從景德二年（1005）開始至大中祥符六年（1013）編成。始刻於大中祥符八年。它是一大部類書，分三十一部，每部再分子目，有一千一百零四門，一說一千一百十六門，記載了上古至五代的各朝歷史故事諸如君臣善迹、奸佞劣行，禮樂沿革、法令寬猛、官師議論、學士名行。主要是正史、編年、實錄等記載，有時也摘引經、子兩部書籍資料，但不收說部及雜議、瑣記、家傳等雜史、別記，引文多整章整節，對宋前史籍的輯佚和校勘很有幫助。一、北宋監本，已佚；二、南宋蜀刻本，半葉十四行，行二十四字，白口左右雙邊。殘存情況，北京圖書館存二十五卷，北京大學圖書館存一卷，被美國劫持八十八卷（顯微膠卷一式兩個拷貝，分存北京圖書館和南京圖書館），日本靜嘉堂存四百七十七卷，共五百九十一卷，除目中重十五卷外，實存五百七十六卷。三為南宋新刊監本，半葉十三行，行二十四字，白口左右雙邊。清嘉慶、道光間，張氏愛日精盧藏二百四十九、二百五十至二百五十四、二百六十一、二百六十二、二百九十九，共九卷。後歸瞿氏鐵琴銅劍樓時，又佚去卷二百五十，僅殘存八卷。鐵琴銅劍樓藏書目錄稱此書"舊為宋內府、明內府藏本，後藏汲古閣毛氏、愛日精廬張氏。卷中鈐宋璽曰御府圖書、緝熙殿寶、明璽曰文淵閣印、又汲古閣藏書記、毛晉私印、字子晉、毛褒字華伯號質庵諸朱記"。此八卷現藏北京圖書館。

大中祥符九年　丙辰（1016）

漢書注一百卷　漢班固撰　唐顏師古注

　宋大中祥符九年（1016）錢塘刻本。

後漢書注九十卷　劉宋范曄撰　唐李賢注　志注補三十卷　梁劉昭注

　宋大中祥符九年（1016）錢塘刻本。

大中祥符刪定敕儀制書德音目錄四十三卷

　宋大中祥符九年（1016）詔鏤板頒行。

仙源積慶圖一卷

　玉海：趙安仁上御製為序，修皇室新譜二千

卷，易名仙源類譜至南宋紹興十二年修，又淳熙五年修。

宋寫本仙源類譜，首行太祖皇帝下第六世，仙源譜卷第幾，次紹衛史浩奉敕編修，敕字提行，僖祖至太祖皇帝均無綫全書，存第六世卷一又二十二。第七世卷二又二十二，又二十六、三十、四十五。太宗位下存第六世卷四、六、二十一、三十九、四十一、五十六。第七世卷二十七、四十四、五十、九十六、九十八、一百、一百十一、一百十四、一百二十一、一百二十五、一百三十、一百三十八、一百四十，共二十九冊。為清內閣故物。史浩為紹興進士，蓋南宋重修本。

金剛般若經鈔

宋大中祥符九年（1016）永興軍路知丹州（今宜川）梁風印施。

大中祥符間（1008-1016）

前漢紀三十卷　漢荀悅撰　後漢紀三十卷　晉袁宏撰

宋大中祥符間（1008-1016）錢塘刻本。王銍序右荀悅前漢紀三十卷，袁宏後漢紀三十卷祥符中刊板於錢塘，板廢凡百年。

吳郡圖經

宋大中祥符間（1008-1016）刻本。

妙法蓮華經七卷　後秦釋鳩摩羅什譯

宋大中祥符間（1008-1016）僧靈素抄本。

柳河東先生文集四十五卷　唐柳宗元撰

宋大中祥符間（1008-1016）穆修刻本。

昌黎先生集四十卷　唐韓愈撰

宋大中祥符間（1008-1016）穆修刻本。

天禧元年　丁巳（1017）

降聖記五十卷　宋丁謂等編

宋大中祥符七年詔丁謂、宋綬、李維同編。天禧元年（1017）上之。

徐公文集三十卷　宋徐鉉撰

宋天禧元年（1017）胡克順刻本。至紹興九年（1139）十一月知明州軍徐琛又刊之明州公使庫。

妙法蓮華經七卷　後秦釋鳩摩羅什譯

宋天禧元年（1017）刻本。卷軸裝，紙高十六·九一至十七·一，卷長約三百厘米。一九七八年江蘇蘇州瑞光寺塔出土，蘇州市博物藏略稱法華經，全七卷，現存六卷，經紙染黄蘗避蛀，包首為碧紙。第一卷引首有"天禧元年九月十五日，雍熙寺僧永宗轉舍妙法蓮華經一部七卷入瑞光院新建多寶佛塔相輪珠内"等字朱題。

佛說相輪陀羅尼經一卷

宋天禧元年（1017）吴縣馬四娘寫施舍卷子本。

佛說相輪陀羅尼經一卷

宋天禧元年（1017）吴縣周福寫施舍卷子本

佛說相輪陀羅尼經一卷

宋天禧元年（1017）吴縣唐氏七娘寫施舍卷子本。

佛說相輪陀羅尼經一卷

宋天禧元年（1017）吴縣湯氏二娘寫施舍卷子本。

佛說相輪陀羅尼經一卷

宋天禧元年（1017）吴縣顧氏三娘寫施舍卷

子本。

佛説相輪陀羅尼經一卷

宋天禧元年（1017）吴縣袁氏三娘寫施舍卷子本。

佛説相輪陀羅尼經一卷

宋天禧元年（1017）吴縣陳氏一娘寫施舍卷子本。

佛説相輪陀羅尼經一卷

宋天禧元年（1017）吴縣陳氏五娘寫施舍卷子本。

佛説相輪陀羅尼經一卷

宋天禧元年（1017）吴縣黄永熙寫施舍卷子本。

佛説相輪陀羅尼經一卷

宋天禧元年（1017）吴縣朱從慶寫施舍卷子本。

佛説相輪陀羅尼經一卷

宋天禧元年（1017）吴縣唐進寫施舍卷子本。

佛説相輪陀羅尼經一卷

宋天禧元年（1017）吴縣翁承諤寫施舍卷子

本。

佛說相輪陀羅尼經一卷

宋天禧元年（1017）吳縣錢太和寫施舍卷子本。

佛說相輪羅尼經一卷

宋天禧元年（1017）吳縣夏惟貞寫施舍卷子本。

佛說相輪陀羅經一卷

宋天禧元年（1017）吳縣夏惟員寫施舍卷子本。

佛說相輪陀羅經一卷

宋天禧元年（1017）吳縣夏用龍寫施舍卷子本。

佛說相輪陀羅經一卷

宋天禧元年（1017）吳縣夏用能寫施舍卷子本。

佛說相輪陀羅經一卷

宋天禧元年（1017）吳縣夏元扶寫施舍卷子本。

佛說相輪陀羅經一卷

宋天禧元年（1017）長洲縣冲七娘寫施舍卷
子本。

佛說相輪陀羅尼經一卷

宋天禧元年（1017）長洲縣吳氏四娘寫施舍
卷子本。

佛說相輪陀羅尼經一卷

宋天禧元年（1017）長洲縣胡住姐寫施舍卷
子本。

佛說相輪陀羅尼經一卷

宋天禧元年（1017）長洲縣張七娘寫施舍卷
子本。

佛說相輪陀羅尼經一卷

宋天禧元年（1017）長洲縣張氏十一娘寫施
舍卷子本。

佛說相輪陀羅尼經一卷

宋天禧元年（1017）長洲縣陳氏一娘寫施舍
卷子本。

佛說相輪陀羅尼經一卷

宋天禧元年（1017）長洲縣貴氏六娘寫施舍
卷子本。

佛説相輪陀羅尼經一卷

宋天禧元年（1017）長洲縣盛氏一娘寫施舍卷子本。

佛説相輪陀羅尼經一卷

宋天禧元年（1017）長洲縣盛氏二娘施舍卷子本。

佛説相輪陀羅尼經一卷

宋天禧元年（1017）長洲縣朱仁達寫施舍卷子本。

佛説相輪陀羅尼經一卷

宋天禧元年（1017）長洲縣周仁章寫施舍卷子本。

佛説相輪陀羅尼經一卷

宋天禧元年（1017）長洲縣胡用之寫施舍卷子本。

佛説相輪陀羅尼經一卷

宋天禧元年（1017）長洲縣胡承福寫施舍卷子本。

佛説相輪陀羅尼經一卷

宋天禧元年（1017）長洲縣胡清寫施舍卷子

本。

佛說相輪陀羅尼經一卷

宋天禧元年（1017）長洲縣趙貴寫施舍卷子本。

佛說造塔相輪經一卷

宋天禧元年（1017）長洲縣俞光祐寫施舍卷子本。

佛說相輪陀羅尼經一卷

宋天禧元年（1017）長洲縣賀文展寫施舍卷子本。

佛說相輪陀羅尼經一卷

宋天禧元年（1017）長洲縣顧永祿寫施舍卷子本。

佛說相輪陀羅尼經一卷

宋天禧元年（1017）長洲縣臧延祿寫施舍卷子本。

佛說相輪陀羅尼經一卷

宋天禧元年（1017）長洲縣茹明寫施舍卷本本。

佛說相輪陀羅尼經一卷

宋天禧元年（1017）吴縣楊承福寫施舍卷子本。

佛説相輪陀羅经一卷

宋天禧元年（1017）吴縣吴聳寫施舍卷子本

佛説相輪陀羅尼经一卷

宋天禧元年（1017）吴縣許旺寫施舍卷子本。

佛説相輪陀羅尼经一卷

宋天禧元年（1017）吴縣周信寫施舍卷子本

佛説相輪陀羅尼经一卷

宋天禧元年（1017）吴縣金德從寫施舍卷子本。

佛説相輪陀羅尼经一卷

宋天禧元年（1017）吴縣周榮寫施舍卷子本

佛説相輪陀羅尼经一卷

宋天禧元年（1017）長洲縣吴氏四娘寫施舍卷子本。

佛説相輪陀羅尼经一卷

宋天禧元年（1017）長洲縣胡慶符寫施舍卷子本。

佛説相輪陀羅尼经一卷

宋天禧元年（1017）長洲縣蔣文傑爲施舍卷子本。

佛說無垢淨光經造寶塔相輪陀羅尼經一卷

北宋天禧元年（1017）寫本。蘇州市文物委員會藏。

天禧二年　戊午（1018）

易樞十卷　宋李見撰

宋天禧二年（1018）刻本。

汗簡七卷　宋郭忠恕撰

宋郭忠恕自序，李建中題。天禧二年（1018）李直方後序。

齊民要術十卷　後魏賈思勰撰

宋天禧二年（1018）頒齊民要術於天下。葛祐之序稱，"此書乃天聖中崇文院本，非朝廷要人不可得"。

天禧三年　己未（1019）

會靈志（即五嶽廣聞記）

宋天禧三年（1019）王欽若上會靈志，詔改名曰五嶽廣聞記。

釋氏要覽三卷　宋釋道成撰

宋天禧三年（1019）書成。

天禧四年 庚申（1020）

大廣益會玉篇三十卷 梁顧野王撰

宋天禧四年（1020）國子監刻本。唐孫强增

至宋陳彭年、吳銳、邱雍重修，附分毫字樣

及神珙反紐圖，於是廣益復唐上元本，而古

之小學存焉。首有大中祥符六年牒一通。卷

末尾若干部，舊若干言，新若干言等一行。

十行，行二十字。刻工有：蔣一亮、蔣元志、

蔣元琺、蔣元堯、蔣元棟、蔣五和、蔣士久

蔣忠和、蔣佳禮、蔣春生、蔣茂、蔣榮、蔣

璫、蔣賢椿。

梁益記十卷 宋任弁撰

宋天禧四年（1020）序刻。

天禧五年 辛酉（1021）

九經

宋天禧五年（1021）開始，令國子監重刻經

書印板。賜諸路印本九經。

十二經傳注

宋天禧五年（1021）國子監刻本。

聖政記一百五十卷　宋錢惟演編

玉海：天禧四年（1020）輔臣請中書秘院取時政記事別為編錄，從之命錢惟演編次，丁謂參詳，五年（1021）正月作序。

賓朋宴話三卷　宋卲昶撰

直齋書錄解題：凡十五篇，叙唐以來詩賦源流。天禧五年（1021）鄭賀為之序。

五代開皇紀　宋鄭向撰

宋天禧五年（1021）太常博士鄭向進。

南華真經注十卷　晉郭象注

宋天禧間（1017-1021）刻本。十行，行十六、十七字，注雙行，行二十四、二十五字。刻工有陳中、楊中、楊文。

乾興元年壬戌（1022）

漢書注一百卷　漢班固撰　唐顏師古注

北宋乾興元年（1022）刻本。

後漢書注九十卷　劉宋范曄撰　唐李賢注　志注補三十卷　梁劉昭撰

宋乾興元年（1022）刻。乾興元年中書門下牒文一通，孫奭奏請刊印後漢書并劉昭補志，

奉校今國子監依奉施行。附列結銜曰魯、
呂、日王等，而不書名。此為補志合刊之始
至南宋多從此出，然其本不見有錄。

御製碑頌石本目錄一卷
宋乾興元年（1022）刻板。又龍圖閣瑞物寶
目及六閣書籍圖畫目共一卷。平江虎丘寺御
書閣有原頒降印之本。

天聖元年　癸亥（1023）

蔡中郎文集十卷　漢蔡邕撰
天聖元年（1023）歐靜序刻本。蔡集至此始
為刻板，南宋未有再刻者。

河東先生文集四十五卷外集二卷　唐柳宗元撰
宋天聖元年（1023）穆修刻大字本。

孫可之集十卷　唐孫樵撰
宋天聖本，後刻大字天聖元年（1023）秘閣
校理仲淹家藏。

鉅鹿東觀集十卷　宋魏野撰
宋天聖元年（1023）薛田序刻。

天聖二年　甲子（1024）

周書五十卷　唐令狐德棻撰

宋天聖二年（1024）刻本。

南史八十卷　唐李延壽撰

北史一百卷　唐李延壽撰

隋書八十五卷　唐魏收撰

宋天聖二年（1024）至嘉祐三年（1058）國子監校刻。隋書卷末有天聖二年付雕文書："天聖二年五月十一日上，御藥供奉藍元用奉傳聖旨，教差官校勘，仍出內校式雕造"。

崇文曆一卷　宋行古等撰

直齋書錄解題：天聖二年（1024）晏殊爲序。

初學記三十卷　唐徐堅等編

宋天聖二年（1024）國子監刻本。

白氏六帖事類集三十卷　唐白居易撰

宋天聖二年（1024）國子監刻本。

觀彌勒菩薩上生兜率天經疏

宋天聖二年（1024）河北東路滄州歸化鎮彰教院刻本。山西省曲沃縣圖書館藏卷上。

天聖三年　乙丑（1025）

真宗實錄一百五十卷

晁志：自乾興元年詔王欽若、晏殊、宋綬、

李商淑同修。天聖三年書成。

武經七書二十五卷 六韜六卷 孫子三卷 吳子二卷 司馬法三卷 尉繚子五卷 黃石公三略三卷 李衛公問對三卷。

宋天聖三年（1025）國子監刻本。

唐朝畫斷一卷（一名唐朝名畫錄）唐朱景元撰

直齋書錄解題：目錄後有天聖三年（1025）商宗儒序。與畫繼大同小異。

天聖四年　丙寅（1026）

大廣益會玉篇三十卷　梁顧野王撰　唐孫強增字

宋陳彭年等重修。

宋天聖四年（1026）國子監刻本。

飛白敘錄一卷　宋錢惟演撰

宋天聖四年（1026）序進。

文選注六十卷　梁蕭統輯　唐呂延濟、劉良、張銑、呂向、李周翰注

宋天聖四年（1026）前先有二川、兩浙印本，模字大而部帙重，校本粗而舛脫夥；

文選注六十卷　梁蕭統輯　唐呂延濟、劉良、張銑、呂向、李翰周注

宋天聖四年（1026）四川書肆平昌孟氏刻。二小字楷書，深鏤濃印，快輕可以致遠，字明可以經久"。

天聖五年丁卯（1027）

黄帝內經素問二十四卷　唐王冰注　宋林億等校正

宋天聖五年（1027）命晁宗愨、王舉正校定，五年（1027）四月命國子監摹印頒行。

難經二卷　戰國秦越人撰

宋天聖五年（1027）國子監校刻。天聖四年命晁宗愨、王舉正校定難經，五年四月命國子監摹印頒行。

巢氏諸病源候論五十卷目錄一卷　隋巢元方撰

宋天聖四年命晁宗愨、王舉正校定，五年四月命國子監摹印頒行。日本懷仙閣藏南宋刻本即據天聖本重刻。巢氏諸病源候論五十卷目錄一卷。南宋刻本。缺卷四十、四十二、四十三凡三卷。酌源堂藏有之今從補錄。半葉十四行，行二十三字。白口，左右雙邊。每卷有金澤文庫印。懷仙閣藏書。此本首有宋綬序。弦字缺筆。蓋南宋人從天聖校刊本（天聖五年摹印頒行）而重刊者。文字遒勁用歐法而時帶行體。但卷中間有補刻（第十七卷首行亦然）。南宋坊間本往往有如此者然是書在今日莫善於此本，誠可貴重。酌源堂亦係殘本，然二本相合亦足稱完璧。

銅人鍼灸圖經三卷　宋王維一纂集

宋天聖五年（1027）命摹印頒行。七年又賜諸州。玉海作銅人腧穴針灸圖經。有貴池劉氏景宋本。

友會叢記三卷　宋上官融撰

宋天聖五年（1027）自序。所記留寓宋代故事，多言報應，寓勸戒。卷數與宋志、焦氏志同，而通考則作一卷，序稱六十事，此僅及半。

天聖六年　戊辰（1028）

天聖鹵簿圖記十卷　宋宋綬撰

直齋書錄解題：始太祖朝，鹵簿以繡易畫號繡衣鹵簿，真宗時王欽若為記三卷，闕於繪事亦不詳識。綬與馮元、孫奭受詔質正古義傳以新制，車馬人物器服之品，皆繪其首者，名同飾異，各別出焉。天聖六年十一月上之。

天聖七年　己巳（1029）

國語韋昭注二十一卷國語補音三卷　宋宋庠撰

宋天聖七年（1029）江陰軍學刻本。汲古閣毛氏影寫宋天聖明道本，吳韋昭注并序。末有"明道二年四月初五得善本"一行。"天聖七年七月二十日開印"一行。"江陰軍鄉貢進士葛惟肖"一行。"鎮東軍機權節度掌書記魏庭堅"一行。汲古閣本即黃氏士禮居所刊祖本。

故唐律疏義三十卷

送崇文院雕造，天聖七年十二月鏤板畢頒行。半葉九行，行十八字。刻工有李文、黎可官。

律十二卷音義一卷　宋孫奭撰

宋天聖七年（1029）崇文院刻印。有影宋鈔本，昭文張氏藏。曰名例、曰衛禁、曰職制、曰戶婚、曰廄庫、曰擅興、曰盜賊、曰鬥訟、曰詐偽、曰雜律、曰捕亡、曰斷獄，凡十二律，為十二卷。後有"天聖七年准敕送

崇文院雕造"一行。此書直齋書錄解題著錄
音義宋孫奭撰，歷代異名沿革皆著之，卷末
列孫奭、馮元、宋祁等銜。

前漢紀三十卷　漢荀悅撰

宋天聖七年（1029）益州市刻本。李巽岩跋
語家有天聖間益州市摹刻，衍文錯置不可句
據此序刻是為兩漢，所謂祥符板為先。數年
不見有錄。

文選注六十卷　梁蕭統輯　唐李善注

宋天聖七年（1029）雕本。有傳。

文選注六十卷　唐李善注　存西都賦　東都賦
計十六葉。北宋刻本，半葉十行，行十六至
十九字不等，注雙行二十四、五字不等。白
口，四周單邊。版心上題"李善注文選第幾"
下記葉數，無魚尾，而以橫线斷之。此與北
京圖書館藏殘本同，"通"字缺筆，即世傳
所謂天聖明道本。寶應劉啟瑞翰臣藏。

天聖八年　庚午（1030）

三朝國史一百五十卷

宋景德四年詔王欽若、陳堯佐、趙安仁、晁

迥、楊億等修太祖太宗正史，王旦監修。祥符九年書成。凡為紀六、志五十五、列傳五十九、目錄一，共一百一十卷。天聖四年吳夷簡、夏竦、陳堯佐修真宗正史，王曾提舉八年（1030）上之，增紀為十、志為六十、傳為八十。

書苑十五卷　宋周越撰

晁志：天聖八年（1030）成書為序。

天聖九年　辛未（1031）

智門光祚禪師語錄一卷

宋刻本，半葉十一行，行二十字。門人重顯序於辛未歲，即天聖九年。吳縣潘氏藏。

法藏碎金錄十卷　宋晁迥撰

宋天聖九年（1031）自序。

齊民要術十卷　後魏賈思勰撰

宋天聖中（1023-1031）崇文院刻。半葉八行，行十七字，白口，四周單邊。存卷五、卷八計二卷。宋諱竟、玄、通等字缺末筆。日本高山寺藏。羅振玉已印入吉石盦叢書初集中。是書善本至稀，考紹興甲子（十四年）葛祐之刊是書，後序有曰，此書乃天聖中崇文院板，非朝廷要人不可得。今此本通字缺筆，知是天聖官刊，在當時既爲罕覯之册，豈可不貴重乎。

孝經注一卷　唐玄宗李隆基注

宋天聖明道間刻本。小字，半葉十五行，行二十三至二十五字不等。注文雙行，约三十二、三字。白口，左右雙邊。中縫記孝經二字。前玄宗御製序，序後連接正文，卷末空一格，標御注孝經一序，又空一格，附孝經音略三行。卷中敬、匡、胤、恒、炫、通皆爲字不成。通字爲明肅皇太后父諱，天聖元年明肅稱制，命天下避其父諱，至明道二年詔不避。是此爲天聖明道間刻本。日本文政九年狩谷氏求古樓摹刻本最爲精肖。日本帝室圖書寮藏書。

明道元年　壬申（1032）

三朝寶訓三十卷　宋李淑等撰

宋天聖五年監修國史青社王曾李先奏乞，用貞觀政要故事取三朝聖語政事及臣僚對不入正史者，別爲一書，與國史實錄並行，至十年書成。（十年尚未知改元之故，應爲明道元年1032）。詔以寶訓爲名，且後進讀於邇英延義，今館閣書以爲二十卷，當彌所上者非也。乃改要尔。

天聖編敕十三卷

赦書德音十二卷

天聖令文三十卷

以上三種宋天聖十年詔付掌文院鏤板頒行。見宋會要刑法一格令一。

祖英集二卷　宋釋重顯撰

宋刻本，半葉十行，行二十字。白口，單邊。魚尾下英二上有字數。呂夏卿爲塔銘，後有萬壽住持自如撰。前有天聖十年序。其序時尚未知改元之故。刊板疏。四明徐汝舟刻。字畫清挺，合釋家之書派。慶元雪竇明覺大師祖英，俗姓李遂州人。咸平中出家，後住持雪竇資聖寺，皇祐四年滅塔在雪竇。

楚辭十七卷　漢王逸注　宋陳說之編

宋天聖十年（1032）陳說之編刻，序爲天聖

十年。其序時尚未知改元之故，應為明道元
年（1032）。

明道二年　癸酉（1033）

職林二十卷　宋楊偘撰
宋咸平二年序，明道二年（1033）胡昉為後
序，增益事實七百四十五條，而以新續標之

大悲心陀羅尼經一卷
宋明道二年（1033）胡則刻本。每開六行，
行十七字。寫刻印均極精緻。

妙法蓮華經七卷　後秦鳩摩羅什譯
北宋明道二年（1033）金銀寫本。存一卷。浙江
博物館藏。

景祐元年　甲戌（1034）

景祐乾象新書三十卷　宋楊惟德撰
直齋書錄解題：宋景祐元年（1034）御製序
以歷代占書及春秋至五代諸史採摭集成賜名

土牛經
宋景祐元年（1034）崇文院刻本。

冀王宮花品一卷
直齋書錄解題：宋景祐元年（1034）滄州觀

察使所記，以五十種分爲三等九品。

景祐二年乙亥（1035）

景祐天竺字源七卷　宋釋惟淨撰

直齋書錄解題：宋景祐二年（1035）摹印頒行。首有御製序，末有景祐二年奉聖旨開板摹印頒行。鏤板頒行吳郡虎丘寺有賜本。

漢書注一百卷　漢班固撰　唐顏師古注

宋景祐二年（1035）刻本。

後漢書一百二十卷　劉宋范曄撰　唐李賢注

北宋景祐元年或二年（1035或1036）國子監刻本。

北宋末南宋初刻本中有余靖上言的記載：“景祐元年九月，秘書丞余靖上言，國子監所印兩漢書，文字舛訛，恐誤後學。臣謹參括衆本，旁據它書，列而辨之，望行刊正。詔送翰林學士張觀等詳定聞奏，又命國子監直講王洙與靖偕赴崇文院讎對。”這次的勘正，凡增七百四十一字，損二百一十二字，改正一千三百三字。”

兩漢策要十二卷　宋陶叔獻撰

宋景祐二年（1035）阮逸序。

姓解三卷　宋邵思撰

首有自序，末記大宋景祐二年（1035）上祀圜丘後五日自序，序後接題目。每卷首題姓解卷幾，次行署鴈門邵思纂。一卷首題目下夾注記凡三卷，一百七十門，二千五百六十八氏。卷末記廟諱中六姓今自改焉。下夾注敬、殷、匡、胤、弘、恒六字皆缺筆。又記一十七氏附別部，未列其目。半葉十行，行十七字，注文雙行，行二十五字。左右雙邊文字端正，紙刻古樸，其爲書以偏旁分部始又部終暢部。卷數與宋志所載合，元明諸家書目並失載，則其逸既久，洵宋舊帙也。卷首有經筵印及高麗國十四葉印、印係高麗王府舊物，裝潢亦爲彼國之制，是書爲現存較早之姓氏書。日本藏書。

荀子二十卷　唐楊倞注

宋景祐二年（1035）國子監刻本。

文中子十卷　宋阮逸注

宋景祐二年（1035）國子監刻本。

景祐三年　丙子（1036）

景祐廣樂記八十卷　宋馮元撰

　宋馮元自景祐元年奉詔，三年（1036）書成。

昭德新編三卷　宋晁迥撰

　宋景祐三年（1036）李遵勗序。

彙刻唐宋畫書九種十一卷

　宋景祐三年（1036）彙刻。

大方廣佛華嚴經入不思議解脫境界普賢行願品

　一卷　唐釋般若譯

　北宋景祐三年（1036）寫本。浙江博物館藏。

景祐四年　丁丑（1037）

禮部韻略五卷

　宋景祐四年（1037）送國子監印造。

揚子法言十卷　漢揚雄撰　晉李軌　唐柳宗元注

　宋景祐四年（1037）宋咸重注上進書表。

大般涅槃經四十二卷

　宋景祐四年（1037）大中祥符寺刻本。此大般涅槃記四十二卷，起於景祐丁丑歲十一月初七開畢，庶幾流傳，以永見聞滋益。京杭州大中祥符寺衆經院沙門可孜序，講經律沙

門清祖發心書，校勘傳楞嚴教沙門仲希，校
勘經律臨壇沙門用休，東經藏院主講經律沙
紫圓悟。日本有覆刻本。

白氏文集七十二卷　唐白居易撰

宋景祐四年（1037）杭州刻本。有杭州詳定
官重詳定，杭州通判林冀等銜名，并詳定所
牒文。

史記集解一百三十卷　漢司馬遷撰　劉宋裴駰
集解

北宋刻遞修本，半葉十行，行十九字，注雙
行，行二十五、六、七字不等。白口左右雙
邊。版心題史本紀幾或世家幾，下方記刻工姓
名，有牛實、朱宗、朱諒、石貴、印貴、安
明、周成、吳安、吳圭、洪吉、何先、何先
何主、陳信、陳忠、陳昌、陳吉、陳宥、陳
浩、陳言、陳擇、呂吉、胡茶、孫安、張珪
張宣、張安、張聚、么珪、鄭章、鄭彥、鄭
安、許宗、許亮、許簡、趙昌、趙達、嵇起
華達、湯立、凌安、郎政、沈成、沈誠、施
元、楊琨、楊守、衛玉、徐雅、徐真、屠亨

屠式、屠宝、屠聚、錢真、蔣宗、暹、全、祥。以上爲原版。又牛實、牛可道、毛諫、毛諒、王惠、王珍、王華、王受、包正、史彥、江通、阮于、宋俅、宋琳、宋榮、吳虎、呂堅、林英、胡淳、張敏、趙宗、俞忠、徐政、徐忠、徐昇、徐杲、徐高、徐從、孫勉、孫祥、劉中、劉堅、劉延、劉潤、陳哲、陳全、陳迎、陳彥、顧淵、顧忠、章珍、章楷、黃宇、黃暉、嚴端。以上補版。首卷首行題史記集解序，次行低八格題裴駰二字，三行序文起。序後接連正文，題五帝本紀第一，次行題史記一。以下各卷均大題在上，每卷空一格標子題。配南宋黃善夫刻本五卷，配元大德本九卷。此書海内孤本，數百年來不見著錄。北京圖書館藏。

漢書注一百二十卷　漢班固撰　唐顏師古注

北宋景祐刻本。半葉十行，行十九字。注文雙行，行二十五至二十八字不等。白口，左右雙邊。版心上魚尾下記“前漢紀傳幾”，次記葉，下記刻工姓名，有趙昌、華連、張

珪、徐臻、詹式、胡恭、陳吉、鄭安、沈詵
徐淨、陳覺、何立、陳富、楊德、宋庠、陳
慧、徐昇、徐真、沈仁、楊玉、錢珍、陳用
陳忠、王宴、陳浩、徐永、陳奎、吳贇、林
有、陸廟、陳言、王保、娘生、丁有、丁保
楊珩、牛實、徐高、黃暉、施元、毛端、許
中、陳彥、陳偉、孫安、鄭璋、王震、虞集
陳全、沈信、孫成、宋榮、洪吉、顏全、楊
琪、呂堅、毛忠、孫祥、許亮、徐軫、施明
陳昌、詹玉、么宣、詹亨、周成、陳擇、印
貴、王中、禾真、郎政、沈誠、許宗、許明
何先、徐雅、孫和、朱保、石貴、詹聚、張
宣、許簡、蔣宗、湯立、凌安、張聚、朱宗
稽起、林受、沈成、呂吉、何安、陳士、與
達、丘甸、林俊、錢真、牛賢、崔淵、董明
余永、衛玉、吳安、孫升、楊守、周元、宋
俅、吳邵、吳高、陳惠、楊守、印志、顧全
等人。此書係鐵琴銅劍樓藏所謂北宋景祐本
卷末有「景祐元年九月……國子監所印兩漢書
字樣。宋諱玄、弦、絃、懸、朗、朓、徵、

敬、警、驚、鏡、竟、殷、匡、筐、恇、胤、靷、頻、恒、禎、楨、湞、貞、徵、懲、讓、襄、穰、署、曙、樹、豎、桓、頊、勖、旭、畜、戌、傭、煦、杼、桓、完、丸、紈、浣、筦、莞、購、遘、彀、轂、雊、鴝、垢、詬、瑗、瑋、慎、軒、轅等字。桓、構二字時作淵聖御名及今上御名。其不成字者，多係剜改，且有已剜未補遂空留空格者，瑗、瑋、慎三字亦缺筆，是刊於高宗南渡以後，而成於孝宗受禪之後，至避軒轅二字，則以真宗大中祥符七年禁文字斥用黃帝名號，故視同廟諱，則是他書所罕見。此書補版刻工程保、王文、孫生等人，紹興十九年又刻福州開元寺毗盧大藏，程保等人即是南渡初年人，又案此書刻工牛實、徐高等皆南宋初年杭州地區名匠，徐雅、湯立、洪吉、董明等，紹興初又刻思溪藏（浙江吳興刻）。此書原版刻於北宋後期，即據北宋監本覆刻，而非景祐監本，當是事實。此書究係何時何地刻版，尚待後證。百衲本二十四史印本，即據此帙影印。北京圖書館藏。

後漢書注九十卷　劉宋范曄撰　志三十卷　晉司馬彪撰　梁劉昭注補

北宋刻遞修本。（配有黄善夫刻本，宋嘉定元年蔡琪一經堂刻本）四十册。十行行十九字，小字雙行二十五字，白口左右雙邊。存一百六卷。北京圖書館藏。

寶元元年　戊寅（1038）

一切如來秘密全身舍利寶篋印陀羅尼經一卷　唐釋不空譯

北宋景祐間（1034—1037）陳歡抄本。

三朝經武聖略十五卷　宋王洙撰

直齋書録解題：寶元元年（1038）上進。凡十七門，後五卷爲奏議。

寶元二年　己卯（1039）

群經音辨七卷　宋賈昌朝撰

宋寶元二年（1039）令崇文院雕造。慶曆三年（1043）雕造了畢。

集韻十卷　宋丁度等撰

宋寶元二年（1039）延和殿奉旨鏤板。

唐餘錄史三十卷　宋王皞撰

直齋書錄解題：寶元二年（1039）上之。（文獻通考作六十卷）。

唐文粹一百卷　宋姚鉉編

宋寶元二年（1039）杭州孟琪刻本。半葉十五行，行二十五字。施昌言後序："故姚右丞纂唐賢之文百卷，用意精博，世尤重之，然卷帙繁浩，人欲傳錄未易為力。臨安進士孟琪代襲儒素，家富文史，爰事摹印，以廣流布，且校之，是正之，工鏤之，善勤亦至矣，噫！古之藏書必芟竹鍥木殫紙竭毫，具蘊宏其載，乃能有之，今是書也，積之不盈，幾秘不滿，苟無煩簡札而坐獲至寶，士君子有志於學，其將舍諸若夫述作之旨，表於前序，此不復云。寶元二年嘉平月殿中侍御史吳興施昌言敘"。此為文粹第一刻。

西崑酬唱集二卷　宋楊億編

宋寶元二年（1039）刻本。

武經總要四十卷　宋曾公亮等編撰

宋寶元至慶曆（1038-1048）刻本。

康定元年　庚辰（1040）

洪範政鑑十二卷　宋仁宗趙禎撰

宋康定元年（1040）七月御製序，每卷分上下，凡爲子卷二十四。今有宋淳熙十三年內府寫本。北京圖書館藏。

祖異志十卷　宋聶田撰

宋康定元年（1040）自序。

康定轉神曆一卷

遂初堂書目載。

慶曆元年　辛巳（1041）

陝西聚米圖經五卷　宋趙珣撰

珣父振博州防禦使，久在西邊，珣得五路徼外山川道理。康定二年（1041）爲此書。韓魏公經略言於朝，詔取其書。案：無康定二年，實爲慶曆元年（1041）。

崇文總目六十四卷　宋王堯臣等編

總目收書五萬六百六十九卷，分爲四十五類。書成於慶曆元年（1041）十二月上之賜名。

慶曆二年　壬午（1042）

周易集解十七卷　唐李鼎祚撰

宋慶曆壬午（二年1041）計用章刻本。半葉十五行，行二十六、七字。卷末列趙普、呂蒙正等二十二人全銜。為宋末俞石澗所藏。翁覃溪有長跋，小楷絕精。此書為海內孤本。

新雕白氏六帖事類添注出經三十卷　唐白居易輯

宋刻本，半葉十二行，行二十一、二字不等。注文雙行，行三十一至三十三字不等。白口，左右雙邊。版心下方間記字數。每卷接連本文，每類標題以陰文別之。前有詳定所慶曆二年准轉運司牒文，後有詳定官潘説、重詳定馮元康官銜三行。鈐有汪士鐘藏印。

妙法蓮華經七卷　後秦鳩摩羅什譯

宋慶曆二年（1042）杭州晏家刻本。卷軸裝。每版三十行，行十七字。無欄线，上下單邊。卷一、五、六較完好，二、三、四、七卷霉爛殆盡。卷一：卷首失去佛像，只存序尾及刻經年代“大宋慶曆二年壬午歲正月杭州晏家重清校勘”。卷五：佛像中有一組木工鋸木之畫，是否為説明雕板之畫尚待研究。字體

方正圓潤，刀法遒勁古樸。山東省莘縣宋塔
出土北宋佛經。

慶曆三年 癸未（1043）

集韻十卷 宋丁度等撰
宋寶元二年（1039）奉旨鏤板，慶曆三年（1043）
八月雕成。常熟翁叔平藏北宋本。

直講李先生文集十二卷 宋李覯撰
宋慶曆三年（1043）祖無擇序，云泰伯退居
明年類其文稿第為十有二卷

河南穆先生文集三卷遺事一卷 宋穆修撰
宋慶曆三年（1043）祖無擇序。

般若波羅蜜多心經一卷 唐釋玄奘譯
北宋慶曆三年（1043）陳思戩寫本。浙江博物館
藏。

般若波羅蜜多心經一卷 唐釋玄奘譯
北宋慶曆三年（1043）公詔寫本。浙江博物館藏

大悲心陀羅尼經一卷 唐釋不空譯
北宋慶曆三年（1043）公詔寫本。浙江省博物館
藏。

大悲心陀羅尼經一卷 唐釋不空譯

宋慶曆三年(1043)知白寫本。浙江博物館藏。

慶曆四年 甲申(1044)

易傳十卷略例一卷 唐李鼎祚撰

宋慶曆甲申(四年1044)七月臨邛計用章序云，眉陽孫景初募工刻板，以廣傳布。

新集古文四聲韻五卷 宋夏竦撰

宋慶曆四年(1044)序刊。半葉六行。

三朝國朝會要一百五十卷 宋章得象編

宋綬、馮元、李淑、王洙、王舉正同修；慶曆四年(1044)書成上之。

太常新禮四十卷 宋賈昌朝等撰

宋景祐四年同知太常禮院吳育言本院所藏禮文故事未經刊修，請擇官選定，慶曆四年(1044)書成上之。

慶曆五年 乙酉(1045)

論衡三十卷 漢王充撰

宋慶曆五年(1045)刻，楊文昌校定，號稱完善。半葉十行，行二十字。

太平御覽一千卷 宋李昉等輯。

宋慶曆五年(1045)刻本。

吳中花品一卷　宋李英述

　直齋書録解題：慶曆五年（1045）李英自序

慶曆六年　丙戌（1046）

五代會要三十卷　宋王溥撰

　宋慶曆六年（1046）文彥博刊於蜀郡。是書宋代有二刻：宋建隆初王溥所進，慶曆六年文彥博跋。宋乾道七年（1171）施元之跋。

宛陵先生文集六十卷　宋梅聖俞撰

　宋慶曆六年（1046）歐陽修序。

新雕詩品三卷　梁鍾嶸撰

　宋慶曆六年（1046）京臺岳氏刻本。

慶曆七年　丁亥（1047）

春秋繁露十七卷　漢董仲舒撰

　宋慶曆七年（1047）樓郁序稱：六經道大而難知……今其書十卷，又總名繁露，其是非請俟賢者辨之，太原王君家藏此書，常謂仲舒之學久鬱不發，將以廣之天下，就予求序，因書其本末云。慶曆七年二月四明樓郁書。

孝經衍義四十七卷　漢董仲舒撰

　宋慶曆七年（1047）樓郁序。

博濟方三卷　宋王袞撰
宋慶曆七年（1047）自序。直齋書錄解題另載莫氏方一卷，云吴興莫伯虛刻博濟方於永嘉，而以其家藏經驗方於後。宋刻不傳已久。

慶曆八年　戊子（1048）

韓詩外傳十卷　漢韓嬰撰
宋慶曆八年（1048）李用章刻於杭州。容齋續筆八：韓詩今惟存外傳十卷，慶曆中將作監主簿李用章序之，命工刊刻於杭，其末又題云蒙文相公改正三千餘字，予家有其書。宋慶曆將作監主簿李用章刻，彼稱為慶曆杭州本。

春秋集傳纂例十卷　唐陸淳撰
宋慶曆八年（1048）國子監刻本。

春秋集傳辨疑十卷　唐陸淳撰
宋慶曆八年（1048）吴興朱臨刻本。

慶曆刪定編敕赦書德音附令目錄二十卷
宋慶曆八年（1048）詔崇文院鏤板頒行。

慶曆善救方一卷
宋慶曆八年（1048）國子監刻印。

盧仝集三卷集外詩一卷　唐盧仝撰

直齋書錄解題：慶曆八年（1048）昌黎韓盈序刊。丁志無名氏題云，玉川子詩，主持奇怪耳，予家宋刻本最爲完善，因授之梓。

閩中記十卷　唐林胥撰　宋林世璧　林世程重刊

宋慶曆間（1041—1048）刻本。早已失傳。

退居類稿十二卷皇祐續稿八卷　宋李覯撰

宋慶曆間（1041—1048）李覯自刻本。

皇祐續稿八卷　宋李覯撰

北宋慶曆間（1041—1048）李覯刻本。

春秋集傳纂例十卷　唐陸淳撰

北宋慶曆間（1041—1048）朱臨刻本。半葉十行，行二十字。

皇祐元年己丑（1049）

三朝訓鑑圖十卷　宋李淑　楊偉纂修

宋皇祐元年（1049）御府刻本。自慶曆八年奉旨檢討事迹共編且乞製序，皇祐元年書成。直齋書錄解題云，頃在莆田有售此書者，亟求觀之，則已爲好事者所得，蓋當時御府刻本也。卷爲一冊，凡十事，事爲一圖，飾以青黄，亟命工傳錄。凡字大小廣狹，設色規模

一切從其舊款排鋪觀如生。慶曆皇祐間目觀

聖作，明述之盛也。據此為彩印本之始。

鉅宋廣韻五卷

北宋皇祐元年（1049）刻本。

邯鄲書目十卷　宋李淑撰

宋皇祐元年自序。號圖書十志，凡一千八百

三十八部，二萬三千二百八十六卷。

桐譜一卷　宋陳翥撰

直齋書錄解題：宋皇祐元年（1049）自序。

皇祐二年　庚寅（1050）

石室十三經

孟昶時所鐫，故周易後有廣政十四年，惟三

傳至皇祐初方畢，故公羊傳後有大宋皇祐元

年（1050）歲次己丑九月十五日工畢。又有

銜名何維翰、黃東、王尚喆、華參、解程、

聶世卿、孫長卿、曾穎叔、田况等。

皇祐三年　辛卯（1051）

春秋經傳對賦一卷　宋徐晉卿撰

宋皇祐三年（1051）自序。

羅浮山記一卷　宋郭之美撰

宋皇祐辛卯（三年 1051）自序。

皇祐簡要濟衆方五卷

宋皇祐三年（1051）頒下諸道。

地理新書十五卷　宋初官撰

因用唐呂才陰陽書中地理八篇，增輯爲乾坤寶典。景祐初命修正別成三十五篇，賜名地理新書。皇祐三年（1051）復詔王洙修刪成三十二篇，首有進書序。吴縣黄氏士禮居舊藏。

妙法蓮華經七卷　姚秦鳩摩羅什譯

宋皇祐三年（1051）刻本。半葉五行，行十七字。台灣故宫博物院藏。

皇祐四年　壬辰（1052）

周易指要二十卷　宋代淵撰

宋皇祐四年（1052）田況上。

簡要濟生方

宋皇祐四年（1052）崇文院刻。

皇祐五年　癸巳（1053）

易補注十卷王劉易辨一卷　宋宋咸撰

直齋書録解題：皇祐五年（1053）表上之。

皇祐新樂圖記三卷　宋阮逸　胡瑗撰

宋皇祐五年（1053）刻大字本。張金吾藏影寫新樂圖記，卷末有"皇祐五年十月初三日奉旨開板印造"二行。

青社黃先生伐檀集二卷　宋黃庶撰

宋皇祐五年（1053）自序。明刻本末有"時皇祐五年十二月青社自序"。

和靖先生詩集上下卷　宋林逋撰

宋皇祐五年宛陵梅堯臣序曰：先生詩，時人貴重甚於寶玉，先生未嘗自貴就輒棄之，故所存百無一二，諸孫大年摭拾之請為序。

春秋集傳纂例十卷　唐陸淳撰

蜀刻小字本。又春秋微旨三卷，為皇祐間汴京本（1049-1053）。此與春秋集傳辨疑版本不同，或單刻者。

王黃州小畜外集三十卷　宋王禹偁撰

宋皇祐間（1049-1053）王芬刻本。半葉十一行，行二十二字。

至和元年甲午（1054）

雲臺編三卷　唐鄭谷撰

唐乾寧甲寅自序。至和元年（1054）祖無擇序。童宗說跋云，自至和甲午迄今百七載，得賢史君家藏本鋟木。是集童氏本刊於南宋紹興末年，不見有錄。今存宋本標題鄭守愚文集，次題雲臺編。半葉十二行，行十九至二十一字。白口。凡五十六葉，爲蜀刻唐集之一。元翰林國史院官書長方印。劉體仁七今藏北京圖書館。

至和二年　乙未（1055）

九華拾遺一卷　宋劉放撰

宋至和二年（1055）自序，云滕天章作新錄於前，沈太守撰總錄於後，博考傳聞復得三十餘節。

嘉祐元年　丙申（1056）

乾生歸一圖二卷　宋石汝礪撰

直齋書錄解題：宋嘉祐元年自序。

近事會元五卷　宋李上交撰

宋嘉祐改元（1056）序。

韋蘇州集十卷　唐韋應物撰

宋嘉祐元年（1056）太原王欽臣跋云，應物有集十卷，而撮敘撰并非舊矣，今取諸本校定仍所部居去其雜廁，分為十五類，合五百七十一篇。有明翻嘉祐本。

嘉祐二年 丁酉（1057）

史記索隱一百三十卷 唐司馬貞撰

宋嘉祐二年（1057）建邑王氏世翰堂刻本。末卷有"嘉祐二年建邑王氏世翰堂鏤板"十三大字。疑史記索隱的最早刻本。此本即中統二年平陽道參幕段君子成刻史記集解附索隱一百三十卷之祖本。臺灣故宮博物院藏有此本，出自天祿琳琅書目後編，經過考證，知此本即明慎獨齋刻本。建安王氏世翰堂的刊記為書賈偽造的。

隆平集二十卷 宋曾鞏撰

宋嘉祐二年（1057）刻本。列有嘉祐二年開造校正官銜。有紹興十八年重刻本。

傷寒論十卷 漢張機撰

宋嘉祐二年（1057）國子監校刻。

金匱要略三卷 漢張機撰

宋嘉祐二年（1057）國子監校刻。

黄帝内經素問二十四卷　宋林億等校正

北宋嘉祐二年(1057)下國子監頒行。

難經二卷　宋林億等校正

北宋嘉祐二年(1057)下國子監頒行。

巢氏諸病源候論五十卷　宋林億等校正

北宋嘉祐二年(1057)下國子監頒行。

千金翼方三十卷　唐孫思邈撰

宋嘉祐二年(1057)國子監校刻。

千金要方三十卷　唐孫思邈撰

北宋國子監刻本。

南部新書十卷　宋錢易撰

宋嘉祐二年(1057)錢明逸自序。

古今源流至論前集十卷後集十卷續集十卷　宋林駉撰　别集十卷　黄履翁撰

宋嘉祐丁酉(二年1057)刻本。半葉十二行行二十二字。

嘉祐三年　戊戌(1058)

建康實錄二十卷　唐許嵩撰

宋嘉祐三年(1058)江南東路江寧府刻本。嘉祐三年江寧府開造，四年畢工。末有識語四行："江寧府嘉祐三年十一月開造建康實錄，並接三國志、東西晉書并南北史校勘，至嘉祐四年五月畢工，凡二十卷，總二十五萬七千五百七十七字，計一十策。"并校正官銜名張唐民、錢公瑾、盧本、趙真卿、彭仲荀、梅摯等七行。

南唐二主詞一卷　南唐中主李璟　後主李煜撰
宋陳世修輯
直齋書錄解題：嘉祐三年（1058）序刊。

花間集十卷　後蜀趙崇祚輯
宋嘉祐三年（1058）江寧府刻本。

陽春集一卷　南唐馮延巳撰
宋嘉祐戊戌（三年1058）陳世修序。

嘉祐四年　己亥（1059）

新雕注疏珞琭子三命消息賦三卷新雕李燕陰陽三命二卷　宋釋曇瑩撰
宋嘉祐四年（1059）刻本。半葉十一行，行二十字，注文雙行二十九字。後附新雕李燕陰陽三命二卷，半葉十四行，行三十二字。

五代名畫補遺一卷　宋劉道醇撰

宋嘉祐四年（1059）陳洵直序。

蟹譜二卷　宋傅肱撰

宋嘉祐四年（1059）自序。

杜工部集二十卷　唐杜甫撰

宋嘉祐四年（1059）蘇州公使庫王琪刻本。半葉十行，行二十字。王琪書後記云："原叔（王洙之字）雖自編次，余病其卷帙之多，而未甚布，暇日與蘇州進士何君瑑、丁君修得原叔家藏及古今諸集，聚於郡齋而參考之三月而後已。義有兼通者，亦存而不敢削，閱之者固有深淺也。而吳江邑宰河東裴君煜取以覆視，乃益精密，遂鏤於版，庶幾其傳王琪刻本是杜集第一刻本，也是此後杜集的祖本。滂喜齋藏書記載："北宋刻杜工部集二十卷。題前劍南節度參謀宣義郎檢校尚書工部員外郎賜緋魚袋京兆杜甫，每卷先列其目目後接詩，前有王原叔記，嘉祐四年蘇州郡守王琪刻本也。浣花全集當以此為最古，其餘槧本不下四十家，皆雲礽矣，秘帙流傳海內恐無第二本，能不視為鴻寶耶。王琪後記有近質者下注云，"如麻鞋見天子垢膩腳不襪之句"凡十三字，今本皆脫。每半葉十行，行二十字。宋諱缺筆甚嚴。舊為汲古閣藏書。宋刻存者卷一首三葉，卷十至十二，卷十七至末共七卷，餘皆影鈔。結構精嚴，毫髮不苟，斧季之甥王為玉筆也。後有斧季手跋，王琪之琪誤作祺。

嘉祐五年 庚子（1060）

新唐書二百五十卷 宋歐陽修、宋祁撰

宋嘉祐五年（1060）杭州刻本。半葉十行，行十九字。卷末題："唐書凡二十六篇總二百五十卷，二十一帝本紀一十篇十三卷，五十卷、五十六卷，三表十五篇二十二篇，列傳一百五十篇一百六十卷錄二卷。嘉祐五年六月二十四日進呈二十六日准中書劄子奉旨下杭州鏤版頒行。"

重廣會史一百卷目錄一卷 不著撰人姓氏

北宋刻巾箱本。半葉十五行，行二十至二十六字不等。白口，左右雙邊。版心記史幾，下記葉數，無字數及刻工姓名。標題占雙行，注雙行，小字五當大字四。本書每卷有目，連正文，每類先引荀、老、莊諸子，次引史記、前後漢、三國志、晉書、南北史以迄新唐書，雖名為史，實為類書。宋史藝文志列入子部類事類，注云"不知作者"。郡齋讀書志、遂初堂書目、直齋書錄解題、文獻通考經籍考、明焦竑國史經籍志、四庫全書總目提要等著名公私書目，均未著錄，自宋至清也未見有刊本流傳。一九二八年，日本育德財團根據前田氏尊經閣所藏宋刊孤本影印此書才又流傳於世。每冊尾鈐有"高麗國十四葉辛巳歲藏大宋建中靖國元年大遼乾統元年"朱文印章。該書避宋帝諱，引漢書匡衡傳稱稚圭傳，貞觀作正觀。敬、徵、恒、署等字缺筆，但勗字不避嫌名。是書刊刻當在宋神宗趙頊之前，英宗趙曙之世。書中刻工姓名有范佺、伊序、桂、雄、姜等。此書中華書局亦影印行世。亦有記載重廣會史為宋嘉祐五年（1060）六月二十六日奉旨下杭州鏤板頒行。書體秀勁，刊刻精巧。

妙法蓮華經七卷　後秦鳩摩羅什譯

宋嘉祐五年（1060）杭州錢家刻本。梵夾裝，每版三十行，行十七字，半葉六行。無欄綫，上下單邊。卷一：卷首佛像題："妙法蓮華經變相卷第一"。次爲序："妙法蓮華經弘傳序，終南山釋道宣述"。序後即刻印時間："大宋嘉祐五年庚子正月杭州錢家重請講僧校勘兼於逐卷内重分爲平聲爲去聲字章并及添經音在後雕印施行"。再後爲卷端書名："妙法蓮華經卷第一，姚秦三藏法師鳩摩羅什奉詔譯"。經文有句讀，卷末有字數："此卷九千一百十八字"。失去後面音釋。卷二：首附佛像，卷末爲字數："此卷九千八百八十九字"。下有刻工"垢刀"，後附音釋。卷三：失去卷首佛像，卷末缺二十四行經文及字數音釋。卷四：卷首附佛像，卷末有字數："此卷一萬一千三百二十九字"。亦有刻工："垢刀"，後附音釋。卷五：卷首附佛像，卷末只存寫經生："琅邪王遂良書"一行，失去字數音釋。卷六：卷首附佛像，卷末有字數：此卷一萬三百二十九

字。後附音釋。卷七：卷首失去佛像及二十
三行經文，卷末失去六十行經文及字數音釋
山東莘縣宋塔出土北宋佛經。

嘉祐六年　辛丑（1061）

茅山記一卷　宋陳倩修
直齋書録解題：嘉祐六年（1061）句容令陳
倩修。

嘉祐七年　壬寅（1062）

嘉祐刪定編敕赦書德音附令敕目録二十卷　宋
韓琦撰
宋嘉祐七年（1062）詔編敕所鏤板頒行。

嘉祐補注神農本草二十卷　宋蘇頌撰（簡稱：
嘉祐補注本草或補注本草）
宋嘉祐二年八月詔掌禹錫、蘇頌、張洞再加
校正，至六年十二月繕寫成樣板，依舊并目
録二十一卷，賜名嘉祐補注神農本草。總新
舊藥方一千八十三種。又命蘇頌將全國各地
所上諸般藥物繪圖類聚，編成本草圖經二十
卷目録一卷，嘉祐七年（1062）進呈，奉敕
鏤板施行。

韓昌黎先生集四十卷外集十卷　唐韓愈撰

宋嘉祐七年（1062）刻嘉祐小杭本。朱文公韓文考異外集二，與大顛師書注云，此書諸本皆無，惟嘉祐小杭本有之其篇次在此。趙希弁讀書志後志：昌黎先生集以嘉祐壬寅所刊杭本是正之，杭本並無目錄、年譜、附錄，亦無柳開序。

嘉祐八年　癸卯（1063）

君臣政要四十卷　宋張唐英編

玉海：自天聖初至嘉祐八年三月，凡二百八十五條，隨事立題。

千姓編一卷　不著撰人名氏

直齋書錄解題：書末有嘉祐八年（1063）釆真子記以"姓苑"、"姓源"等書撮取千姓，以四字為句，每字為一姓，殆千字文之比云。

孔叢子七卷　漢孔鮒撰　宋宋咸注

宋嘉祐三年宋咸上注進表。卷末有嘉祐八年（1063）吳逵刊書序。元人覆刻此本，半葉十二行，行二十三字、二十四字不等，注文雙行，行二十七、八、九字不等。前後皆有咸序。附釋文敬、徵字缺筆。後有嘉祐八年吳逢刊書序。延令季氏藏書，鈐"季振宜藏書記"印章。

難經五卷　秦越人撰　宋丁德用注

張志：以楊元操所注改正之經文隱奧者，繪為圖，嘉祐末年（1063）書成。

妙法蓮華經七卷　姚秦三藏法師鳩摩羅什譯

宋嘉祐八年（1063）杭州錢家刻本。梵夾裝每版三十行，行十七字。半葉六行。無欄綫上下單邊。卷一：佛像題"妙法蓮華經變相卷第一"，次為序"妙法蓮華經弘傳序，終南山釋道宣述"。序後即刻書時間"大宋嘉祐八年癸卯三月口口錢家重請講僧校勘兼於卷內重分為平聲為去聲字并及添經音在後雕印施行"。卷端書名"妙法蓮華經卷第一姚秦三藏法師鳩摩羅什奉詔譯"。此經較嘉祐五年錢氏刻本字稍狹小，無句讀，卷末字數每為"此卷九千一百十八字"。後附音釋卷二：卷首附佛像，卷末字數亦為"此卷九千八百八十九字"。無刻工，後附音釋。卷三：

卷首附佛像，卷末有字數"此卷九千四百二十五字"。下有刻工会刀，後附音釋。卷四：卷首失去佛像，卷末有字數"此卷一萬一千三百二十九字"。後附音釋。卷五：卷首附佛像，卷末只存"琅邪王遂良書"，失去字數音釋。卷六：卷首附佛像，卷末有字數"此卷一萬三百二十九字"。後附音釋。卷七：卷首附佛像，卷末有字數"此卷八千八百四十七字"。音釋後附"管内副僧正講經律賜紫因大師可中校勘"一行。杭州錢家所刻的兩部妙法蓮華經，佛像字數相同，但一部有句讀，一部無句讀，刻工也不同，嘉祐八年刻本卷七末多"管内副僧正可中校勘"一行。其它完全相同，若不細審，容易誤為一個版本。錢氏在短短幾年内就刻兩次相同的經書，其財力雄厚可見。按宋史吳越錢氏世家錢俶生於後唐天成四年（929），卒於宋太宗端拱元年（988），其生前，"崇信釋氏，前後造寺數百，歸朝又以愛子為僧"。此經之刻，距其卒年約七十年，是否為其後人所刻，待卷。山東莘縣宋塔出土北宋佛经。

佛頂心觀世音菩薩大陀羅尼经

宋嘉祐八年（1063）江西虔州贛縣刻。卷三末尾题："大宋嘉祐八年歲次癸卯正月一日謹题"。此经为湖南省郴縣萬市鳳凰山佛塔發现。

嘉祐間（1056-1063）

說文解字十五卷　漢許慎撰　每卷各分上下卷，共三十卷　南唐徐鉉校定

宋嘉祐間（1056-1063）國子監刻本。

漢書注一百卷　漢班固撰　唐顏師古注

宋嘉祐間（1056-1063）蘇軾抄本。

後漢書注一百二十卷　劉宋范曄撰　唐李賢注

宋嘉祐間（1056-1063）蘇軾抄本。

新唐書二百二十五卷目録二卷　宋歐陽修　宋祁等撰　缺卷十二至十七、一百五十九至一百八十四卷六十八、六十九、一百一、一百二、一百三十五、一百五十六配南宋刻十行十九字本。卷十一、十八至二十四、九十八至一百、一百三十一至一百三十四鈔配。

宋刻宋印本，半葉十四行，行二十三至二十六字不等，注文雙行三十二、三字。白口左右雙邊。版心記字數及刻工姓名，有六通、毛易、王介、王成、王昇、王真、王益、王祖、王祚、王瑞、王震、史復、朱明、余俊、吳邵、吳紹、吳諧、呂昕、李十娘、李攸、李孜、李裕、李敏、李謀、沈章、周志、周富、周詳、周燁、施珣、施詢、施澤、胡寔、孫容、徐用、張通、章中、章主、章宇、章受、章彥、章容、莫允、莫忠、陳說、華元、雇中、雇仲、董安、董昕、董明、董易、董暉、董晞、虞集、趙秀、蔡通、蔣濟、衛祥、錢咸、謝化、戴全、嚴說、顧諲等。宋李安詩舊藏，有景定甲子會稽李安詩手跋，鈐有"李安詩伯之先齋藏書"朱文長方印。此書即世稱嘉祐本。北京圖書館藏有殘本，與此上同。均有補版，此宋印本補版差少。日本靜嘉堂文庫藏。

黃帝內經太素三十卷　隋楊上善撰注

宋嘉祐間（1056—1063）刻本。一九二四年蘭陵堂仿宋嘉祐刻本。

彌勒下生經一卷

金剛經一卷

法華經一卷

宋嘉祐間（1056－1063）蘇軾抄本。

顏魯公文集十五卷補遺一卷附録一卷　唐顏真卿撰

直齋書録解題：案館閣書目，嘉祐中宋敏求惜其文不傳，乃集其刊於金石者爲十五卷。今本序文劉敞所作，乃吳興沈侯編輯，而不著沈之名。劉元剛後爲之年譜，益以拾遺一卷，及所傳帖，且以行狀碑傳爲附録。魯公之裔孫裕自五代時官温州與其弟倫祥皆徙永嘉樂清。本朝世復其家時，襃録其子孫，亦有科舉者。

昌黎先生集四十卷外集十卷　唐韓愈撰

宋嘉祐（1056－1063）蘇溥蜀刻本。

治平元年　甲辰（1064）

累代紀年二卷　宋司馬光撰

宋治平元年（1064）所進爲圖五卷，歷代皆有論，今本陳鍔刊於章頁，為方策以便觀覽。

國語補音三卷　宋宋庠補輯

宋治平元年（1064）刻本。

九國志十二卷　宋路振撰

王伯厚云四十九卷，其孫綸增入荆南高氏，治平元年上之，實十國。陳振孫云末二卷張唐英補撰，合五十一卷。其書久佚。

明天書

宋治平元年（1064）頒行曆書明天書。

理氣心印三卷　宋吳景鸞撰

直齋書錄解題：治平元年（1064）上書表。

治平二年乙巳（1065）

宋書一百卷　梁沈約撰

南齊書五十九卷　梁蕭子顯撰

梁書五十六卷　唐姚思廉撰

陳書三十六卷　唐姚思廉撰

魏書一百十四卷　北齊魏收撰

北齊書五十卷　唐李百藥撰

周書五十卷　唐令狐德棻撰

宋治平二年（1065）刻本。書後有治平二年牒文：崇文院嘉祐六年八月十一日敕，節文宋書齊書梁書陳書後魏書北齊書後周書見今國子監並未有印本，宜令三館秘閣見編校書籍官員精加校勘，同與管勾使臣選擇楷書如法書寫板樣如唐書例，逐旋封送杭州開板。治平二年六月　日”。治平二年付刊，至政和中始皆畢，頒之学宫。民間流傳尚少。

太常因革禮一百卷　宋蘇洵　姚闢同修

晁志：宋治平二年（1065）成書。

揚子法言十卷　漢揚雄撰　宋司馬光集注

宋治平二年（1065）校畢，國子監印造。清嘉慶間秦恩復石研齋刻本，所影刻底本，前人因卷末有北宋國子監校勘銜名三十四行，定為治平監本，绝非事實。

傷寒論十卷　漢張機撰

宋治平二年（1065）國子監刻本。

晁文元公道院集要三卷　宋晁迥撰

宋治平二年（1065）刻本。卷末有治平乙巳清源王古題。

治平三年　丙午（1066）

備急千金要方三十卷目錄一卷　唐孫思邈撰

宋治平三年（1066）國子監刻本。半葉十三行，行二十三字。白口，左右雙邊。上下魚尾，版心上記字數，下記刻工姓名，有陳僧、蔡青、蔡岩、歐明、林遠、梁浩、李平、蔡仁、蔡乂、丘明、李原、公茂、余才、李元、陳茂、李大、陳文、梁生、李正、林從。餘爲單字或姓或名。每卷有金澤文庫及米澤藏書印。此書爲上杉氏累世所藏，實係宋治平三年所鏤版施行者。其版心無題記文字，寬裕欄界長大。貞、殷、恒、敬字等皆有缺筆。其原板漫滅或全紙補刊，或數字填入者每往往有之，蓋其款式字樣，仿佛相類。而版心記甲乙丁卯庚午字者，考其干支殆爲元祐補刊，其版心舉字數者及欄界狹隘，文字較小者，但玄徵等字不缺筆，唯慎字缺筆，是乾道、淳熙間所補刊。元祐去治平不遠，所以略相類，若乾、淳則相距百餘年，歷經模刻其譌舛每在所不免，要之此本雖非真人之舊，然是宋校原本，實爲醫家不可缺之書。嘉永元年官命刊之醫學，以行於世，實為曠典。

脈粹一卷　宋蕭世基撰

宋治平三年（1066）姚誼序。嘉定癸未（十五年）李撰跋，蓋南渡以後崇川王進甫重刻。

墨池編六卷　宋朱長文撰

宋治平三年（1066）自序。

歙硯圖譜一卷　宋唐積撰

宋治平丙午（三年 1066）刻本。

陶淵明集八卷　晉陶潛撰

汲古閣有宋中箱本，十行十六字。末有治平三年思悅跋。

邵子擊壤集十五卷　宋邵雍撰

宋治平丙午三年（1066）建安蔡子文東塾之敬堂刻本。元板伊川擊壤集云，宋時擊壤集亦所自刻。此刻本仿宋槧式，伊川擊壤集自署治平丙午中秋，蓋即其時所刻。

治平四年　丁未（1069）

類篇四十五卷　宋司馬光撰

宋治平四年（1067）書成上之。宋本曾經毛氏汲古閣藏，并影寫抄本。半葉八行，行十六字，注文雙行，行二十字。細黑口（兩節綫口）口分五節。書口下有刻工姓名，有鄭彥、張式、郎遂、張然、樊忠信、韓政、洪政、史智、楊三、陳玘、潘岳、潘從、鄭耆、姜詳、姜明、李珍、陳忠、戴蕑、華宗、趙政、楊義、趙正、張許、胡顯、任和、周亮、賈順、常存、曹德、沈道、胡正、顏正、趙言、郝成、史亨、方乂、胡序、孫乂、雷渠、陳謹、李和、脩伯通、郭一、宋彥、嚴式、胡頭、鄭六、力二、么大、戴審、皇甫景、王林、張方、寧德進、陳清、脩惠、周允、董忠、喬世忠、張青、李接遇、李青、王乂、寧言、高云、文顯、韓一、張七七、吳再成、劉琳、王元、賀恩、張小七、薛小三、王三郎六十二、張清、呂十五、賀榮、劉溫、漢三、田晃、高和、馬三十七、賀恩、宋涓、姚恭、薛慶春、薛四、秦琭、楊大、馮九、程公慶、田彥宗、徹珍、韓堅、馮六、發明、發甫、發式、劉屯璆等人。此書宋刻本已佚，僅有影宋鈔本見著錄。故宮博物院藏，上海古籍出版社影印行世。

歸田録二卷　宋歐陽修撰

宋治平四年（1067）自序。

戰國策十卷

宋治平前錢塘顔氏刻印。王覺題戰國策：「戰國策三十三篇劉向爲之序，世久不傳，治平初始得錢塘顔氏印本，讀之愛其文辭之辯博而字句脱誤，尤失其真。」遂初堂書目有舊杭州本。

春秋經傳集解三十卷　晋杜預撰

宋治平（1064-1067）刻本

晋陽事迹雜記□卷　唐李璋撰

宋治平間（1064-1067）河東路太原府刻本。

金匱玉函經八卷　漢張機撰

清昭遠堂刻本有治平三年正月高保衡、孫奇林億校本書呈序。卷首題漢仲景張機著，晋王叔和撰，次題宋林億等校上，下題上海陳世傑懷三重校。傅增湘稱此書最爲罕見，按諸家序跋言，治平中命諸臣校定仲景三書，曰傷寒論，曰金匱方論，曰金匱玉函經。金匱方略亦名金匱玉函要略。馬端臨經籍考雖列此書目，而所引晁序實則金匱玉函要略。是此經自元世已不行於世。

茶錄二卷　宋蔡襄撰

宋治平間（1064-1067）刻於閩中漕治，後又刻於莆田。

荔枝譜二卷　宋蔡襄撰

宋治平間（1064-1067）蔡襄刻印。

杜工部集二十卷補遺一卷　唐杜甫撰

宋治平間（1064-1067）太守裴集刻本。直齋書錄解題：治平中裴集刻附集外詩。

伊川擊壤集二十卷　宋邵雍撰

宋治平間（1064-1067）蜀刻本。半葉十一行行二十一字。版心刻工有文貴等人。

左傳訓練二冊

北宋治平間（1064-1067）吳郡林希抄本。

熙寧元年　戊申（1068）

奉天曆

宋熙寧元年（1068）頒行曆書奉天曆。

歐陽濮議四卷　宋歐陽修撰

宋熙寧元年（1068）知寧州書成上之并序。

此書不見全集中。

寶廷須知一卷　宋陳昉撰

直齋書錄解題：宋熙寧元年（1068）鄭穆為序。文獻通考作胡穆為序。

荀子二十卷　周荀况撰　唐楊倞注

宋熙寧元年（1068）國子監刻本。半葉八行行十六字，注雙行，行二十四字。卷末有"國子監准熙寧元年九月八日中書劄子節文，校定荀揚書所狀乞准中書劄子奉聖旨校定荀子揚子，內揚子一部先次校畢，已於治平二年十二月內申納訖，今來再校荀子一部計二十卷，裝為已了續，次申編者中聞事。右奉聖旨荀子送國子監開板，依揚子并音義例印造進呈及直賜，劄付國子監准此"。附校勘銜名曾公亮、王子韶同校，呂夏卿校等若干行。

北山錄十卷　唐釋神清撰　存一至三，七至十

宋熙寧元年（1068）沈遼刻本。題"梓州慧義寺沙門神清撰"，"西蜀草玄亭沙門慧寶注"。半葉十二行，行二十四字。注文雙行，行二

十九至三十字不等。白口，左右雙邊。版心題"北山錄幾"，下記刻工姓名，有徐志、姜、趙、葉、包等單字。宋諱玄、朗、敬、殷、弘、匡、恒、禎、曙、樹等字。前有熙寧元年五月十二日沈遼序，謂據蜀本覆刻，其序作於熙寧元年，蓋同時所刻。故頊字猶未及避。後有殿中丞致仕丘濬後序。末葉有項元汴題二行，墨書"明萬曆丙子仲秋望日重裝，墨林項元汴持誦"。"原值一金"。此行在闌外下方。鈐有"天籟閣"、"項元汴印"、"項墨林鑑賞章"、"墨林山人"、"項子京家珍藏"諸印。北京圖書館藏。潘氏寶禮堂捐贈。

妙法蓮華經七卷　姚秦鳩摩羅什譯　存六卷

宋熙寧元年（1068）杭州晏家刻本。梵夾裝每版三十行，行十七字，半葉六行。無欄線，上下單邊。卷一：卷首佛像右側上題"妙法蓮華經變相卷第一"。下題"杭州新開大字經忏"。像後即"終南山釋道宣述"序言，序後即刻印時間"大宋熙寧元年戊申歲杭州晏家再請僧校勘文命工重開印造廣行天下與受持人同契法華聖會"。經文無句讀。卷首完整，卷末只存字數"此卷九千一百十八字失去音釋。卷二：卷首附佛像，卷末有字數"此卷九千八百八十九字"。後附音釋。卷三缺佚。卷四：卷首附佛像。卷末缺經文十八行，失去字數音釋。卷五：卷首附佛像，卷末無字數，有"琅邪王遂良書"一行，音釋不全。卷六：卷首附佛像，卷末有字數音一萬四百三十字"。後附音釋。卷七：卷首附佛像，卷末有字數"此卷八千八百四十七字"。後附音釋。此晏氏刻本與錢氏刻本佛像不同，卷首多"杭州新開大字經忏"一行，卷五寫經者相同，卷六字數不同。字體方正圓潤，刀法遒勁古樸。山東莘縣宋塔出土北宋佛經。

持世經四卷　後秦釋鳩摩羅什譯　存一卷

宋熙寧元年（1068）吳拱寫金粟山廣惠禪院大藏本。北京圖書館藏。

熙寧二年　己酉（1069）

仁宗實錄二百卷事目十卷

　玉海：宋嘉祐八年詔王珪、賈黯、范鎮修，以宋敏求、呂夏卿、韓維為檢討，治平元年命宰臣韓琦提舉，熙寧二年上之。

英宗實錄三十卷事目三卷

　玉海：宋熙寧元年詔以宰相曾公亮提舉，呂公著、韓維、王安石修撰，孫覺、曾鞏檢討，二年（1069）書成上之。

脈經十卷　晉王叔和撰

　宋林億類次謹上，熙寧元年奉旨鏤板施行，二年（1069）書成。卷末校正銜名趙抃、曾公亮、王安石、富弼等數行。

鍼灸甲乙經十二卷　晉皇甫謐撰

　明正統本後有熙寧二年四月二十三日進呈，奉聖旨鏤板施行一條。後列富弼、趙抃等銜名，末有題識云琴川永惠堂俞氏家藏。

外臺秘要四十卷　唐王燾撰

　宋熙寧二年（1069）國子監刻本。「皇祐三年五月二十六日內降劄子臣僚上言，臣前在南方州軍連年疾疫瘴癘，其尤者一年有死十餘萬人，此雖天令，亦緣醫工謬妄，反增其病。
臣嘗細問詢諸州皆闕醫書習讀，除素問、病源
餘皆傳習僞書，故所學淺俚，殆誤病者。欲望
聖慈特出秘閣所藏醫書，委官選取要用者，校
定一本，降付杭州開板摹印，庶使聖澤及於
幽隱，民生免於夭横。奉聖旨令秘閣檢外臺秘
要三兩本送國子監見檢校勘醫書官仔細校勘
聞奏。至治平四年三月進呈訖。熙寧二年五月
二日奉中劄子奉聖旨鏤板施行。

外臺秘要四十卷　唐王燾撰

宋熙寧二年（1069）兩浙東路茶鹽司刻本。
半葉十三行，行二十四字。

妙法蓮華經七卷　姚秦鳩摩羅什譯

宋熙寧二年（1069）刻本。梵夾裝，每版三
十行，行十七字，半葉六行，無欄线，上下
單邊。卷一：卷首佛像分片總畫七卷法變相
佛像右側下題“杭州新開大字經忏”。下有
刻工“吴鈐刀”，後為上柱國鄭國公夏竦序
言，序後即校勘僧人職名：“住持沙門審蘊校
勘”、“東京左街副僧錄前譯經義彙綴文講

天台教□□□□□制慈云大師賜紫清滿校勘”、“東京右街僧錄□教門□□□宣教大師賜紫智林校勘”、“東京□□行僧錄譯經證義兼綴文知教首公事□因明唯識論應制廣辯大師賜紫善初勘”。後印刻書時間“杭州□□□□□□勘定雕印熙寧二年六月日印行”。經文有句讀，卷末有字數“此卷九千八百九十七字”。後附音釋。卷二：卷首附佛像，卷末有字數“九千八百八十九字”。後附音釋。卷三：卷首佛像左側有刻工“華桂刀”，卷末有字數“此卷九千四百二十五字”。後附音釋。卷四：卷首附佛像，卷末有字數“一萬一千三百三十字”。有寫經生“張月仙”，失去音釋。卷五：卷首附佛像，卷末無字數，亦有寫經生“琅邪王遜良書”一行，後附音釋。卷六：卷首附佛像，卷末有字數“并音一萬四百三十字”。後附音釋。卷七：卷首失去佛像，卷末有字數“此卷八千八百四十七字”。後附音釋。此經因刻書時間一行殘蝕，不知誰氏所刻。據皇祐三年（1051）夏竦序言有"聖上尊用三教，余家世奉佛，乃取世傳諸本，及化外舊經，釋文摘句，數自參校。又以悉曇梵夾傳行右讀。中原傳譯始創卷軸，討論重復、卷舒繁數，因觀近世圖籍，鏤刻摹印，綴黏成冊，差便於古。由是命工仿則摹刻此經"之語。則此經即夏氏所刻，惟不應是此梵夾装本。據宋史夏竦宋仁宗初封慶國公，任國史館編修，吏部尚書加資政殿大學士。此經序稱鄭國公，乃其罷知河南之後，進爵鄭國公時之銜名，已是晚年此經之刻已在寫序後十八年，是否即其序中所說"命工仿則摹刻"之經，尚有可疑之點

山東莘縣宋塔出土北宋佛經。

熙寧三年　庚戌（1070）

漢書注一百卷　漢班固撰　唐顏師古注

宋熙寧三年（1070）陳繹重校本。

宗藩慶系錄（原名慶緒錄）

宋熙寧二年詔太常院詳定。元祐六年所改，至南宋紹興五年，淳熙元年，嘉定十三年遞修。半葉五行，行十九字。宋寫本。首行太

祖皇帝下第六世宗藩慶系錄第幾．宣祖太祖皇帝黄綾金書，存第六世卷四，第七世卷十三、又十七。太宗位下存第六世卷二十。第七世卷十八、又二十三、又二十七、二十八、卷三十、三十四、三十九。魏王位下存第六世卷二、三、九、十二。第八世卷八、二十二、二十三、三十五、三十六。

唐大詔令集一百三十卷　宋宋綬編

宋熙寧三年（1070）其子敏求序云，先君宣獻公機務之隙日寫唐之德音號令非常所出者彙之，未定甲乙，未定標識，則是書乃綬創始，而成於敏之手者。今本第十四至二十四、又八十七至九十八，共缺二十三卷。

春明退朝錄三卷　宋宋敏求撰

宋熙寧三年（1070）自序。

溫公日記一卷　宋司馬光撰

此書為司馬光所記朝廷政事，臣僚奏對上所宣諭之語，以及雜事皆記之，起熙寧元年至三年十月出知永興軍而止。

熙寧四年　辛亥（1071）無刻書

熙寧五年　壬子（1072）

五代史記七十四卷　宋歐陽修撰　徐無黨注

宋熙寧五年（1072）刻印。是諸史刻印最晚一部。

歐陽六一居士文集五十卷　宋歐陽修撰

宋熙寧五年（1072）刻本。每卷末有"熙寧五年秋七月男發等編定"。

會稽掇英集二十卷　宋孔延之編　續集五卷　黄康弼編

宋熙寧壬子（五年1072）孔延之序，徐鐸校越州清思堂云，五代則木石……刊之石不如墨諸紙而傳久遠者則紙本尚矣。

熙寧六年　癸丑（1073）

樊川文集二十卷外集一卷別集一卷　唐杜牧撰

宋熙寧六年（1073）田槩刻本。明嘉靖間依宋熙寧六年田槩本，十行，十八字。白口，左右雙邊。前裴延齡序，次總目，別集有熙寧六年（1072）田槩序。此本已印入四部叢刊。

熙寧七年　甲寅（1074）

編年通載十卷　宋章衡撰

直齋書錄解題：是書編歷代帝系年號始自唐虞迄於聖宋治平四年，總三千四百年。宋熙寧七年（1074）上之，其孫文季棨為序。

熙寧刪定編敕赦書德音附令敕申明敕目錄二十六卷　宋王安石撰

詔鏤板七年（1074）正月一日頒行。

成都古今集說三十卷　宋趙抃撰

清獻自慶曆將漕之後凡四入蜀，知蜀事為詳，故成此書。熙寧七年（1074）。

讀書斷二卷　宋朱長文撰

宋熙寧七年（1074）自序。

熙寧八年　乙卯（1075）

新經尚書十三卷　宋王雱撰

宋熙寧八年（1075）國子監刻本。咸淳臨安志：熙寧八年七月詔以新修經義付杭州鏤板。

新經詩義三十卷

宋熙寧八年（1075）國子監刻本。咸淳臨安志：熙寧八年七月詔以新修經義付杭州鏤板，

周禮新義二十二卷

宋熙寧八年（1075）國子監刻本。咸淳臨安

志：熙寧八年七月詔以新修經義付杭州鏤板

修城法式條约二卷

直斋書録解題：製軍器監沈括、知監丞呂和

卿等修，熙寧八年上。

都水記二百卷　名山記一百卷　宋沈立撰

玉海：宋熙寧八年（1075）所進。

鐔津文集二十二卷　宋釋契嵩撰

宋熙寧乙卯（八年1075）陳舜俞序。黄荛圃

記中所云，宋本鐔津集在京師而殘。又中央

圖書館善本書目著録殘本，蓋是此書。國立

故宫博物院存北宋末年刻本，二卷一册。

熙寧九年　丙辰（1076）

歷代帝王編年圖一卷　宋諸葛深撰

覆宋本。前有熙寧九年（1076）會稽鄉貢進

士虞雲序，述友人諸葛深編纂之概略，自三

皇而下歷代帝王名氏所出德都興作在位終壽

皆別舉之，編爲圖終五代末。又附宋遼金元

紀三張，乃後人所添。半葉九行或十行，字

數不定。四周雙邊。殷、匡、敬、貞、恒字

缺筆。欄上標記皇朝紀年蓋翻刻時所附。

本藏書。

長安志十卷　宋宋敏求撰

直齋書錄題：宋熙寧九年（1076）趙彥若序。

增城荔枝譜一卷　無名氏序

直齋書錄解題：言福唐人，熙寧九年（1076）承乏增城多荔枝云云。

雲門匡真禪師廣錄三卷　宋宋堅撰

真門人宋堅集，前列熙寧九年（1076）權發遣兩浙轉運副使公事蘇澥序。上卷對機三百二十則，中卷室中語要一百八十五則，垂示代語二百九十則，下卷勘辨一百六十六則，遊方語錄三十一則。遺表遺誡及雷岳行錄，何希範請疏終焉。末附門人緣密述頌八首，校勘者福州鼓山宗演雷錄云，師諱文偃姓張氏蘇州嘉興人，以乾和七年己酉四月十日順寂。何疏云，師歸寂後十七載感夢於雄武軍節度推官阮紹莊云，自南漢乾和七年四月十日示寂迨乾德元年雄武軍節度阮紹莊夢師蓋十七年矣。是雷用疏語而誤計三為元年也。每半葉十一行，行二十字。前葉有欽差處置邊務關防，季振宜藏書朱記。

韋蘇州集十卷　唐韋應物撰

宋熙寧九年（1076）蜀繁刻本。宋凡三刻：熙寧九年，紹興二年、乾道七年。

熙寧十年　丁巳（1077）

六朝國朝會要三百卷　宋王珪修

晁志：宋王珪監修，熙寧十年（1077）成書

大般若波羅蜜多經六百卷　唐釋玄奘譯

宋熙寧十年（1077）抄，海盐县法喜寺轉輪大藏本。北京图書館藏一卷。

王氏博濟方三卷附莫氏方一卷

宋熙寧間（1068-1077）吳興莫伯虛刻印。

佛説溫室洗浴衆僧經一卷　漢釋安世高譯

宋熙寧間（1068-1077）安守康抄本。

翰苑詩鈔三十八卷　宋黃庭堅编

宋熙寧間（1068-1077）黃庭堅刻印。

元豐元年　戊申（1078）

華陽國志十二卷附錄一卷　晉常璩撰

宋元豐元年（1078）呂大防成都刻本。

景祐乾象新書三十卷　宋楊惟德等撰

宋元豐元年（1078）司天監秦孝先、蘇宗亮、徐欽鄰等抄本。邵淵耀、錢天樹、李兆洛、孫鑒跋。蔣因培題詩，黄廷鑑、王家相等題款。半葉八行，行十九字至二十三字。白口，四周單邊，淡墨闌。存十二卷。北京圖書館藏。

玉壺野史十卷　宋釋文瑩撰

宋元豐元年（1078）書成。序署餘杭沙門湘山草堂。

張方平慎真篇集注五卷　宋宋伯端撰

宋熙寧乙卯自序及元豐戊午（元年1078）序。

元豐二年　己未（1079）

武經七書二十五卷　六韜六卷　孫子三卷　吳子二卷　司馬法三卷　尉繚子五卷　黄石公三略三卷　李衛公問對三卷

宋元豐二年（1079）國子監刻本。

李燾續通鑑長編云，元豐二年始校刊七書，六年國子司業朱服言：孫子諸家注互有得失，宜去注行本書。今孫子無注。

元豐三年　庚申（1080）

中書備對十卷　宋畢仲衍承詔編

宋元豐三年（1080）爲序。

大唐六典三十卷　唐玄宗御撰

唐開元二十六年成書，李林甫等注。會要作中書令張九齡撰成，百官稱賀，前有明皇序宋熙寧十年命劉摯校，元豐元年成上之，三年（1080）禁中鏤板，以摹本賜近臣及館閣

元豐九域志十卷　宋王存等撰

四庫全書總目提要：又命曾肇、李德芻刪定初祥符中李宗諤修九域圖至熙寧八年，劉師旦以州縣名號多改易，奏乞重修乃命館閣校勘而存總其以舊名圖而無繪事改曰志，元豐三年（1080）成，首爲進書序。北京圖書館藏有［元豐］九域志清初影宋鈔本，四册七行十一字，小字雙行十五字。白口，左右雙邊。

福州東禪寺萬壽大藏六千四百三十四卷

宋元豐三年至政和二年（1080—1112）福州東禪等覺院刻本。每開六行，行十七字。福州東禪寺在白馬山上，宋大中祥符八年敕號東

禪等覺禪院。元豐三年開雕全藏，至政和二年造成。主持人為沖真、普明、咸暉諸禪師。有崇寧二年禮部員外郎大藏經都勸首陳暘上奏朝廷，請賜新雕大藏經名的題記：敕賜福州東禪等覺禪寺天寧萬壽大藏，暘竊見朝廷近降指揮天寧節天下州軍各許建寺，以崇寧為額，仍候了日，賜經一藏，有以見聖朝紹隆佛乘，祝誕睿算，資宗廟無疆之福。然暘契勘大藏經，唯都下有板，嘗患遐方聖教鮮得流通，於是親為都大勸首，於福州、東禪院勸請僧慧榮、沖真、智華、智賢、普明等募衆緣，雕造大藏經板及建立藏院一所。至崇寧二年冬，方始成就。暘欲乞敕賜東禪經藏崇寧萬壽大藏為名，祝延聖壽。取鈞旨。十一月日奉議郎守尚書禮部員外郎充講議司參詳官陳暘札子。十一月二十日，進呈三省，同奉聖旨，依所乞，已降敕命，訖二十二日午時，付禮部施行，仍關合屬去處。尚書省牒福州崇寧萬壽大藏。禮部員外郎陳暘白札子，竊見朝廷近降指揮天寧節天下州軍各許建寺，以崇寧為額，仍候了日，賜經一藏。契勘大藏經，唯都下有板，於是親為勸首，於福州東禪院勸請僧眾緣，雕造大藏經板及建立藏院一所，欲乞敕賜東禪經藏以崇寧萬壽大藏為名，候指揮，牒。奉敕：宜賜崇寧萬壽大藏為名，牒至準敕，故牒。崇寧二年十一月二十二日，牒。司空兼尚書左僕射門下侍郎上柱國南陽郡嘉國公蔡京；金紫光祿大夫知樞密院事上柱國南陽郡開國公蔡卞；特進行門下侍郎上柱國長樂郡開國公許將；右光祿大夫守中書侍郎上柱國天水郡開國侯趙挺之；左光祿大夫守尚書右丞上柱國武昌郡開國侯吳居厚；右光祿大夫同知樞密院事上清車都尉壽陽縣開國伯安惇；朝散大夫試禮部尚書兼侍國史實錄修撰徐鐸。"南渡後迭經重修，其版至元至治、泰定間尚存。梵夾裝，五百八十函，六千四百餘卷，函編號始天終號。全藏久佚，北京圖書館、上海圖書館、南京圖書館等處均藏有少數零冊。

李太白文集三十卷　唐李白撰

宋元豐三年（1080）臨川晏知止刻於蘇州。款式與繆刻本同，疑即其原本。真蹟目錄云，曹重甫有元豐三年本，用門狀紙背印，每本有倪雲林圖印，末是趙雍題名。

祠部集三十五卷　宋強至撰

宋元豐三年（1080）亳州穆里曾肇序。

元豐四年辛酉（1081）

揚州詩集二卷　宋馬希孟編

直齋書錄解題：宋元豐四年（1081）秦觀作序。

元豐五年壬戌（1082）

古周易一卷

宋元豐壬戌（五年 1082）呂汲刻於成都。

古文尚書三卷

石刻補叙云，汲郡呂大防得之於宋次道、王仲至家，乃元豐五年（1082）鏤板。

兩朝國史一百二十卷　宋王珪奉編

晁志：凡仁宗、英宗兩朝。一作熙寧十年宋敏求、王存、蘇頌、黃履泰等編，元豐五年（1082）吳充上之。

京兆金石録六卷　宋田概撰
　宋元豐五年（1082）王欽臣序所記，京兆府
　縣古碑所在，覽之使人慨然，田概後序。
太玄經集注十卷　晋范望撰　宋司馬光注
　宋元豐五年（1082）萬玉堂刻本。
曹子建集十卷　魏曹植撰
　宋元豐五（1082）萬玉堂刻明補本。

元豐六年　癸亥（1083）

兩朝寶訓二十卷　宋林希編
　直齋書録解題：宋元豐六年（1083）表上。
河南志二十卷　宋宋敏求撰
　宋元豐六年（1083）司馬光序。直齋書録解
　題稱此為著志之始。
佛說竺蘭陀心文經
　宋元豐六年（1083）刻本。行十五字，上下
　單邊。

元豐七年　甲子（1084）

算經十書
　九章算經九卷　不著撰人名氏
　周髀算經二卷音義一卷　注為趙爽作

五經算術二卷　北周甄鸞撰　唐李淳風注

海島算經一卷　晉劉徽撰　唐李淳風注

孫子算經三卷　不著撰人名氏

張丘建算經三卷　張建撰　北周甄鸞注　唐李淳風注釋

五曹算經五卷　不著撰人名氏

夏侯陽算經三卷　舊題夏侯陽撰　北周甄鸞注

術數記遺一卷　漢徐岳撰　北周甄鸞注

緝古算經一卷　唐王孝通撰并注

宋元豐七年（1084）秘書省校定鏤板。元豐七年秘書省校書郎葉祖洽及趙彥若等六人校定算經十書，經神宗批准，依已校定鏤板，稱秘書省本。直齋書錄解題稱元豐京監本。

大方廣華嚴經合論卷四十一　唐釋李通玄造論　李寧厘經合論

宋元豐七年（1084）新羅院僧法新刻本。山西省圖書館。

呂觀文經進莊子內外篇義十卷　宋呂惠卿撰

直齋書錄解題：宋元豐七年（1084）先進內篇，其餘續成之。

元豐八年 乙丑（1085）

闕里世系□卷 宋孔宗翰撰

宋元豐末年孔宗翰知洪州時自刻本。

孫氏傳家秘寶方三卷 宋孫用和集

宋元豐八年（1085）刻本。孫用和之子兆元豐八年為河東漕屬，呂惠卿序而刻之。晁氏讀書志作孫尚秘寶方凡十卷。

傳家秘寶脈證口訣并方 宋孫用和集

宋元豐八年（1085）刻本。宋志有孫氏傳家秘寶方五卷。晁氏讀書志又作孫尚書秘寶方三卷。元豐八年呂惠卿序而刻之，當即此書。日本有影宋鈔本（殘存）。

張司業集三卷 唐張籍撰

宋元豐八年（1085）刻本。

南豐先生元豐類稿五十卷 宋曾鞏撰

首有元豐八年中書舍人王震序，云先生以文章名天下久矣，客有得新舊所著而裒錄之者，余因書序篇首。

吳郡圖經續記三卷 宋朱長文撰

宋元豐間（1078-1085）刻本。

荀子注十六卷　唐楊倞撰

宋元豐間（1078—1085）國子監刻本。

太平惠民和剂方十卷指南總論三卷　宋陳師文等撰

宋元豐（1078—1085）刻本。是書初刻於元豐，重修於大觀。後紹興、寶慶、淳祐中，又遞有所增加，蓋南宋太醫院以此書爲祖本。

養生必用方□卷　著者不詳

宋元豐（1078—1085）刻本。

妙法蓮華經七卷　後秦鳩摩羅什譯

宋元豐間（1078—1085）刻本。每開六行，行十七字。

大般若波羅蜜多經六百卷　唐釋玄奘譯

宋元豐間（1078—1085）刻本。每開六行，行十七字。

六度集經八卷　吴釋康僧會譯

宋元豐間（1078—1085）刻本。每開六行，行十七字。

元祐元年　丙寅（1086）

龍龕手鑑四卷　遼僧行均撰

宋元祐元年（1086）刻本。宋元祐元年蒲宗孟知杭州刊遼僧行均的龍龕手鏡，為避宋諱改書名手鏡為手鑑。沈括夢溪筆談：幽僧行均集佛書中字為切韻訓詁凡十六萬字，分四卷，號龍龕手鏡。燕僧智光為之序。甚有詞辨。契丹重熙二年集，契丹書禁甚嚴，傳入中國者皆死，熙寧中有人自虜中得之入傳之家，蒲傳正帥浙西，取以鏤板。其序末舊云重熙二年五月序，蒲公削去之，觀其字音韻次序皆有理法，後世殆不以其為燕人也。晁公武郡齋讀書志：龍龕手鏡三卷，右契丹僧行均撰，凡二萬六千四百三十字，注十六萬三千一百餘字。僧智光為之序。後題云：統和十五年丁酉沈存中言其末題云：重熙二年序，蒲公削去之，豈存中不見舊題，妄記之耶。

資治通鑑二百九十四卷目錄三十卷考異三十卷

宋司馬光撰

宋元祐元年（1086）國子監刻本。前神宗御製序。附載治平四年十月初開經筵奉旨讀通鑑。其月九日臣光初進面賜御製序，令候書成日寫入。元豐七年進書表，列同修三人劉攽、劉恕、范祖禹，檢閱文字一人司馬康。又撰諭詔書。又元豐八年九月十七日准尚書省劄子奉聖旨重行校定。元祐元年九月十四日奉聖旨下杭州鏤板。列銜名宰執三人呂公著、李清臣、呂大防。校定六人范祖禹、司馬康、劉安世、黃庭堅、孔武仲、張舜民。校對四人戚冲仲、宋匪躬、張耒、晁補之。是書初刊之式。

觀天曆

宋元祐元年（1086）頒行曆書曰觀天曆。

唐鑑十二卷　宋范祖禹撰

宋元祐元年（1086）上書表并序。

寶章待訪錄一卷　宋米芾撰

宋元祐丙寅（元年 1086）自序

東坡志林五卷　宋蘇軾撰

宋元祐元年（1086）刻小字本。最佳。

東軒筆錄十五卷　宋魏泰撰

宋元祐元年（1086）自序。

沈下賢集十二卷　唐沈亞之撰

宋元祐元年（1086）刻本。昭文張氏有依宋元祐丙寅鈔本。元祐丙寅無名氏序曰，亞之嘗遊韓愈門，頃得善本再加校勘命工刊鏤。

謝氏蘭玉集　宋汪聞編

直齋書錄解題：自謝安而下子孫十六人詩三百餘篇。序稱新天子即位丙寅之歲也。

唐宋高僧詩集□卷　宋釋法欽編

吳縣黃氏所藏唐僧周賀清塞詩，云得毛子晉手跋本，適聞思菴主昆峰上人處有武林梵天寺賜紫沙門法欽編，唐宋高僧詩集，有元祐元年楊無為序者。舊刻本遂手校於每首上方，且此書子晉未見過，則余所見不差廣於子晉耶。蕘圃題記。

元祐二年　丁卯（1087）

春秋會義四十卷　宋杜諤撰

宋元祐二年（1087）刻本。前有嘉祐壬寅夏六月日任貫序，江陽杜諤自序，又元祐丁卯（二年）秋季秋月江陽杜諤重序。序刊有元祐二年改正脩刊。

水經注四十卷　漢桑欽撰　後魏酈道元注
宋元祐二年（1087）成都新刻何聖從家本。近代地理學家丁謙譽爲"宇宙未有之奇書"。藏園群書題記云，所存十二卷，記中引袁抱存言爲元祐二年轉運使晏知止所刻。
青箱雜記十卷　宋吳處厚撰
宋元祐二年（1087）自序。
新注華嚴經
宋元祐二年（1087）商人徐戩往高麗，獻杭州新注華嚴經板。

元祐三年　戊辰（1088）

編年通載十卷　宋章衡撰
宋元祐三年（1088）刻本。五行，行十七字。白口，左右雙邊。有元祐三年章楶序及進書表。黃丕烈跋。汪鳴鑾遺書。存四卷，已印入四部叢刊三編中。
帝學八卷　宋范祖禹撰
直齋書錄解題：宋元祐三年（1088）自序。
傷寒論十卷　漢張機撰　晉王叔和撰次
北宋元祐三年（1088）前兩浙路刻小字本。

外臺秘要四十卷　唐王燾撰

北宋元祐三年(1088)國子監別作小字本雕印。

仲景全書四種

傷寒論十卷

成无己注解傷寒論十卷

傷寒類證三卷

金匱要略方論三卷

宋元祐三年(1088)國子監刻印。有元祐三
年牒文："國子監准尚書禮部元祐三年八月
八日符：'元祐三年八月七日酉時准都省送下當
月六日敕：中書省勘會：下項醫書冊數重大，
紙墨價高，民間難以買置。八月一日奉聖旨，
令國子監別作小字雕印。內有浙路小字本者，
令所屬官司校對，別無差錯，即摹印雕版，
並候了日廣行印造，只收官紙工墨本價，許
民間請買，仍送諸路出賣。奉敕如右，牒到
奉行。前批八月七日未時付禮部施行'。續准
禮部符：'元祐三年九月二十日准都省送下當
月十七日敕：中書省、尚書省送到國子監狀
據書庫狀，准朝旨雕印小字傷寒論等醫書出

賣，契勘上錢，約支用五千餘貫，未委於是何官錢支給應副使用。本監比欲依雕四子等體例，於書庫賣書錢內借支，又緣所降朝旨，候雕造了日只收官紙工墨本價，即別不收息，慮日後難以撥還，欲乞朝廷特賜應副上件錢數支使。候指揮。尚書省勘當：欲用本監見在賣書錢，候將來成書出賣，每部只收息一分，餘依元降指揮。奉聖旨：依。」國子監主者一依勅命指揮施行」。

五禪師語錄不分卷　宋嗣法仁勇編

宋刻殘本，半葉十二行，行二十字。前列小傳五則。有法華名齊舉，一名全舉。道吾名悟真，鄉貫姓氏俱不載。大愚名守芝，太原人，姓王氏。雲峰名文悅，南昌人，姓徐氏。楊岐名文會，袁州人，姓冷氏，皆臨濟宗法華大愚第七世，雲峰以下均第八世。雲峰語錄已缺。楊岐語錄嗣法小師仁勇編。有皇祐二年湘中苾芻文政，元祐三年（1088）無為子楊傑二序。

中興閒氣集二卷　唐高仲武編

北宋元祐三年（1088）刻本。曾子泓跋。

元祐四年 己巳（1089）

資治通鑑外紀十卷目録五卷 宋劉恕編

宋元祐四年（1089）趙友瀅刻本。元豐七年司馬光序。元祐四年趙友瀅重刻本。

試筆一卷 宋歐陽修撰

宋元豐二年蘇轍跋云：余家多文忠公書於篋中，得數十帖。元祐四年（1089）蘇軾跋云：此數十紙文忠公信手而成，初不加意者也，其文采字畫皆有自然絶人之姿，信天下之奇蹟也。

范文正公文集二十卷 宋范仲淹撰

北宋刻本，半葉九行，行十八字，白口，左右雙邊，版心鐫卷次及葉數，無刻工姓名及字數。其葉數卷 通計，卷一至四、五至八、九至十二、十三至十六、十七至二十分別記數，可證原分裝五冊。宋諱勖、樹、曙、頊等字缺筆，構、溝不避。此書字體結構謹嚴遒勁古樸，板式疏朗，刻印精美，確爲北宋佳槧。按冊計葉，也符合北宋末南宋初刻本的特點。首有元祐四年（1089）蘇軾序，稱"今其集二十卷，為詩賦二百六十八，為文一百六十五"。熙寧十年（1077）蘇軾知徐州時與范純粹（范仲淹之子，字德孺）同僚，蘇軾從純粹處得見"公之遺稿"且受命作序。十三年後，即元祐四年序成。可知第一部范文正公集為二十卷，子純粹編，成書年代不晚於熙寧十年，刊刻不晚於元祐間。此書是范集唯一存世的北宋本，堪稱稀世之珍，國之瑰寶。北京圖書館藏，已印入古逸叢書三編中。

元祐五年庚午（1090）

禮部韻略五卷　宋孫諤詳定

宋元祐五年（1090）國子監刻本。半葉十三行，行二十一字、二十二字不等。注文雙行，行二十九字。此為元祐五年孫諤等詳定本。現存卷第一、第三、第五，凡三卷。卷首題禮部韻略，平聲上第，末附元祐庚午禮部條制、貢院條制名諱及景祐四年六月牒。此本比之紹興增修本體式迥異。惜殘缺不完。月本藏書。

新刊注王叔和脉訣三卷　晋王叔和撰

宋元祐庚午（五年1090）廬陵通真子、劉元賓序。直齋書録解題作脉訣機要三卷，無年號，云通真子注，并不著名氏，熙寧以後人也。

集千家註分類杜工部詩二十五卷附文集二卷年譜一卷　唐杜甫撰　宋徐居仁编次　黄鶴補注

宋寶元二年（1039）王洙序。皇祐四年（1052）王安石序。元祐五年（1090）胡宗愈序。

元祐六年辛未（1091）

神宗實録二百卷　宋曾布等撰

郡斋讀書志：

宋元祐元年詔鄧温伯、陸佃同修。元祐六年奏御。

伊川擊壤集二十卷　宋邵雍撰

宋治平丙午年自序。元祐辛未（六年1091）邢恕後序。此本不存，序見南宋本。

金氏文集十五卷　宋金君卿撰

宋元祐六年（1091）富臨序曰：臨川江君明

仲學出於公，乃求公遺稿十得其一，編成十五卷，號金氏文集，命筆為序。今存傳鈔者兩卷。

元祐七年 壬申（1093）

周易注十卷 魏王弼注

宋元祐七年（1092）刻本。半葉十行。版心有"壬申重刊"等字。最佳。壬申為元祐七年。

陸氏易釋一卷 吳陸績撰

北宋刻本，半葉十行，版心有"壬申重刊"等字。最佳。壬申為元祐七年。

職官分紀五十卷 宋孫逢吉撰

宋咸平中華陰楊侃始採諸家之書，次為職林凡三十卷，號稱精博而斷自五代以前不及本朝。元豐中富春孫彥同雅意斯事閒因暇日職林而廣之具載新制，而又增門目之亡缺，補事實之遺漏凡五十卷，號職官分紀。而古今之事於是備焉。元祐七年（1092）六月望日秘書省校對黃本蘇籍高郵秦觀序。

考古圖十卷 宋呂大臨撰

宋元祐七年（1092）所記御府之外凡三十六家所藏古器物皆圖而錄之。虞山錢氏所藏北宋本云：得之顧修遠，爲滄葦借去，屢索不還，季氏殁，歸之徐健菴，復借摹寫其圖不失毫髮，更精於槧本。

法帖釋文十卷　宋劉次莊撰

宋元祐七年（1092）自題云：太宗嘗以古先帝王名臣法帖集爲十卷。淳化三年詔刊以賜大臣。歐陽修云，往時禁中火焚，其板或云尚在但不賜。元祐四年得本於前金部員外郎臣呂和卿命工摹刻之，後二年復取帖中草書世所病讀者，爲釋文十卷，並行於世。

元祐八年　癸酉（1093）

仁皇訓典六卷　宋范祖禹撰

直齋書錄解題：經筵所上凡三百十七條，大略如周寶訓體。

晋史屬辭三卷　宋戴迅撰

直齋書錄解題：

宋元祐癸酉（八年1093）自序。用蒙求體以類晋事。

南陽先民傳二十卷　宋王襄撰

直齋書錄解題：所記鄧州人物百里奚直不疑而下至唐范傳正韓翃，凡一百六十人。元祐癸酉為序。

黃帝鍼灸甲乙經十二卷　晉皇甫謐撰

宋元祐八年（1093）國子監校刻。

董氏小兒斑疹論一卷　宋董汲撰

前有董汲自序，末有元祐癸酉（八年1093）錢乙序。東平十柳居士孫準序。

茅亭客話十卷　宋黃休復撰

宋元祐癸酉（八年1093）刻本。注。是書多記西蜀事，元祐癸酉西平清真子石京為後序。募工鏤板以廣其傳。

唐陸宣公集二十二卷　唐陸贄撰

宋元祐八年（1093）內府刻本。元祐八年蘇軾等劄子。有元官書印。六冊。

六臣注文選六十卷　梁蕭統輯　唐李善　呂延濟、劉良　張銑　呂向　李周翰注

宋元祐八年（1093）秀州學刻。改正舛錯最多。

春秋傳十五卷　宋劉敞撰

春秋權衡十七卷　宋劉敞撰

春秋意林二卷　宋劉敞撰

春秋說例一卷　宋劉敞撰

宋元祐間（1086-1093）被旨刊行。

史記集解一百三十卷　漢司馬遷撰　唐司馬貞

宋元祐間（1086-1093）刻本。九行大字。天祿琳琅後目有宋板史記，目錄後刊有校書官張耒職名，因文潛所校定，以為北宋元祐間刻本。

元祐詳定敕令

頒行

田氏書目六卷　宋田鎬撰

郡齋讀書志：田偉居荊南，家藏書幾萬卷，鎬偉之子成目。元祐中袁默為序。

呂氏春秋二十六卷　漢高誘訓解

宋元祐壬申後三年刻本。賀鑄跋：餘杭鏤本亡三十篇，又有脫字漏句。注：壬申為七年後又三年應為紹聖二年。

曲江集二十卷　唐張九齡撰

宋元祐曲江縣刻。宋元祐中郡人鄧開序，言

得其文，於十世孫蒼梧守唐輔而刻之。

翰苑集二十二卷　唐陸贄撰

清錢曾讀書敏求記載所見為宋槧大字本二十二卷。公武所見為元祐本。

紹聖元年　甲戌（1094）

朱氏易解五卷　宋朱長文撰

宋紹聖元年（1094）自序。是書有傳抄本，四庫未收。

唐書糾謬二十卷　宋吳縝撰

五代史纂誤五卷雜錄一卷　宋吳縝撰

直齋書錄解題：宋紹聖元年（1094）上之。宇文時中守吳興，以郡庠有二史板，遂取二書刻之。後，皆取入國子監。初郡人思溪王氏刻藏經有餘板，以刻二史置郡庠，中興監書多缺，取其板以往，今監本是也。

甲戌使遼錄　宋張芸叟（名舜民）撰

北宋紹聖元年（1094）范陽書坊刻本。宋哲宗元祐九年（1094）奉使遼國（實為紹聖元年），有甲戌使遼錄，記沿途山川、井邑、道路、風俗等。范陽書坊刻印。

狀元捷報

北宋紹聖元年（1094）開封有人在臘面上刻字，用以刊印狀元報等。這是北宋出現過的簡便印刷方法。清道光元年（1821）廣州也出現過在木版上塗以蜂臘混合松香刻印的轅門抄。

浸銅要略一卷　宋張甲撰

宋紹聖元年（1094）序。蓋膽水浸鐵成銅之始。

大藏音三卷　宋釋處觀撰

宋柳豫為序，作元祐九年。實為紹聖元年。

紹聖二年　乙亥（1095）

呂氏春秋二十六卷

北宋紹聖二年（1095）賀鑄校鈔本。

字説二十四卷　宋王安石撰

宋紹聖二年（1095）國子監刻本。宋元豐五年王安石表上，紹聖二年龔原請雕印。

古史六十卷　宋蘇轍撰

宋紹聖二年（1095）刻本。半葉十一行，行二十二至二十五字。自序後又有紹聖二年識云，創於元豐至元祐成書，季子遜承命為之注

呂惠卿治縣法十卷

宋紹聖二年（1095）自序曰："法令、詞訟、

刑獄……"所在多刊此法。

范文正公鄱陽遺事錄一卷 宋范仲淹撰

宋陳貽範輯并紹聖乙亥（二年）序。

澠水燕談錄十卷 宋王闢之撰

宋紹聖二年（1095）自序，又滿中行跋。

墨譜三卷 宋李孝美撰

宋紹聖二年（1095）馮涓序及李元膺序。 补墨谱拨。

紹聖三年 丙子（1096）

吳郡圖經□卷 宋大中祥符官修

宋紹聖三年（1096）刻本。

黃山圖經一卷後集一卷

北宋紹聖三年（1096）刻本。

脈經十卷 晉王叔和撰

千金翼方三十卷 唐孫思邈撰

金匱要略方

補注本草

圖經本草二十卷目錄一卷

宋紹聖元年奉旨又開雕小字本，於紹聖三年

（1096）刻成。前有紹聖元年國子監任仲言
狀：伏覩本監先准朝旨開雕小字聖惠方等共
五部出賣，并每部鎮各十部，餘州各五部。
本處出賣今有千金翼方、金匱要略、王氏脈
經、補注本草等五件醫書，日用不可缺。本
監現印出賣皆大字，醫人往往無錢請買，兼
外州軍尤不可得，欲乞重開作小字重行校對
出賣一依施行。又紹聖三年六月雕板，後列
校勘銜名向宗恕、曾緣、鄧平、郭直卿等人
次有國子監書庫，又司業龔原一行。此為重
刻熙寧本。

脈經十卷　晉王叔和撰
宋紹聖三年（1096）廣西漕司刻印。

本草圖經二十卷　北宋紹聖三年（1096）重刻小
字本。今佚。

墨經一卷　宋晁季一撰
宋紹聖丙子（三年1096）廣西漕司刻印。

宗鏡錄一百卷　宋釋延壽撰
宋紹聖三年（1096）刻本。宋紹聖三年惟
冥樞會要跋：取宗鏡錄京浙二本，同二三

子遯一點對。

南華真經新傳二十卷　宋王雱撰

宋紹聖三年（1096）刻本。

宏辭總類四十一卷後集三十五卷三集十卷四集九卷　不著撰人名氏　补姜语後。

宋紹聖乙亥（二年1095）建昌軍學刻本。

紹聖四年　丁丑（1097）

春秋五禮例宗十卷　宋張大亨撰

宋刻本，半葉十一行，行十八至二十四字。注雙行，白口，左右雙邊。版心題"春秋例宗幾"下記刻工姓名，可辨者有丁珪、毛諫、朱明、徐杲、徐宗、徐高、董常、陳詢等。宋諱避至恒字止。有紹聖四年二月自序。半葉十一行，行十七字。鈐印有"乾學"、"徐健菴"、"陳寶儉珍藏印"、"周春"、"松靄"、"松靄藏書"、"太原喬松年收藏圖書"、"蘿摩亭長"、"芸閣"、"鶴儕"、"宸翰澹遠堂"、"袁廷檮藉觀印"、"御史中丞少司馬章"、"甌舫"、"著書齋"。

北京圖書館藏。

營造法式三十四卷　宋李誡奉敕撰

昭文張氏有影宋刻本，末有"平江府今得紹聖營造法式舊本并目錄看詳一十四冊，紹興十五年五月十一日校勘重刻"一條。所說紹聖營造法式，爲紹聖四年以元祐本重修。

兩漢蒙求十卷　宋班希范撰

直齋書錄解題：十卷，稻密吳興班希范撰，紹聖中所序。

紹聖儀象法要三卷　宋蘇頌撰

北宋紹聖間（1094-1096）刻本。記錄了渾儀、渾象、水運儀象臺的設計，各有總圖、分圖，共六十三幅，是我國現存機械圖紙。

南陽集六卷　宋趙湘撰

前有宋祁序、元符元年吳儔序，治平二年孫戩序，治平二年文同序。是集南宋寶慶元年趙大忠刻本，北宋之刻俱以佚。

元符元年　戊寅（1098）

吳郡圖經續記三卷　宋朱長文撰

宋元符元年（1098）蘇州公使庫刻本。

養生必用方三卷　宋初虞世撰

宋紹聖五年宗室捐之序云，初刊在元豐鏤板，累經摹拓為人損壞，今復刊。清朱緒曾所見半葉十二行，行二十字。注：紹聖五年已改元為元符元年（1098）。

德隅齋畫評一卷　宋李廌撰

宋李廌序，元符元年（1098）趙令畤跋。

唐百家詩選二十卷　宋王安石輯

宋元符元年（1098）江西章安刻本。此為分類本，前有元符戊寅七月望日章安楊蟠序。

元符二年　己卯（1099）

爾雅新義二十卷　宋陸佃撰

宋元符二年（1099）自序。又具曾孫子遹刊於嚴州本俱佚。

神宗皇帝御集二百卷　宋章惇等纂

郡齋讀書志：宋紹聖中以元祐所集止，九百三十道至元符中再加編次上之。

素問入式運氣奧論上中下卷　宋劉溫舒撰

宋元符二年（1099）自序。半葉十四行，行二十四字。白口，有圖。羅振常善本書所見錄，不著是何本。

神醫普救方
宋元符二年（1099）差官校正，付國子監鏤
板頒行。
龍川志略六卷別志四卷　宋蘇轍撰
宋刻本，十一行，行二十二至二十三字。細
黑口，左右雙邊。前有元符二年夏自序，謂
凡四十事，六卷。別志前有元符二年秋自序
謂凡四十七事，四卷。鈐有曹寅藏印。顧麐
士藏。此本傅增湘已影刊。
妙法蓮華經辭喻合文不分卷
宋元符二年（1099）絳州曲沃縣兜率院沙門
密抄本。山西省曲沃縣圖書館藏。

元符三年　庚辰（1100）

歷代地理指掌圖一卷　宋稅安禮撰
宋元符中欲上之，朝未及而卒。書肆所刻，
皆不著名氏，亦頗缺不備。此蜀本有涪石任
造序。
黃山圖經一卷後集一卷　宋失名輯
宋元符三年（1100）歙縣重刻本。
縣務綱目二十卷　宋劉鵬撰

直齋書錄解題：元符三年（1100）自序，凡四十四門，四十七十餘事，其說不止於作縣而事關縣務爲多。

唐魯望文集八卷　唐陸龜蒙撰

宋元符庚辰樊開序，所著有吳興實錄四十卷，松陵集十卷、笠澤叢書八十餘篇。自謂江湖散人，號天隨子甫里先生，贈左補闕。本朝宋景文公重修唐書仍列於隱逸傳。今蜀中惟松陵集盛行，笠澤叢書未有，是書家藏久矣，愚謂貯之篋笥以私一人觀之，不若鏤版而傳，諸好事庶斯文之不墜，而魯望之名復振，亦儒者之用也。此爲元符三年（1100）樊開刻本。

唐柳先生文集三十卷　唐柳宗元撰

宋元符刻小字本。

宣城集三卷　宋劉涇撰

直齋書錄解題：元符三年（1100）自序。

羅浮集十卷　宋譚粹撰

宋元符三年（1100）譚粹刻印。

唐百家詩選二十卷　宋王安石編

北宋元符間（1098－1100）楊蟠刻本。半葉九行，行十八字。

建中靖國元年　辛巳（1101）

禮書一百五十卷　宋陳祥道撰

宋建中靖國元年（1101）進書表并序。直齋書録解題爲元祐中表上。

樂書二百卷　宋陳暘撰

宋建中靖國元年（1101）尚書禮部牒特給筆吏畫工三、五人寫録圖畫進獻之。

新雕入篆説文正字一卷　不著撰人名氏

北宋刻本，半葉十一行，行約十二字，小字二十字。白口，左右雙邊。此書無序跋。有高麗國十四葉．辛巳歲藏書、大宋建中靖國元年、大遼乾統元年朱文三行。蓋爲當時頒賜官書。日本成簣堂文庫藏。

紀元曆

宋建中靖國元年（1101）頒行曆書曰紀元曆

十七史蒙求

宋建中靖國元年（1101）王獻可刻本。

道德經經注四卷　宋徽宗御撰

宋建中靖國元年（1101）刻本。

崇寧元年　壬午（1102）

奉使雞林志三十卷

直齋書錄解題：崇寧元年（1102）王雲以書狀從劉逵、吳栻使高麗歸，而為此書以進。注：雞林為新羅國更名。

撰集百緣經十卷

宋崇寧元年（1102）曹亞刻印，經折本，每開六行，行十七字。

佛頂心觀世音菩薩大陀羅尼經三卷

宋崇寧元年石處道等刻本。全經二百三十八行，行十四字。清末出吳江東郊垂虹橋境華嚴塔石匣中。開卷佛說法圖、觀世音菩薩化僧朗寬等扇畫。刻印精湛，紙墨瑩潔。末有崇寧元年石處道同妻梁氏鏤版印施題記。

寶峰雲庵真淨禪師語錄三卷

門人福深錄，上卷住筠州洞山金陵寺語，中卷住廬山寶峰時語，下卷為偈頌。前有元豐八年王安石、王安禮請疏二首及眉山蘇轍序。後有崇寧元年鄱陽任軒程袞序，後指月錄寶峰克文禪師陝府鄭氏坐夏大溈聞僧舉云門語

有省往見黄龍不契，後見順和尚方知黄龍用
處，遂回見黄龍。此即蘇序。所謂得法於黄
龍南公者也。師卒於崇寧元年十月十六日，
年七十八。程序作於是年季春望日。蓋編
錄師猶未示寂也，故無行錄塔銘。半葉十一
行，行二十字。有李振宜藏書朱記。

崇寧二年　癸未（1103）

營造法式三十四卷目錄看樣二卷　宋李誡撰
宋崇寧二年（1103）平江府刻本。此書宋神
宗熙寧間敕令將作監編作，至宋哲宗元祐六
年方成書。元祐七年頒行到郡，是為元祐本
營造法式。於宋徽宗崇寧二年（1103）用小
字鏤版印刷，頒發各地官署，作為營建工程
法式。紹興十五年曾重刊一次。紹興重刻題
記稱："平江府今得紹聖營造法式舊本并目錄
看詳共一十四冊，紹興十五年五月十一日校
勘重刊"又題："左文林郎平江府觀察推官陳
綱校勘"、"寶文閣學士右通奉大夫知平江
軍府事提舉勸農使開國子食邑五百户王㬇重
刊"。現存卷十第六、七、九、十等四葉，并

卷第十一至第十三，凡三卷。半葉十一行，行二十二字，細黑口，左右雙邊。版心下有刻工徐珙、金榮、蔣宗、蔣榮祖、馬良臣、賈裕等。

明州阿育王山如來舍利寶塔傳一卷　護塔靈鰻菩薩傳一卷　宋釋贊寧撰

北宋刻本，八行，行十二字，白口，左右雙邊。宋諱玄、敬、殷、貞、徵等缺末筆。前有崇寧二年癸未佛國禪師惟白序。靈鰻傳後附記四行：“炎宋開寶五年歲在實沈閏月朔旦。此板一十三片係堂頭交割，貴得之無淪墜矣。”鈐“高山寺”印。日本內野五郎家藏。

崇寧三年　甲申（1104）

元豐功臣圖

宋崇寧三年（1104）繪刻顯謨閣。

金剛般若波羅蜜經一卷　後秦鳩摩羅什譯

北宋刻本，行十四字。崇寧三年以前浙本。卷尾有崇寧三年三月秀州海鹽縣陳五娘施經入本邑寧境教院寶塔內永充供養題記。上海圖書館藏。

佛說末劫經

宋崇寧三年前荊湖南路刻。

崇寧四年 乙酉（1105）

南唐書三十卷 宋馬令撰

留真譜：宋崇寧三年（1105）自序。

蓬山志五卷 宋羅畸撰

直齋書錄解題：崇寧四年（1105）自序。凡十五門。

崇寧五年 丙戌（1106）

春秋通訓六卷 宋張大亨撰

宋崇寧五年（1106）自序。

文選注六十卷 梁蕭統輯 唐李善 呂延濟 劉良 呂向 李周翰注

北宋廣都裴氏刻本。崇寧五年（1106）開始刻板，政和元年（1111）刻成。比起北宋刻李注本來，還要晚幾十年。且轉錄了國子監本的"准敕雕印"公文。

逍遙詞一卷 宋潘閬撰

宋崇寧五年（1106）武夷黃靜記刻。

大觀元年 丁亥（1107）

林閒錄二卷後錄一卷　宋釋惠洪撰

宋大觀刻本。大觀元年（1107）臨川謝逸序，稱惠洪與林間勝士抵掌清談，每得一事，隨即錄之。明人以其所錄析為上下二帙，刻之於板。

佛說觀無量壽佛經二卷

北宋溫州刻本。半葉六行，行十七字。經折裝，字橅顏體。共四十七葉。內刊印，大觀元年十月望日，永嘉顯教院沙門子堅跋文："……予於是輒依疏文，略出科目，准例開之，科下細注，依鈔分之，聊備未學者粗識……"末葉尾部又親筆題記："比丘子堅印造此經，安置寶塔□為眾生莊嚴無□□道，願早獲成就。時大觀三年三月十八日□□□。"溫州市白象塔發現。

大觀二年　戊子（1108）

御製秘藏詮　宋太宗趙匡義撰

宋大觀二年（1108）刻本。半葉二十二行，行十四、十五字。此書美國哈佛大學福格美術館藏有卷一、三殘卷。有北宋大觀二年（1108）

的施經木記，殘卷中插有四幅山水版畫，據
研究是大觀二年前後所刻。這四幅版畫插圖
以大面積山水為背景，在不甚顯着的位置安
排人物，以一位高僧為主體。其线條清晰，
構圖完善表明北宋時期的版畫製作已經有相
當的水平。

經史證類大觀本草三十卷　宋唐慎微撰
宋大觀二年孫氏刻本。宋大觀二年仁和縣尉
艾晟序。

東觀餘論不分卷　宋黃伯思撰
宋大觀戊子（1108）西都府東齋黃伯思自序

道德經解二卷　宋蘇轍撰
宋大觀二年（1108）自題。

昌黎先生集四十卷　唐韓愈撰
宋大觀初潮州劉允刻小字本。潮州在大觀初
郡人劉允以郡昌黎廟香火錢刊行小字本昌黎
昌先生集。

大觀三年　己丑（1109）

西漢詔令十二卷　宋程俱　林虙撰
宋大觀三年（1109）程俱序。宜興蔣檝跋，林氏族弟釋慶然願請是書鏤板以傳。

大觀四年 庚寅（1110）

太平惠民和劑局方十卷指南總論三卷 宋陳師文編

宋大觀四年（1110）詔陳師文編閱成書。此為宋大觀重修刻本。直齋書錄解題為六卷。

退齋詞一卷 宋侯延慶撰

直齋書錄解題：大觀四年（1110）京師作七調，壓卷為天寧節萬年歡。

大觀馬遞鋪敕令格式 百冊

宋大觀三年奏乞鏤板頒降施行，從之。

政和元年 辛卯（1111）

三輔黃圖六卷

宋政和元年（1111）建安余靖安勤有堂刻本。半葉十一行，行二十一字。

政和祿令格等三百二十冊

宋政和元年（1111）詳定一司敕令所雕印頒行。

雲齋廣錄八卷後集一卷 宋李獻民撰

前有政和辛卯（元年 1111）獻民自序，每卷冠以新雕二字，蓋猶政和間刊本。半葉十五行，行二十五字。其書荒誕不經，分門無近瑣碎。然四庫未收，各家書目亦不著錄。北宋版本傳流至今無說部中秘帙。萬卷樓兩印朱文甚古，疑爲豐人翁藏書。忠義下一字徽蝕，右旁從邑尚可辨，疑爲鄷豐之受姓所由始也。後歸王履吉，國朝入泰興季氏，漢陽葉氏。藏印「口氏萬卷樓藏書記」、「世爲忠義口氏」、「江左」、「王印履吉」、「鐵研齋」、「季印振」、「滄葦」、「漢陽葉名澧潤臣甫印」、「葉名澧」。原爲濟意齋藏書。

笠澤叢書四卷補遺一卷　唐陸龜蒙撰

宋政和元年（1111）朱袞刻本。分甲乙丙丁詩文雜記。

政和二年　壬辰（1112）

禮記解二十卷　宋方慤撰

直齋書錄解題：政和二年（1112）表上之并序。

帝王系譜一卷　宋吳逵撰

直齋書錄解題：政和壬辰（1112）刻。

福州開元寺毗盧大藏六千一百十七卷

宋政和二年至乾道八年福州開元寺雕經都會刻本。每開六行，行十七字。福州開元寺在城東隅。唐開元二十六年以年號改今名，北宋天禧中毀，慶曆三年修復。政和二年開雕全藏，至乾道八年告成。主持人為蔡俊臣、馮檝及本明、宗鑑、了一諸禪師。梵夾裝。五百六十七函，六千一百十七卷。全藏久佚，北京圖書館等單位藏有少數零卷。

政和三年　癸巳（1113）

政和五禮新儀二百四十卷　宋鄭居中等奉撰

首御製序一卷，次御筆指揮九卷，次御製冠禮十卷，其自二十一卷至四十四卷為序。別序例四十五至五十卷為目錄，以下分禮編載政和三年進。

班左誨蒙三卷　宋程俱撰

宋左通奉大夫徽猷閣待制除提舉萬壽寶錄院修撰程俱撰。政和三年癸巳六月自序。直齋書錄解題：後有紹興三十一年五月日南劍州雕匠葉昌哥鎸板一條。取左、班二書常言紀事，與夫古言異字，名物制度之微，擷取殆盡，以公穀附焉。

傷寒總病論六卷附音訓一卷修治藥法一卷　宋龐安時撰

宋政和三年（1113）刻本。半葉十行，行二十字。卷中有"袁氏尚之"朱文方印、"王韻齋圖書印"、"有竹居印"、"黃丕烈印"、"蕘圃"、"士禮居印"。題蘄水龐安時撰。前有元符三年黃山谷序，蘇東坡答安常札，卷六後有政和歲次癸巳門人布衣魏炳編十三字。宋諱皆為字不成，丸不改圓，蓋政和癸巳刻本即士禮居刊本之祖本。日本靜嘉堂文庫藏。

搜神秘覽三卷　宋章炳文撰

宋政和三年（1113）自序。

萬壽道藏五千四百八十一卷

北宋政和三年至八年（1113－1118）福州天寧萬壽觀刻。總五百四十函，五千四百八十一卷千字文編號。宋太宗時，廣求道書，甚至把先秦諸子都收括在內，得七千餘卷，命徐鉉王禹偁校正，删去重複，得三千七百三十七卷，繕寫送太清宮。真宗趙恒大中祥初年，又把秘閣道書和太清宮所藏道書，全數運往餘杭，命學士戚綸、漕運使陳堯佐、道士朱益謙、馮德等，專事修校，命王欽若總管其事。分目為三洞、四輔、十二類，共四千三百五十九卷，目錄上獻，賜名"寶文統錄"。徽宗趙佶在崇寧中又詔訪道家遺書，就書藝局令道士劉元道（字景初，開封人）校定大藏，又增至五千四百八十一卷。於政和六、七年間送福州閩縣萬壽觀，令福州知州黃裳招工鏤版，因名萬壽道藏。這是中國第一部刻印道教總集，已世無傳本。靖康變起，高宗趙構南渡，遺留汴京的經版，為金人掠去，金命孫道明補刻，是為金道藏。至蒙古乃馬真后稱制三年（當於宋淳熙四年），宋德方弟子秦志安在玄都觀總領校刊道藏，世稱"玄都寶藏"，又名趙德方藏。元世祖忽必烈時，下令將一切道教經典和經版全數銷毀。因而元朝以前所刊道藏幾乎滅迹，傳世幸存的，據所知僅有北京市中國書店從廢紙中搶救出的元代刻印《太清風露經》一卷和北京圖書館所藏《雲笈七籤》的殘葉。

大方廣佛華嚴經八十卷　唐釋實叉難陀譯

宋政和三年（1113）刻本。首有題識：福州衆緣寄開元寺□□都會蔡俊□□□□□劉□□譚會□□□□□□今上皇帝祝延聖壽文武官僚同資祿位雕造華嚴合論經板一副計一十三函。時政和癸巳正月日化緣尼智覺謹題。版心刻工有王英、丁宥等人。存第七卷。

政和四年　甲午（1114）

聖濟總錄二百卷　宋徽宗政和中奉敕撰

宋政和四年（1114）國子監校刻。分七十一門，皆以御府所藏禁方秘論纂輯而成。金焦養直序稱："實醫經之會要，學者之指南，生民之司命。"聖惠方、聖濟總錄為北宋兩大名著。

河東先生集四十五卷　外集二卷　龍城錄二卷　附錄二卷　集傳一卷　唐柳宗元撰

北宋政和四年（1114）刻本。

唐柳先生文集四十五卷外集二卷　唐柳宗元撰

宋政和四年（1114）沈晦刻四明新本。

文忠集一百五十三卷附錄五卷　宋歐陽修撰

天祿琳琅書目有居士集五十九卷，附錄一卷，吉州公使庫刊，北宋本。其前五十卷，宣和四年（1114）九月知吉州陳城所刊，六年後繼其任者方時可，恨其未全，有嗣刊之。前有祝庇民序，因孝證以得刊入。序後列周諒、方薦可諸銜名，則時可同官。其卷五十後載“吉州公使庫開刊六一居士集五十卷，宣和四年九月記。”又列郭嗣明、曹明、曹尹、洪知柔諸銜名，蓋城同官也。

慶湖遺老詩集九卷拾遺一卷後集補遺一卷　宋賀鑄撰

宋紹聖三年自序，政和三年程俱序，政和四年楊時序。

政和五年　乙未（1115）

政和直達綱條敕及申明指揮百三十一冊

宋政和五年（1115）先付尚書度支鏤板頒行，從之。

唐職林三十卷　宋馬永錫撰

直齋書錄解題：以唐六典為主，而附以新史所載事，頗採傳記詩歌之屬。宋政和乙未（五年1115）天台左譽序。

鑒史三卷　宋王得臣撰

宋政和五年（1115）自序。是書宋慶元五年（1199）郡守鄱陽洪邁重修版。

法帖刊誤二卷　宋黄伯思撰

宋政和甲午（四年）王珩題於開封尹廳東齋。五年（1115）襄陽陵許翰跋，并有大觀戊子（二年）自序。此即東觀餘論後部，至是更編單刻本。

老子注二卷　晉王弼撰

宋政和乙未（五年1115）晁説之刻本。宋初道士王洞應刻者名道德經廣聖義。晁説之亦有名老子注。

政和六年　丙申（1116）

政和敕令格式九百三卷

宋政和六年（1116）鏤板頒行，從之。

重修政和經史證類本草三十卷　宋唐慎微撰

宋政和六年(1116)重修刻。收藥一千七百多種。半葉十一行,行十九至二十一字不等。

後山詩注二十四卷　宋陳師道撰

宋政和五年門人魏衍記,政和丙申(1116)王雲題。任淵跋稱:讀後山詩近時刻本參錯謬誤,政和中王雲得後山門人魏授本編次,有序。今悉依據略加緒正詩止六卷,各釐為上下作之。黃丕烈稱,"後山詩注,從未見有宋刻,得此一卷,勝逾百友。"黃翁僅得卷第六。

比紅兒詩集一卷　唐羅虬撰

宋政和丙申(六年1116)桐廬方性夫序刊。是集而後見唐百家中。

政和七年　丁酉(1117)

作邑自箴十卷　宋李元弼撰

直齋書錄解題:政和丁酉(七年1117)自序。

金石錄三十卷　宋趙明誠撰

宋政和七年(1117)河間劉岐序稱近用墨板摹印。

亢倉子一卷

宋政和七年（1117）刻印。

酒經上中下卷　宋朱肱撰

宋朱肱自序，署大隱翁。有政和七年（1117

李保跋。

分門古今類事二十卷　不著撰人名氏

第八先大夫龍泉夢記稱，崇寧乙酉拔澧解，

次年叨第末署政和七年（1117）三月宋如玠

記，則作者為宋之父。又張鎡仕學規範引用

目為委心子撰。

儀禮圖十七卷儀禮旁通圖一卷　宋楊復撰

宋政和間（1111-1117）建安余靖安勤有堂刻

印。

春秋後傳十二卷　宋陳傅良撰

宋政和間建安余靖安刻印。

政和重修敕令格式一百三十八卷

看詳四百十卷。共五百四十八卷。雕印後分

行。

繪圖古列女傳七卷續列女傳一卷　漢劉向撰

宋政和間（1111-1117）建安余靖安勤有堂刻

印。上圖下文，十五行，行十五字。

佛說觀世音經一卷　後秦釋鳩摩羅什譯
宋政和間（1111-1117）張衍刻印。

畫墁集□卷　宋張舜民撰
〃文集一行於政和，鬻者嬀卷。"又有南宋板

重和元年　戊戌（1118）

五經文字三卷　唐張參撰
宋重和元年（1118）刻本。

聖濟經十卷　宋徽宗御撰　吳禔注
郡齋讀書志：御製聖濟經十卷，右徽宗皇帝所製也。政和八年五月十一日詔頒之天下學校，九月二十四日大司成李邦彥等言乃者從侍臣請令內外學校課試於聖濟經出題臣等竊謂令內經道經既已選博士訓說，乞更以聖濟經附二經兼講從之。

重校證活人書十八卷　宋朱肱撰
宋政和八年（即重和元年1118）杭州大隱坊刻本。自序：僕乙未以罪去國，明年就領宮祠以歸，過方城見同年范內翰云，活人書詳矣，比百問十倍，然證與方分為兩卷，倉卒

難檢耳。及至睢陽又見王先生云治人書，京師、成都、湖南、福建、兩浙凡五處印行，惜其不曾校勘，錯誤頗多，遂取儀本重爲參詳改一百餘處及弁證方爲一卷，因命工於杭州大隱坊鏤板。作中字印行，庶幾緩急易以檢閱，然方術之士能以此本游諸聚落，悉爲改證使人誦讀廣說流布，不爲俗醫妄投藥餌其爲功德無量。政和八年季夏朔朝奉提洞霄宮朱肱重校。

法苑珠林一百卷　唐釋道安撰

宋重和元年（1118）福州開元寺刻。此爲昭盧藏本。北京圖書館藏第六十九卷。

宣和元年己亥（1119）

集篆古文韻海五卷　宋杜從古撰

前有宋宣和元年（1119）杜從古自序。此書諸家皆不著錄。其所載古今皆不記出處，亦無可考證。陶九成書史會要：杜從古字唐稽官至禮部郎，宣和中與米友仁、徐兢同爲書學博士。

宣和新修明堂敕令格式一千二百六冊

宋宣和元年（1119）八月詳定一司敕令乞下本所雕印頒降施行，從之。

萍洲可談三卷　宋朱彧撰

直齋書錄解題：

宋宣和元年（1119）萍洲老圃序。

本草衍義二十卷　宋寇宗奭撰

宋宣和元年（1119）寇宅寇約刻印。訪古志稱：卷首載政和六年十二月廿八日付寇宗奭劄子，又宣和元年□月本宅鏤板印造，姪宣教郎知解州縣丞寇約校勘。

錢氏小兒藥證直訣三卷　宋錢乙撰　附小兒斑疹備急方論一卷　宋董汲撰

宋宣和元年（1119）閻孝忠刻印。半葉八行，行十六字。

冲虛至德真經注八卷　晉張湛注

宋宣和元年（1119）刻本。半葉十四行，行二十六字，注文雙行三十一字。

冲虛至德真經四解二十卷　宋范致虛撰

宋宣和元年（1119）吳師中序。

宣和二年　庚子（1120）　無印書

宣和三年　辛丑（1121）

夏小正戴氏傳四卷　宋傅崧卿撰

　宋宣和辛丑（三年 1121）自序。

長樂志十四卷　宋俞向撰

　直齋書錄解題：宣和三年（1121）自序。

齊驅集□卷　未詳撰人

　宋陸游云：刻板於宣和三年（1121），方是時黨禁猶未解。蓋僅有見者故本多誤，然好事者冒法刻之亦奇也。

宣和四年壬寅（1122）

陶淵明集十卷　晋陶潛撰

　宋宣和四年（1221）王仲良信陽刻大字本。

滁陽慶曆集十卷　宋徐徽撰　後集十卷　吳班張康朝　王言恭撰

　宋宣和四年（1122）唐恪序。後集為紹興後人續入之。

歐陽文忠公六一居士集五十卷續五十卷　宋歐陽修撰

　宋宣和四年（1121）吉州公使庫刻本。前有祝庇民序，序後列有衔名闵說、方時可、曹尹、郭嗣明、方爲可等。五十卷末有吉州公使庫開刻六一居士集計五十卷，宣和四年記。
又銜名曹尹、郭嗣明、洪炁柔等。

眉山唐先生文集二十卷　宋唐庚撰
宋宣和四年（1122）重刻本。其弟唐庾因"京
本多舛謬失真，并取少年時作重刻"本。

王公四六話二卷　宋王銍撰
宋宣和四年（1122）自序。多論宋一朝表啟
之文書，中涉宋帝俱空格。

宣和五年　癸卯（1123）

石林燕語十卷　宋葉夢得撰
宋宣和五年（1123）石林山人自序。其子葉
棟、葉程、葉模编。

南陽活人書十八卷　宋朱肱撰
宋宣和五年（1123）湖南刻本。

南華真經注十卷　晉郭象注
北宋宣和五年（1123）國子監刻本。

沖虛至德真經注八卷　晉張湛注
北宋宣和五年（1123）國子監刻本。

白氏文集七十一卷　唐白居易撰
宋宣和五年（1123）廬山本。

寇忠愍公詩集三卷　宋寇準撰

宋宣和五年（1123）春陵郡齋刻本。

宣和六年　甲辰（1124）

漢書注一百卷　漢班固撰・唐顔師古注

宋宣和六年（1124）國子監刻本。

後漢書注九十卷　劉宋范曄撰　唐李賢注　志

注補三十卷　梁劉昭撰

宋宣和六年（1124）國子監刻本。

九疑考古二卷　宋吴致堯撰

直齋書録解題：宣和六年（1124）自序。取

春陵志所紀而爲詩以記之。

經史證類備急本草三十卷　宋唐慎微撰

北宋政和六年（1116）重修刻本。稱政和本草

千金寶要六卷　宋郭思撰

宋宣和六年（1124）刻石於華州。郭序云新

思從孫千金方擇要刻石者。

陶淵明集十卷　晋陶潛撰

宋宣和六年（1124）刻本

元氏長慶集六十卷補遺六卷　唐元稹撰

宋宣和六年（1124）建安劉麟刻本。明馬元

詞據以翻雕。

宣和七年　乙巳（1125）

埤雅二十卷　宋陸佃撰

宋宣和七年（1125）陸宰刻本。明陳大本重刻宋本，半葉十二行，行二十三字。首宋□張存惟中序，叙重刻緣起，謂宋宣和七年，其子宰始刊板。後其五世孫諲知贛州又刊於郡庠。此元時代可考，而所刻皆不傳。

廉吏傳十卷　宋費樞撰

直齋書錄解題：宣和乙巳（七年1125）自序。自春秋至唐凡百十有四人。

宣和博古圖錄三十卷　宋王黼奉編

直齋書錄解題：宣和殿所藏古器物，其形製而記之。

博古圖說十一卷　宋黄伯思撰

直齋書錄解題：伯思歿於政和八年，其後修博古圖頗采用之。

簡齋詩集二十卷　宋陳與義撰

宋宣和間（1119-1125）周葵刻本。半葉十行，行十八字。

靖康元年　丙午（1126）

廣川藏書志二十六卷　宋董逌撰

　直齋書錄解題：以其家藏書考其本為之論說

　及於諸子而止。蓋其本意專為經設也。

聖宋尊堯錄七卷別錄一卷　宋羅從彥撰

　宋靖康丙午（元年1126）延平羅氏自序。此

　有趙氏半畝天居抄本。

小兒醫方妙選三卷　宋張渙撰

　直齋書錄解題：靖康元年（1126）自序。凡

　四百二十方。

還丹復命篇一卷　宋釋道元撰

　直齋書錄解題：亦擬悟真詩篇，并靖康元年

　（1126）序。

節孝先生文集三十卷　宋徐積撰

　宋靖康元年（1126）李邴序。

文選注六十卷　唐李善注　（補大中祥符條）

　北宋大中祥符四年（1011）國子監刻本。

北宋無年代刻書

周易新講義十卷　宋龔原撰

北宋刻本，半葉十一行，行二十二字，注文雙行二十六字。白口，左右雙邊。首有周易新講義自序，十行十七字。貞、玄、恒等字缺筆。紙質堅厚，即綿楮之精者，字畫遒勁，墨色妍好，北宋槧中尤佳者。首有興學亭篆字朱印。日本昌平學藏。此書元代已失傳。

周禮注疏四十二卷　漢鄭玄注　唐賈公彥疏

袁寒雲藏有宋本，上六卷爲婺州本，小字絶精，北宋刻本。下六卷爲南宋刻，附釋文。

周禮疏五十卷　漢鄭玄注　唐賈公彥疏　陸德明釋文

北宋國子監杭州鏤板。

儀禮注十七卷　漢鄭玄注　釋文一卷　唐陸明德撰

北宋汴京巾箱本。

儀禮注十七卷　漢鄭玄注　釋文一卷　唐陸明德撰

北宋杭州細字本。

禮記疏

北宋國子監杭州鏤板。

春秋經傳集解三十卷 晉杜預撰 唐陸德明音義

北宋刻闕氏字本，存二十、二十九兩卷。半葉七行，行十五字，注文雙行十五字。四周單邊。版心有刻工陳元、孔溥、鄭遂。左氏經本墨板之存者，以百數，而宋板最善，宋板之精者，又以十數，而缺氏字本最善。其稱氏字本，以缺唐諱民作氏，而其宋諱則缺至徵字，是以知為英宗時刻本。字體豐容，書法撫魯公，紙質淨緻，光潤炫目，精華老蒼之氣，凜然於行墨之間。作蝴蝶裝。尚是汴京名手匠。為宋監本名佳之品，刻時雖異，其面貌則與台州本荀子在伯仲之間。此書藏於海外。見古文舊書考。按：考刻工陳元一名見説苑，又見明州本文選。據此則非汴京監本，其謂在荀子伯仲之間，以此證為浙本。

春秋經傳集解三十卷 晉杜預撰

北宋刻小字本。十一行，行二十三四字不等

佳。黄氏藏。

春秋公羊傳疏二十八卷　漢何休　唐徐彥撰

唐陸德明音義

北宋國子監杭州鏤板。

春秋穀梁傳疏二十卷　晉范寧集解　唐楊士勛

疏　陸德明釋

北宋國子監杭州鏤板。

論語注疏解經二十卷　魏何晏撰　宋邢昺撰

北宋刻本。此書不記版鋟年月，然摹刻極精，

北宋槧本之佳者。欽宗以上廟諱皆缺筆。有

檇李顧熙鑒藏書、顧氏定齋藏書誌、書精舍

定齋辛丑數印。日本楓山官庫藏書。

論語正義十卷

北宋國子監杭州鏤板。

論語音義一卷

影寫北宋蜀大字本。首列論語音義，次陸氏

銜名，次論語序。半葉十行，行十八字，小

字二十五字，與孝經音義同一格式。合裝一

册。前有"宋本"、"甲"、"毛晉"、"毛

扆父子印"，係毛氏汲古閣所藏。墨妙筆精，

與宋刻真本無異。

孟子正義十四卷　漢趙岐注　疏舊題宋孫奭撰

北宋蜀刻大字本，附音義。最佳。宋刻本題孟子注疏解經。

孟子音義二卷

影寫北宋蜀大字本，首列孟子音義序，次孫氏銜名二行，又次序文起後接孟子音義上，半葉十行，行十八字，小字二十五字。每後半葉格外上有虞山錢遵王述古堂藏書。精美無比，吳中黄蕘圃得而重刻。

孟子傳二十九卷　宋張九成撰　原本佚盡心上下篇今存者二十九卷

北宋刻本，存二十九卷，缺盡心上下，每卷題云張狀元孟子傳第幾，結銜皇朝太師崇國文忠鹽官張九成子韶。半葉十四行，行二十五字。葉左端緣外標篇名。

經典釋文三十卷　唐陸德明撰

北宋蜀刻大字本，半葉十行，行十八字，小字二十五字。北宋蜀本，已不存天壤間。此書内孝經音義一卷、論語音義一卷、孟子音義一卷。清初毛氏汲古閣影寫北宋蜀刻大字本。汲古閣毛氏精鈔，一筆不苟，紙白如玉，點墨如漆，天地頭寬大。封面用絳紫色灑金織絹裝訂，古雅可愛。楊守敬藏書絕句中稱："經籍跋文：影寫北宋蜀大字本論語音義、孝經、孟子音義，同一格式，汲古閣所藏，墨妙筆精，直與真刻無異。今藏周氏香嚴書屋，為黃蕘圃所得"。是書已刻入士禮居叢書中。蘇州市圖書館藏。這部毛鈔秘本珍貴書籍，在"文革"破四舊時，已淪為廢紙送到造紙廠中，蘇州圖書館華開榮、葉瑞寶等人到造紙廠，以人民幣四分錢購得之。當時有人批斗收書的同志為保護四舊。現已成為該館鎮庫之書。

經典釋文三十卷　唐陸德明撰

影宋本，半葉十一行，注雙行二十一字。卷後有馮班跋，又朱錫庚跋。"右影宋繁鈔本唐陸元朗經典釋文三十卷，版長七寸，博九寸有奇，白棉紙烏絲欄，紙色墨色光潤如鑑，洵書工之良也。第七卷後頁載有勘校官銜名共十二人，具詳勘官聶崇義衛融等，進書者

呂餘慶、薛居正、趙普，於詳勘官之次書開
寶二年正月，蓋當時奉勅校勘，前後六年始
成也。第三十卷尾有上部馮班跋云："原書文淵
閣，不知何自出於人間，震澤葉林宗倩書工
影寫一部，凡八百六十幀。崇禎十年歲次丁
丑寫畢。越十四年，上部馮班識其後。"據朱
錫庚跋稱，錢曾所見者即此本無疑，此書原
本從絳雲樓北宋槧本影摹。鈐"大興朱氏竹君
藏書印"、"朱錫庚印"、"少河"各印。存卷三至十
十五、十六、二十一至三十，計二十二卷。北京圖
書館藏。

七經小傳三卷　宋劉敞撰

天祿琳琅書目後編有北宋刻本。七經者，一
尚書、二毛詩、三周禮、四儀禮、五禮記、
六公羊傳、七論語。

爾雅三卷　晉郭璞注　附音釋

北宋仁宗時刻本，半葉八行，行十六字，注
雙行二十一字。卷首郭璞注三字。帝諱缺筆
敬、驚、弘、殷、匡、玄、朗、恒、楨、真
徵等字缺筆。間有南宋高宗時補刊。桓、遘

二字缺筆，板心有重開重刊，記每半板九行，每行字數不定。每卷末附音釋。日本崇蘭館藏書。

大宋益會玉篇三十卷 梁顧野王撰 唐孫強增字 宋陳彭年等重修

北宋刻本，半葉十行，行二十字。版心有刻工姓名，有蔣元志、蔣元堯、蔣元棟、蔣元珠、蔣忠和、蔣五和、蔣仕久、蔣一亮、蔣寶榜、蔣佳禮、蔣春生、蔣玉、蔣茂、蔣榮、蔣職、石祐一、石增甫、石美棟、吳玉、曾克明、曾鹿鳴、李正昌、艾克明諸人。此宋本今已不存。

切韻拾玉 宋劉熙古撰

北宋劉熙古刻，并時書板獻呈。此為北宋初年私家刻書之一例。

隸韻十卷 宋劉球撰

北宋德壽殿刻本。

匡謬正俗八卷 唐顏師古撰

北宋崇文院刻本。

史記集解一百三十卷 漢司馬遷撰 劉宋裴駰

集解

宋刻殘本，半葉十四行，行二十七至二十九
字不等，注每行三十一至三十四字不等。存
卷二十三至三十、一百二十至一百二十二、
一百二十八至一百三十。此本"殷"、"敬"、
"貞"、"徵"字缺筆，而"頊"不缺，當出神
宗以前刻本。板刻楮墨俱極精好，較耿氏、
黎氏本尤爲罕覯。舊爲汲古閣毛氏藏書。鈐
"海虞毛表奏叔圖書記"印。古籍刊行社據
此書影印。

史記集解一百三十卷　漢司馬遷撰　劉宋裴駰
集解　存世家一至九、十四至十九，列傳二
十一至四十一、四十九至七十，共得五十八
北宋刻本，半葉十四行，行二十五至二十八
字不等。白口，左右雙邊。版心下方偶記刻
工姓名者。注雙行三十三至三十五字。宋諱
貞字不缺筆。日本内藤虎藏。
忠、顧淵、章珍、章楷、黄宇、黄暉、嚴靖
以上爲補版。首卷首行題史記集解序，次行
低八格題裴駰二字，三行序文起，序後接連

正文，題五帝本紀第一，次行題史記。以下各卷均大題在下，小題在上，每卷空一格標小題。配南宋黃善夫刊本五卷，配元大德九卷。傅增湘稱：此書海內孤本，數百年來未見著錄。余丁巳歲得於文奎堂書坊。

漢 書注一百二十卷　漢班固撰　唐顏師古注

北宋刻遞修本，半葉十行，行十九字。注文雙行，行二十五至二十八字不等。白口，左右雙邊。版心下記刻工姓名，有趙昌、畢達、張圭、徐琫、屠式、胡恭、陳吉、鄭安、沈誥、徐淨、陳覺、何立、陳富、楊德、宋庠、陳善、徐昇、徐真、沈仁、楊玉、錢珍、陳用、陳忠、王寔、陳浩、徐永、陳金、吳貫、林育、陸栯、陳言、王保、娘生、丁有、丁保、楊玠、牛寶、徐高、董暉、施元、毛端、許中、陳彥、陳偉、孫安、王震、鄭瑋、虞集、陳全、沈信、陳昌、孫成、宋榮、洪吉、顧全、楊琪、呂堅、毛忠、孫祥、許亮、徐彩、施明、屠玉、屠亨、么道、周成、陳擇、印貴、王中、禾真、郎政、沈識、許宗、嵇起、許明、徐雅、何先、徐和、朱保、石貴、屠聚、張宣、許簡、蔣宗、湯立、凌安、張聚、朱宗、林受、沈成、呂吉、何安、陳士、徐直、丘南、林俊、錢真、牛實、顧淵、董明、余永、衛玉、吳安、孫昇、楊守、周元、宋俅、吳邵、吳高、陳惠、印志、顧全等人字體寬博，清代學者錢大昕、王念孫所謂北宋景祐監本漢書，即指此書。但原書是否景祐間刻，卻是問題。補版刻工程保、王文、孫生等人，紹興十九年又刻福州開元寺毗盧大藏。程保等既是南宋初年人，則此書原版刻於北宋後期，即據北宋監本覆刻，而非景祐監本，當是事實。此書五行志後有對勘官知福州長樂縣主管勸農公事劉希堯銜名一行，更證以明正統八年福州有此書翻刻本，因疑此本當是福州官版。又案此書刻工牛實、徐高等，皆南宋初年杭州地區名匠，徐雅、洪立、洪吉、董明等，紹興初又刻思溪藏；於此可見閩浙兩地刻工，可互相支援。此書究為何時何地刻版，尚待後證。百衲本二十四史印本，即據此帙影印。北京圖書館藏。

漢書注一百二十卷　漢班固撰　唐顏師古注

北宋景文公刻本。

後漢書注九十卷　劉宋范曄撰　志三十卷　晋司馬彪撰　梁劉昭注補

北宋刻元修本。半葉十行，行十九字，注二十五字。末有"右奉淳化五年七月二十五日敕重校定刊正"一條。後列孫安何、趙安仁銜名二行。下缺景祐元年秘書丞余靖上言。紙瑩字朗，紙背有"濟道"二字朱印。桓、構俱不缺筆。板心有注大德九年，元統二年補刊者。蓋北宋刻元修補本。

後漢書注九十卷　劉宋范曄撰　志三十卷　晋司馬彪撰　梁劉昭注補

北宋刻遞修本。（配有南宋黄善夫本，嘉定元年蔡琪一經堂刻本）。半葉十行，行十九字，小字雙行二十五字。白口，左右雙邊，存一百六卷。北京圖書館藏。

後漢書注九十卷　劉宋范曄撰　志三十卷　晋司馬彪撰　梁劉昭注補

北宋末南宋初福唐郡庠刻本。半葉十行，行十九字。小字雙行二十五至二十八字不等。白口，左右雙邊。刻工陳高、丁宥、丘向、周元刻福州開元寺毗盧大藏。宋庠又見湖州思溪圓覺藏。董明又見湖州北山小集、紹興三年資治通鑑、紹興九年唐文粹。

資治通鑑二百九十五卷 宋司馬光撰

北宋蜀廣都費氏進修堂刻本。半葉十一行，行十九字。白口，左右雙邊。版心上有字數，下有刻工姓名，僅記有劉松、沈頲、呂中、王適、友益（徐姓）、李侁、吳進、胡寧、俊義（張姓）、徐友益、梁貢、許清、許德清、陳琚、潘梓、劉文、劉康臣、鍾興、文炎、濮梓等。上署通鑑幾。每卷首無題銜，紀年下注干支二小字。是書字畫精妙，紙墨俱香。原缺卷三十六、四十至四十一、八十四、八十五、一百十九、一百五十一、一百五十二、一百五十六、一百五十九、一百八十一、一百八十四、二百零八、二百四十至二百四十一、二百七十二至二百七十五、二百八十至二百八十五、二百九十二至二百九十四。若干卷為蓮園李氏藏書，汪郎亭侍郎借閱書室失火，前數冊略燬去一角，七卷以後完善無缺。

戰國策十卷

兩浙古刊本考：姚宏題國策後言郡下建陽刻本，皆祖南豐，互有得失。吳師道題戰國策曾鞏序後：國策，劉向校定本，高誘注，曾鞏重校。凡浙、建、括蒼本，居據曾所定。

通典二百卷首一卷　唐杜佑撰　存卷一至一百、一百卷後抄配。

北宋刻本。半葉十五行，行二十六至三十一字不等。注雙行，行二十四、二十五字。白口，左右雙邊。前有杜佑進書表，末署貞元十年月日表上，半葉十行，行十九字。次李瀚序，次本文首行題通典卷第一，次行題京兆杜佑字君卿纂。版心魚尾下記第幾冊，又記葉數及刻工姓名，有小汪、正小、牛、正、安、何、吳、周虎、周部、姜、珍、胡祐、胡遂、廸、徐開、蔣詢、張、許、陳、華、楊、詮、壽、趙政、潘、鄭希、鄭遂、擇、盧、戴、繹。字體精建端雅，其出於北宋望而可知。每冊有“高麗國十四葉辛巳歲藏書”“大宋建中靖國元年大遼乾統元年”大方印。日本藏書再影印行世。

兩宋古刊本考：通典二百卷，北宋監官縣刻本，半葉十五行，行二十八字。卷一百五、一百六、一百八、一百九末均有“監官縣雕”四字。北宋諱闕筆，而高宗諱構字未闕，乃刊於南北宋之交，其題監官縣雕，殆即杭州官書，各縣分雕者也。據此日本所藏通典可能即是此本。

删定編敕赦書德音

北宋崇文院刻本。

金科正義

中國印刷史：北宋知仁和縣翟昭應將“刑統律疏正本”改爲金科正義印賣。

唐會要一百卷　宋王溥撰

北宋蘇州刻本。

高氏小史一百三十卷　唐高峻撰

北宋杭州刻本。此書節抄歷代史，司馬光稱
其書，使學者觀之。直齋書錄解題：此書舊
有杭本。

七十二賢贊
北宋國子監刻本。

考古圖十卷續考古圖五卷釋文一卷　宋呂大臨
撰
北宋鏤板。

潮說一卷　宋張君房撰
北宋杭州刻印。

急就章四卷　漢史游撰
北宋黃庭堅刻本。

孔子家語十卷　魏王肅注
北宋蜀大字本。汴京舊印本。

荀子二十卷
北宋呂夏卿刻本，半葉八行，行十七字。

新序十卷　漢劉向撰
黃丕烈有北宋刻本新序，十一行，行二十字。
目錄接序文後每卷自爲一行，第二行有鴻嘉
年號。紅豆舊藏。

說苑二十卷　漢劉向撰　存卷十一至二十。

北宋刻本，半葉十一行，行二十字。白口，左右雙邊。版心上記字數，下記刻工姓名，有尤善、林庸、公文、李文、陸文彬、陳元餘為單字或姓或名。宋諱避至慎字。（卷二十只存第一葉）。袁克文跋稱，說苑残本十卷，起有鴻慶四年一行，残本十卷，即北宋末刻本。絳雲樓所謂此古人修書經進之體式。案：刻工陳元一人見明州本文選，又治平本春秋經傳集解，證為北宋。然慎字已缺筆，蓋修版之故。此書可能藏於北京大學圖書館。

白虎通義四卷　漢班固撰

北宋末刻本，半葉十二行，行二十三字。

中說注十卷　隋王通撰　宋阮逸注

北宋末刻本。半葉十四行，行二十五、六、七字不等，注雙行三十一、三十二字。白口四周單邊。版心上魚尾下記文數，下記刻工姓名一字，有姜、正、發、富、郎、趙、奉、保等。宋諱敬、徵、朗、玄、桓缺末筆，慎字不缺，是北宋末南渡初刻本。鈐有高麗國朱文印：「高麗國十四葉辛巳歲藏書大宋建中靖國元年大遼乾統元年」。此書麻紙，染作深黃色，且因有高麗國印，遂有疑為朝鮮刊本者，然筆意古健堅實，實為宋刻無疑。日本文政十年翻刻本雖亦精美，而字畫纖麗，而古意不存。日本帝室圖書寮藏書。

中說注十卷　隋王通撰　宋阮逸注

北宋末杭州刻本。半葉十三行，行二十六、七、八字不等，注雙行三十三、四字。白口，左右雙邊。版心記文中幾。避宋諱謹嚴，桓字不缺筆。葉奕手跋：「崇禎十年丁丑四月十四日，震澤葉林宗甫（奕）購是編於友人謝行甫（恆），葉氏子孫世世保藏。」錢謙益有跋二則，其一：「文中子中說此為宋刻善本，今世行本出安陽崔氏者，經其刊定，駁亂失次，不復可觀。今人好以己意改竄古書，雖賢者不免，可難也。」其二：「文中子序述六經，為洙泗之宗子。有宋鉅儒自命得不傳之學，禁遏之，如石壓筍，使不得出，六百餘年矣。斯文未喪，當有如皮襲美、司空表聖其人者，表章其遺書，以補千古之闕。惜吾老矣，不能任也，書此以告後之君子。玄默攝提格之歲陬月四日，蒙叟錢謙益書，時年八十有一"後鈐"敬心老人"、"錢謙益印"。又有"館石翁觀"墨書一行。收藏有"乾學"、"徐健菴"、"宋本"、"季振宜印"、"滄葦"、"揚州季氏"、"香溪草堂"、"成親王"、"詒晉齋印"、"樹琴珍藏"、"英龢私印"、"樂頤堂藏書印"、"香山潘崇禮藏書印"各印。北京圖書館藏。

淮南鴻烈解二十一卷　漢劉安撰　高誘　許慎

影寫宋刻本。半葉十二行，行二十二字。小字二十五字。前有陳碩甫奐跋："此北宋本舊藏吳縣黃蕘圃百宋一廛，後歸同邑汪閬源家。高郵王懷祖先生屬余借錄，寄至都中，遂倩金君友梅景抄一部，藏之於三百書舍。顧澗蘋景鈔豫大具費四十金者即此本也。"

山海經十八卷　晉郭璞注

北宋有京都舊印本，宋淳熙七年尤袤刻本，尤袤以十數本參校得失付梓。

世説新語三卷　劉宋劉慶義撰
北宋晏殊（991-1055）手抄本。

博物志十卷　晋張華撰
汲古閣有影北宋抄本。佳。

治平類要四十卷
北宋刻本，有元符二年，崇寧五年公私文牘紙背印本。

拾遺記十卷　唐王子年撰
北宋刻本，半葉十行，行十八字。前有總目，本書首題王子年拾遺記卷第一，次行題蕭綺序録，三行以下蕭綺序。序後庖犧、神農、黄帝、少昊、高陽、高辛、唐堯、虞舜八子目。目後再題春皇庖犧條目，以下每卷先子目，後條目。蓋猶唐人卷軸本之式，篇匚殷、讓、弘、禎、轅五字缺字，字體端雅，蓋北宋精刊。有明翻北宋本。

新雕雙金残卷
北宋刻本。日本真福寺藏。

御製攻守圖
北宋崇文院刻本。

僧懷素自序

北宋杭州沈氏刻板。

傷寒論十卷　漢張機撰

影北宋抄本。半葉十行，行十九字。首題傷寒論卷第一，次行題漢張仲景述，晉王叔和撰，次再下行低三格，脈法第一平法第二，又下行低二格辨脈第一，再下頂格問曰云云。此本影寫精徹，儼然北宋舊刻。唯第五一卷第六上半卷，第八、九、十，三卷摹寫稍弱，紙質亦新，當又是後來補寫。日本着錄家皆以趙開美本為最古，而此本尚存其國內未見甄異。

鷄峰普濟方三十卷　宋張銳撰

宋徽宗時（1101—1125）刻本。

南陽活人書十八卷

北宋汴京刻本

南陽活人書十八卷

北宋兩浙刻本。

南陽活人書十八卷

北宋福建刻本。

南陽活人書十八卷　宋朱肱撰

　北宋成都刻本。

史載之方二卷　宋史堪撰

　宋徽宗時（1101—1125）刻本。

黃帝明堂灸經一卷

　北宋刻本，半葉十三行，行二十二三字。卷首有長門光永寺墨印。此書并序，係據聖惠方第一百卷，其實唐以前書王懷隱等編書時所採入。首行空五字，蓋是刪去太平聖惠字，以單行者耳。元至大辛亥燕山活濟堂所刊鍼灸四書中亦載有此書，分正背側人圖及小兒灸方為三卷，大失古色，酌源堂亦藏此本，紙墨頗精。有吉氏家藏印。日本躋壽館藏書。

政和經史證類備用本草三十卷　宋唐慎微撰

　北宋杭人龐氏刻本。

聖散子方一卷

　北宋刻本。述古堂舊藏。丁洛氏手抄舊山樓藏北宋本。

經效產寶三卷續集一卷　唐昝殷撰

　北宋刻本。一九五五年人民衛生出版社據清

光緒間影刻北宋本影印。

紹聖新添周易神煞曆殘卷

北宋刻本。日本真福寺藏。

册府元龜一千卷 宋楊億等編

北宋蜀刻本。

白氏六帖事類集 零本六卷

北宋刻本，半葉十五行，行二十六七字，小字雙行三十一二字。白口，左右雙邊。首卷有金澤文庫印及子子孫孫其永寶之印（印文典雅可貴疑宋時物）。又有船橋藏書印。知為明經清原氏舊物。今世所傳併孔傳續帖為一，題白孔六帖者，此本僅存卷二十二至二十七。

大藏經五千四十八卷

北宋吳越王錢俶金銀泥書寫。

金粟山廣惠禪大藏經 千軸

北宋寫本。北宋時由海鹽縣金粟寺廣惠禪院發起組織的一部寫本大藏經。據海鹽縣圖經記載："金粟寺有藏經千軸，用硬黃繭紙，內外皆蠟摩光瑩。以紅絲欄界之，書法端而肥卷卷如出一手。墨光黝澤，如髹漆可鑒。紙背每幅有小红印文，曰金粟山藏經纸。”此藏為卷軸裝，皮纸染黄，朱絲欄。字大如錢，敦厚質樸，“書法端楷而肥，卷卷如出一手”被稱為“僧院體”，其墨色則漆黑發亮。每纸長約六十厘米，宽约二十四厘米，每纸三十行，行十七字。卷端首題前寫“海鹽縣金粟山廣惠禪院大藏”或“海鹽縣金粟山廣惠禪院轉輪大藏”下有千字文號，并有抄經用纸數。如“佛頂尊勝陀羅尼念誦儀軌”，在經題前的卷首處寫有“海鹽縣金粟山廣惠禪院轉輪大藏，漆，八纸”一行。金粟山大藏經的卷尾多有題記，如“持世經”卷第一經尾題記云：“維皇宋熙寧元年(1068)龍集戊申二月甲辰朔二十六日己巳起首寫，吴拱書，校勘僧普演，勾當寫造大藏報願僧惠明，都緣勸主持傳法沙門知禮校正。”清張燕昌在“藏經纸説”中記載：“昔年得大般經一卷，卷首右下書海鹽縣金粟山廣惠禪院大藏，日，一十六纸，率一幅，以朱為邊準用。行式率一行不過十字。惟卷尾紀年署名如經文差小，是卷署維宋熙寧元年龍集戊申二月甲辰朔二十六日己巳起首，吴拱書，校勘僧惠明，都勸緣住持傳法沙門知禮校證。紙背小紅印楷書，文曰"金粟山藏經紙"六字。金粟山大藏經，全藏久佚，只知北京圖書館幸存以下各卷。

放光摩訶般若波羅經三十卷　晋釋無羅叉竺叔蘭譯　存一捲。

中阿含經六十卷　晋釋伽提婆譯　存一捲

添品妙法蓮華經七卷　隋釋闍那笈多等譯　存一卷。

持世經四卷　後秦釋鳩摩羅什譯　存一卷。

大般若波羅蜜多經六百卷　唐釋玄奘譯　存一卷。

菩薩瓔珞十三卷　後秦釋竺佛念譯　存殘卷

阿毗達磨識足論十六卷　唐釋玄奘譯　存一卷。

佛頂尊勝陀羅尼念誦儀軌　存一卷。

凡六卷，然白氏之面目特賴此而存，則不以零殘爲病也。日本京師伊良子某藏。

妙法蓮華經七卷　姚秦三藏法師鳩摩羅什譯

北宋刻本。半葉六行，行十七字。七卷共三百二十八葉。墨書："四娘……舍此經大觀三年三月"。此經系通行七卷折裝印經。出土時，經裝 函內，外包綠絹。字體渾樸雋秀，雕刻精美，審其字體似浙江所刻。浙江溫州市白象塔發現。

妙法蓮華經 第十二卷

北宋刻本。半葉八行，行十六字。共五十葉。折裝印經，紙色棕黃，字體渾樸雋秀，雕刻精美，為宋刻精品。溫州市白象塔發現。

妙法蓮華經七卷 姚秦鳩摩羅什譯

北宋刻小字本。十三行，行二十七字。後有識語二行："此經再將諸本校勘重開，並無訛謬錢塘丁忠開字"。此經出吳縣垂虹橋畔某寺圮塔中，凡出數本，其最完好者為蔣氏汝藻收去，已影印行世。傅增湘獲之吳門積寶齋孫伯淵手，缺損之字即用蔣氏影印本補入。

妙法蓮華經七卷 姚秦釋鳩摩羅什譯

北宋刻本。二十六行，行十七字。上下單邊。存一卷二。北京圖書館藏。

妙法蓮華經方便品第三　妙法蓮華經第一　姚秦
鳩摩羅什譯
北宋刻本。山西省文化局藏。
大方廣佛華嚴經八十卷　唐釋實叉難陀撰
北宋潘四娘刻本。半葉五行，行十五字。梵
夾本。卷末有女弟子潘四娘題記。存三十七
卷。傅增湘藏。
大般若波羅蜜多心經六百卷　唐釋玄奘譯
北宋寫金粟山廣惠禪院大藏本。存一卷。北
京圖書館藏。
放光摩訶般若波羅蜜經三十卷　晉釋無羅叉、
竺叔蘭譯
北宋寫金粟山廣惠禪院大藏本。一捲。存一
卷八。北京圖書館藏。
大聖文殊師利菩薩像
五代或北宋初年刻本。一冊。北京圖書館藏。
中阿含經六十卷　晉釋加提婆譯
北宋寫金粟山廣惠禪院大藏本，一捲。存一
卷二。北京圖書館藏。
添品妙法蓮華經七卷　隋釋闍那笈多等譯

北宋寫金粟山廣惠禪院大藏本。一卷。存一卷上。

金光明經四卷

北宋刻本，每葉九行，行十六字。折裝印經，字體渾厚古樸。溫州市白象塔發現。

阿毗達磨順正理論十卷　唐釋玄奘譯

北宋寫本。存一卷。北京圖書館藏。

阿毗達磨識身足論十六卷　唐釋玄奘譯

北宋金粟山廣惠禪院大藏本。梁國治、劉墉、彭元瑞跋，一卷。北京圖書館藏。

佛說觀世音經

北宋杭州法昌院印造。此經在浙江麗水碧湖宋塔中發現。

佛說觀世音經一卷

北宋金銀寫本。蘇州市文物管理委員會藏。

佛說觀無量壽佛經一卷　劉宋釋畺良耶舍譯

北宋刻本。溫州博物館藏。

太上老君說常清靜經一卷

北宋寫本。

真言

北宋刻。此為佛教八字真言的印本，八字真言其文即〃唵摩尼達哩吽潑吒〃。為佛教徒視為神聖之物，迷信者相信可以避鬼辟邪。安徽無為發現。

道藏二百函

北宋吳越王錢俶銀泥書寫

南華真經注十卷　晋郭象撰

北宋刻本。半葉十行，行十八字。小字雙行行二十四、五字。白口，左右雙邊。單魚尾下記刻工姓名。僅有金仲、唐用、王榮、金宣、楊文、劉榮、劉青、金青、毛仙、陳中諸人。宋諱避至桓字，蓋為北宋早年刊本至刻於何地，殊難臆定。是書來自東瀛，在吾國中從未著錄，存四卷。其卷七至十缺，以另一宋本配入。半葉十行，行十八字。小字雙行，行二十四字。四周雙邊。闌外有耳記篇目，細黑口，宋諱避慎字。審其字體，可為南宋建陽坊刻。此書已印入續古逸叢書中。

莊子疏二十卷　唐成元英疏

錢氏敏求記稱有北宋刻本。成元英莊子疏二十卷。

莊子義十卷　宋呂惠卿撰　存卷二至五，均不完，計五十五葉

宋刻本，半葉十行，行十七字，注雙行二十五字，白口，左右雙邊。標題"呂觀文進莊子內篇義"或外篇。凡五十五葉。宋諱桓、慎不避。是書題"呂觀文進"四字。考惠卿至紹聖中始加觀文殿大學士，而書實進於元豐七年，可知刻於紹聖以後。以字體雕工論當是蜀中刻本。呂書傳世僅海源閣有壬辰重改證呂太尉經進莊子全本，楊氏跋謂為南宋刊本。是書藏原蘇聯亞細亞博物院，寄影本貽北京圖書館。

沖虛至德真經注八卷　晉張湛注

北宋刻本，半葉十四行，行二十六字，小字雙行三十一字。

抱朴子二十卷　晉葛洪撰

北宋汴梁坊刻本。紹興二十二年臨安府榮六郎家刻本，即據北宋汴梁坊本重刻。

駱賓王文集十卷　唐駱賓王撰

北宋刻本。（卷六至卷十配毛氏汲古閣影宋抄本）。十一行，行二十字。白口，左右雙邊。顧廣圻據郗雲卿序文賓王與徐敬業廣陵起義，不捷逃遁，致文集散失，與直齋書録解題所稱蜀本合，因定為蜀刻本。觀字體刀法，知為蜀本無疑。宋諱缺筆至遘、講字。

王摩詰文集十卷　唐王維撰

北宋刻本。半葉十一行，行二十字。白口。左右雙邊。版心魚尾下記"摩詰幾"，下記葉數，最下間記刻工姓名，有王俊、王萬三。卷五末有袁褧觀款。後有顧廣圻跋。顧廣圻據直齋書録解題定為蜀本，觀版式刀法，與李太白集、駱賓王集如出一轍，知為蜀本無疑。宋諱構字不缺筆，前人定為北宋本，大致可信。流傳到今天的還有一種南宋時建昌刻本，清代楊紹和在楹書偶録中說：其卷次序次雖以建昌本為勝，而此本乃北宋開雕，其間佳處實建昌本所從出之源，宋槧中之最古矣。"此書已收入宋蜀刻本唐人集叢刊中。

李太白文集三十卷　唐李白撰

北宋刻本。半葉十一行，行二十字。白口，左右雙邊。刻工有大七、吳一、四二、旦、王、呂、知。前人定爲北宋元豐三年晏處善吳門刻本，絶非事實。惟北宋刻本，大致可信。宋諱構字有避有不避，構、慎字都不缺筆。卷十五至二十四原缺，前人據康熙五十六年繆曰芑刻本配全。此爲李集傳世最古刻本。北京圖書館藏。

杜工部集二十卷附補遺　宋王洙编

北宋刻小字本。版心刻"淨芳亭"三字。

孟東野詩集十卷　唐孟郊撰

北宋江西刻本。半葉十一行，行十六字。白口，左右雙邊。原版僅存十四葉，又四葉補版。餘均爲南宋初補刻。卷末有"泰興季振宜滄葦氏珍藏"題記一行。黄丕烈、傅增湘跋。收藏有"錢氏敬先存誠齋"、"錢氏家藏子子孫孫永寶用"并季振宜、徐乾學、黄丕烈、汪士鐘及海源閣楊氏、李盛鐸等諸藏印。又有"陳氏恬巖寶玩"、"安岐之印"、

"儀周珍藏"、"安麓村藏書印"、"幽陵唐良士藏書"、"黃蕘圃卅年精心所聚"等。
北京大學圖書館藏。

張文昌文集八卷　唐張籍撰
北宋川本、平江本。

白氏文集七十一卷　唐白居易撰
北宋蘇州刻本。

白氏文集七十一卷　唐白居易撰
北宋蜀刻本。

河東先生集四十五卷　唐柳宗元撰
北宋沈晦刻四明新本。

唐柳先生集四十五卷　唐柳宗元撰
北宋撫州臨川晏殊刻本。

柳宗元集三十三卷　唐柳宗元撰
北宋京師小字本三十三卷。"訛正相半"。杭本、蜀本。

李賀歌詩編四卷集外詩一卷　唐李賀撰
北宋刻南宋乾道間印本。半葉九行，行十八字。間有多字者。白口，左右雙邊。版心下有刻工姓名，有金豈、唐閏、唐時、王景爲原刻正集。劉青、全仲、劉恭、王悅。四卷相連，分卷處不另起一葉，葉碼亦四卷相連，猶存卷子本遺式。前杜牧序。次目錄。次正文，凡六十四葉。另外集八葉，總七十二葉。字體雕工似北宋本。序目卷首一葉及集外詩八葉南宋補版。用乾道間官文書紙印。宋諱敬、驚、鏡、擎、泓、胘、殷、恒、泫，自仁宗以上偶不缺筆。鈐「江左玉峰藏」、「玉蘭堂」、「梅谿精舍」、「揚州季氏滄葦振宜之印」、「司馬」、「翠竹齋」、「鐵研齋」、「辛夷館印」等印。袁克文藏。長吉集最古之本。此本董氏誦芬室已影印行世。

李商隱詩集三卷　唐李商隱撰

清影寫宋刻本。半葉十行，行十七字。白口，左右雙邊。前有目錄二十葉，全書分上、中、下三卷。鈐有清錢興祖、汪士鐘、朱澂藏印。今在朱氏之婿張幼樵家。此本行款與傅增湘藏毛扆校北宋本中所記北宋本全同，且流傳有緒。今宋本已不傳，此本當為義山集最善之本。

白蓮集十卷附風騷旨格一卷　唐僧齊己撰

直齋書錄解題：唐僧齐己白蓮集十卷風騷旨格一卷，今兼得之為合璧矣。無書，宋刻傳世久湮沒。題廬嶽僧齊己撰，前有天福三年三月一日序。題荊南節度□□□朝議郎檢校秘書監御史（以下缺）。風騷旨格目錄後有題字五行。

唐風集三卷　唐杜荀撰

北宋刻本。半葉十二行，行二十一字。題杜荀鶴文集，以唐風集三字注於下。

丹陽集二十卷　宋范仲淹撰

北宋舊京本，稱丹陽集。

歐陽文忠公集五十卷　宋歐陽修撰

北宋汴京本（京師舊本）。

歐陽文忠公集五十卷　宋歐陽修撰

北宋浙江刻本。

歐陽文忠公集五十卷　宋歐陽修撰

北宋綿州刻本。

歐陽文忠公集五十卷　宋歐陽修撰

歐陽文忠公集五十卷　宋歐陽修撰

北宋廬陵刻本。

眉山唐先生文集二十卷　宋唐庚撰

北宋京師印本。

臨川先生集一百卷　宋王安石撰

北宋臨川刻本。

臨川先生集一百卷　宋王安石撰

北宋淮南西路龍舒本。

類編增廣老蘇先生大全文集□□卷　宋蘇洵撰，殘存四卷

疑北宋麻沙刻本。半葉十五行，行二十五至二十八字不等。細黑口，左右雙邊。雙魚尾，下魚尾下記葉數。字體近柳，又喜用俗字，校雠不精，且有誤刊。正文各卷卷首頂格題書名為類編增廣老蘇先生大全文集，卷末則題類編老蘇先生大全文集。無"增廣"二字。第四卷卷首頂格題新雕類編老蘇先生大全文集，書名標刻不統一，反映了坊刻本粗疏之處。此書為清瞿鏞鐵琴銅劍樓舊藏，書首原有"經後人范文安珍藏"、"靜巖秘珍"等朱文印記。瞿氏上承絳雲樓、汲古閣、稽瑞

樓、愛日精廬，唯不見宋元明諸家書目著錄。

本書題名及行格版式等，均與傳世的類編增廣老蘇先生大全文集（宋乾道間麻沙鎮水南劉仲吉宅刻）一書相似，但據鐵琴銅劍樓藏書目錄考訂：「諱殷、徵、匡字缺筆；而桓字不改作威，亦不見缺筆，疑是北宋麻沙本。」書中構、慎等字均不諱。與上述乾道刊本類編增廣老蘇先生大全文集諱字情况頗不一致。北京圖書館善本書目收類編增廣老蘇先生大全文集著錄為宋刻。據全書避宋諱情况，似應定為北宋末年刻本。雖為殘帙，但刊刻年代比其它諸本蘇洵文集都早，內容上又有與眾本不同之處，此書已成為海內孤本。

東坡集四十卷後集二十卷內制集十卷、外制集三卷奏議十五卷和陶集四卷　宋蘇軾撰

直齋書錄題解：杭蜀本同，但無應詔集。容齋五筆：東坡在翰林作擒鬼章奏告永裕陵祝文。今蘇氏眉山功德寺所刻大小二本及季真給事在臨安所刻并江州本麻沙書坊大全集，皆只自耘耔句下便接悍彼西戎古稱右臂惟

成都石刻法帖真迹，獨得其全，坡集奏議中登州上殿三劄皆非是集出，本家子孫而爲妄人所誤，李真不能察耳。王國維兩浙古刊本考：據此二條，則坡集有兩杭本，一東坡無恙時所刻，一公曾孫李真所刊也。

東坡全集四十卷後集二十卷　宋蘇軾

北宋後期居士英刻本。

東坡集　宋蘇軾撰

北宋京師印本。九江碑工李仲寧刻本。杭州本無應詔集。東坡在世時已行於世。

山谷集　宋黄庭堅撰

北宋九江碑工李仲寧刻本。

龍雲先生文集三十二卷　宋劉弇撰

北宋汴京本，麻沙本，均先刊二十卷。

安陸詞集一卷補遺一卷　宋張先撰

北宋舊京本。南宋楊嗣翁重刻於湖州。北宋有兩張子野，此爲吳興人，有張子野詞。

寇忠愍公詩集三卷　宋寇準撰

宋知河陽軍范雍初刻於道州。

文選注六十卷　梁蕭統輯　唐李善注

北宋刻遞修本。半葉十行，行十七字，小字
雙行，行二十五或二十六字。白口，左右雙
邊。勞健跋。北京圖書藏，周叔弢先生捐贈
中國印本覽爲北宋中期刻本。存二十一卷。

玉臺新詠十卷　陳徐陵撰

北宋篛京本。宋嘉定八年(1215)永嘉陳玉父據
以重刻。

玉臺新詠十卷　陳徐陵輯

北宋明州刻紹興修補本。十行，行二十二字
注雙行，行二十九至三十一字不等。白口，
左右雙邊。版心下記刻工姓名。補刊有某某
補刊字。惜只存八卷，有毛季諸人藏印及天
祿琳琅各印。景樸孫藏。

花間集十卷　後蜀趙崇祚輯

北宋江寧府刻本。此書爲倚聲填詞之祖。北
京圖書館藏有宋刻公文紙印本。半葉十行，
行十七字、十八字不等。白口，左右雙邊。
紙背淳熙十一年、十二年鄂州公文有進義副
尉本州指使監公使庫范、鄂州司戶參軍戴字
樣。前人因定此書爲淳熙間鄂州公使庫刻本

恐不確。此書原版疑刻於北宋末，中雜南宋初年補版。刻工有余岩、吳永年、李浩等，他書每無徵。清光緒間王鵬運四印齋刻本，即據此帙翻刻。

二李和唱詩集一卷 宋李昉、李至撰

北宋知應天府兼留守司周起刻本。日本崇蘭館藏有北宋刻本，半葉十二行，行十九至二十字。疏密不整，左右雙邊。宋李昉、李至唱和之作，首尾缺逸，體式不可考。宋諱玄敬、殷等字缺筆。版式古雅，其為北宋原刻無疑，是書流傳絕少，收藏鮮知之者矣。

東坡和陶詩集

北宋末刻，南宋淳熙七年（1180）修版重刻，慶元元年（1195）再補版印行。是書刻工"庚子重刊"（淳熙七年）刻工有華、李、明、宗、辛、沂、仲、徑、胡、中、用等；"乙卯刊"（慶元元年）刻工有麥、清、古父、吳捕、非、文、青、仁、元、熊等。未標"庚子重刊"、"乙卯刊"字樣當為原版，其中刻工有敖、中等。原版諱玄、完缺末筆；"庚子重刻”者諱殷、貞、完、觀、遘、慎等字缺筆；“乙卯刊”者諱至敦字缺末筆。據諱字推斷版刻時代，此書初刻當在宋欽宗朝是為原版，“庚子重刊”當為宋孝宗淳熙七年；“乙卯刊”者當為宋光宗之後，宋寧宗之前慶元元年。寶禮堂善本書録謂此書殘葉有“黄州刊”字樣，故俗稱黄州刻本。

宋高宗（趙構）建炎元年丁未(1127)

翰墨志一卷　宋高宗御選

是書至度宗朝。左禹錫刻入百川學海中。

羣史姓纂韻譜六卷　宋黃邦先撰

直齋書錄解題：宋建炎元年（1127）其兄永福邦俊為之序。蔣生沐有影抄本。此書四庫未收，各目未載。

雞跖集二十卷　宋宋庠撰

宋建炎丁未（元年1172）黃邦俊序。宋志一作宋祁有序。

文選五臣注　唐呂延濟、劉良、張銑、呂向、李周翰撰

宋杭州開牋紙馬鋪鍾家刻本。十二行，行十九字。注文雙行，行二十七字。白口，左右雙邊。原書三十卷，現存二卷，卷二十九藏北京大學圖書館。卷三十後有錢唐鮑洵書字，杭州貓兒橋河東岸開牋紙馬鋪鍾家印行二行。紹興三十年刻本釋延壽心賦注卷後有錢塘鮑洵書五字，與此鮑洵，當是一人。如以鮑洵一生可有三十年左右工作時間計算，則此書當是南宋初年杭州刻本。貓兒橋本名

平津橋，在府城小河賢福坊內，見咸淳臨安志。卷中宋諱桓、構等字均不缺筆，則因南宋初年避諱制度未嚴之故。紹興初思溪王氏刻新唐書，北宋英宗以下諱均不避，即其一例。又考建炎三年升杭州為臨安府，因推知此書之刻當在建炎三年前。總之，此書雖未必為北宋本，定為南宋初年刻，當無大誤。

建炎二年　戊申　1128

新刊灸膏肓腧穴法一卷　宋莊季裕編
宋建炎二年（1128）莊季裕序。

石林燕語十卷　宋葉夢得撰
宋建炎二年（1128）自序。

太學新增合璧連珠萬卷精華一百四十卷
宋建炎二年（1128）建江李似之序云，前編六十卷，為鉅野李樂靜先生所著，僅成半璧未副全。斗愚故續以後編八十卷。天祿琳琅後目巾箱本，為元鮮于樞故物。北京圖書館存卷七十七。范氏天一閣傳鈔本，題作太學增修聲律資用萬卷精華前集八十卷、後集八十卷、續集三十四卷。莫天一藏本又作後集七十八卷，所據又一刻本。

大方廣佛華嚴經一藏要解二卷

宋建炎戊申（二年1128）溫陵白蓮寺比丘戒環集并序，謂本方山長者疏論及取清涼國師綱要以成斯解，洞究全藏凡萬八千言。

佛國圜悟禪師碧巖錄十卷　宋釋重顯頌古，釋克勤評唱

日本翻元嵎中書隱張煒刻本。十一行二十一字。有“嵎中張氏書隱刻梓”牌記。卷五後又有識語，云據蜀本付梓，署“嵎中書隱白”。有建炎戊申（二年）普照序，大德庚子方回序，言嵎中張煒明遠板行云云。此書宋元刻本中土均不存，賴此知其版式。

古靈先生文集二十五卷　宋陳襄撰

宋建炎二年（1128）刻本。半葉十行，行二十字。有建炎二年陳公輔跋云，同里徐世昌先刻於閩。

建炎三年　己酉　1129

臺閣集一卷　唐李嘉祐撰

宋建炎三年（1129）謝克家刻。

唐秘書省正字先輩徐公釣磯文集十卷　唐徐寅撰

宋建炎三年（1129）裔孫師仁序刊。

建炎四年　庚戌（1130）

吏部銓注條例

宋建炎四年（1130）送下越州雕印出賣。

道山清話一卷　不著撰人名氏

宋建炎四年（1130）其孫暐書稱先大夫國史館閣久著館秘錄曝書記并此三書，兵火散失不存。此書於南豐曾仲存家，因手鈔藏，未知前二書尚及見乎。

大佛頂如來密因修證了義諸菩薩萬行首楞嚴經二十卷　唐天竺沙門般剌密帝譯

宋建炎間（1127－1130）刻本。建炎元年（1127）釋及南序。建炎三年（1129）釋行儀跋。此書刻入明嘉興藏中。

紹興元年　辛亥（1131）

通鑑舉要曆八十卷　宋司馬光撰

直齋書錄解題：通鑑既成，尚患其書浩大難領略，而目錄無首尾，晚著是書以絕二累，其稿莊。晁說之以道家，紹興初謝克家得而上之。

戰國策十卷　宋鮑彪撰

宋紹興元年（1131）會稽郡齋刻本。半葉十行，行二十字。國策舊有高誘注甚略，吾鄉先生鮑公彪守習彌老而益堅，取班馬二史及諸家書比輯而為之注。條其篇目，辨其訛謬，缺則補，衍則削，乖次者悉是正之。時出己意論說，四易稿始成。其功勤矣而世罕傳。余得其本刊之會稽郡，使學者知前輩讀書不苟。如此公妙年甲進士第恥求人知，嘗有此身甘作老文林之句，其志操可見。自省始為郎即挂冠歸里，杜門著書有解及杜詩注行於世。紹興辛亥日南至括蒼王信書。

麟臺故事五卷　宋程俱撰　存一至三，計三卷

影寫宋刻本。十行，行二十字。次行題：紹興元年七月朝請試秘書少監程俱記"。前有俱奏章及中書省劄一葉。有黃丕烈跋。

孔氏六帖三十卷　宋孔傳輯

宋紹興元年（1131）泉州刻本。

薛許昌詩集十卷　唐薛能撰

宋紹興改元（元年1131）山陰陸業望序刊。

有張詠舊序。明季琴川毛氏藏有宋本并爲影

寫。

華陽集四十卷　宋張綱撰

宋紹興元年（1130）張釜池州刻本。

沈忠敏公龜谿集二十卷　宋沈與求撰

宋紹興元年（1131）刻本。此爲沈詵爲浙漕始爲

傳世。

紹興二年壬子（1132）

豐清敏公遺事一卷　宋李樸編

宋紹興二年（1132）朱熹序。李樸編刻并識

乾象通鑑一百卷　宋李季奉敕撰

《玉海》紹興乾象通鑑條載，紹興元年三月

十八日詔乾象與舊書參用，先是御前降乾象

通鑑一百卷，付太史局命候經改正謬誤。繫年

録初河間府進士李季集天文諸書號乾象通鑑

建炎四年命婺州給札上之，紹興元年三月甲

寅詔與舊書參用自天文官吳師彥等，頗摘其

謬誤。二年七月壬子改置翰林天文局。乾象

通鑑雖以紹興二年置翰林天文局，其成書在

北宋時故多見。此書惟見《玉海》其目載。《讀書敏求記》各家書目不載。

思溪圓覺藏五千四百八十卷

宋紹興二年(1132)王永從刻本。每開六行，行十七字。

王永從施刊思溪藏題記(收藏在京都南禪寺的《長阿含經》卷第二十二"履"字號和《無相思塵論》一卷保留王永從的發願記和刊經機構的資料:"大宋國兩浙路湖州歸安縣松亭鄉思村居住，左武大夫密州觀察使致仕王永從同妻恭人嚴氏，弟忠翊郎永錫，妻顧氏，侄武功郎沖允，妻卜氏，從義郎沖彥，妻陳氏，男迪功郎沖元，妻莫氏，保義郎沖和，妻呂氏，與家眷等，恭為祝延今上皇帝聖躬萬歲，利樂法界一切有情，謹發誠心，捐舍家財，開鏤大藏經板總五伯五拾函，永遠印造流通。紹興二年(1132)四月日謹題。"

"雕經作頭李孜、李敏；印經作頭密榮；掌經沙門法己；對經沙門仲謙；干雕經沙門法祖；對經慈覺大師靜仁、慧覺大師道融，賜紫修敏；都對證湖州覺悟教院住持傳天臺祖教真悟大師宗鑒；勸緣平江府大慈院住持管內掌法傳天臺教說法大師淨梵；都勸緣住持圓覺禪院傳法沙門懷深。"

《賢愚經》卷三"盤"字號有補版題記："經板被蟻侵損，文多漏缺，永祖率諸同袍共辦此緣茲修刻護全者壹百伍拾片，功德上達四恩，下資三有，法界有情，俱登彼岸。寧國府涇縣明月庵廣宣首座助壹百阡；新興寺知庫嗣然助壹百阡；寶峰庵獨宣座首助叁拾阡；又知庫福源助伍拾阡。淳祐八年戊申（1248）四月一日宣城涇縣千峰山西樂庵干緣并助緣了辦僧永祖記，圓覺禪寺東藏主思才贊成；助書經坊作頭金祐。"

長江集十卷　唐賈島撰

宋紹興二年（1132）平陽王遠序刊。

韋蘇州集十卷　唐韋應物撰

宋紹興二年（1132）葛蘩校刻本。

溫國文正司馬公文集八十卷　宋司馬光撰

宋紹興二年（1132）劉嶠福建路刻本。半葉十二行，行二十字，白口，左右雙邊。版心下記刊工姓名有吳信、蔡情、蔡岩、林明、葉盈、陳僧、林遠、陳忠、周元、林發、李平、陳才、林從、李妙、林受、吳仁、余才、丘明、林添、蔡洪、陳文、張受、梁浩、梁生、蔡文、王榮等。宋諱桓字注淵聖御名，構字注御名。溫公集當以此為第一刻。《四部叢刊》據此本影印。

淮海集四十卷後集六卷長短句三卷　宋秦觀撰

宋紹興二年（1132）謝雲校本。

後山居士文集二十卷　宋陳師道撰

宋蜀中刻本，九行，行十五字。白口，左右雙邊。版心不記字數刊工。前有紹興二年汝南謝克家序。有翁覃溪題字：丙寅九月，覃溪以任注本校看。一瓣南豐古墨香，較量壓架配蘇黃。新津注高雕未，紙貴誰論越與襄。吾齋蘇黃集皆宋槧本也，越裝襄紙見後山文內。九月十七日晨起又題小詩。方綱。收藏鈐有「晉府書畫之印」、「敬惠堂圖書印」、「燕林圖書」、「姜氏圖書」、「覃溪審定」

（蕉）“蕉林圖書”、“二二伯榮審定”等印章。先後曾經著名藏書家朱仲鈺、梁清標、姜宸英、翁方綱、吳榮光等人收藏。此書經吳榮光收藏後，又爲滂喜齋後人潘博山、景鄭兄弟所得。特將書齋改名爲“寶山樓”以示紀念。解放後，這一海內孤本轉爲北京圖書館珍藏。1982年上海古籍出版社影印行世。

和靖先生詩集四卷　宋林逋撰

宋刻本，九行，行二十字，白口左右雙邊。有宋紹興壬子（二年1132）龜溪沈説跋云，得舊本刊置漕廨。

紹興三年　癸丑（1133）

温公書儀十卷

宋紹興三年葛氏傳樓書堂刻本。序後有木記二曰傳樓書堂。曰稚川世家。見天祿琳琅書目後編。清雍正三年汪亮采翻宋刻。日本又翻宋刻。

史記正義一百三十卷　唐張守節撰

宋紹興三年（1133）官刻本。明嘉靖四年震澤王延喆刻本。金臺汪諒刻本。柯維熊校本。十三年秦藩刻本。謁翻宋版，半葉十行，行十八字，注文雙行，行二十三字。柯本索隱序後有"紹興三年四月十二日右修職郎充提舉茶鹽司幹辦事石公憲發刊至四年十月二十日畢工"三行。知三本並從紹興本出。

資治通鑑二百九十四卷　宋司馬光撰

宋紹興三年（1133）兩浙東路茶鹽司公使庫刻本。半葉十二行，行二十四字。白口，左右雙邊。版心下有刻工姓名：王中、王明、王珍、王祐、王敷、李正、李允、李圭、李恂、李杏川、陳英、陳迎、陳然、陳達、陳顯、徐昇、徐杲、徐彥、徐政、徐誠、徐虔、劉文、劉乙、劉立、張永、張清、張謹、章宇、章珍、朱寶、朱貴、朱集、朱贇、周用、周浩、俞元、俞允、俞忠、余正、余青、金彬、吳圭、吳浚、董暉、黃覺、耿主、耿俊、江政、江通、婁先、婁忠、駱昇、駱成、宋道、宋俅、楊謹、施定、林琴、田中、嚴忠、胡先、毛諫、葉成、顏達、沈宗、高起、史彥、杜祥、潘亨諸人。卷末原有"紹

興二年七月初一日兩浙東路提舉茶鹽司公使
庫下紹興府餘姚縣刊板。紹興三年十二月二
十日印造進入。右迪功郎紹興府司法參軍主
管本司文字兼造帳官臣邊智、右迪功郎充提
舉茶鹽司幹辦公事臣常任佚、右文林郎充提
舉茶鹽司幹辦公事臣强公徹、右修職郎充提
舉茶鹽司~~公事~~幹辦公事臣石公憲、右奉議郎
提舉茶鹽司公事臣王然、校勘視嵊縣進士婁
諤、進士茹贊廷、進士唐奕、進士婁時升、
進士婁時敏、進士石襄、進士茹汗、進士王
悆、進士張絢。右迪功郎新虔州興國縣主簿
唐自、餘姚縣進士葉汝士、杜邦彥、錢穆哲、
陸宕、顧大冶、呂克勤、張彥衡、朱國輔、
杜紱、孫[illegible]。右迪功郎紹興府餘姚縣主簿王
絢、右從事郎紹興府嵊縣丞桂祐之、右迪功
郎紹興府學教授晏肅、右承務郎知紹興府餘
姚縣丞馮擧叔、右宣教郎知紹興府餘姚縣丞
晏敦臨、右承奉郎知紹興府嵊縣主管勸農公
事兼兵馬監押范仲將、右宣義郎知紹興府餘
姚縣主管勸農公事兼監堰鹽場徐端礼、右奉

議郎簽書鎮東軍節度判官廳公事張九成。此本佚去，故有所謂元祐本之說。宋諱缺筆構字，慎字間有剜去末劃之痕跡。宋時建本、鄂本、蜀本都直接間接從此本出。此書元豐監本久佚，此為碩果僅存之第一本。鈐有"天祿琳琅"、"天祿繼鑑"、"乾隆御覽之寶"等印。

資治通鑑目錄三十卷　宋司馬光撰

宋紹興二至三年兩浙東路茶鹽司公使庫刻本。書表式行款字數不等。序半葉九行，行十七、十八字不等。白口，左右雙邊。版心下記刻工姓名，但多破蝕損，可辨者有朱集、張謹、牛通、張昇、弓擇、史彥、朱贊、牛實、吳珪、宋道、黃暉、江政、方誠、江通、張永、宋俶、高起、董明、陳然、徐青、張清、費擇、葉成、黃覺、劉乙、葉明、張由、余元、余青、章珍、徐政、徐彥、龔擇、王永、俞忠、張田、牛進、葛成等人。宋諱缺筆至構字，不及慎字。此書書法峻整，猶有北宋遺意。每紙背均有"君獻"二字篆文

朱印，當係造紙者之名號。紙質白潔堅緻，洵稱佳品。本三卷佚。此本已影入四部叢刊

資治通鑑考異三十卷　宋司馬光撰

宋紹興二年兩浙東路茶鹽司公使庫刻本。半葉十行，行二十二字，白口，左右雙邊。板心上記字數，下記刻工姓名，有王星、楊莘、張鋒、馬用、張珍、李忠、李仁、陳珪、賈政、郝希鑑、席忠、劉澄、龔文、魏文、司英、梁璧、張謙、楊順、梁用、張照、趙榮、劉三、周甫、徐安仁、時清、王簡、邵閏、劉忠義、錢仁安、楊俊、龐壽、李圭、賈居、景寶、元文、楊榮、陳居敬、曹澤、劉仲仁、周慶祖、董濟、李彝、楊良臣等。宋諱皆不避。字體勁秀，純係誠懸筆法。紙質堅緻，洵為宋刻宋印。存二十六卷。

宜州乙酉家乘　卷數不詳　宋黃庭堅撰

宋紹興三年（1133）范寥刻本。

班左誨蒙三卷　宋程俱撰

宋紹興三年（1133）葉昌刻本。

雞峰普濟方二十四卷　宋孫兆撰

南宋初賈兼校刻本。半葉十一行，行二十二字。小黑口。每卷有"貴我齋"朱文圓印、"墨林山人"白文方印、"項子京家藏"朱文長印、"天籟閣"朱文長印、"檇李項氏家寶"朱文長印、"項元汴"朱文方印、"項墨林秘籍之印"、"宫保世家"白文方印、"文石朱象玄氏"白文長印、"華齋朱氏"白文長印、"寬山徐氏家藏"朱文長印、"乾學之印"、"健菴"白文方印。是書四庫未收。書中語宋帝皆提行，丸皆作圓，愖字不缺筆，當刻於徽宗時。日本静嘉堂文庫藏。

太玄經十卷　漢揚雄撰

宋紹興三年(1133)兩浙東路茶鹽司刻本。半葉八行，行十七字。有"右迪功郎充兩浙東路提舉茶鹽司幹辦張寔校勘"一行。

雞肋編不分卷　宋莊綽撰

宋紹興三年(1133)清源莊季裕自序。

邵氏聞見前錄二十卷　宋邵伯温撰

宋紹興三年(1133)自序。半葉十二行，行二十三字。陳仲遵校本云，錢磬室所藏殘本五卷，以後皆錢氏補完。後從黃蕘圃借其所藏，錢聽默校勘元鈔本。邵氏尚有見聞後錄三十卷，惜無從得見宋刻矣。

東林和尚雲門庵主頌一冊　宋釋悟本撰

宋刻本，半葉十一行，行二十字，白口，左右雙邊。版心上記字數，下記刻工姓名。前有紹興呂本中序云，予嘗以為趙州說禪如項羽用兵，直行逕前無復轍迹，所當者破，所擁者服。雲門杲公以予為知言，杲以既與東林珪公判斷古人公案，得一百一十編已成編矣。縱橫自在，氣蓋諸方，蓋得趙州宗旨。後之觀斯文而悟斯理，則必復以予言為然。北京圖書館藏。

杜工部集二十卷　唐杜甫撰

宋紹興三年（1133）建康府學刻本。半葉十行，行二十字，白口，左右雙邊。存三卷。續古逸叢書印本，即據此帙影印。此為傳世杜詩最早刻本。上海圖書館藏。

淮海集十九卷　宋秦觀撰

宋紹興三年（1133）高郵軍學刻本。

慶湖遺老集九卷　宋賀鑄撰

紹興壬子、癸丑（三年）晋陵胡澄兩跋，謂先得前集九卷鋟木。既而有傳卷之十於公家者，又得公子廩掾登補遺二十七篇。并程公序，不暇附益改作，姑目曰拾遺而亟刊之，以全其集。又賀廩跋，謂所搜拾為集之補遺。是書紹熙刻本時即有拾遺、補遺二卷。

紹興四年　甲寅（1134）

春秋經解十五卷　宋孫覺撰

宋紹興四年（1134）高郵郡齋刻本。慶元改元張頡補刻。周麟之跋。嘉定丙子補刻，楊時序。

春秋四譜六卷

玉海：凡國譜、年譜、地譜、人譜，附辨論譜說十篇一卷。紹興四年（1134）鄧名世上賜出身史館校勘。

古今姓氏書辨證四十卷　宋鄧名世撰

宋紹興四年（1134）上。

大唐六典三十卷　唐李林甫等撰

宋紹興四年（1134）溫州州學刻本。半葉十行，行十九至二十字，多者二十一字，注文雙行二十三字，白口，左右雙邊。版心單魚尾，上偶記字數，下記六典幾、葉數，刻工姓名。原版刻工有林元、萬勉、萬正、郭實、陶中、孟立、林允、余正、江清、郭敦、曹溢、李植、李澤、李潮、張文、張敦、何文、何思、韋文、王全、唐信、唐恭、方中、范元、毛祖。卷三十後有紹興四年詹棫題刻書跋：「唐六典載古官制度，備因革，成一王書，可為後世標準。比緣兵火，所在闕文。棫承乏永嘉，得本於州學教授張公，同以白本字徽學新安程公，一見肅然曰：周公之典所謂設官分職，以為民極，蓋其體矣。其階品有制，其尊卑有序，其名官有義，公等能廣其傳，則朝廷於焉，若搢紳于焉，矩儀士子於焉，講究一舉三得不其偉歟，因命張公校其訛闕，而棫募工鏤板幾年有成，乃藏諸學以傳之遠，資其直以養士類。紹興四年歲次甲寅七月戊申朔左文林郎充溫州州學教授張希亮校正、左宣教郎知溫州永嘉縣主管勸農公事詹棫題誌"此書蝶裝廣幅，世無二帙。存十五卷，約當全書之半，現分藏北京圖書館、南京博物院、北京大學圖書館。已印入《古逸叢書三編》中。

戰國策注三十三卷　漢高誘注

宋紹興四年（1134）耿延禧刻本。紹興三十年本，原有紹興上章執徐之歲姚寬跋云，浙、建原小本，刊行者南豐所校本。括蒼本鹵莽尤甚。宣和間得館中孫固、孫覺、錢藻、曾鞏、劉敞、蘇頌、集賢院共七本，晚得晁以道本校之。括蒼本為紹興四年耿延禧刻。

吳郡圖經續記三卷　宋朱長文撰

宋紹興四年（1134）蘇州官刻本。半葉九行，行十八字，白口，左右雙邊。國立中央圖書館藏。

金石錄三十卷　宋趙明誠撰

宋紹興四年（1134）刻本。有李易安後序。是序汲古閣刻之附易安漱玉詞後。

東園叢說二卷　宋李如篪撰

宋紹興四年（1134）閩庭筠刻本。宋紹興壬子（二年）自序。紹興甲寅（四年）周庭筠刊板識語。

景德傳燈録三十卷　宋釋道原撰　存十四卷。

宋紹興四年（1134）釋思鑑刻本。半葉十五行，行二十六字至三十字，小字雙行三十六字。白口，左右雙邊。版心下方記刻工人名。每卷目録後接連正文。宋諱朗、弘、貞、署皆爲字不成。刻工名列後有王進、洪悦、施端、陳元、陳年、蔡政、陳文、陳才、方祥、楊昌、洪昌、蔡忠、李顯、方端、方祐、王臻、張學、蔣春、毛昌、丁拱、孫彥、朱第、陳高等。鈐有"越溪草堂"、"八千卷樓藏書印"、"錢塘丁氏正脩堂藏書"各印。有周叔弢、傅增湘、袁克文跋。北京圖書館藏。

辯正論　存第二卷

宋紹興甲寅（四年1134）刻本。半葉六行，行十七字。首有題識三行：福州懷安縣信士葉冀與妻黄十一娘永固皇基上延帝祚長輝，佛日深報師慈答父母恩酬那德同興三寶，共樂衆生回向菩提齊成正覺。紹興甲寅歲造捨東禪寺。標題下注明。

河東先生集四十五卷外集二卷龍城錄二卷附錄二卷集傳一卷　唐柳宗元撰

宋紹興四年(1134)刻本。有紹興四年李褫後序,李石跋。

樂圃餘稿十卷附錄一卷　宋朱長文撰

宋紹興甲寅(四年1134)侄孫思序,稱集百卷,兵火餘僅錄此卷。

龍洲集十四卷　宋劉過撰

宋紹興四年(1134)陳贊刻本。

龍雲集三十二卷　宋劉弇撰

宋紹興四年(1134)刻本。羅良弼編爲三十二卷。龍雲集汴京及麻沙先刻爲二十五卷,雜篇大册尚多不著,良弼惜其流落,冥搜博訪,得數十卷。又得宏詞時議諸篇,爲三十二卷。而先生之文略盡矣。

安驥集

僞齊阜昌五年(1134)刻本。有阜昌五年兵部牒。阜昌五年當宋紹興四年。

苕溪漁隱叢話前集六十卷後集六十卷　宋胡

仔撰

宋紹興甲寅（四年1134）陳奉議刻于萬卷堂。半葉十一行，行二十二字。所存集末有兩浙東路提點刑獄司銜名林思齋、盧希度、魏熊夢、徐森、胡仰等。

漱玉詞一卷　宋李易安撰

宋紹興四年（1134）自序。按晁志有李易安集十二卷，其為金石録後序，亦是此年。

書舟詞一卷　宋程正伯撰

正伯名垓，其家有屋如舫，榜曰書舟，詞因以名。宋藝文志作陳正伯書舟雅詞十一卷，姓氏卷數並誤。此與直齋書録解所載合。前有紹興甲寅（四年1134）王偁季平序。

紹興五年乙卯（1135）

歷代帝王年運銓要十卷　宋朱繪撰

宋紹興五年（1135）序刊。

讜論集五卷　宋陳次升撰

宋紹興五年（1135）其侄安國序云，宣和元年公薨遺稿散失幾半，所存二百七，韋編為二十卷曰讜論集，蓋取哲宗聖語。原本久佚館臣鈔自永樂大典。

盡言集十三卷　宋劉安世撰

宋紹興五年（1135）梁安刻本。

東家雜記二卷　宋孔傳撰

宋紹興間（約1135）刻遞修本。半葉十行，行十八字。白口，左右雙邊。補版細黑口。孔傳字世文，孔子四十七世孫。南渡初與孔端友等四人隨高宗南渡，家居衢州。此書當是南宋初期衢州家廟刻本。刻工楊端、王子正又刻衢本歐陽居士集，王子正又於淳熙八年陸游知嚴州時刻世說新語。嚴、衢壤地相接，故刻工互相支援。補版字體缺筆至慎字。原黃氏士禮居舊藏。解放後丁惠康先生捐贈給北京圖書館。

韓柳類譜

宋紹興五年（1135）知柳州軍州事潞國文安禮序。凡文公年譜一卷，宋呂大防撰。文公歷官記一卷，宋程俱撰。韓子年譜五卷，宋洪興祖撰。柳譜一卷，宋文安禮撰。

說苑二十卷　漢劉向撰

宋紹興乙卯（五年1135）耿延禧序刊本。

元城語録解三卷附行録解一卷　宋馬永卿編

宋紹興五年（1135）刻本。

吟窗雜録五十卷　宋陳應行撰

宋紹興乙卯（五年1135）浩然子序。直齋書録解題云麻沙刻竄易姓名，原爲蔡傳撰三十卷

宗門統要録十卷　題建谿沙門釋宗永集

宋刻本，半葉十行，行二十字，白口，左右雙邊。前有紹興五年鄭諶序。此書寫刻工整，印本亦精。日本東洋文庫石田幹之助藏。

慈受廣録　現存陞堂頌上一册

宋刻本，半葉十一行，行二十字。前有紹興乙卯（五年1135）盛霖序。日本帝室圖書寮藏。

古靈先生文集二十五卷附録一卷　宋陳襄撰

宋紹興五年（1135）徐世昌閩中刻本。宋史有傳，古靈山村在侯官縣西南百里集，因以名。凡二十五卷，嗣紹夫編。紹興五年李綱序。建炎二年陳公輔跋。同里徐世昌先刻於閩。

道鄉集四十卷　宋鄒浩撰

宋紹興五年（1135）鏤板於福唐。其子鄒柄

詡編集，李綱為之序。

紹興六年丙辰（1136）

春秋經解十二卷　宋崔子方撰　附本例例要一卷

玉海：宋紹興六年（1136）子方之孫若上之。

此書四庫總目提要云有宋刻本，并有所撰春

本例二十卷及例要。宋本云西疇居士春秋本

例二十卷，半葉十二行，行十九字至二十字。

有口州公庫印五字水印。上海圖書館藏。

漢書注一百卷　漢班固撰　唐顏師古注

宋紹興六年（1136）刻本。

唐書糾繆二十卷　宋吳縝撰

宋紹興六年（1136）宇文時中刻本。

紹興七年丁巳（1137）

春秋辨疑十卷　宋蕭楚撰

宋紹興七年（1137）門人胡銓序云，羅兄弟

泳泌欲鋟板以傳。

成唯識論了義燈鈔科文上中下卷

齊阜昌八年醴州乾明院刻本。有“阜昌丁巳

醴州乾明院比丘導溥願心勸緣校勘重雕記”

一行。並有："鳳翔府吳元澤雕。"山西省圖書館藏卷中。曲沃縣圖書館藏卷下。按：阜昌丁巳爲夏阜昌八年，當爲南宋紹興七年。

紺珠集十三卷　宋朱勝非撰

宋紹興丁巳（七年1137）王宗哲序，云建陽詹公寺丞鎮臨汀，示茲集，校勘鏤板。

武溪集二十一卷　宋余靖撰

首有周源序。末有紹興丁巳（七年1137）隸川韓璜跋。

雞肋集七十卷　宋晁補之撰

宋紹興七年（1173）晁謙之刻於建陽。有元祐九年自序，又紹興七年其從弟謙之序云，宣和以前莫敢傳自捐館舍，迨今二十八年始得編次爲七十卷刊於建陽。

濟北晁先生雞肋集七十卷　宋晁補之撰

宋紹興七年（1173）福建路轉運司刻本。此本原刻已失傳。

紹興八年　戊午（1138）

史記集解一百三十卷　漢司馬遷撰　劉宋裴駰集解

宋紹興八年（1138）建刻本。

新唐書糾繆二十卷　宋吳縝撰

宋紹興八年（1138）吳興郡庠刻本。半葉十四行，行二十五字。紹興戊午湖州教授吳元美跋云，宇文時中守吳興，以郡庠有新唐書、五代史板本，而此不可不附，遂併刊之。此書為小字本。明唐寅舊藏，一為清蔣廷錫所藏。

五代史纂誤五卷雜錄一卷　宋吳縝撰

宋紹興八年（1138）宇文時中刻本。

孔子編年五卷　宋胡仔撰

宋紹興八年（1138）績溪胡舜陟序。四庫總目提要云，舜陟乃命其子仔撰而為之序。

洛陽名園記一卷　宋李廌撰

前有紹興八年（1138）張琰序及陳瑗序。為嚴州刻本。

世說新語三卷　劉宋劉慶義撰　梁劉孝標注　敘錄一卷　宋汪藻撰　考異一卷　人名譜一卷。

宋紹興八年（1138）嚴州刻本。半葉十行，行二十字，注文雙行同，白口，左右雙邊。

版心中記世説幾，下記葉數刊工姓名，有江
泉、沈定、方通、吳春、鄭春、曹興祖、范
元、楊明、陳浩、顧永、曹鼎、楊思、劉贇
孫春、方達、方中、李正、凌宗、宋道、陳
潤、金祖、王政、石昌、吳中、徐經、王延
陳壽、劉昭、童遇、蔣榮、求裕、陳彬、王
禧、張明、嚴忠、李恂、方遷、王榮、葉明
葉己、陳彧、鄭敏、嚴定、徐宗、葛珍、汪
文、鄧英等人。有紹興八年廣川董棻刻書跋
云右世説三十六篇，世所傳釐爲十卷或作四
十五篇，而末卷但重出前九卷中所載。余家
舊藏蓋得之。王原叔家後得晏元獻公手自校
本，盡去重複其注，亦小加剪截最爲善本。
晉人雅尚清談，唐初史臣修書率意竄定多非
舊語，尚賴此書以傳後世，然字有訛舛，語
有難解，以它書證之，閒有可是正處，而注
亦比晏本時爲增至於所疑，亦不敢妄下雌黄
姑亦傳疑以俟通博。紹興八年夏四月癸亥廣
川董棻題。"宋紹興八年廣川董棻據晏殊校定
本所刻，比陸游校本約早五十年。原書爲日

本前田氏所藏。日本昭和四年珂羅版影印，中華書局據以覆印。此本國內久無傳本，四庫提要云："佚之久矣"。

劉賓客文集三十卷外集十卷　唐劉禹錫撰

宋紹興八年（1138）嚴州刻本。半葉十三行，行二十二字。白口，左右雙邊。版心下記葉數，最下記刻工姓名，有卓宥、江孫、張明、楊思、王文、駱元、駱昇、方迁、牛明、楊明、方達、方通、羊思、李崇、劉寶、江泉、方忠、葉明、徐立、嚴定、王華、潘俊、徐宗、鄭敏、陳榮、陳盛、蔣珍、陳暹等人。有宋時修補之葉，外集末有後序，為宋敏求輯後集序及紹興八年嚴州太守廣川董棻校讐刻印識語。此故宮藏書，自承德避暑山莊移來者。徐森玉影印行世。傳世劉集最善之本。

唐先生文集二十卷附錄一卷　宋唐庚撰

宋紹興八年（1138）刻本。有紹興八年強行父跋。宋刻有兩刻，一為三十卷本，一為二十卷本。

五臣注文選六十卷　梁蕭統輯　唐呂延濟、劉

良、張說、呂向、李周翰注

宋紹興八年（1138）明州刻本。

紹興九年 己未（1139）

臨安府刻諸經

宋紹興九年至十五年（1139-1145）臨安府刻本。玉海卷四十三《景德群書漆板刊正四經》條載：紹興九年（1139）九月七日，詔下諸郡，索國子監元頒善本，校對鏤板。十五年（1145）閏十一月，博士王之望請群經義疏未有板者，令臨安府雕造。二十一年（1151）五月，詔令國子監訪尋五經三館舊監本刻板。”

毛詩正義四十卷 唐孔穎達撰 存三十三卷

宋紹興九年（1139）紹興府刻本。半葉十五行，行二十四、五、六字不等。白口，左右雙邊。版心下方記刊工姓名。每卷尾記字數。尾葉有書勘、都勘、詳勘、再校各官銜名二十行。次淳化三年壬辰四月進書官銜名李沆等四人十一行。又空五行，列紹興九年九月十五日紹興府雕造，下接連有校對雕造官銜名四行。宋諱桓、殷、徵、竟、敬、完、恒、貞、恒、境、胤、匡、弘、炅缺筆至欽宗止。鈐有"金澤文庫"、"香山常住"等印。

羣經音辨七卷　宋賈昌朝撰

宋紹興九年（1139）臨安府學刻本

此書初刻於北宋慶曆二年。紹興九年臨安府學重刊。有"臨安府府學今將國子監舊本重雕逐一校正即無舛誤。紹興九年五月　日。左從事郎充臨安府府學教授陳之淵、左承事郎添差臨安府府學教授閔孚先、右奉議郎權通判臨安軍府兼管內勸農事蔣廷彥、右朝奉大夫通判臨安軍府兼管勸農事趙子礽、徽猷閣直學士右朝議大夫知臨安府充兩浙西路安撫使馬步軍都總管張澄。

史記集解一百三十卷　漢司馬遷撰　劉宋裴駰集解　存三十三卷

宋紹興九年（1139）重刻本。宋刻元明遞修本。半葉十行，行十九字，注雙行，行二十七字，白口，四周雙邊。版心上記大小字數，下記刊工姓名。有曹元、陳彥、劉山、唐允、范云、沈明、伍祥、王友、陳邦直、郭敎、吴超、王仲、譚謙、范敏、魏正、劉松、金翌、吴永年、劉道、郭士良、范文一、吴富詹允、楊宗、彭祥、張立、張丙、王珙、李枚、趙宗茂、陳谷、閔昱、張文、俞文、李忠諸人。宋諱玄、敬、警、竟、弘、殷、匡恒、徵、戍、桓等字均缺筆者，蓋爲是刻原版。其字體板滯或變而圓潤，版心上記字數甚刻工爲鄭埜、沈珍、陳一、胡慶、楚慶一何九方、公惜、陳日裕、應三秀、高蕣五、繆珍、蘆開三、何通、沈貴、章著、方元、潘用、徐怡、今友、文榮、高諒、王興、朱祥、君寶、邦卿、金許、金一、王桂、戚久王細、郁仁、弟文龍、蔣雲甫、友山、熊道琮、君玉、占德潤、孫賓、董大用、胡昶、蔣蚕、朱元、徐士秀、章亞明、徐文、王全高蟲祖、陳二、王良、弟化龍、朱曾、李庚王夫、滕慶、汪惠、章濱、王付、何益、王壽山、楊釆、石山、任阿伴、徐泳、李岩、德裕、許成、吴祥、旁陳秀、黄亨、張成、葛卓、俞榮、金二、汪諒、應子華、朱曾元汪惠老、徐怡祖諸，并為覆刻，或為元補。明補之葉，以弘治三年為最多。而有闕墨口者，版心偶刻弘治十五年，此為最後補配之葉。全書用弘治公牘紙，紙背有官印，有硃筆批判，至饒古意，無鈐印記。

二楊歸朝錄一卷

楊堯弼、楊戩紹興八年所與撻辣兀朮書時偽齊初廢，末有探報虜事數十條。

漢官儀三卷　宋劉攽撰

宋紹興九年（1139）臨安府刻本。半葉十行，行十七、十八字不等。注文雙行，行二十五或二十六字。白口，左右雙邊。版心下記刻工姓名，有俞忠、徐真、陳才、潘俊、鍾遠、董明、李石、宋道。劉攽與兄敞俱熟精漢書，攽此書歷舉漢代官制，置盆入金，以象口錢，當是古代一種文字遊戲，如後世陞官圖之類。卷末有"紹興九年三月臨安府雕印"一行。續古逸叢書本，即據此帙影印。

大佛頂如來密因修證了義諸菩薩萬行首楞嚴經十卷　宋釋般剌密諦譯

宋绍興九年（1139）刻本。十册。國立故宫博物院藏。

昌黎先生集四十卷　唐韓愈撰

宋绍興（1139）潮州大字本、中字本、考異本。

昌黎先生集四十卷　唐韓愈撰

宋绍興九年（1139）劉昉重刻本。

蘇魏公文集七十二卷　宋蘇頌撰

其子攜輯刊，有绍興九年（1139）汪藻序、周必大後序。汲古閣刻有魏公題跋一卷。毛晋跋云，予藏宋板蘇魏公文集，紙如雪煤墨如漆。又延令書目有宋板二十四册，蓋爲一書，而後無考。

嚴陵集九卷　宋董棻编

宋绍興九年（1139）序云，棻脩是州圖經搜訪碑板及脱簡遺编，稽考訂正成書。因得逸文甚夥，復得郡人俞考先所藏書討閱，以州名標目。董棻作序於绍興九年，而第九卷中有錢聞詩"凌西湖記"，作於淳熙十六年，上距绍興九年，有五十一年。又有陳公亮重修先生祠堂記及書瑞粟圖二篇，作於淳熙乙巳（十二年），重修貢院記一篇，作於淳熙丙午（十三年），而上距董棻作序時四十七八年，則為後人又有所增益，并不是董棻原書。據此，嚴陵集除紹興九年董棻原刻本，可能又有後人增訂刻本。

文粹一百卷　宋姚鉉輯

宋紹興九年（1139）臨安府刻本。半葉十五行，行二十四字至二十七字不等。白口，左右雙邊。版心上魚尾下記“粹幾”，下記葉數，最下記刊工姓名，有王成、王國、王受、王允成、牛實、弓成、朱祥、朱禮、阮于、何全、胡杏、吳邵、沈紹、陳然、董明、徐真、錢進、蔡通等皆紹興初年杭州地區良工。前有序，半葉十三行，行二十至二十四字。後有寶元二年吳興施昌言後序，半葉十三行，行十八九字不等。卷末有紹興九年臨安府開雕并銜名：“臨安府今重行開雕唐文粹壹部計貳拾策，已委官校正訖，紹興九年正月　日右文林郎臨安府觀察推官林㮚、左承直郎寧海軍節度推官周公才、右承直郎臨安府觀察判官蘇忠監雕、左從事郎浙西安撫使準備差遣劉嶸重校、左從事郎臨安府學教授陳之淵重校、右承奉郎特添差簽書寧海軍節度判官廳公事王進、左承事郎添差臨安府府學教授周字先重校、右朝散大夫簽書寧海軍節度判官廳公事梁宏祖、左宣義郎通判臨安軍府事朱敦濤、右朝散大夫通判臨安軍府事王稔、右朝議大夫徽猷閣待制知臨安軍府事兩浙西路安撫使馬步軍都總管張澄。宋諱缺筆至構字。此書字體古樸，無一補版。為杭州本之至精者。北京圖書館藏。

紹興十年　庚申（1140）

切韻義一卷纂要圖例一卷　宋謝暉撰

文獻通考：宋紹興十年（1140）自序。

史記集解一百三十卷　漢司馬遷撰　劉宋裴駰集解

宋紹興十年（1140）邵武朱中奉宅刻本。半葉十二行，行二十二字，注雙行同。白口，左右雙邊。卷三十三以後為十三行，行二十五至二十六字。卷二十八內有十四行二十七至二十九字者。目後有牌子，文曰："邵武東鄉朱中奉宅刊行，校勘即無訛舛。紹興庚申八月朔記。"字體瘦勁，南宋建本正宗。

吳越春秋十卷　漢趙煜撰

宋紹興十年（1140）刻本。天祿後目，所謂紹興十年歲在丙午，蓋書賈以元大德本作偽。非宋本。紹興十年歲在庚申，亦非丙午。

西漢文類四十卷　宋陶叔獻编　存四卷

宋紹興十年（1140）臨安府刻本。半葉十三行，行二十四字，小字雙行，行二十七字。白口，左右雙邊。卷四十末有"紹興十年四月　日臨安府雕印"一行。北京圖書館藏。

類說六十卷　宋曾慥编

宋紹興十年（1140）始刻於麻沙書坊。半葉十一行，行二十二字。版心有"清思軒"三字。小字本字小，而刊不精。直齋書錄解題為五十卷，凡二百六十餘種。

陶淵明集十卷　晉陶潛撰

宋紹興十年（1140）刻本。半葉九行，行十五字。版心有刻工姓名，有王茂、陳榮、陳才、陳用、陳于小、徐才、徐林、徐宗、沈元、沈允、金章、豐益、丁悦、李忠、方換、藍通、小藍等人。

虞山錢氏藏本，有治平三年思悦跋。又有紹興十年葉跋，爲東坡手書刻本。後歸季滄葦季跋顧伊人得之。毛斧季所影寫後，其宋本無考。毛鈔者，同治二年何咸宜覆刻，半葉九行，行十五字。板心有刻工姓名，宋諱構字皆缺末筆，未知誰爲先後，不可考矣。

宛陵先生文集六十卷　宋梅堯臣撰　存十三卷。

宋紹興十年（1140）宣城刻嘉定十七年重修本。半葉十行，行十九字。白口，左右雙邊。版心上記字數，下記刻工姓名有王悦、金大受、金明、顧友亨、唐彥、唐彬、劉青、劉中、侯琦、潘暉、張成、陳華、呂茂、盛顏等人。末葉記重修歲月銜名，凡十一行：“重修宛陵先生文集，自嘉定十六年端午修校至十七年正月上元日訖事，司書王安國監修、掌記計殷質、學諭黄士虎監修、學諭王應龍監修直學盛赤刪、學錄貢約之、學正盛蓍賓、文林郎充寧國府府學教授劉寔。此本紹興時刻而嘉定時重修者，如卷三十七內第四葉版心下方有"嘉定改元換"五字可證。卷末有紹興十年汪伯彥序，銜爲知宣州事。蓋刻於宣城。字體刀法頗與宋刻青山集相類。我國所傳只有明正統本，宋元兩刻不獨目所未覩，前人著錄亦不及。日本內野五郎家藏書。此書印入四部叢刊中。

臨川先生文集一百卷　宋王安石撰

宋紹興十年（1140）詹太和臨川郡齋刻本。紹興十年黃次山序云：丞相之文流布閩浙，今校本仍閩浙之舊，知州相廬詹太和甄老所讎校，標曰紹興重刻臨川文集序。

南陽集三十卷　宋韓維撰

宋紹興十年（1140）沈晦跋。

夏文莊公集三十六卷　宋夏竦撰

宋敏求爲序，紹興庚申（十年1140）江邈跋云其集百卷。

紹興十一年　辛酉（1141）

稽古錄二十卷　宋司馬光撰

前有元祐初進書表。直齋書錄解題云，始刻於越，再刻於潭。天祿琳琅後目云，表後附朱熹與鄭知院書曰，在長沙時嘗為刊刻，今越中刻本未竟一作紹興辛酉汝陰王銍刻。是書東莞莫氏宋本為紹興十二年王銍重刻，半葉九行，行十九字。版心有刊工姓名。卷一首葉為范正祥寫、姜培刊。考與天一閣刻正同，非宋本。

皇王大紀八十卷　宋胡宏撰

宋紹興重光作噩自序（即辛酉十一年）。至度宗咸淳十年天臺董楷重刻。

將鑑論斷十卷　宋戴少望撰

宋紹興辛酉（十一年1141）自序。此書采輯古來善用兵者，始於孫武，終於郭崇韜，大約借古人以論時事。明版有名鑑博議者即此書。宋時有麻沙本。

紹興米帖十卷　存四卷

宋紹興十一年（1141）奉旨摹勒。

金園集三卷

宋紹興十一年（1141）刻本。半葉十一行，行二十一字。題天竺寺懺主慈雲大師敎誨法寶大師述。住持傳天臺教觀五世法孫慈明大師慧觀重編。尾有聖宋紹興辛酉孟秋圓日刊板，郡人李嘉謀刊字二行。日本帝室圖書寮藏。

具茨集六卷　宋晁冲之撰

宋紹興十一年（1141）陵陽俞汝礪刻本。

紹興十二年　壬戌（1142）

了翁易說一卷　宋陳瓘撰

宋紹興十二年（1142）其子正同知常州刊于官舍。有跋。

春秋總鑑十二卷　宋董自在撰

玉海：其書紹興十二年秘書省錄進類集本末而為解義。

羣經音辨七卷　宋賈昌朝撰

宋紹興十二年（1142）汀州寧化縣學刻本。半葉八行，行十六字。細黑口，左右雙邊。卷末有紹興十二年汀州寧化縣王觀國刻書後序，又有汀州寧化縣學鏤板及校勘監刻人銜名十二行。宋諱缺筆至高宗嫌名覯字，慎、敦字不缺筆，前人因定此書為紹興十二年汀州寧化縣學翻刻紹興九年臨安府學本。原為汲古閣毛氏藏書，陸貽典曾從毛斧季借校自藏明抄本，改正訛文甚多。毛氏汲古閣抄本，即據此帙影抄。

唐書二百卷　後晋劉昫等撰

宋紹興兩浙東路茶鹽司刻本。半葉十四行，行二十五、二十六字不等。注文雙行，行三十字不等。白口，左右雙邊。版心下記刻工，有王成、丁珪、陳錫、施蘊、徐顏、阮于、王華、章楷、駱昇、陳迎、徐杲、徐高、朱明、姚臻、王正、王榮、王安、王茂、王康、王文、王升、王田、王介、王圭、王珉、王因、阮宗、藍昂、陳濬、陳達、陳文、陳文、陳浩、陳安、陳英、陳禮、徐侃、徐宗、徐子明、徐忠、徐政、葉旦、葉邦、張敏、張元、張永、張謹、張達、駱寶、顧昌、顧祐、林俊、林逵、楊武、馬俊、朱因、黄安、黄季常、黄暉、黄彬、黄華、劉閏、劉益、方成、方彥成、郭良、時明、弓成、洪茂、吳紳、吳圭、吳邵、趙寶、趙宗、胡濤、葛珍、周浩、周尚、江通、江文、余全、蔡道、許文、許春、許之成、婁謹、李昇、鄭英、傅中等人。宋諱缺筆至構字。校勘官有兩浙東路茶鹽司幹辦蘇之勤、霍文昭及紹興府府學教授朱倬。考倬因附秦檜出爲教授，事在紹興初年，則此書爲南宋初葉越州浙東茶鹽司本無疑。明嘉靖聞人詮蘇州刻本，實從此出。鈐有"紹興府鎮越堂官書"楷書朱文大印。存六十一卷，北京圖書館藏。百衲本二十四史印本，即據此帙影印。缺卷以明聞人詮覆宋本配補。

資治通鑑外紀十卷目錄五卷　宋劉恕編

宋紹興十二年（1142）兩浙東路茶鹽司刻本。

前漢紀三十卷　漢荀悅撰　後漢紀三十卷　晉袁宏撰

宋紹興十二年（1142）浙東轉運司刻本。半葉十三行，行二十四字。各有自序。卷末有紹興十二年汝陰王銍後序，云：編修王公敦閱古訓，博極群書，

其出從浙東也。既刻劉氏外紀，以足資治通
鑑。又重刻舊唐書至刻此兩漢紀，其艱其勤
尤爲盡力。紹興十二年，右通直郎時添差紹
興府會稽縣丞莊華校正。

隆平集二十卷　宋曾鞏撰

宋紹興十二年（1142）趙伯衛序云，當時頒
付史館副存於家，嘗大父淄王昔典宗正曾授
此書，不敢顓秘乃刻書時序。序後有董氏萬
卷堂叢書木記，爲建陽所刻。

學林十卷　宋王觀國撰

賈昌朝群經音辨首載觀國後序。結銜左承務
郎知汀州寧化縣主管勸農公事兼兵馬監押，
末紹興壬戌秋七月中澣。其書考證詳洽辨析
精核，於南宋諸家最爲傑出。行世有聚珍本
湖海樓本、明抄本每卷有目與書接連，觀國
二小字居中，原出於宋本佳書。宋本已佚。

大方廣佛華嚴經八十卷　唐釋實叉難陀譯

宋紹興十二年（1142）刻本。前有則天武后
御製序。序後云此經依紹興府廣教院舊本校
勘，傳寫闕，略差訛處依淨國師疏文添入改

正。尾有紹興十二年僧清了跋。每卷末記喜捨列名或其識語，雕印極精。每册首鈐"高山寺"印記。日本帝室圖書寮藏。

華嚴經旨歸一卷　唐釋法藏撰

宋紹興十二年（1142）臨安府南山慧因講院釋義和刻。半葉七行，行二十三字。上海圖書館藏。

妙湛和尚偈頌一卷　宋釋顯潤編

宋紹興十二年（1142）福建蘇貲刻本。二册。國立故宮博物院藏。

紹興十三年　癸亥（1143）

蘇氏易傳九卷　宋蘇軾撰

宋紹興十三年（1143）南昌莫將刻本。紹興南昌莫將後序云：將出得先生書爲傳于眉山士人家，舛誤幾不得讀，丁巳年臨出蜀得孫朝陪所藏書傳，癸亥年爲明州得蘇簡所藏易傳。朝陪眉山人，簡即先生族子，故所藏皆善本，將以二家所藏及先得眉山士人家本參定校正無一字誤，乃刊板以廣其傳，學士大夫探望聖人之心，而通六經之指歸，當自此書發之。

復古編二卷　宋張有撰

宋紹興十三年（1143）徐滋刻本。半葉五行，篆文一約小字六，注雙行，行十六字。

復古編二卷　宋張有撰

宋紹興十三年（1143）王佐才刻本。

同安志十卷　宋錢坤撰

宋紹興十三年（1143）張彥聲刻本。此書撰於宣和五年至此始刊。

刊謬正俗二卷　宋張有撰

宋紹興癸亥（十三年1143）王佐才序云，吳興張謙中先生留心此學，深造古人之妙。鄉人徐滋今將鏤板以傳，命僕作序，以誌梗概。原有大觀四年陳瓘序，又政和三年程俱序。

初虞世必用方　不著撰人名氏

宋紹興十三年（1143）瓊州刻本。這比近人所說海南島在十六、七世紀出版書籍要早四五百年。初氏本朝人士，後削髮為僧。書極罕見。天一閣有抄本一冊。

翻譯名義集七卷　宋釋法雲撰

宋紹興十三年（1143）姑蘇景德寺刻。卷中梵語大字跨行，釋義半葉十行，行二十三至二十七字。版心署捐資開版姓名。前有紹興十三年法雲自序，又周敦義序。前三卷佚，據宋刻影寫極精。北京圖書館藏。

貞白先生陶隱居文集二卷　梁陶宏景撰

宋紹興十三年（1143）陳楠刻本。周叔弢藏有明嘉靖二十二年史臣紀傳抄宋紹興十三年陳楠刻本。

無爲集十五卷　宋楊傑撰

宋紹興十三年（1143）趙士粲無爲軍刻遞修本。半葉十行，行十七至十九字。白口，左右雙邊。前有紹興癸亥歲夏四月左朝請大夫知無爲軍兼管内勸農營田事趙士粲序。此集蓋士粲所編刻。卷中語涉宋帝皆空格。鈐汪退谷、陳仲魚、包虎臣諸印。朱幼平文鈞藏書。現藏北京圖書館。已印入《古逸叢書三編》中。

雲溪居士集三十卷　宋華鎮撰

宋紹興十三年（1143）刻本。

宛邱集七十六卷　宋張耒撰

宋紹興十三年（1143）張表臣刻本。蒋生沐有宋刊張右史集七十卷，極精。有紹興十三年張表臣序。

紹興十四年甲子（1144）

眉山七史

宋書一百卷　梁沈約撰

南齊書五十九卷　梁蕭子顯撰

梁書五十六卷　唐姚思廉撰

陳書三十六卷　唐姚思廉撰

魏書一百十四卷　北齊魏收撰

北齊書五十卷　唐李百藥撰

周書五十卷　唐令狐德棻撰

宋紹興十四年（1144）四川眉山漕司刻本。此即世所傳眉山七史。據晁公武郡齋讀書志云，嘉祐中宋、齊、梁、陳、魏、北齊、周書舛謬亡缺，命館職讎校，政和中始皆畢，頒之學官。靖康之亂，此書幾亡。紹興十四年井憲孟為四川漕，始檄諸州學官，求當日所頒本，因命眉山刊行。此七史版元代入西湖書院，明洪武中入南京國子監，至嘉靖時，遞經修補，原版無幾，版印模糊，世稱邋遢本。或以其版歷宋元明三朝，又謂之三朝版。宋刻宋印者已久絕天壤間，現存諸本以明初印本為最早。諸家著錄所謂宋刻元修元印者，恐非事實。此書雖號稱為眉山刻本，然以刊工核之，約南宋中期及晚期浙杭刊工，字擬歐體，亦宛然浙中風氣。魏書中偶有數葉版心特寬，行氣疏朗，字具顏柳體者，尚存蜀刊矩矱。然所存極少，就之全書，百不存一。除魏書外，它史中渺無所見。究其書為刊於蜀中，後版移臨安，歷年久遠，修補寖多，致原版不存，抑為臨安翻刻，則疑莫能明。

宋書一百卷　梁沈約撰

宋刻元明遞修本。半葉九行，行十八字，細黑口，左右雙邊，版心下記刻工姓名，有王禧、李忠、單呂、許茂、張亨、茂五、黃鎮、孫琦、沈文、任章、阮明五、蔣蚕、章文、葛佛、徐浚、范堅、吳中、沈章、李昌、李寶、胡慶、李祥、徐泳、沈貴、趙春、余學、

王全、王占、吴祥、吴文、陳奇、陳榮、李
正、沈珍、沈章、李昌、孫斌、蔣佛老、劉
仁、施昌、弟文龍、文榮、弟化龍、曹德新
王智、王昌、王祖、王良、王庚、田呂、楊
禾、汪惠、汪惠老、王友、余貴、毛文、金
文榮、沈文、徐榮祖、友山、汪亮、婁正、
求裕、徐怡祖、章演、吴千、徐永、李瑩、
章亞明、楊明、張升、嚴赤、李允、盛文、
何宗十四、何宗十七、王諒、陳智、吴千七、
宋全、劉仁、史忠、滕式、方中之、任歆、
陳萬三、王志、李公正、余心、朱通、謝杞
王榮八、俞聲、任昌、楊春、徐友山、吴文
昌、楊再十三、倪順昌、洪來、蔣七、金震
賈祚、陳壽、沈壽、上讓、何全、章文郁、
國才、陳國才、蔡秀、王興、張珍、張昇、
王桂、吴中、施昌、陳文玉、陳才、陳浩、
陳邦卿、陳允升、陳用、陳仁、陳琇、陳友
松、~~孫琦~~、孫源、孫再一、孫春、孫開、吴
春、吴佑、吴韋、吴志、吴宗、徐杞、徐洵
徐浚、徐經、徐仁、徐良、徐珙、徐亮、徐

高、徐文、徐遜、章忠、章東、章宇、陳天錫、馬祖、劉志、劉昭、劉仁中、林茂、楊和、蔡中、蔡文達、蔡秀、高文、高寅、石昌、鄭春、方至、方中、方信、方堅、陸永、陶中、顧永、顧達、顧忠信、凌宗、夏乂、余貴、余政、余明、金嵩、金榮、金震、金友、金官保、金文榮、潘正、潘亨、潘佑、余敏、周明、周受、周昂、胡昶、單侶、錢宗、呂信、郭永、田永、許忠、趙旦、史忠、繆恭、毛文、任宗、任玉真、任允、任欽、任亨、任己、壬宥、郁仁、章文郁、馮會、程升、邵亨、葛章、俞信、翁榮、翁升、弓華、鮑與道、袁民、虞漢山、滕太初、滕慶、阮明五、家宗等人。元代補葉刊工有徐彥文、范彥榮、王細孫、久子華、張善、張一秀、薛志良、林官寶、茅文龍、張原祖、施寶、陳敬仁、太亨、高顯、吳暉、楊仁、李五、吳六、羅怒、陳士通、陳德全、毛原敬、鄭埜、江厚、平山、姜公晢、林伯富、清之、王大方、盛久、危壽、朱大有、徐艾山、趙秀、范元、劉子和、趙明、齊明一、务陳秀、余彥文等人。涉園序跋集錄載爲宋眉山刻本。然是本刻傳第三十四版心有"至元十八年杭州錢猶刊"，第五十八有"至元十八年劉仁刊"，是在元時此版已離蜀。余嘗見沈中賓在浙左所刻春秋左傳正義，其刻工姓名與是本同者有張堅、劉昭、史伯恭、李忠、李允、金滋、劉仁、張亨、張斌、周明、宋琚、何昇、何澄、朱玩、方堅、方至、蔣容、方中、王明、王信、王定、余敏、張升、王壽三、王壽、嚴智、李師正、張明、徐大中、楊昌、吳志、沈文、孫日新等，其餘與史同者亦夥。其鐫工亦極相肖，是又宋時此板已入浙之證。卷中字體遒斂，與世間所傳蜀本，同出一派。其版心分劃分格者，可定爲蜀中紹興原刊，餘則入浙以後，由宋而元，遞修補刻。考刊工多同浙本春秋左傳正義，此爲慶元六年所刻，自此上距紹興五十六年，下距至元八十一年，然有刊工者不足三分之二。而劃分五格者寥寥。其板數十年間豈能殘至如此，豈

為修補舊杭本。又考元修至元十八年，為元
世祖時代，而滅宋僅有二年，以證其板原刻
於杭，而又修刊於杭。眉山七史中，刻工多
見浙江所刊諸書，又可證之。南宋刊板勝於
北宋，或以眉山原刊覆刊，然無明文一證，
豈為蜀本另是一板，紹興十四井憲孟為四川
漕，命眉山刻七史，宋晁公武著錄，後人依據
謂之蜀大字本，然以見存核之皆非，而真蜀
刻則不存於世。

南齊書五十九卷　梁蕭子顯撰

宋刻元明遞修本。半葉九行，行十八字。白
口，左右雙邊。版心魚尾下題「南齊紀一」，
上記字數，下記刊工姓名，有王才、王升、
王成、王諒、王恭、王禧、王桂、王材、王
定、王璉、王春、丁銓、方堅、方至、石昌、
毛端、吳明、吳宗、吳中、吳椿、吳志、余
榮、金政、徐珣、徐經、徐浚、徐義、徐仁、
徐杞、宋琚、宋通、宋第、馬祖、馬松、廖
世榮、陳壽、陳琇、陳浩、陳震、陳彬、陳
良、李端、李恩、李忠、李昌、李允、李浩、

李仲、何昇、何澤、何建、何慶、陸春、高異、高文、高寅、鄭春、張亨、張榮、張升、張三、朱梓、朱春、朱玩、許忠、賈祚、劉昭、劉仁、張斌、童遇、滕郁、沈茂、沈珍、

(吳) 沈旻、繆恭、繆珍、楊榮、周明、章東、章忠、邵亨、蔣忠、蔣信、陸永、顧澄、范元、金震、金榮、孫春、秦顯、單侶、項仁。以上為原板。又有毛原毅、江子名、朱玉文、朱宗甫、金彥文、金許一、徐友山、張名遠、陳德全、陳邦卿、陳士通、周受、傅善可、虞保山、虞壽、羅熙、羅生、李立、鄧唐五、黄四榮、劉子和、劉景舟、蔡彥舉、林叔、蔣七、鄭名遠、士中。以上補版。宋諱玄、恒、貞、慎、徵、殷、匡、竟皆為字不成。書後有治平二年牒文:「崇文院 嘉祐八月十一日 敕,節文:宋書齊書梁書陳書後魏書北齊書周書今見國子監並未有印本,宜令三館秘閣見編校書籍官員精加校勘,同與管句使臣選擇楷書如法書寫板樣,依唐書例逐旋封送杭州開板 治平二年六月 日」。今藏北京

圖書館藏內閣大庫之書所謂眉山七史者。

梁書五十六卷 唐姚思廉撰

宋刻元明遞修本。九行，行十八字。白口，左右雙邊。版心上記字數，下記刻工姓名，有丁銓、大用、方中、方至、王才、王千、王六、王付、王成、王昇、王信、王恭、王桂、王遇、王進、王禧、包端、朱光、朱玩、朱祥、何昇、何建、余政、余敏、劭夫、吳志、吳春、宋通、李仲、李忠、李諒、求裕、沈定、沈旻、沈思恭、沈珍、沈茂、沈壽、沈謙、阮祐、周明、邵亨、金震、范華、夏乂、孫春、孫琦、徐珙、徐經、徐義、馬祖、張允、張明、張堅、章文一、章東、許忠、陳仁、陳彬、陳壽、陸永、陸春、童遇、黃成、楊昌、楊閏、楊榮、董澄、詹世榮、賈祚、劉志、劉昭、潘正、蔡邠、蔣榮、錢宗、魏奇、龐知柔、顧永等人。考其刻工，則南宋光寧間浙杭刊之。莫氏所載汪士鐘藏，鮑廷博定爲北宋本者，即是此本。或舊印稍早。傅增湘藏南齋書、魏書均有明禮部官書朱文長印，與汪本梁書全同。前人見大字而紙幅寬展者，多誤認北宋本，亦不足為怪。

陳書三十六卷　唐姚思廉撰

宋刻本。半葉九行，行十八字。白口，左右雙邊。版心上記字數，下記刻工姓，有丁銓、毛端、王全、王才、王數、王椿、王璡、王政、王玩、王信、王桂、王華、王恭、王春、王能、王太、王利和、王廷、王賓、王昌、王祖、王日升、朱言、朱六、朱右、方至、方中、宋琳、宋琚、宋节、宋春、史忠、施昌、施珍、施寔、何建、何昇、沈仁本、沈祖、沈珍、沈昌、沈壽、沈忠、沈思忠、劉文、劉昭、劉志、劉仁、余敏、余貴、吳明、吳春、章文、單侶、鄭春、徐高、徐浚、徐杞、徐泳、李政、李良、李詢、李寬、李忠、李仲、陳仁、陳壽、陳立、陳智、陸春、陸永、金滋、金震、金友、周明、項仁、汪亮、高異、高溢、楊昌、楊采、楊明、楊十三、張榮、張亨、張仁、張善、張三、孫再一、孫斌、孫春、賈祚、潘正、童遇、許忠、郭正、葉禾、胡昶、胡慶十四、蔣蚕、蔣榮、天錫、茅閏三、旦緒、繆恭、滕慶、田立、翁子和等人。宋諱至慎字止。此即世所謂眉山七史之一。即入百衲本二十四史。考其刊工宋琚、高異、吳志見浙本廣韻。王太、吳志又見慶元六年浙本春秋左傳正義。此後於紹興已五十六年。尚有疑問者陳壽一名見嘉祐五年杭州本新唐書，并浙本古史。能否是治平板，南宋補刻。此帙中有上中下線口者最精，似為初版。所謂補刻刊工童遇、詹世榮，又同古史。以此證之，非蜀所刊。

魏書一百十四卷　北齊魏收撰

宋刻元明遞修本。半葉九行，行十八字。白口，左右雙邊。版心上記字數，下記刻工姓名，有王渙、王六、王信、王興、王恭、王榮、王進、王遇、王政、王高、王正、王再十三、王成、王升、王玩、王圭、王周、王百九、王富四、王道、王真、王壽、王壽三、王禧、王汝霖、王堪、王賓、王明，王垚、王冲、王定、王華、王高十三、王付，王能、

王升、王川、王欽、丁銓、丁之才、毛奇、
朱玩、朱曾、朱眷、朱祖、朱曾九、朱信、
朱通、朱文、朱子先、朱元、朱言、張誠、
張允、張興、張國、張升、張榮、張斌、張
堅、張明、張富、張仁、張三、宋通、宋第、
宋琳、宋琚、宋全、宋芑、宋彥、吳文昌、
吳六、吳昌、吳玉、吳千七、李旼、李諒、
李祐、李才、李文、李憲、李元、李忠、李
仲、李庚、李時、李恂、李成、李信、李昌、
李允、李嵩、何宗十四、何澤、何昇、何通、
何建、何屋、何益、何宗十七、何原、何鎮、
龐汝升、龐知柔、龐世榮、龐萬五、陶春、
陶中、黃亨、黃戊、黃鎮、黃四榮、洪福、
洪源、洪坦、胡慶、胡慶十四、胡勝、洪澤、
沈昌、沈忠、沈祥、沈仁舉、沈昊、沈允、
沈翔、沈貴、沈壽、沈茂、沈定、沈珍、沈
諒、沈章、沈一、曹榮、曹興、曹鼎、曹亮、
曹德新、曹新、蔣容、蔣七、董澄、董辰、
董大用、裘裕、童遇、陳復、陳仲、陳良、
陳主、陳壽、陳彬、陳孫、陳晃、陳仁五、

陳錫、陳鎮、陳仁、陳彥、陳用、陳潤、齊明、石寶、龍大有、崔中信、俞升、章忠、章東、章茂、項仁、許忠、徐大中、徐中、陸春、陸永、錢宗、毛端、馬顯祖、劉楚、孫春、方中、劉仁、張昇、楊昌、楊榮、孫琦、孫仕、虞良、繆珍、鄭楚、宋范、鄭春、李正、周明、吳祥、吳祐、吳椿、~~吳文昌~~、金嵩、金震、金滋、金祖、金友、龐方正、夯陳秀、葉禾、范華、周鼎、蔡秀、龔正、李政、李師順、吳志、李思忠、林茂、朱子壽、葛丰、鍾同壽、顧達、胡昶等人。此魏書亦稱眉山七史之一，影入百衲本二十四史中。原涵芬樓僅得其半，北平圖書館、傅氏雙鑑樓、吳興嘉業堂藏書補完。卷中有元代補修之葉，或有明初續補，然皆不著年號，很難斷言。今其刻工王六、高文、毛文、張榮、宋琳、章東、求裕等見紹熙三年兩浙東路茶鹽司本禮記正義，以此證之非眉山所刻。

北齊書五十卷　唐李百藥撰

宋刻元明遞修本。半葉九行，行十八字。白

口，左右雙邊。版心下記刻工姓名，有王明
王全、王祖、王恭、王昌、王生、王華、王
昇、王璡、王才、王壽、王志、王能、王汝
明、丁之才、萬佛一、施昌、童遇、詹世榮
沈珍、吳文昌、吳春、吳明、吳祐、吳志、
陳晃、陳立、陳壽、陳仁、陳彬、陳新、張
亨、張明、張仁、張允、孫日新、孫付、孫
春、呂信、董澄、董辰、方至、方堅、許茂
徐杞、徐義、徐仁、徐珙、徐友山、田立、
余貴、劉文、劉昭、宋琚、宋琳、宋第、秦
顯、高異、李政、李昇、李正、李良、李師
正、李才、李信、朱春、朱玩、楊榮、楊潤
金滋、蔡邠、陸春、袁民、嚴志、任昌、~~[illegible]~~
任章、何昇、洪新、凌宗、潘正、潘亨、顏
永、章忠等人。北齊書是眉山七史之一。帝
紀及列傳一至二十五卷，涵芬樓舊藏，皆宋
刻元修本。列傳二十七至四十二卷諧北京圖
書館，其書爲元明之際所印。元代補刊工姓
名有王正、務陳秀、文二、林茂、林茂叔、
北陳、丘舉之、趙良、朱光、金二、任阿伴、子才、高頭、下闡、張善、劉仁仲、王世華、鄭埜等人。此書已影入百衲本二十四史中。

周書五十卷　唐令狐德棻撰

宋刻元明遞修本。半葉九行，行十八字。白口，左右雙邊。版心劃分五格，上記字數，下記刻工姓名，有劉仁、何建、何宗十四、何宗十七、何浩、翁升、朱光、王信、王六、王溪、王全、石寶、陳義、李正、李成、章文、章東、張珍、張堅、張允、徐杞、周明、吳津、吳祥、沈仁舉、虞良、高異、高文、范元光等人。其元補刻工有崔恭、沈英、來山、周山、沈山、子成、茅化龍、谷仲、朱大存、張珍、陳文玉、汪亮、茂五、何原、何川、茂實、徐明、青之、林茂叔、士元、熊祖、陶嵩、王正、平山、陳新、鄭埜、王德明、朱長二、趙良、丘舉之。此本即所謂眉山七史之一。影入百衲本二十四史中。

齊民要術十卷　北魏賈思勰撰

宋紹興十四年（1144）張轔池州刻本。半葉十行，行十七字。

齊民要術十卷　北魏賈思勰撰

宋紹興甲子（十四年 1144）萬祐之刻，是書後序曰，此書乃天聖中崇文院板，非朝廷要人不可得。此本宋紹興無爲軍刻本。此爲中土所存最古之本。

紹興十五年　乙丑（1145）

周易正義十四卷　唐孔穎達撰

宋紹興十五至二十一年(1145—1151)臨安府刻遞修本。半葉十五行，行二十六、二十七字。白口，左右雙邊。版心記刻工姓名，有包正、王政、朱宥、章宇、陳常、顧仲、弓成、弓旅、王允成、李恂、徐高、張孜、沈壽、沈彥、狄真阮宗、邢宗、阮走、嚴忠、朱靜、蔡通、沈亨、王中、周用、劉文、李政、沈禧、王舉李昇、張中、沈升、弓彬、卓佑、王昕、李圭、李時、潘亨、徐仝、王珍、包端、沈昇沈義。宋諱缺筆至構字。玉海載：紹興九年九月七日詔下諸郡索國子監元頒善本校對鏤版，十五年閏十一月博士王之望請群經義疏未有版者令臨安府雕造。二十一年五月詔令國子監訪尋五經三館舊監本刻版，上曰其他闕書亦令次第雕板，雖重修所費亦不惜也，由是經籍復全。近年江安傅增湘獲此書為之影印傳世。此書現藏北京圖書館。

尚書正義二十卷　唐孔穎達撰

宋紹興十五年至二十一年（1145—1151）臨安府刻本。半葉十五行，行二十四字。白口，左右雙邊。版心中縫題書幾，下記刻工姓名，有王政、施章、黃暉、吳珪、汪盛、陳忠、王仲、葛珍、朱因、王定、方成、張元、洪茂、蔡至道、洪先等人。有孝宗時補版。此為單疏本，有端拱元年孔維進雕五經正義表及同時校勘官銜名，知其從北宋本出。又玉海載紹興十五年博士王之望請臨安府雕羣經義疏之未有版者，二十一年又詔國子監訪五經三館舊監本刻版。則知此本之刊刻當在此時。日本宮內省圖書寮藏。大坂每日新聞社已影印。

毛詩正義四十卷　唐孔穎達撰

宋紹興十五年至二十一年（1145—1151）臨安

府刻本。玉海載紹興十五年閏十一月博士王之望請經義疏未有者令臨安府雕造。

周禮疏五十卷　漢鄭玄注　唐賈公彥疏　陸德明釋文

宋紹興十五年（1145）臨安府刻本。玉海載紹興十五年閏十一月博士王之望請群經義疏未有板者令臨安府雕造。

儀禮疏五十卷　唐賈公彥等撰

宋紹興十五年（1145）臨安府刻本。玉海載紹興十五年閏十一月博士王之望請群經義疏未有者板者令臨安府雕造。

禮記正義七十卷　唐孔穎達撰

宋紹興十五年（1145）臨安府刻本。玉海載紹興十五年閏十一月博士王之望請群經義疏未有板者令臨安府雕造。

春秋左氏傳正義三十六卷　唐孔穎達撰

宋紹興十五年（1145）臨安府刻本。玉海載紹興十五年閏十一月博士王之望請群經義疏未有板者令臨安府雕造。

春秋公羊傳疏三十卷　唐徐彥撰

宋紹興十五年（1145）臨安府刻本。玉海載紹興十五年閏十一月博士王之望請群經義疏未有板者令臨安府雕造。

春秋穀梁傳疏十二卷

宋紹興十五年（1145）臨安府刻本。玉海載紹興十五年閏十一月博士王之望請群經義疏未有板者令臨安府雕造。

孝經正義三卷　唐玄宗撰　宋邢昺疏

宋紹興十五年（1145）臨安府刻本。玉海載紹興十五年閏十一月博士王之望請群經義疏未有板者令臨安府雕造。

論語正義十卷

宋紹興十五年（1145）臨安府刻本。玉海載紹興十五年閏十一月博士王之望請群經義疏未有板者令臨安府雕造。

爾雅疏十卷　宋邢昺撰

宋紹興十五年（1145）臨安府刻本。玉海載紹興十五年閏十一月博士王之望請群經義疏未有板者令臨安府雕造。

集古文韻五卷　宋夏竦撰　存一卷

宋紹興十五年（1145）齊安郡庫刻公文紙印本。八行，白口，四周單邊，無直格。版心魚尾單雙不等，書名上聲二字，上記字數，分甲若干，大小若干，下爲刻工姓名，只有李臯、潘寔二人。紹興乙丑僧寶達刻於齊安而開禧元年後印本。鈐有汪士鐘藏印。此書以宋人官私簡牘刷印，署名者有吳獵、王可大、汪誠之、陸于程、符霽、趙善郯、章樂，釋智傑等，均黄州官吏。吳獵後任江南西路轉運判官時曾刊本草衍義。是書袁寒雲及日本帝室圖書寮均有。宋人多以公牘印書，屢見不鮮，而簡牘頗罕覯。劉啟瑞氏所藏王文公文集，所存宋人尺牘五六十通，完整如新，有洪邁、葉義問諸名公，至可寶愛。此雖小帙，集一冊遞級官吏之書牘于一冊，尤殊可珍。

營造法式三十四卷　宋李誡撰

宋紹興十五年（1145）重刻本。紹興重刻題記稱："平江府今得紹聖營造法式舊本，并目錄看詳共一十四冊，紹興十五年五月十一日校勘重刊。"又題："左文林郎平江府觀察推官陳綯校勘"、"資文閣學士右通奉大夫知平江軍府事提舉勸農使開國子食邑五百户王晚重刊。"

冥樞會要三卷　宋釋祖心撰

宋紹興十五年（1145）湖州報恩光孝寺僧道樞刻本。半葉十行，行二十字。"四明比丘了義書"："湖州報恩光孝寺住持嗣祖比丘道樞重開時紹興十五年歲次乙丑端午日謹題。"

紹興十六年　丙寅（1146）

三墳訓義三卷　撫州布衣吴沆進

玉海載紹興十六年（1146）秘書省言文理可采。又進群經正論四卷。

戰國策注三十三卷　漢高誘撰　宋姚宏校正

宋紹興刻本。半葉十一行，行二十字，注文雙行，行二十字。白口，左右雙邊。版心下記刻工姓名，有陳錫、王珍、徐亮、徐杲、毛昌、毛諒、洪先、朱明、徐章、李彦、陳明俊、梁友文、蘇興、余永、徐茂、高畋、余坦、徐高、朱清、孫中、徐林、俞先、李秀、李碩、張祥、朱静、吳彦、李崇等人。卷末有紹興十六年姚宏後序。宋諱缺筆至構字。士禮居叢書本即據此帙影刻，百宋一廛賦著録。北京圖書館藏。

中國印刷史題新雕重校戰國策三十三卷 漢高誘注 宋剡川姚宏補注 宋紹興十六年（1146）紹興府嵊縣刻本。

太平聖惠方一百卷 宋王懷隱輯

宋紹興十六年（1146）淮南轉運刻本。《夷堅志》卷十二舒州刻工條載："紹興十六年淮南轉運司刊太平聖惠方板，分其半于舒州，州募匠數十輩，置局于學……五匠曰蘄州周亮、建州葉浚、楊通、福州鄭英、廬州李勝……"。

事類賦注三十卷 宋吳淑撰

宋紹興十六年（1146）兩浙東路茶鹽司刻本。半葉八行，行十六至十八字不等，注雙行同。白口，左右雙邊。版心下記刻工姓名，有丁珪、王珍、毛諒、包正、朱琰、阮于、余竑、徐高、徐杲、許明、洪茂、施蘊、陳明仲、陳錫、梁濟、孫勉、顧忠、徐政、徐昇等人。

皆南宋初期杭州地區良工，又刻有廣韻、樂府詩集、水經注、毛詩正義等書。卷末有紹興十六年邊惇德刻書序。卷三十末標題後有銜名四行："右廸功郎特差監潭州南嶽廟邊惇德校勘、左從政郎充浙東提舉茶鹽司幹辦公事沈山校勘、左儒林郎紹興府觀察推官兼本司主管文字陳縝校勘、右從政郎充浙東提舉茶鹽司幹辦公事李端民校勘。"宋諱缺筆至構字。明嘉靖間崇正書院刻本，即據此本翻刻。鈐有"成之之章"、"蔣氏珍藏"、"趙禮用觀"、"造玄道人"、"項元汴印"、"子京父印"、"桃花村裏人家"、"項篤壽印"、"項氏萬卷堂圖籍印"，又有"天祿琳琅"、"乾隆御覽之寶"及乾隆諸璽。現藏北京圖書館。

樂府雅詞三卷拾遺二卷　宋曾慥編

前有紹興丙寅（十六年 1146）曾慥序。清朱竹垞曝書亭題跋：原編三十四家書止五卷。文獻通考引陳氏書錄解題作十二卷，是傳寫之誤。

紹興十七年　丁卯（1147）

古墳三書三卷

宋紹興十七年婺州州學刻本。半葉十行，行十八字。白口，左右雙邊。版心上魚尾下記古字，中記葉數，下記字數，再下為下魚尾，下魚尾下記刻工姓名，有張玘、林升、宋杲、沈原、陳林等人。此書北宋時出張商英家，晁、陳二目均認為偽書。此本分三卷，一山墳、二氣墳、三形墳，故稱三墳。葉排長號，宋諱缺筆至購、構。末葉刻識語四行：余家藏此古墳書而時人罕有識者，恐遂湮沒不傳於世，乃命刻於婺州學中，以與天下共之。紹興十七年歲次丁卯五月重五日三衢沈斐書。

古今歲時雜詠四十六卷　宋蒲積中編

宋紹興十七年（1147）蒲積中刻印。收古來今時，分類輯錄，蔚為大觀。

東觀餘論不分卷　宋黃伯思撰

宋紹興丁卯（十七年 1147）黃訪刻於建安漕司。刻工有林厚.葉雪.葉遷.魏華.張文.張回等人。

太平聖惠方一百卷　宋王懷隱輯

宋紹興十七年（1147）福建路轉運司刻本。

半葉十三行，行二十五、二十六字。第一百卷末刊記稱："福建路轉運司今將國子監太平聖惠方一部一百卷二十六冊，計三千五百三十九板，對證內有用藥分兩及脱漏差誤共有一萬餘字，各已修改開板并無訛舛，於本司公使庫印行。紹興十七年四月日。" 次有邵大寧、宋藻、陳畢、黃詡、范寅秩、馬口官銜六行。經籍訪古志補遺載：日本金澤文庫藏五十卷。每卷末有金澤文印。密行細字，字畫遒勁，殆通汴京物，其存凡五十卷。題大宋新修太平惠方一百卷目錄一卷。愛日精廬藏書志載零本眼、齒兩類三卷。而他書目未見著錄者，知其全帙固已佚於彼。"

初學記三十卷　唐徐堅等奉敕編

宋紹興十七年（1147）東陽崇川余四十三郎刻本。半葉十三行，（卷一作十二行）行大字二十二至二十六字（作二十四字者居多）小字二十八至三十一字不等。白口，左右雙邊。版心稀有字數，卷三十第九葉記刻工余文。宋諱有缺筆，有不缺筆，構、讓、慎、郭等字不缺筆。前有紹興四年福唐劉本序，半葉九行，行十四字。序後刊牌子四行："東陽崇川余四十三郎宅今將監本寫作大字校正雕開並無訛謬收書賢士幸詳鑑焉。紹興丁卯季冬日謹題。"鈐有"金澤文庫"楷書墨印。

日本宮內省圖書寮藏書。

嘉祐新集十六卷附錄二卷古三墳書三卷　宋蘇洵撰

宋紹興十七年（1147）婺州州學刻本。半葉十二行，行二十字。卷末題"紹興十七年四月晦日婺州州學雕，教授沈斐校"。

王黄州小畜集三十卷外集七卷　宋王禹偁撰

宋紹興十七年（1147）黄州刻本。半葉十一行，行二十二字。白口，左右雙邊。版心下記刻工姓名，有郭敦、吳志、彭世寧、彭寧、徐浩、顧淳、彭祥、王寶、余亮等人。存卷十二至二十四，凡十二卷，餘配呂無黨五硯齋抄本。此宋槧傳世僅此數卷。已印入四部叢刊初編中。

紹興十八年　戊辰　（1148）

建康實録二十卷　唐許嵩撰

宋紹興十八年（1148）荆湖北路安撫使司刻遞修本。半葉十一行，行二十字，注文雙行，約三十字。白口，左右雙邊。版心下列刻工姓名有王克明、張彤、張敏、張用、肇仲、黄宥、李茂、俞邦、吴友成、吴堅、趙褒、鄧亮、蕭昌齡等人。書末有嘉祐三年江寧府校正官張居氏等銜名七行。又有紹興十八年重雕校勘官韓彬等銜名九行。卷中遇宋仁宗諱禎注"御名"，如卷四"謂之御名祥"等，遇南宋高宗諱"構"字，亦不刻，注"今上御名"四小字。如卷十三"聞元兇今上御名逆，遂垂渾召沈慶之及其僚佐等議"等。可證此書確是南宋紹興十八年刻本重雕。卷七又有"是時始用塼壘宮城西創太上御名樓觀"等處，此諱構字注為"太上御名"，證明為孝宗朝補版時重修。據《宋史·地理志》記載，紹興五年荆湖北路置安撫使於江陵府，則知此書當刻於江陵。此為傳世最古刻本。鈐毛晋父子藏書印多枚，季振宜、徐乾學、汪士鐘等印。

藏於北京圖書館。已印入《古逸叢書三編》。

隆平集二十卷　宋曾鞏撰

宋紹興十八年（1148）刻本。列嘉祐二年開造校正官銜，紹興十八年重雕官銜。

紹興十八年同年小録一卷　臺灣故宮藏書

宋紹興戊辰（十八年 1148）王佐榜進士題名。仁和胡心耘有宋本，今亡未見。紹興戊辰王佐榜録。首列十七年閏科手詔，次十八年四月三日御試策問，次執差與試諸官銜名，次集集所供事人名日期，次録第一甲十人。第二甲十九人。第三甲三十七人。第四甲百二十二人。第五甲百四十二人。時奏名一人。每人下列名字、小名、小字、年甲、外氏、行第兄弟妻氏三代籍貫里户。蓋宋時每科例如此。是科以朱熹列第五甲第九十人，後來重之，并小録流傳不廢。宋代諸科惟此及寶祐乙卯文天祥榜兩録至今存，科名信以人重哉。

續高僧傳三十一卷　唐道宣撰

宋紹興十八年（1148）刻毗盧藏本。半葉六行，行十七字。刻工有王受、王祥、王英、

付中、付及、付言、王與、江俊、李生、李
先、李秀、李贊、阮中、林日、林明、林泗、
林芳、林彬、林瀘、范生、高宏、張宗、郭
康、郭遇、陳生、陳達、楊文、蔣涇、蔣遠、
鄭行、鄭昌。日本尊經閣藏。

天聖廣燈錄三十卷　宋李遵勖编

宋紹興十八年（1148）刻毗盧藏本。半葉六行
十七字。刻工有：丁福、六生、王与、王力、
王生、王吉、王老、王向、王政、王青、王
英、王盼、王保、王浩、王清、王積、甘正、
石右、石老、丘受、付中、付言、史得、江
茂、江俊、沈從、李秀、李保、李贊、阮生、
吳兵、何暉、林文、林吉、林侃、林森、姚
才、孫受、荊偉、陳白、陳平、陳生、陳章、
崔仁、黃昱、梁吉、郭文、郭仲、郭遇、張
仁、張禾、楊中、葉清、潘元、鄭昌、蔡清、
張生、陳文、林彬、蔣生等。日本尊經閣藏。

陀羅尼雜集十卷　存第十卷

宋紹興十八年（1148）福州開元寺刻毗盧大藏
本。北京圖書館藏。

節孝先生文集三十卷　宋徐積撰

宋紹興十八年（1148）刻本。

王黄州小畜外集二十卷　宋王禹偁撰　存七卷

宋刻本。半葉十一行，行二十一字。版心記刻工姓名，有余才、余益、余仁、宋琳、徐洗、張挺、許和、顔僥、鄭敦、彭世寧、彭祥、閔昱、葉明等人。此書刻工古厚，版式闊大，避桓字諱，則爲南宋初刻本。日本静嘉堂文庫藏。據舊寫本前有咸平三年十二月自序。紹興丁卯歷陽沈虞卿序。又紹興十八年黄州契勘文及列貲官銜。後有紹興十七年黄州契勘造此書公文，具載紙板墨價，後列官銜八行。

花間集十卷　後蜀趙崇祚輯

宋紹興十八年（1148）建康郡齋刻本。半葉八行，行十七字。白口，左右雙邊。紹興十八年晁謙之跋：花間集建康舊有刻本，往年郡將監司僚司僚幕之行，有六朝實録與花間集之贐，因復刊以存舊事。案六朝實録疑即建康實録，今建康實録建康郡齋本久佚，花間集僅存此本。景定建康志文籍志書版門花間集一百七十七版，疑即此本。此本連序跋目錄僅得一百二十五版，建康志所記，疑有誤字。刻工周青、章旼、毛仙、于洋又刻江東漕司本後漢，章旼、黃祥又刻當塗本郭祥正青山集。此三書皆南宋初年南宋地區官版，故刻工多同。此書紙墨瑩潔，字體娟秀，在宋版書中別具風格。文學古籍出版社印本，即據此帙影印。

紹興十九年　己巳（1149）

國語解二十一卷補音三卷　吳韋昭撰

宋紹興十九年（1149）刻宋元遞修本。半葉十行，行二十字間有二十二字，注文雙行，行字同。白口，左右雙邊。宋諱缺筆至慎字。刻工有王進、張昇、江孫、李棠、江泉、劉寶、楊思、楊明、卓宥、張明、牛明、方迂、駱元、成通、方通、駱昇、王珍、王介、陳良、嚴忠、孫昇為一類。蔣榮、蔡邠、陳浩、馬松、何澤、陳彬、陳壽、徐義、詹世榮為一類。字體鐫法，稍有圓峭渾臺之別，又有版心上記字數者，其刻工爲陳新、方陳秀、何建、丁銓、楊十三、齊名、良富、徐良、威久、繆珍、熊通琮、石茂、王桂、文玉、蔣佛老、江亮、吳千七、趙遇春、朱六、金交、今友、應華、徐文、陳允升、張三、王榮、徐泳、吳元、洪福、朱曾、徐榮、茅文龍、周鼎、王六、蔣蚕、王壽三、李祥、祝明、李庚、何慶、何通、章文一、陳寧、曹榮、胡勝、沈貴、李德瑛諸人，蓋爲元代覆刻。疑此即南宋監本，迭經宋元兩朝補版。元時版送西湖書院。西湖書院重整書目中有國語一目，蓋即此本。每冊前有東宮書府朱文方印，當是元時官書，明太祖滅元得之，以貽懿文太子者。紙幅寬大，結體方整，可稱浙本傑作。

海録碎事二十二卷　宋葉廷珪撰

宋紹興十九年（1149）自序。又紹興十九年傅自得序。

潮溪先生捫蝨新話十五卷　宋陳善撰

讀書敏求記載，捫虱新話吾家所藏有二，一

是宋鈔本不分卷，帙末有羅源陳善子兼跋云，丙寅歲余由海道將抵行在所，遇颶風船壞，盡失平日所業文字。既而於知友間得所著捫虱新話，因加刊削，得一百則，時紹興己巳正月二十一日也。此本墨澈紙渝，古香馥馥，或者疑為子兼稿草；一是影摹寫宋刻本，標題云朝溪先生捫虱新話，釐為十五卷，不列子兼名，并脫跋語。二者未知孰為定本，故兩存之，以備參考可耳。

大方廣佛華嚴經八十卷　唐釋實叉陀譯

宋紹興十九年（1149）刻本。五行十五字。存二卷。北京圖書館藏。

騎省集三十卷　宋徐鉉撰

宋紹興十九年（1149）平江府刻本。

徐公文集三十卷　宋徐鉉撰

宋紹興十九年（1149）明州公使庫刻本。半葉十行，行十九字。白口，左右雙邊。版心下記刻工姓名，有徐彥、施章、劉中、胡正、洪先、朱禮、王寔、王仲、陳忠、蔣暉、陳高、施蘊、方彥成、洪茂、王迅、劉仲、陳珍、徐衍、毛諒、宋芾、洪坦、施端。有紹興十九年徐琛跋：「騎省徐公文集三十卷，天禧中尚書員外郎胡君克順編録刊行且奉表上進。章聖皇帝降詔獎諭參政陳公彭年為之序，引丞相晏元獻公複為後序。騎省在江南有重名天朝近侍以文翰忠直，在當時諸公先既沒，丞相趙郡李文正公實誌其墓，所以稱述推尊之者甚，至距今且二百年，英名偉節得以不泯，而以為後學法者繫文集是賴年世寖遠兵火中既鮮有存者，偶得善本使公庫鏤板以傳。紹興十九年十一月一日，右朝議大夫充敷文閣待制知明州事提擧學事賜紫金魚袋徐琛跋日本大倉文化財團藏。

紹興二十年庚午（1150）

幼幼新書四十卷目録一卷　宋劉昉撰

宋紹興二十年（1150）刻本。半葉十行，行十六字。白口，左右雙邊。版心有刻工姓名首有李庚紹興二十年序，末有紹興上章敦牂石才孺後序及樓璹跋。存卷三十八凡一卷。

日本聿修堂藏。

紹興二十一年 辛未（1151）

周易傳九卷略例一卷

尚書傳十三卷

毛詩傳二十卷

周禮注十二卷

儀禮注十七卷

春秋經傳集解三十卷

春秋公羊傳解詁十二卷

春秋穀梁傳集解十二卷

孝經注一卷

論語集解十卷

爾雅注三卷

孟子章句十四卷

玉海：紹興九年九月十七日詔下州郡索國子監元頒善本校對鏤板。又玉海：紹興二十一年五月詔令國子監訪尋五經三館監舊刻板。

春秋尊王發微十二卷 宋孫復撰

宋紹興二十一年（1151）魏安行任鄱陽令時刻印。吳兔牀有影宋鈔本。

漢書注一百卷 漢班固撰 唐顏師古注

宋紹興二十一年（1151）重刻本。

郡齋讀書志二十卷　宋晁公武撰　姚應績編

宋紹興二十一年（1151）公武自序，稱得南陽公書五十篋合家藏，除其重複得二萬四千五百卷有奇。

太平惠民和劑局方十卷　宋陳師文等撰

此書初創於北宋，重修、三修於南宋。宋紹興二十一年（1151）又以監本藥方頒諸路。

花蕊夫人詩一卷　不著撰人名氏

宋紹興二十一年（1151）晁公武序。毛恕可刻於衡陽。

臨川先生文集一百卷　宋王安石撰

宋紹興二十一年（1151）兩浙西路轉運司王珏刻元明遞修本。半葉十二行，行二十字。白口，左右雙邊。版心上記字數，下記刻工姓名。書名題臨川集幾。其中闊黑口者皆補版無刻工姓名。原刻者刻工有牛寔、李彥、惠道、屠謹、沈昇、章宇、戴安、蔣成、項中、徐明、王受、屈旻、陳叙、方通、徐益、史祥、方舉、惠主、昌旼、李祥、董暉、馬通、乙成、丘甸、徐安、王份、金彥、李松、沈善、趙宗、金昇、牛志、劉益、葉先、黃諤、沈祐、顧謹、章容、曹澄、黃延年諸及各單字者。宋諱桓字注淵聖御名，構字注御名，宋諱缺筆至構字。此書為臨川曾孫珏刻本，卷末有王珏題記歷敘校刊顛末：“曾大父之文舊所刊行，率多舛誤，政和中門下侍郎薛公宣和中先伯父大資皆被旨編定，後罹兵火是書不傳。比年臨川龍舒刊行，尚循舊本，珏家藏不備，復求遺稿於薛公家。是正精確多以曾大父親筆石刻為據，其間參用眾本，取舍尤詳，至於斷缺則以舊本校足之，凡百卷庶廣其傳。云紹興辛未孟秋旦日，右朝散大夫提舉兩浙西路常平茶鹽公事王珏謹題。”此為是集最初之刻本，惟印本漫漶且多補刊之葉，然臨刊集實以是為最古。

唐子西集二十二卷　宋唐庚撰

宋紹興二十一年（1151）鄭康佐序刻本。鄭康佐序，王維則校讐勒為二十二卷，刻版摹之。此本實鄭氏所刻。

眉山唐先生文集二十卷　宋唐庚撰
　宋绍興二十一年（1151）惠州軍州學刻本。
　半葉九行，行十六字。
東坡詞一卷　宋蘇軾撰
　宋绍興二十一年（1151）刻本。绍興辛未至
　游居士曾慥跋，謂東坡先生長短句既鏤板後
　得張賓老所编，并載於蜀本者，悉收之。
　　　绍興二十二年　壬申（1152）
五經正義　唐孔穎達撰
　宋绍興二十二年（1152）鄭仲熊刻印。
　周易正義十四卷
　尚書正義二十卷
　毛詩正義四十四卷
　禮記正義七十卷
　春秋左傳正義三十六卷
統元曆一卷　常州布衣陳得一造
　直斋書録解题：绍興五年上曆家不以為工，
　高宗绍興統元二十二年後用纪元。
管子註二十四卷　唐房玄齡注
　宋绍興二十二年（1152）瞿源蔡潛道宅

墨寶堂刻本。半葉十二行，行二十三字，注文雙行二十八字。卷一後有"瞿源蔡潛道宅墨寶堂新雕印"木記。卷末有"瞿源蔡潛道宅板行紹興壬申孟春朔題"牌子二行。又張嵲讀管子一則。缺卷十三至十九。有黃丕烈二跋，並錄陸貽典二跋。原海源閣藏。

佛說觀無量壽佛經一卷　劉宋釋畺良耶舍譯

宋紹興二十二年（1152）刻本。浙江博物館藏。

抱朴子内篇二十卷　晉葛洪撰

宋紹興二十二年（1152）臨安府榮六郎家刻本。半葉十五行，行二十八字。白口，左右雙邊。宋諱慎字不缺筆。内篇原書二十卷，現存十八卷。卷十一至卷十二為錢氏述古堂抄補。卷二十後有刻書牌記五行："舊日東京大相國寺東榮六郎家，見寄居臨安府中瓦南街東，開印輸經史書籍舖。今將京師舊本抱朴子内篇校正刊行，的無一字差訛，請四方收書好事君子幸賜藻鑑。紹興壬申歲六月旦日。"是確定此書刊行時地的依據。錢謙益曾看過榮六郎刻本抱朴子内篇，並作跋云：

抱朴子内篇二十卷，宋紹興壬申歲刻，最為精緻。其跋尾云："舊日東京大相國寺東榮六郎，見寄臨安府中瓦南街東，開印輸經史書籍鋪，今將京師舊本抱朴子内篇校正刊行"，此二行五十字，是一部東京夢華録也。老人撫卷，為之流涕"。清季振宜、徐乾學收藏，并鈐有"季振宜藏書"、"御史振宜之印"、和"乾學"、"徐健菴"等印。遼寧省圖書館藏。是現存較完整的最早的本子，也是一件不可多得的珍籍。清代中葉以來很多學者都不知道它。黄丕烈曾說："余家子書多善本，惟抱朴子無之……即世行各本未聞有宋刻。"顧廣圻也說："道藏本為最勝，此外無復善本矣。"此榮六郎刻本已影印行世，印入《古逸叢書三編》。

昌黎先生文集四十卷 諸儒姓氏一卷 外集一卷 類譜十卷 考異十卷 唐韓愈撰

宋紹興二十二年（1152）張敦頤刻本。

謝幼槃文集十卷 宋謝邁撰

宋紹興二十二年（1152）撫州刻本。半葉十行，行十八字。白口，左右雙邊。版心雙魚尾，下魚尾下記葉數，最下記刻工姓名，有蔡侃、高智平、智平、弓受、曾立、吳世榮、劉成、伍典、高智廣、智廣及各單字。前有紹興三年昌本中題二謝詩，以手書上版。次紹興二十二年苗昌言題，言紹興辛未趙士鵬來守，朞年政成，命勒其書于學宮。溪集堂得本於易藏，幼槃集得本於其子敏行。後有知撫州軍趙士鵬、州學教授苗昌言銜名五行。此書楊守敬得日本，孟宗時入日本，我國久佚者。潘氏滂喜齋藏。己卯入續古逸叢書。

紹興二十三年 癸酉（1153）

西溪叢語二卷 宋姚寬撰

宋紹興昭陽作噩自序（紹興二十三年 1153）。直齋書錄解題：所著西溪居士集五卷，西溪樂府一卷已板行。

新雕皇朝類苑七十八卷 宋江少虞撰

宋紹興二十三年（1153）建陽麻沙書坊刻本。半葉十三行，行二十字。四周雙邊。版心題皇朝卷幾。目錄首卷題：麻沙新雕皇朝類苑卷第目錄一"。目錄卷三後有牌子："紹興二十三癸酉歲中元日麻沙書坊印行。"前有紹興十五年左朝請大夫權發遣吉州軍州事江少虞序。次門生左迪功郎充吉州州學教授汪僎序。序後總目，列世故沿革、詩歌賦詠、文章四六、曠達隱逸、仙釋僧道、休祥夢兆、占相醫藥、書畫技藝、忠孝節義、將帥才略、知人薦舉、廣知博識、風俗雜誌、談諧戲謔、神異幽怪、詐妄謬誤、安邊禦寇各門，每四字一行。後空一行，題"右二十八門，凡七十八卷。"此書日本元和活字印本據此本印行傳世。

大藏四十八藏　小藏八百四十一卷 共四十八藏

宋紹興二十三年前（1153）宋馮檝以俸資先後印施佛經《大藏》四十八藏，《小藏》八百四十一卷，共四十八藏。

六祖壇經三卷　宋惠昕撰

宋紹興二十三（1153）晁子健刻本。

韋蘇州集十卷　唐韋應物撰

宋紹興昭陽作噩（紹興二十三年1153）姚寬跋。此書為紹興二十三年重刻熙寧九年葛蘩本。

古今絶句三卷　宋吴説编

宋绍興二十三年自题謂绝句微妙，得杜陵五言七言凡一百三十有二首，臨川五言六言七言凡六百十有三首。目爲古今絶句，手寫鋟木流傳。此書常熟瞿氏藏本，半葉十行，行十四字。卷中宋諱廓字缺筆，當爲寧宗時刻。徐乾學舊藏，今藏北京圖書館。而不見绍興原刻有録。

绍興二十四年　甲戌（1154）

東陽志十卷　宋洪遵撰

宋绍興二十四年（1154）刻本。（東陽今之浙江金華縣）

備急總効方四十卷　宋李朝正撰

宋绍興二十四年（1154）刻本。半葉十行，行十六字。方低一字，每證下注方所出書名，病題用陰文。白口，左右雙邊。魚尾下題備方一二字，版心下方題刻書人姓名，有乙成、金彦、惠道、李祥、王份、項中、蔣謹、牛智、葉先、賈琚、昌旼、陳忠。宋諱玄、鏡、竟、敬、驚均缺末筆。有紹興二十四年四月二十日左朝奉大夫知平江軍府事提舉學事兼管勸農使溧陽縣開國男食邑三百户賜紫金魚袋李朝正序。第一卷一至十四葉疑後人翻刻加入，紙係宋紙，而字體呆滯墨色黯淡，刻書人賈琚之琚誤爲[illegible]，昌畋之畋誤爲改。又書名備急總效方，全書均挖改急作全，獨此卷首是全字，尤爲補刻之確據。鈐有"元恭"、"徐樞"、"文醫司馬"、"乾學"、"徐健庵"、"季振宜印"、"滄葦"各藏印。此書字體摹歐體。刻工陳忠見紹興本禮經注及明州本文選補版中，則爲南渡初浙本。寫刻既工，印尤精妙，桑皮瑩潔，墨彩靜穆，真稀世之珍。

祖庭事苑八卷　題睦庵善卿編

宋紹興二十四年（1154）刻本。八行，小字二十八字，大字一當小字二。白口，左右雙邊。每卷次行題睦庵善卿編正。前有四明苾芻法英序。後有紹興甲戌（二十四年1154）中秋盡庵比丘師鑑跋。眉山王似刻。又有紹興甲戌夏六月玉津比丘紫雲跋。日本據此翻刻

妙法蓮華經七卷　後秦鳩摩羅什譯

宋紹興二十四年（1154）袁得純抄本。五行十七字。紅格四周雙邊。北京圖書館藏。

三洞群仙錄二十卷　宋陳葆光撰

宋紹興甲戌（二十四年1154）竹軒序。

昌黎先生文集四十卷外集十卷　唐韓愈撰

朱文跋：方季申所校韓文，又季申所謂謝本則紹興甲戌乙亥之間，予官溫陵謝公弟如晦之子景英爲舶司，屬官寄於其几間見之。蓋用天台印本剪粘綴，依陳後山本別爲次序，而卷首款以建炎使之印。據此書之跋，當是紹興二十四年台州刻本。

紹興二十五年　乙亥（1155）

安南表狀一卷

直齋書錄解題：宋紹興二十五年（1155）李天祥進貢，自靖康以後至是始通。

漢雋十卷　宋林鉞撰

宋紹興二十五年（1155）清渭何通直宅萬卷堂刻本。前有紹興壬申自序。卷末紹興乙亥（二十五年）清渭何通直萬卷堂刊記。

黄帝内經素問二十四卷靈樞二十四卷

宋紹興二十五年（1155）史崧序刊。每卷末附音義。

羅湖野録四卷　宋釋曉瑩撰

宋紹興二十五年（1155）自序。

紹興二十六年　丙子（1156）

禮部韻略五卷

宋紹興二十六年（1156）國子監印造。

中興聖語六十卷

玉海：宋紹興二十六年（1156）沈該修國史自秦檜專政所書多以己意非玉音者，該奉冊之，自上即位至今三十年纂爲此書。

紹興貢舉法五十卷

宋紹興二十六年（1156）丞相萬俟卨等編表上。直齋書録解題：

紹興敕令格式

宋紹興二十六年（1156）國子監印造。

刑統律文

宋紹興二十六年（1156）國子監印造。

元城語録三卷附行録一卷　宋馬永卿撰

宋紹興五年自序。又丙子（紹興二十六年）
張九成序。
黃御史集二卷　唐黃滔撰
宋紹興二十六年（1156）黃公度刻本。
紹興二十七年　丁丑（1157）
史記集解索隱一百三十卷　漢司馬遷撰　劉宋裴駰
集解　唐司馬貞索隱
宋紹興丁丑（二十七年1157）建寧府刻本。
包孝肅公奏議十卷　宋包拯撰
宋紹興二十七年（1157）廬州州學刻本。後
有紹興二十七年廬州州學教授吳祗若跋稱鋟
板郡學。
唐史論斷三卷　宋孫甫撰
宋紹興二十七年（1157）南劍州學宮張敦頤
刻本。
大觀證類本草三十二卷釋音一卷
宋紹興二十七年（1157）王繼先校定國子監
刻本。玉海：紹興二十七年八月十五日王繼
先上校定大觀證類本草三十二卷釋音一卷，
詔祕書省修潤付胄監鋟板行之。又案玉海：

紹興二十一年十二月十七日以監本藥方頒諸路，是南渡後胄監亦刊方書，但其名未詳，姑從缺之。

脈經十卷　晉王叔和撰　宋林億等校定

宋紹興二十七年（1157）國子監重刻本。

續世說十二卷　宋孔平仲撰

宋紹興二十七年（1157）沅州公使庫刻本。前有秦果序，卷末有紹興二十七年沅州公使庫重修雕補續世說壹部壹拾貳卷，壹百伍拾捌板，用紙叁百壹拾陸張。右具次有銜名翁灌冊、閔敦仁、王耀等。今具印造續世說一部陸冊，合用工食錢如後，一印造紙墨工食錢共五百三十四文足，大紙一百六十五張，計錢三十文足，工墨錢二百四文足。一褾背青紙物料工食錢共二百八十一文足，大青白紙共九張六十六文足，面臘工錢二百十五文足，以上共用錢計八百十五文足。

廣川書跋十卷　宋董逌撰

宋紹興丁丑（二十七年1157）董弅序刊。

能改齋漫錄十八卷　宋吳曾撰

宋紹興二十七年（1157）吳復後序。

翻譯名義集七卷　宋釋法雲撰

宋吳郡刻本。半葉五行，行二十一字，注文雙行二十字。白口，左右雙邊。版心助刊姓氏，沈亨、史珉共刊各保身心安泰。沈宗舉刊。比丘法源募緣刊。宋諱敬、驚、竟、姤、弘、桓字皆缺筆。紹興丁丑（二十七年1157）周葵序。

紹興二十八年　戊寅（1158）

中論十卷　漢徐幹撰

宋紹興二十八年（1158）石邦哲序刊本。前有曾肇序，卷末紹興二十八年山陰石邦哲序刊。

謝宣城集五卷　南齊謝朓撰

宋紹興二十八年（1158）宣州郡齋樓炤刻本。半葉十行，行十八字。

文選注六十卷　唐李善并呂延濟、劉良、張銑、呂向、李翰周撰

宋明州刻紹興二十八年（1158）補修本。半葉十行，行二十一字、二十二字不等。注文雙行，行三十字，三十一字不等，白口，左右雙邊。版心下記刻工姓名，有原版，紹興補版及再

補版三批。原版有江政、王圖、王乙、王仲、王時、毛諒、毛章、徐彥、徐宗、徐逵、徐全、張謹、張清、張由、葉明、高起、黃大、黃覺、駱晟、駱昇、施章、吳浩、吳詢、董明、陳詢(然)、劉文、洪先、蔡政、余尚、郭富、郭政、阮宗、許中等。紹興補版有洪茂、劉信、劉仲、方成、茍珍、宋通、葉亢。再補版有丁文、王定、王進、王臻、王允、王椿、王諒、王學、王舉、王雄、方祥、方祐、李顯、李珪、李良、李涓、李忠、楊昌、楊永、蔡忠、蔡正、陳亢、陳文、陳忠、陳真、陳高、陳辛、朱宥、朱节、朱文貴、朱諒、金敦、陳才、張學、毛昌、施蘊、施俊、俞珍、俞忠、潘興權、洪明、洪昌、洪乘、徐亮、宋琳、顧宥、周彥、吳宗、吳正、黃暉、蔣春等。又有蔡忠重刊、施端重刊、王允重刊、金敦重刊、方祐重刁等。宋諱原版桓、構不缺，補版缺桓字。首行題“文選卷第幾”，次行低五格題“梁昭明太子撰”，三行又低一格題“五臣并李善注”，四行目錄，目錄後連正文。清末自内閣大庫佚出者。蝶裝八册，以蟲傷不可復理，改訂爲二十四册。紙微黄。鈐有"晋府書畫之印"、"敬惪堂圖書印"、"子子孫孫永寶用"各印。内卷二十六一卷白麻紙淡墨印，爲天禄琳琅舊藏，鈐有"乾隆御覽之寶"、"五福五代堂古稀天子之寶"、"八徵耄念之寶"、"太上皇帝之寶"、"天禄琳琅"、"天禄繼鑑"各璽。又有"竹塢"、"玉蘭堂"、"戊戌毛晋"、"毛姓秘翫"、"宋本"、"季振宜讀書"、"御史振宜之章"、"竹下閑人"、"聖清宗室盛伯羲之印"及景賢、袁克文各印。有袁寒雲題跋"按天禄琳琅後編目録所載末有識云'右文選版歲久漫滅殆甚，紹興二十八年冬十月，直閣趙公來鎮是邦，下車之初，以儒雅飾吏事，首加修正，字畫爲之一新。俾學者開卷免魯魚三豕之訛，且欲垂斯文於無窮云。右迪功郎明州司法參軍兼監盧欽謹書'"。據跋乃四明刻。存二十四卷。北京圖書館藏。

紹興二十九年　己卯（1159）

易小傳六卷　宋沈該撰

宋紹興二十九年（1159）刻本。前有序表，紹興己卯王之望跋。每卷各分上下。汲古閣藏宋本并爲影鈔。

易變體義十二卷　宋都絜撰

前有序劄及紹興乙亥張九成序。又二十九年（1159）贛州曾幾序稱，書成獻之，又鋟板而傳之。

四明尊堯集四卷　宋陳瓘撰

首有序表，後有政和六年了翁跋。次紹興二十九年（1159）男正綱跋刊。

紹興校定經史證類備急本草二十二卷　宋王繼先等奉敕撰

宋紹興二十九年（1159）内修司刻本。半葉十四行，行二十七字。前有紹興二十九年二月日進書序，後有檢閱校勘官銜名：「檢閱校勘官翰林醫侯兼權太醫局教授賜紫臣高紹功、檢閱校勘官翰林醫効診御脈兼權太醫局教授賜緋魚袋臣柴源、檢閱校勘官成和郎御□兼權太醫局教授臣張孝直、詳定校正官貽慶軍承宣使太原郡開國侯食邑一千七百户食實封壹百户致仕臣王繼先〃書中先列本草原文，另行加一圓圈標題紹興校定云：圖頗精細。

妙法蓮華經七卷　後秦鳩摩羅什譯

宋紹興二十九年（1159）秀州惠雲院刻本。小版心，十二行，行二十五字。字撫蘇體，刻工精雅絶倫，凡百十七葉，篇額跋尾十二葉。前有釋道宣序，為他本所無。後有紹興己卯二月二十八日比丘德求跋，秀州惠雲院刻本。又乾道九年跋，又淳熙六年九月跋。蔣孟蘋家藏。

會昌一品制集二十卷別集十卷外集四卷　唐李德裕撰

宋紹興二十九年（1159）袁州刻本。半葉十三行，行二十二字。外集後有後序，刻未完，為紹興二十九年邵某守袁州刻梓而撰。黄蕘圃藏卷一至十卷。據黄丕烈跋，經何元錫歸常熟陳子準，迄今蹤跡渺然，微聞尚在虞山某故家，深獲秘惜，莫可得而見耳。

眉山唐先生文集三十卷　宋唐庚撰

宋紹興二十九年（1159）刻本。舊寫本九行，行十六字。前宣和四年鄭聰、唐庚、呂榮義序。後紹興二十一年鄭佑跋，稱勒為三十卷刻之。題銜為權發遣惠州軍，則刻於惠州。又紹興二十九年其子唐文若跋。已印入四部叢刊三編。

紹興三十年　庚辰（1160）

周易古占法三卷　宋程迥撰

宋紹興三十年（1160）自題。

新唐書二百二十五卷　宋歐陽修　宋祁等撰

宋紹興三十年（1160）麻沙鎮水南劉仲吉宅刻本。（十行本）。

資治通鑑釋文三十卷　宋史炤撰

宋紹興三十年（1160）建刻本。半葉十二行，行十九至二十二字不等。注文雙行二十七、二十八字，細黑口。版心上記大小字數，下記刻工姓名有國夫、明章。紹興三十年馮時行序。全書宋刻宋印，惟卷一一葉不類原刻，不知何時補刻。顧千里《百宋一廛賦》，所謂見可釋鑑，音訓是優，被抑身之，耽與閱茲，行明字纖，終卷無訛，即指此也。藏印有“黃印丕烈”、“黃丕烈”、“蕘夫”、“復翁”、“平江黃氏圖書”、“百宋一廛”、“士禮居藏”、“勤有堂讀書記”、“襟江帶海黃如山之印”、“冰清玉潔”。

戰國策注三十三卷　漢劉向撰　高誘注

宋紹興三十年（1160）刻本。原有上章執徐之歲姚寬跋曰，浙、建原小本刊行者，南豐所校本，括蒼鹵莽尤甚。宣和間得館中孫固、孫覺、錢藻、曾鞏、劉敞、蘇頌、集賢院共七本，晚得晁道本校之。

延平志十卷

直齋書錄解題：郡守新安胡舜舉與郡人廖挾、廖褒輯，時紹興庚辰（三十年1160）。

大宋登科記二十一卷　宋洪適編

此書始吳興郡學鋟板，不分卷。第止述進士一科，適始徵姚康錄制舉詞科。自建隆迄紹興庚申二萬三千六百人有奇，為二十一卷。直齋書錄解題為三十二卷。宋史藝文志為二十一卷。

六朝事迹類编二卷　宋張敦頤撰

宋紹興三十年（1160）建康府刻本。半葉十行，行十八字。清光緒丁亥上元李濱仿宋紹興建康府學本，為十四卷。

注心賦四卷　宋釋延壽撰

宋紹興三十年（1160）釋行拱等刻本。與永明智覺禪師方丈實錄合一冊。八行，行十四字或十五字，小字雙行二十一字。白口，左右雙邊。卷末有："今將古本逐一校證並無差誤重刊印行。紹興三十年歲次庚辰仲夏圓日開畢。錢塘鮑洵書李度雕"三行。今存第四卷，附音釋。此本為內閣大庫故物，而歸自莊嚴堪。現藏北京圖書館。

文標集三卷　唐盧肇撰

宋紹興三十年（1160）宜春郡庠刻本。紹興庚辰袁州教授董宗說序刊。書史載為宜春郡庠刻。

重廣眉山三蘇先生文集八十卷　宋蘇洵　蘇軾

蘇轍撰 存卷一至四，十五至八十，計七十卷。宋紹興三十年（1160）饒州德興縣銀山莊谿董應夢集古堂刻本。半葉十三行，行二十七字，白口，四周雙邊。版心上記字數，下記刻工姓名有余松、劉宗、曾文、劉正、張用。遇宋帝空一格。合三蘇文分體載之，與文粹例同，而卷數不同。有牌子文曰："饒州德興縣莊谿書豢龍應夢集古堂善本"。各卷後多有刊語，其文不一。茲錄其二。卷二十八後有"饒州德興縣莊谿書癡子董應夢重行校證，寫作大字，命工刊板，衡用皮紙印造，務在流通，使收書英俊得茲本板，端不負於收書矣。紹興庚辰除日因筆以記志歲月云"。卷三十二後有"饒州德興縣莊谿董應夢宅經史局逐一校勘，寫作大字，命工刊行"。北京大學圖書館藏。

紹興三十一年 辛巳（1161）

春秋經左氏傳句解七十卷 宋林堯叟撰

宋紹興三十一年（1161）刻本。半葉十行，行二十至二十三字不等，細黑口。前有杜預

序，次括例始末綱目。紹興辛巳耿延禧~~藏板~~，
書百順堂藏板。上元朱氏宋本。此爲季滄葦
舊藏。嘉業堂書影，視爲江西刊板。

武昌土俗編二卷　宋薛季宣撰

直齋書録題：宋紹興辛巳、壬午間也。其邑
今爲壽昌軍。

班左誨蒙三卷　宋程俱撰

直齋書録解題：宋政和三年自序。卷末有紹
興三十一年南劍州雕匠葉昌等鏤板一條。取
左、班二書常言細事，與夫古言異字，名物
制度之微，摭取殆盡。

元包經傳注五卷　唐蘇源明　李江撰　附元包
總數義二卷　宋張行成撰

宋紹興三十一年（1161）四川臨邛張洸刻本。
半葉八行，行十六字。版心上記字數，下記
刻工有信、余、熊等單字或姓或名。前有政
和元年楊楫序。低一格爲紹興三十一年張洸
刻書跋。總義前有紹興庚申張行成自序。全
書一百七番。黃皮紙多整無蘗紋，初印闊大
完整。有乾學之印、王思任、白陽山人諸印

金剛經頌一卷　宋釋道川撰

宋紹興三十一年（1161）刻本。浙江博物館藏。

古靈先生文集二十五卷　宋陳襄撰　年譜一卷　宋陳曄撰　附録一卷。

宋紹興三十一年（1161）章貢郡齋重刻本。半葉十行，行十八字，白口，左右雙邊。版心上記字數，下記刻工姓名有江虎、君祐、周和、林文、倪仁、倪端、陳乂、陳文、黄太、楊亨、楊慶、蕭文、鄭玉、鄭全、鄭埜、鄭統、鄭愷、盧老、魏文等人。宋史有傳古靈山村在侯官縣西南百里集，因以名凡二十五卷，嗣子紹夫編。紹興五年李綱序。建炎二年陳公輔跋。閭里徐世昌先刻於閩。紹興三十一年四世從孫輝又命仲子曄排次年譜鋟木於贛。附葉祖洽行狀，孫覺墓誌，劉彝祠堂記，富鄭公薦狀，陳瓘詩。其首卷冠以紹興元年求賢手詔及熙寧經筵論薦司馬光等三十三人章稿。擴字缺筆。避寧宗嫌名。當是紹興刻而寧宗時修補。字體遒勁，是南宋槧之精者。目録第四有贈剡縣過項秘丞，項字不作缺筆。竟字注神宗廟諱四字。卷中有拜經樓吳氏藏書朱文方印。日本静嘉堂藏。

香溪先生范賢良文集二十二卷　宋范浚撰　高梅編

宋紹興三十一年（1161）同郡陳巖肖序，浚猶子范元卿刻。

文選注三十卷　唐呂延濟、劉良、張銑、呂向、李周翰撰　存卷一至二十、二十六至二十九、又卷三十半葉，計二十四卷另半葉，餘抄配。

宋紹興三十一年（1161）建陽崇化坊陳八郎宅刻本。半葉十二行，行二十三字，注文雙行二十八至三十字。白口，左右雙邊。目錄前題"重校新雕文選目錄"。序後有牌子二。文曰："凡物久則弊，弊則新。文選之行尚矣，轉相摹刻，不知幾字，字經三寫，誤謬滋多，所謂久則弊也。琪謹將監本與古本參校考正，的無舛錯，其亦弊則新與？收書君子請將見行板本比對，便可槩見。紹興辛巳龜山江琪咨聞"。（◦建陽崇化書坊◦）（◦陳八郎宅善本◦）鈐有毛表、徐乾學、蔣鳳藻、王勝之藏印。

紹興三十二年　壬午（1162）

論語解義十卷　宋黃祖舜撰

玉海載：宋紹興三十二年（1162）詔金安節看詳，安節等言詞義明粹，令國子監板行。

皇朝百族譜四卷　宋丁維皋撰

直齋書録解題：宋紹興末年周益公爲序。

漢雋十卷　宋林鉞輯

宋刻本，半葉九行，注雙行三十字，正文大字一約占小字二。白口，左右雙邊。版心雙魚尾，上魚下記卷數，下魚尾下記葉數，再下記刻工姓名，有龔旻、龔亮、蕭茂、黄昇、龔以達、鄧昇、鄧俊、鄧鼎、蔡恭、蔡昌、蔡懋諸人。宋諱間有缺筆，殷、桓、恒、慎皆缺筆，廓字不避。前有紹興壬午六月朔括蒼林鉞序，每行十八九字不等。是書闊版大字，疏朗而精勁，寫刻俱工，與世傳元本迥異，審其字體刻工，當是孝宗時江右刻本。

大般若波羅蜜多經六百卷　唐釋玄奘譯

宋紹興三十二年（1162）奉化王公祠堂刻本。每開六行，行十七字。刻工有丁宥、王興、

吴鋁、吴大、余中、余記、傅十、鄭永、蔡

撣等人。

西湖古蹟事實一卷　宋傅牧撰

直齋書錄解題：宋紹興三十二年（1162）自

序。以楊蟠百詠增廣其為一百八十三首。

寇忠愍詩集二卷　宋寇準撰

宋紹興三十二年（1162）刻本。

紹興間（1131—1162）

六經（周易、尚書、毛詩、周禮、儀禮、春秋

宋紹興初年建康學宫刻本。南宋初地方官葉

夢得捐軍賦餘緡六百萬給學宫使刊《六經》。

周易注疏十三卷　唐孔穎達撰

宋紹興初國子監刻本。半葉八行，行十九字

宋諱"敬"、"殷"、"匡"、"恒"、"貞

"桓"、"構"字皆缺筆，而"慎"字不缺

卷中有"陳鱣所藏"印記。陳仲魚謂即"九

經沿革例中所稱紹興初監本"。

儀禮鄭注十七卷　漢鄭玄注　唐賈公彥疏

宋紹興間（1131—1162）刻本。半葉十四行，

行二十四字，二十五字不等。注文雙行三十

一、三十二字。白口，左右雙邊。版心下記刻工姓名，有方逵、方通、方迁、方立、方逵、葉明、王華、徐宗、鄭敏、嚴定、陳榮、陳盛、陳暹、陳才、陳先、葛珍、楊思、劉忠、任文、黃祥、黃著、丁悅、張圭、馬忠、沈亮等人。其中方逵、葉明、王華、徐宗、鄭敏、嚴定、陳榮、陳盛、葛珍、陳暹等人又刻藝文類聚、世說新語、劉夢得集。因推知此書當是紹興間浙江嚴州地區刻本。

禮記正義七十卷　唐孔穎達撰

宋紹興間（1131－1162）浙江刻本。單疏。十五行，行二十六字。白口，左右雙邊。卷七十後有淳化五年秘閣篇書及校正名銜。存八卷。日本藏書，此書已影印行世，收入四部叢刊三編中。

春秋五禮例宗十卷　宋張大亨撰　存七卷

宋紹興間（1131－1162）浙杭刻本。半葉十行，行十八字至二十四字不等。注雙行，白口，左右雙邊。版心下記刻工姓名，有徐宗、徐杲、徐高、黃常、陳洵、朱明、丁珪、毛諫、

~~方明仲、余祖、徐儀~~諸人。宋諱眩、敬、匡、恒、徵、桓、完等字缺筆。此書北京圖書館之中國印本書展覽目錄為南宋初期杭州刻本。北京圖書館藏。

春秋公羊疏二十八卷 唐徐彥撰

宋紹興間（1131—1162）刻元修本。半葉十五行，行二十二至三十三字不等。白口，左右雙邊。版心上記字數，下記刻工姓名，有王介、王恭、王智、王禧、李祥、李仲、張富、張堅、余丑、余祖、徐儀、宋琚、朱光、吳沛、鄭春、陳良、陳鎮、童遇、曹鼎、方明仲、天錫、鄭良臣、邵夫、永昌等人，餘為單字。宋諱敬、殷、恒、貞、完字缺筆。宋時十二經單疏，南宋國子監俱有雕造，此本宋刻元修，刻工皆宋元兩朝杭州名匠，疑即南宋監本。元時版送西湖書院重整書目中有公羊注疏一目，蓋即此本。此書僅存四分之一，雖為殘帙，亦為書林瓌寶。續古逸叢書、四部叢刊，即據此帙影印。北京圖書館藏。北京圖書館之中國印本書展覽目錄為南宋紹興間刻，宋元遞修本。

孟子七卷

宋紹興間（1131－1162）錢佃刻本。

經典釋文三十卷 唐陸德明撰

宋紹興間（1131－1162）杭州刻，宋元遞修本。半葉十一行，行十七字。注文雙行，行約二十三字。白口，左右雙邊。版心下記刻工姓名。字體方正嚴謹，猶是南宋初年風範。間有板框大小不一，字體較松軟者為後世補版，由刻工姓名亦可見。全書刻工約分三期，陳明仲、張謹、孫勉、張清、徐政、徐昇、徐杲、毛諒、陳錫、包正、徐茂、余集、駱寶、陳壽、駱昇、顧淵、葛珍等為南宋初葉杭州地區良工為第一期。石昌、金祖、丁松年、方至、朱春、童遇、曹鼎、凌宗、金榮、金嵩、龐知柔、徐珙、陳壽等南宋中葉杭州地區補版工人為第二期。元時補版工人張富、何建、余友山、沈貴、滕慶等為第三期。因知此書確是宋元兩朝遞修本。天祿琳琅書目後編曾著錄此本，因卷七後有宋太祖乾德三年和開寶二年校勘官聶崇義、薛居正、趙普等銜名，而定此書為北宋官刻本，當是誤解，絕非事實。此宋刻本，元時版送西湖書院。西湖書院重整書目中有經典釋文一目，蓋即此本。每冊首葉又有蒙古篆文官印和國子監崇文閣官書木記，可知為元朝即藏宮中。明清兩朝亦均為內閣收藏，其卷端"文淵閣印"、"萬曆三十三年查訖"木記、"天祿琳琅"、"古稀天子寶"等印皆可為證。辛亥革命後清遜帝溥儀，曾將這部宋刻本經典釋文賞賜給親信，流散到宮外，落入私人手中。卷一至六為琉璃廠藻玉堂書店王子霖收得，一九四六年售與北平圖書館。其餘二十四卷，在解放後由某藏書家捐獻給人民政府，後移送北京圖書館，至此一部兩地分離的殘書，又得以破鏡重圓。成為今日僅存宋刻全本。上海古籍出版社影印出版，使八百多年前幸存於今日的珍貴版本擴大流傳。

龍龕手鑑四卷　遼釋行均輯

宋刻本（1131－1162）半葉十行，行無定字。

白口，左右雙邊。版心上記字數，大在左，小在右，下記刻工姓名，刻工有王因、王成、徐文、徐彥、胡山、胡杏、朱祥、朱禮、張由、沈紹、沈常、何全、吳邵、錢臯、于昌、婁常、詹真、國寶、林茂、林盛、李生、胡印、順仲、李良、虞何、林子等人。夢溪筆談蒲傳正帥浙西，取此書鏤版。蒲傳正即蒲宗孟。蒲宗孟元豐八年七月知杭州，元祐二年徙知鄆州。因知此書元豐、元祐間杭州曾有刻本。此書刻工朱祥、沈紹、朱禮、胡杏、南宋初年又刻樂府詩集、資治通鑑、徐鉉文集、昭明文選等書。徐彥又刻杭州本禮記鄭注、集韻、杜工部集。因此推知此書當是南宋初年杭州地區重刻蒲宗孟本。蒲本久亡，此爲傳世最古刻本。四部叢刊印本，即據此帙影印。北京圖書館藏。

廣韻五卷　宋陳彭年等撰　存一、二、四，三卷。

宋紹興間（1131—1162）刻本。半葉十行，注文雙行，行二十七字至二十九字不等。白口，左右雙邊。版心上魚尾下記韻上平三字，下方記刻工姓名，有徐杲、徐昇、徐高、徐顏、徐茂、徐政、丁珪、王珍、包正、余永、余竑、徐岐、阮于、朱瑛、朱亮、毛諒、吳亮、陳錫、陳詢、陳明仲、顧忠、孫勉、許明、姚臻、梁濟，凡二十五人。每卷末題後有新添類隔，今更音和切及補字二行。宋諱缺筆至構字。前列景德四年十一月十五日牒，又大中祥符元年六月五日牒。每卷韻目後即接連本文。此書刻工皆南宋初葉杭州地區良工。因推知此書當是紹興浙江刻本。爲現存廣韻最早刻本。白麻紙，初印精湛，每紙均有程氏朱記，當是造紙印記。鈐“玉蘭堂”、“梅谿精舍”、“鐵硯齋”、“竹塢”、“宋本”、“神品”、“毛晉之印”、“一名鳳苞”、“海虞毛表奏叔書記”、“汲古閣圖書記”、“古虞毛氏奏叔圖書記”、“字子晉”、“奏叔”、“滄葦”、“季振宜印”、“李以祈珍藏”、“季天氏印”、“季應召章”、“應召”、“季蓋臣圖書”、“滄海”、“杏花春雨江南”、“韡韡齋”、“江左”、“京口張氏珍藏”、“依居士”、“存齋”、“陸費墀印”。

北京圖書館藏。

集韻十卷　宋丁度等撰

宋紹興間(1131-1162)明州刻本。半葉十一行。白口，左右雙邊。錢曾舊藏，即敏求記著錄之本。後為翁叔平藏。

集韻十卷　宋丁度等撰　汲古閣影宋鈔本。

半葉十一行，行二十三字。卷中以朱筆識其行款。每葉原刻工，注於闌下，有王緒、王進、王京、王臻、洪昌、洪悅、洪明、洪乘、方迪、方通、方祐、方師彥、陳文、陳皮、陳真、陳高、陳俊、施端、施章、施蘊、吳志、吳定、楊昌、楊瑜、朱因、朱諒、劉乙、李涓、張謹、蔣暉、丁珪、弓擇、史彥等。又重開重刊者有王伸、王定、洪先、洪茂、洪新、張由、張達、徐彥、余青、方成、吳圭等。換者有余正、余坦、劉正、劉仲、劉舉、胡正、徐侃、陳忠、梁濟諸人。以上刻工中有十七人見明州本文選注。又重刊者亦有五人相同，換者則有一人。以此證之宋本蓋明州所刻可信。有道光乙未武林韓泰華識云：「見汲古閣影鈔本，每葉二十二行，每行二十三格，板心長當今尺七寸二分，闊五寸强。首鈐希世之珍，真希世之珍也。因索價太昂，與之百金猶不肯售，急邀數友以楝亭本分校之，竭兩晝夜之功，其中頗不能精審，然已勝曹刻矣」。此書不知藏於何所。

爾雅注三卷　晉郭璞撰

宋刻本。十行，行二十字、二十一字不等。注文雙行，行三十字。白口，左右雙邊。宋諱缺筆至構字。卷中無一補版。版心下記刻工姓名，有江政、江通、洪先、洪茂、禮章、方成、洪發等皆紹興間杭州地區良工。刻工與陶淵明集、明州本文選、白氏六帖亦多互見。因疑此書當是南宋初年明州本。杭州與明州相距不遠，宋時兩地刻工互相支援。四部叢刊印本，即據此帙影印。北京圖書館藏

古文四聲韻五卷　宋夏竦撰

宋紹興間（1136—1162）僧寶達刻本。

史記集解一百三十卷　漢司馬遷撰　劉宋裴駰集解

宋紹興淮南路轉運司刻宋元遞修本。半葉九行，行十六字。注文雙行，行二十字、二十一字不等。白口，左右雙邊。版心下記刻工姓名。原刻工有王全、王景、王祐、王澤、王壽、王華、王先文、李彥、李秀、李恂、陳用、陳彥、陳德、陳仲、陳宸、陳權、陳壽、吳佐、吳仲、吳煥、吳迪、楊安、楊明、楊謹、楊垓、楊守道、張宗、張真、張翼、章旼、劉章、劉璋、袁俏、袁俊、葉才、葉石、葉青、仲良、仲鑑良、魏正、魏俊、顧真、顧玿、戴祐、屈旻、曹硪、沈明、何通、宋寔、周衣、盧鎰、丘旬、仇永、羅成、翟榮、韓仔、趙明、彭祥、施光、俞尚、林選、汪靖、謝興、華再興、閔彥中、戚聰旺等人。補刻者，有王政、王汝霖、李成、李章、陳政、陳彬、孫春、孫斌、孫賓、吳中、吳仲、吳仲明、石山、石昌、楊景仁、楊青之、徐明、徐俊、曹中、曹鼎、曹興、詹仲、詹仲亨、汪彥、顧恭、凌宗、金祖、倪昌、盛之、平山、錢成、許成、沈元、周鼎、文昌、陶士中、李文左、朱大存、任子敖、高顯祖、丁松年、龐汝升、施澤之、趙德明等人。建元以來王子侯者表、曆書、李斯列傳、樊酈滕灌列傳、匈奴列傳、滑稽列傳末葉後有校對無為軍軍學教授潘旦，監雕淮南路轉運司幹辦公事石蒙正銜名二行，但此書非無為刻版。刻工與建康府江東路轉運司本後漢書，以及當塗、宣城等地刻書多同，因推知此書刻版實由南宋初葉南京地區刻工擔任。容齋續筆載紹興中命兩淮江東轉運司刻三史版，即指此本。此書版片稍後取入臨安國子監，故別本補版都由杭州地區刻工任之。元時版送西湖書院，西湖書院重整書目中有大字史記一目，蓋即此本。上海圖書館藏三十卷，初印精湛，無一補版。北京圖書館藏書為宋元遞修本。

史記集解一百三十卷　漢司馬遷撰　劉宋裴駰集解

宋紹興間(1131-1162)江南東路轉運司刻本。半葉九行，行十六字。白口，左右雙邊。

史記集解一百三十卷　漢司馬遷撰　劉宋裴駰集解

宋紹興間（1131－1162）刻本。半葉十四行，行二十四字至二十七字，注雙行三十四至三十九字不等。原序直接卷第，版心狹細中刊第幾册，以三十册爲度。其本紀三之二十葉下有刻工姓名于原一人。因貞、禎字不缺筆，爲仁宗以前刻本。一九五五年文學古籍刊行社據此影印，爲紹興間杭州本。而将版心展寬另填名目，字大不整，俱非其舊有，失本來面目。宋尤袤遂初堂書目有嚴州本史記。以字體刀法核之，類士禮居所刻嚴州本儀禮鄭注，以此證非杭州本。

史記集解一百三十卷　漢司馬遷撰　劉宋裴駰集解　补左史上

宋紹興間（1131－1162）衢州刻本。半葉九行，行十六字。

古史六十卷　宋蘇轍撰

宋紹興間（1131－1162）刻本。半葉十一行，行二十二字，注文雙行同。白口，左右雙邊。

版心上記字數，下記刻工姓名。版心題「古史本紀幾」或「世家幾」，每卷以數目記數，全書更以千字文通記於上方。宋諱至恒字止，慎字不避。當是紹興時刻本。間有補版，在明正德以前。首自序，不題名氏，次總目，計本紀七、世家十六、列傳三十七。本書小題在上，大題在下。收藏鈐有「陸沆字冰篁」「陸僎字樹蘭」、「吳中陸敬字徽若號爽泉所藏」、「平原敬印」、「思源齋收藏」、「陸沆之印」、「靖伯氏」等印。

漢書注一百卷　漢班固撰　唐顔師古注

宋紹興湖北提舉茶鹽司刻本。半葉十四行，行二十六至二十九字，注文雙行，行三十一至四十字不等，白口，左右雙邊。版心題「前漢幾」，下記葉數及刻工姓名。序例後有紹熙癸丑張孝曾跋，淳熙二載黃升景、沈綸言跋及梅世昌等校正銜名五行，慶元戊午梁季珌跋：「湖北庾司舊所刊西漢史今五六十年，壬辰歲前提舉官梅公嘗修治，今又二十餘年矣。鋟木既久，板缺字脫，觀者病之。余將命於職事暇日，因取其朽腐漫漶者凡百二十有七板，命工重板，或加修劃，俾稍如舊，以便覽閱。然板刻歲深，勞於模墨，則損壞日增，此理必然，隨時繕治，誠有待於來者，因誌其後以告。紹熙癸丑二月望日，歷陽張孝曾題」。……（前略）讎而正之，於是集諸本參訂非是，凡改竄者數百字，泯滅則復書。郡太守番易張公以治辦稱，寔尸厥事，乃庀工修鋟為成書，時淳熙之二載季夏十日寓幕三山黃杲升卿宜興沈綸季言敘迪功郎荊湖北路提點刑獄司幹辦公事沈綸校正、從事郎荊湖北路提點刑獄司檢法官黃杲校正、朝請大夫知常德軍府事提舉常德府澧辰沅靖州兵馬盜賊公事張琦、朝請大夫提舉荊湖北路常平茶鹽公事梅世昌」。本司舊有西漢史，歲久益漫，因命工刊整，計一百七十版，仍委常德法曹廬陵郭洵直是正訛舛二千五百五十八字，庶幾復為全書云。慶元戊午中元括蒼梁季珌題」。此書為紹興湖茶鹽司刻本。疑刊於常德，淳熙二年張琦重修；紹熙四年再修，修劃補刊一百二十七版；慶元四年再修，後刊整一百七十版。此書為慶元修後初印本，古雅精湛，紙墨煥發，光彩照目，使人愛不忍釋。刻工有王元一、王厚、王全、王亢、王元、何叙、宋宏、宋超、沈明、李達、李祖訓、李格、杜琳、杜良買、杜明、杜彥、阮忠、吳成、吳振、吳詡、吳彰、吳榮、余中、余光祖、周士貴、周正、周震、施珍、胡遵、秦逸、陳仲、陳伴、陳昇、陳度、陳彥、陳通、陳景通、陳僅、陳慶、陳肇、陳瑾、陳壽、黃執、黃琮、黃善、張政、張善、張慎行、彭蘇、楊惠、鄭立、蔡中、蔡至道、蔡伯適、蔡伯道、蔡伯遠、劉真、廖安、謝海、蕭年人、蕭寧、魏立、龔成、龔行成等人。補刻工有王光、杜良、余光、余舜、周貢、周達、杜良賢、杜彥、陳采、張振、劉鈞、譚柄、汪世安等人。日本靜嘉堂文庫藏書。

漢書注一百卷　漢班固撰　唐顏師古注

宋紹興江南東路轉運司刻本。半葉九行，行十六字，注文雙行，行二十字。白口，左右雙邊。

後漢書注九十卷　劉宋范曄撰　唐李賢注　志注補三十卷　梁劉昭撰

宋紹興江南東路轉運司刻宋元遞修本。半葉九行，行十六字，注文雙行，行二十字。白口，左右雙邊。版心下記刻工姓名，分兩類，一不記字數之葉為王榮、王中、王允成、王永從、王永、王石、王仲、王壽、王渙、朱安明、朱明、朱玩、毛仙、陳彥、陳從、陳震、陳仲、陳敏、陳玉、陳興、陳辰、陳鎮、李芳、李昇、李椿、李信、李棠、李秀、李清、李章、李瑋、李碩、李恂、李用、李旻、林仁、林志遠、林康、林芳、林俊、吳祐、吳佐、章英、章駒、章旼、洪澤、楊垓、楊榮、楊程、劉中、劉仲、劉康、劉清、劉寔、郭惇、單受、余中、周清、周芳、張宗、蔡仁、華宅、凌宗、龐汝升、丘甸、程用、何通、孫彥、孫春、袁倘、邢宣、丁洋、宋琚、徐洪、馬祖、屈旻、鄧堅等當為初刻。其兼記字數者刻工為丁松年、丁之才、王興、王

全、王智、王高、王良、王紳、王百九、王
得、王付、王禧、李庚、李嵩、李祥、葉禾、
章濱、章著、章文、章文一、章東、章忠、
陳日裕、陳孫、陳邦卿、陳琇、陳仁、陳文
玉、陳允升、陳萬二、單呂、趙過春、趙春、
徐文、徐宗、徐友山、徐泳、徐榮祖、徐良、
潘成、潘閏、茅文龍、金友、金震、金二、
胡昶、胡勝、胡慶十四、孫閏、孫元、孫斌
蔣七、蔣佛老、范華、范堅、高諒、高異、
應華、應德、應三秀、何宗十四、何宗十七、
令許一、婁正、盧垚、盧三閏、吉甫、吉垚、
仲召、毛嵩、毛文、齊明、何益、何浩、何
慶、沈壽、沈定、沈明、弓華、葛辛、葛佛
一、任昌、任韋、任吉甫、任阿伴、洪來、
洪福、吳祥、宗二、孟三、陸永、倪顒、俞
榮、朱文、朱六、朱曾、朱曾九、盛久、張
珍、張三、張明、石贇、蔡秀、曹榮、詹德
潤、錢子華、馬松、楊明、楊十三、楊昌、
茂五、曹新、周鼎、周成、周秀、方明四、
阮明、鍾同壽、熊道琼、章亞明、童遇、務

陳秀、黃成、虞良、汪亮、汪惠老、繆珍、滕慶、龐萬五、弟化龍等。察其字體槧法均不如前之精湛。疑為覆刻或後來補版。此書宋諱缺筆之多，為宋版書中僅見。桓、構二字有時作淵聖御名及今上御名。容齋續筆載：紹興中分命兩淮江東轉運司刻三史版，其兩漢書凡欽宗諱小書四字曰淵聖御名。與此書情況正合，即指此本。史記既刻於淮南，則此書當是建康府江東轉運司本。范書除北宋殘本外，當推此為最古最善之本。百衲本二十四史印本，即據此帙影印。北京圖書館藏。

三國志注六十五卷　晉陳壽撰　劉宋裴松之注

宋衢州州學刻元明遞修本。半葉十行，行十九字，注文雙行，行二十一至二十三字。白口，左右雙邊。版心上記字數，下記刻工姓名。各卷後有衢州錄事參軍蔡宙校正監鏤版，衢州州學教授陸俊民校正兩行。日本靜嘉堂文庫藏書。陸心源此本經元明遞修者，有明嘉靖補版。故宮博物亦藏此書，題宋紹興間衢州刊元明遞修本。各史惟三國志未見宋刊完帙，非殘印入監補版者。

新唐書二百二十五卷　宋歐陽修、宋祁等撰

宋紹興刻宋元遞修本。半葉十四行，行二十三至二十六字不等，小字行三十二字、三十三字不等。白口，左右雙邊。版心下記刻工姓名，有王太、王正、王昌、王昇、王祖、王祚、王端、王益、王渙、王震、王華、王大介、王元亨、王介、王政、王春、王成、王進、王詳、李松、李攸、李敏、李若川、李順、李諫、李用、李彬、李果（杲）、李忠、李文、李華、李良、李益、李崧、李伋、張用、張亨、張通、張榮、張說、章容、章宇、章受、章立、章中、章玉、章彥、陳文、陳用、陳說、陳舉、陳紹先、陳壽、陳仁、陳英、趙明、趙良、趙秀、周富、周祥、周燁、周忠、周畢、吳紹、吳潛、吳祐、吳邵、沈諒、沈定、沈珍、沈祚、沈章、沈貴、吳允、吳中、朱宥、朱大存、史稜、史郜、董易、董暉、董中、董昕、董吳、華元、嚴說、嚴先、高秀、高彥、虞集、包端、毛易、胡寔、鄭春、顧謹、戴全、陸通、蔡舉、蔡通、余俊、余政、衛祥、施珣、施澤、施林、徐榮、徐紹先、徐用、徐高、潘亨、呂信、呂昕、求裕、賈祚、蔣濟、孫琦藍昂、金震、金祖、莫允、呂讓等人。此本為日本靜嘉堂文庫藏，百衲本二十四史據此本影印，缺卷以北平圖書館、江安傅氏雙鑑樓藏宋本配補。靜嘉堂藏本為宋人李安詩藏宋印本，有景定甲子會稽李安詩手跋。鈐有"李安詩伯之克齋藏書"朱文長方印。北京圖書館亦藏有殘本，與此正同，均有補版。

五代史記七十四卷　宋歐陽修撰　徐無黨注

宋紹興間（1131—1162）王永從刻本。

五代史纂誤五卷雜錄一卷

宋紹興間（1131—1162）吳元美刻本。

累代歷年二卷　宋司馬光撰

宋紹興間（1131—1162）陳輝章貢郡齋刻本。半葉十行，行十八字。

鮑氏戰國策注十卷　宋鮑彪注

宋紹興間（1131—1162）王信刻本。半葉十一行行二十字。

通典二百卷　唐杜佑撰　存卷一至一百，一百後抄配。

宋紹興刻本。半葉十五行，行二十七至三十字不等，注雙行三十四、五字。惟第二十六卷第八葉半葉十三行，行二十四字。白口，左右雙邊。版心上記字數，中記第幾冊（每五卷爲一冊），下記刻工姓名：趙宗、李懋雍卞、徐仝、洪坦、施寔、潘亨、李恂、李正、趙亨、周亮、周部、胡祐、胡遂、徐開趙政、蔣詢、鄭希、鄭遂等人。前有序，半葉八行，行十九字。每冊鈐有“高麗國十四葉辛巳歲藏書大宋建中靖國元年大遼乾統元年”朱記三行。日本帝室圖書寮藏書。

水經注四十卷　北魏酈道元撰

宋紹興間（1131—1162）浙刻本。半葉十一行，行二十字至二十二字不等。注文低一字，大小與正文同。白口，左右雙邊。版心下記刻工姓名，有陳思、陳高、陳忠、蔣暉、施宏施蘊、洪乘、洪新、洪茂、洪辛、洪先、吳禮、朱諒、李棠、方成、方擇、尤先、胡端、胡瑞、姚宏等人，皆南宋初葉杭州地區良工。因推知此書當是紹興間浙刻本。宋諱缺筆至構字。此本原藏清內閣大庫，清末散出。後經寶應劉啟瑞、項城袁克文各得數卷，輾轉流傳為藏園雙鑒樓傅氏收藏，共得十二卷。各冊卷端鈐有袁氏"後百宋一廛"及傅氏"沅叔審定"、"藏園秘籍孤本"兩家藏書印鑑。解放後，此宋刻水經注得由北京圖書館入藏。已印入古逸叢書三編。

歷代地理指掌圖不分卷　不著撰人

宋紹興間(1131-1162)蜀刻本。蓋初刻於蜀，流行於蜀。今日本存宋刻，序署"眉山蘇軾"。末葉末行題："四川成都府市西俞家印。"

嚴州圖經八卷　宋董棻編

宋紹興間(1131-1162)董棻編刻本。

歷代紀年十卷　宋晁公邁撰

宋紹興間(1131-1162)刻本。原昭文張氏藏。

孝肅包公奏議集十卷　宋包拯撰

宋紹興間(1131-1162)毗陵胡彥國刻本。

嘯堂集古錄二卷　宋王俅撰

宋紹興間（1131-1162）王俅刻本。北京圖書館藏有宋刻本，有干文傳、翁方綱、阮元、黄紹箕、朱文鈞跋，滕用亨題款。四册。左右雙邊。

荀子注二十卷　唐楊倞注　荀子考異一卷　宋錢佃撰

宋紹興間（1131-1162）錢佃刻本。

賈誼新書十卷　漢賈誼撰

宋紹興間（1131-1162）建寧府陳八郎崇化書坊刻本。半葉八行，行十八字。目錄後刻有牌記文曰："建寧府陳八郎書鋪印。"

新序十卷　漢劉向撰

宋紹興間（1131-1162）杭州刻本。半葉十一行，行二十字。白口，左右雙邊。宋諱缺筆至構字。刻工洪茂、洪新皆南宋初年杭州地區良工，因推知此書當是紹興間杭州地區刻本。絳雲樓未焚之書，錢謙益有跋。後歸黄氏士禮居，黄丕烈三跋。又全錫爵一跋。鈐有明華亭朱氏及清錢、季、徐、黄諸家印記北京圖書館藏。

揚子法言十三卷　晋李軌撰音義一卷

宋紹興間（1131－1162）錢佃刻本。

文中子十卷　隋王通撰

宋紹興間（1131－1162）錢佃刻本。

管子註二十四卷　唐房玄齡撰

宋刻本。半葉十二行，行二十三字。白口，左右雙邊。注文雙行，行二十九字。版心下記刻工姓名，有楊謹、金昇、李恂、張通、乙成、李懋、昌旼、牛實、沈端、嚴志、王陵、吴志、林轉、楊記等人，皆紹興間杭州地區良工。宋諱桓、溝等字不缺筆。審其字體刀法，當是南宋初葉浙本。黄氏士禮居舊藏，百宋一廛賦著録。四部叢刊印本，即據此帙影印。北京圖書館藏。

急就章一卷

宋紹興間（1131－1162）黄郚刻本。

農書三卷　宋陳旉撰

宋紹興間（1131－1162）洪興祖知真州時刻本。

外臺秘要方四十卷　唐王燾撰

宋紹興兩浙東路茶鹽司刻本。半葉十三行，行二十三、二十四不等。白口，左右雙邊。卷後有兩浙東路提舉茶鹽司幹辦公事趙子孟校勘，張寔校勘各一行。刻工徐政、徐高、阮于、章楷、徐昇，紹興九年又刻毛詩正義，毛詩正義為紹興府刻，二書正同時同地刻本。北京圖書館藏。

日本帝室圖書寮藏有外臺秘方。半葉十三行，行二十四字。版心有刻工姓名，有徐昇、徐政、徐高、余全、余青、余珵、陳文、陳偌、朱明、時明、王成、丁珪、阮于、林俊、葉邦、趙宗、章楷、黃季常、樓譯、江通、吳江、李忠、李星、李碩、周皓、徐杲、張永、章楷、陳茂、陳浩、楊應、黃季官、董明、樓謹、鄭英、應權、丁圭、阮子、徐彥諸人。書體有紹興時風範。此書原題北宋本，以刻工證之非北宋本。

鍼灸經十二卷　晉皇甫謐撰

宋紹興間（1131—1162）重刻本。

古今注三卷　晉崔豹撰

宋紹興間（1131—1162）李嘉刻印。（銅梁李）

耕織圖

宋紹興間（1131—1162）周棐不雕刻。

藝文類聚一百卷　唐歐陽詢輯

宋紹興間（1131—1162）嚴州刻本。半葉十四行，行二十七、二十八字不等。白口，左右雙邊。單魚尾，版心下記刻工姓名，有丁悦、丁正、王成、王華、王機、王瑩、徐才、徐生、徐宗、徐全、丘卯、朱贇、方達、沈章、李天、李元、李彥、陳才、陳先、陳榮、陳國、陳暹、郭良、翁圭、林忿、張其、葉達、葉明、吳詢、劉中、余政、鄭敏、嚴定、葛珍、潘俊、巳叔、子期、盧天等。宋諱缺筆至構字止，特對高宗嫌名避很嚴。刻工與紹興三年兩浙茶鹽司本資治通鑑同者二人。與紹興九年臨安府漢官儀同者二人。與嚴州本儀禮同者九人。其中刻工方達、葉明、王華、潘俊、徐宗、鄭敏、嚴定、陳榮、陳國、葛珍、陳暹又刻儀禮、世說新語、劉夢得集，因推知此書當是紹興間嚴州地區刻本。原一百卷，存九十一卷，餘卷前人據明嘉靖刻本配補。此書當推海内孤本。中華書局印本，即據此帙影印。上海圖書館藏。

白氏六帖事類集三十卷　唐白居易輯

宋紹興間（1131-1162）刻本。半葉十三行，行二十四、五字，注文雙行，行三十二至三十五字。白口，左右雙邊。版心記帖册一、二、三、四、五、六等字，蓋分三十卷為六册。下記刻工姓名，有方師孝、方成、丁珪、毛諫、毛諒、王珍、王時、余正、余垣、朱因、李成、李德、洪茂、洪先、洪新、陳忠、陳高、劉仲、劉舉、劉正、陳珍、徐顏、徐定、徐諒、徐侃、蔣暉、梁濟、施蘊、胡正、又施俊重刊。每類標題作陰文，目後連接正文，兩卷同册者上下卷相接處不別為卷。宋諱構字注御名，卷十四嗣立類纂我祖考堂構，構字注御名，蓋紹興初刻本。用嘉定間浙路酒務册子印，紙背列逐日收錢若干、見錢若干、息錢若干、官會若干、息錢若干、見錢若干、官會若干。末書：右謹具申聞謹狀。~~有：趙孜家~~

~~塾藏書"~~有"江東庫"、"東渡鄞江庫"、"倉北門庫"、"南庫"、"倉北庫"、"東鄞庫"諸名。收藏鈐有"趙氏家塾藏書"、"古吳王氏"、"中南山人"、"行塢"、"玉蘭堂"、"季振宜藏書"、"季振宜字詵號滄葦"、"季振宜印"、"滄葦"、"徐健菴"、"乾學"、"翼菴珍藏"諸印。六帖自與孔帖合併後，明以後無刻本。欲見白帖面目，舍此莫屬。

妙法蓮華經七卷　姚秦鳩摩羅什譯

宋紹興間（1131—1162）杭州刻本。半葉六行，行十七字，小字雙行十八字。單邊無界。刻工有子明、天明、王彥、王詢、王睿、余敢、徐昇、吳志、妙注、李士通、施宏、萬通等人。刻工吳志刻有廣韻，徐昇刻有外臺秘要方。有道宣序及道威撰入疏緣起。每卷末題杭州助教弟子林茂施財等語。每版之首隱文刊施工名及刊工名。此書日本帝室圖書寮藏。

大方廣佛華嚴經六十卷　唐釋澄觀撰

宋紹興間（1131—1162）僧捷迹刻本。

法華文句記十卷　唐釋湛然撰

宋紹興間（1131-1162）安吉州寶雲院僧懷說刻本。每版三十行，行十七字。上海圖書館藏。

紹興重雕大藏音三卷　宋釋處觀撰

宋紹興間（1131-1162）重刻本。半葉七行，行十七字。以唐韻、集韻，郭逸大藏音為本，凡傳寫破體皆爲辨正，始人部終口部，凡百七十四部。元祐九年柳豫序。上海圖書館藏。

景德傳燈錄三十卷　宋釋道原撰

宋刻本，半葉十三行，行二十三、二十四字不等。白口，左右雙邊。版心下記刻工姓名，有章彥、吳莫、施端、張學、陳才、毛昌、方祥等人。均南宋紹興間浙江刻工。間有孝光間補版刻工，知爲紹興間（1131-1162）浙江刻，孝光間補者。海虞瞿氏藏。已印入四部叢刊，略有配補。

其四部叢刊爲宋刻合三本而成。

其一（凡二十五卷）半葉十三行，行二十一至二十三字不等。白口，左右雙邊。版心下記刻工姓名，有章彥、章主、董昜、吳莫、施端、張學、陳才、徐義、韋中。宋諱避玄、弘、朗、警、驚、鏡、戌等字。

其二（卷十八至十九）半葉十三行，行二十三至二十六字不等。白口，左右雙邊。十九卷刻工有章彥、董易、徐義等人。

其三（卷十一至十二）半葉十五行，行二十八至三十字不等。白口，左右雙邊。版心下記刻工姓名，有蔡忠、方祥、張學、孫彥、毛昌、蔡政、丁拱、方祐、洪悅、洪昌、王進、陳文等人。此二本均不避桓、構二字及嫌名，然察其刀法筆意實已是南宋風格，不能單以其避諱字而定。又據上述三種宋刻本刻工核之，均是浙江刻本。

黃庭內景經一卷

宋紹興間（1131—1162）黃訪刻本。

楚辭十卷

宋紹興間（1131—1162）黃訪刻本。

翼騷九詠一卷

宋紹興間（1161—1162）黃訪刻本。

陶淵明集十卷　晉陶潛撰

宋刻遞修本。清金俊明 孫延題簽 清汪駿昌跋。半葉十行，行十六字。白口，左右雙邊。版心上無字數，中間刻"陶集"二字和卷數，下記刻工姓名，有方成、黄暉、王仲、王仲、王寔、王雄、施章、張逢、吳珪、洪茂、陳俊等。又有"洪明重刊"、"楊昌重刊"、"吳寶重刊"、"吳宗重刊"、"施祥重開"、"胡端重開"、"李涓重刁"、"施俊重刊"、"朱坦重刁"等。每册皆以宋錦面裝，外封面簽題"陶淵明集上(下)。《汲古閣珍藏秘本書目》云："簽題係元人，不敢易去。"至今此簽保存完好，内封面夾簽題"陶靖節集宋刻"，下端鈐"俊明明襄"、"不寐道人"二印，此簽題名系金俊明手迹。錦套外有木匣，匣上題刻"集部宋刻陶淵明集甲編士禮居藏"。卷末墨筆書寫"陶陶室藏靖節集第一本"一行，下鈐"陶陶室"一印。自毛氏汲古閣秘本書目將此書定為北宋刻本以後，這一鑑定一直為後人所認可，沿襲了三百餘年。黄氏百宋一廛書錄云："蓋此北宋曾氏刊本也。楊氏宋存書室宋元秘本書目云：“北宋本陶淵明集十卷”。北京圖書館經過查證，確定爲南宋紹興間浙江刻本，可能是明州。本書中遇到宋諱，除玄、敬、警、惊、殷、恒、貞等字缺筆外，宋欽宗名諱“桓”、“完”二字缺筆，有一處遇宋高宗名諱“遘”字也缺筆，而此諱筆不是在補版葉，而是在原刻葉上。說明本書不是北宋刻本。書中“慎”字不缺筆，則此書版刻年代當是在宋孝宗前。

上述刻工，在南宋浙江地區所刻書，如：南宋兩浙東路茶鹽司本尚書正義，宋諱“慎”不缺筆，南宋初年此書刻於紹興地區。刻工有陳俊、王進、方成、黃暉、施章、吳珪、洪茂、王仲、王定等。南宋紹熙三年兩浙東路茶鹽司刻宋元遞修本禮記正義，刻於紹興地區，宋刻部分刻工有李涓、陳文、施俊、吳寶、吳宗、楊昌等。南宋初年杭州或寧波刻本爾雅，宋諱缺筆至“遘”字，與陶淵明集避諱相同。此書也有刻工方成、施章、洪茂等。南宋紹興間兩浙東路茶鹽司刻本唐書有刻工方成、黃暉、施章、吳圭、洪茂、陳文等。此書刻於紹興地區，宋諱缺筆至“構字。南宋紹興間杭州地區水經注，有刻工洪茂、方成等。南宋紹興年間刻嘉定以後修補本白氏六帖事類集有刻工方成、洪茂、施俊等。南宋乾道二年泉南郡庠刻本孔氏六帖，有刻工陳文等。南宋淳熙二年嚴州刻本通鑑紀事本末，有刻工吳寶、楊昌等。南宋淳熙刻本“宗門統要集，有刻工朱坦、楊昌、王定。南宋初年刻本愧郯錄，有刻工李涓。綜上所述，從陶淵明集原刻部分的刻工可推斷其刻書年代應是南宋初年。“重刁”部分刻工也都在南宋一代刻過書，其中陳俊等，紹興間即已刻書。紹興二十八年在明州開始修版的六臣文選，此書宋諱缺筆至構字，原刻部分的刻工和補版部分刻工與陶淵明集大為相類，兩書版式也相似。此外與陶淵明版式相似的又有明州刻本白氏六帖，其刻工也是方成、洪茂、王仲、施章等名手。由此可推斷，陶淵明集可能也是明州刻本。藏書紀事詩云：“王芑孫黃蕘圃陶陶室記：同年黃蕘圃得虞山毛氏藏北宋本陶詩，繼又得南宋本湯氏注陶詩，不勝喜，名其居曰陶陶室。後二年，又得南宋本施顧兩家注東坡和陶詩。於是復歎蕘圃家而卒爲之記。”黃丕烈以讀人間未見書爲快，醉心於搜集宋版秘籍，自號佞宋主人。自得宋刻陶集，又托取于陶陶，“君子陶陶……其樂只且”，藏書家傾慕陶淵明的詩風人品，因獲得宋版秘籍而陶醉於精神。此書藏印有：“桃源戴氏”、“嘯庵”、“商徽子後，自亳之吳，再遷於鄞”、“文彭”、“文彭之印”、“文壽承氏”、“燕巢”、“毛晉之印”、“子晉之印”、“汲古主人”、“宋本”、“甲”、“黃丕烈”、“士禮居”、“百宋一廛”、“士鐘”、“閬源父”、“雅庭”、“駿昌”、“書畫船”、“小有壺天”、“先都御史公遺藏金石書畫印”、“東郡楊紹和字彥合藏書之印”、“協卿珍賞”、“聊城楊承訓鑒藏書畫印”、“東郡楊氏宋存書室珍藏”、“楊東樵讀過”、“周暹”等。

解放後，周叔弢先生捐贈給北京圖書館。

昭明文集五卷　梁蕭統撰

宋紹興間（1131—1162）臨安刻本。半葉十五行，行二十四至二十七字。

李太白集三十卷　唐李白撰

宋紹興間（1131—1162）蜀刻本。

白氏文集七十一卷　唐白居易撰

宋紹興間杭州刻本。半葉十三行，行二十二字至二十九字不等。白口，左右雙邊。版心下記刻工姓名，有賈琚、張通、牛寶、李彥、李亨、李懋、金昇、乙成、李恂、毛諒、嚴忠、嚴志、毛昌、顧忠、王僅、沈端、呂敀、蔡通、王先文等，皆南宋初年杭州地區良工。因推知此書當是宋紹興間杭州地區刻本。全書分十帙，合數卷成一帙。葉排長號。原缺卷三十二至三十三凡二卷，明人影抄補全。卷中構字注犯御名，搆字注犯御嫌名。文學古籍出版社印本，即據此影印。北京圖書館藏

白氏長慶集七十一卷　唐白居易撰

宋紹興初年平江公使庫刻本。半葉十三行，

行二十二字至二十五字不等。首系長慶四年微之序，連接總目，其目但標題不載篇題，共分十帙，目後接正文，不另葉。書中構字注御名，桓字注淵聖御名，為紹興初年刻本。

邵位西板本考所引竹垞云，宋伯珍刻於吳郡，何友諒刻於忠州，據此存本蓋為蘇本無疑。

杜工部集二十卷補遺一卷　唐杜撰

杜集以北宋寶元間王原叔洙編次，嘉祐間蘇州郡守王琪校刻，白文無注本為最古，一切注釋分類本，都從之出。顧北宋原本久亡。今但存南宋翻刻本。翻刻本有二。

其一：半葉十行，行十八字至二十一字不等，白口，左右雙邊。刻工有洪茂、張逵、史彥、張由、余青、吳圭、洪先、張謹、牛寶、劉乙、宋道、徐彥、施章、田中、張清、呂堅、王伸、方成、駱昇、葛從、朱贇等皆紹興間浙中習見之良工。以吳郡圖經續記刻工有牛寶證之，此本疑是南宋初年吳中重刻王琪本。蘇杭間一葦可通，當時刻工可互相支援。刻工與衢州本三國志魏書、紹興本管子、紹興本臨川先生文集同者一人。與南宋初刻本禮記鄭注同者五人。與南宋本爾雅同者四人。與紹興明州本六臣文選同者八人。與南宋本陶淵明集同者七人。與紹興本資治通鑑目録同者十二人。與紹興茶鹽司本資治通鑑同者十七人。於是確定爲紹興初年浙江本無疑。存卷一第三至五葉，卷十七至二十及補遺，凡五卷有奇。其二：存卷十至卷十二，凡三卷。半葉十行，行二十字。白口左右雙邊。校記注樊作某、晉作某、荊作某、陳作某，與錢謙益杜詩箋注所載紹興三年吳若後記建康府學刻本内容正同。刻工有楊茂、言清、言乂、王祐、熊俊、黄淵、楊詵、鄭珣、瞿庠等人。鄭珣、黄淵、楊詵又刻建康郡齋本花間集，當塗本郭祥正青山集。爲建康府學所刻。清初汲古閣後人毛扆據以上兩本合爲一帙，缺葉缺卷，倩工影抄補足。上海圖書館所藏杜集，可爲趙宋孤槧，傳世冠冕，爲傳世杜詩最早刻本。一九五七年已影入續古逸叢書第四十七種。

杜子美集二十二卷　唐杜甫撰

宋紹興間（1131—1162）黄訥刻本。

秦隱君詩集一卷　唐秦公緒撰

宋紹興間（1131—1162）張瑞刻本。此本有影鈔宋本，呂夏卿序及張瑞跋。

顔魯公集十五卷　唐顔真卿撰

宋紹興間（1131—1162）留元剛永嘉刻本。

韋蘇州集十卷附録一卷　唐韋應物撰

宋紹興刻（1131—1162）大字本。存卷六至七。半葉十行，行十八字。白口，左右雙邊，版心下記刻工姓名，有賈琚、馬良、徐英、牛智、乙琦等人。宋諱避至構字。此殘本所藏無何處。

騎省集三十卷　宋徐鉉撰

宋紹興末刻本。半葉十行，行二十九字。至精。

温國文正公文集八十卷　宋司馬光撰

南宋初浙江刻遞修本。半葉十二行，行二十字。白口，左右雙邊。版心記刻工姓名，多與小畜集、白氏六帖、明州文選補版合。間有南宋中期以後補版。前有紹興二年劉嶠序及紹興三年進書表。署銜為權發遣福建路提點刑獄公事，則是初刻於閩中。此則浙江重刻本。卷中構字注御名，或是紹興末所刻。缺卷一至四、七十七至八十，明弘治十八年盧雍抄配。有洪武丁巳徐達左題款。又弘治乙丑盧雍抄配跋記。有黃丕烈二跋及錢大昕觀款。海虞瞿氏藏。為現存溫公集最古最善之本，已印入四部叢刊初編中。

居士集五十卷　宋歐陽修撰

宋紹興間（1131－1162）衢州刻本。半葉七行，行十四字，注文雙行，行二十四字。白口，左右雙邊。版心記"居幾"，下記刻工姓名，有王正、王子正、宋果、周彥、周寶、周昌、林彥、李明、洪其、范宜、徐昌、徐明、林宗、周先、楊瑞、君宋等，餘為單字或名或姓。原五十卷，今存卷三至卷十五、卷二十九至三十三、卷三十七至四十七，凡二十九卷。字大如錢，結體厚重。裝璜纖麗，猶是舊時式樣。宋時歐集流傳者有廬陵本、京師舊本、綿州本、吉州本、蘇州本、閩本、衢本等名目。此書卷三汝癭許平地猶確犖，曾三異考異衢本作確犖、吉本作磽礐、建本作確礐、蜀本、羅氏本作磽確，字各不同。今從蜀本、羅氏本。案此本作磽犖，與衢本同。其他考異中所舉衢本特點，與此本多吻合。刻工楊瑞、王子正又刻衢州本東家雜記。宋諱缺筆至構字。因知此本確是紹興間衢州刻本。衢州又刻歐陽修奏議十八卷，見歐集卷一百十四卷後記。今衢州本奏議與居士集北宋熙寧原本，均已亡佚，傳世居士集，此為碩果僅存之第一本。北京圖書館藏。

歐陽文集五十卷　宋歐陽修撰

宋紹興中（1131—1162）曾魯考異本。版式字樣賤陋，蓋坊刻本。日本楓山官庫藏。

王文公文集一百卷　宋王安石撰

存七十六卷，又目錄二卷

宋紹興龍舒本。半葉十行，行十七字。白口，左右雙邊。版心下端有刻工姓名，有孫右、魏仁、何下、魏達、文立、施光、阮宗、余才、陳通、江青、余亮、葉明、陳中、陳仲、吳輝、胡右、余表、余全、葉林、林選、裴道、潘明、吳暉、徐作礪、李彪、魏可、徐文、章旼、余忠、張政、吳全、許和、余忠、陳宗、魏二等。宋諱完、慎不缺筆。此書刻工三十餘人，都是活動於金陵、當塗、宣城、無為、舒州一帶的刻工。其中章旼、陳仲二人紹興間又刻建康郡齋本花間集，江東漕司本後漢書。龍舒即今安徽舒城，宋時屬淮南西路廬州，南境與舒州接壤，南渡後文化發達，曾刻齊民要術、金石錄等書。金石錄刻工胡珏、胡剛、徐亮三人，淳熙三年又刻舒州公使庫本大易粹言，而該書刻工吳全、余全、胡右三人在青年時代又刻過王集。杭本王珏跋文稱“比年龍舒版行，當循舊本”，足證龍舒本在紹興年間確曾刻印王集，刻時還在杭本前，這就是現在所見的龍舒本。一九六二年中華書局據此帙影印行世。此書字體樸厚渾勁，紙細潔堅韌，厚如楚夾。每葉鈐“向氏珍藏”楷書朱文長印。紙背為宋人簡啓、多江淮閩官吏，有邵宏淵、查籥、汪舜舉、洪適、張傑、許尹、張運、吳巘、唐傑、張安節、李簡諸人。

王文公文集一百卷　宋王安石撰

宋紹興麻沙本。半葉十行，行十七字。白口，左右雙邊。版心有刻工姓氏，有余祐、余全等人。皇帝陛下等字空格一二字，卷中構字則注犯御名二字，可知爲紹興刻。序跋缺。現存卷一至七十。鈐"賜蘆文庫"、"金澤文庫"朱記。日本帝室圖書寮藏。

參寥子詩集十二卷　宋釋道潛撰　釋法穎類編

宋紹興間（1131—1162）刻本。半葉十一行，行二十四字。白口，左右雙邊。版心記"參一"等字，下記刻工姓名，有張用、江秀、李詢、郭小六、小五、張明、陳文、江用、余松等人。宋諱桓、慎不缺筆。字體仿褚，與唐書同。白皮紙印，堅韌勻潔，書法勁秀，洵爲宋槧上乘。有黃丕烈跋。明黃子羽、清季振宜、徐乾學、黃丕烈、汪士鐘、吳雲、汪鳴鑾遞藏，後歸涵芬樓。已印入四部叢刊三編。現藏北京圖書館。

濟北晁先生雞肋集七十卷　宋晁補之撰

宋紹興間(1131—1162)晁謙之刻本。

濟北晁先生雞肋集七十卷　宋晁補之撰

宋紹興間(1131—1162)建陽刻本。有明蘇州顧凝遠重刻本。

樂靜先生李公文集三十卷　宋李昭玘撰

影寫宋紹興刻本。清陸心源校，日本靜嘉堂文庫藏。

丹陽後集四十二卷　宋葛勝中撰

宋紹興間(1131—1162)浙江刻本。半葉十二行，行二十至二十二字不等。白口，左右雙邊。版心上記字數，下記刻工姓名，有朱諒、葉生。其刻工朱諒又見紹興間浙杭刻水經注，則爲紹興間刻本。惜只見殘二葉。此書現各家書目，未見存本，當爲寰宇遺珍，諒足珍遺。

後樂集二十卷　宋衛涇撰

宋紹興刻本，爲七十卷。有年譜冠首，其子樵所編。

香溪先生范賢良文集二十二卷 宋范浚撰

宋紹興間（1131—1162）范端臣刻本。

增廣箋注簡齋詩集三十卷附年譜一卷無住詞一卷 宋陳與義撰

宋紹興間（1131—1162）胡稚刻本。半葉十行，行十八字。

文選注六十卷 梁蕭統輯 唐李善、呂延濟、劉良、張銑、呂向、李周翰注。

宋紹興末年贛州州學刻本。半葉九行，行十五、十六字不等，注雙行二十字。白口，左右雙邊。版心下記刻工姓名，有陳顯、嚴智、鄭春、張明、周彥、阮舉、陳壽、方志、王信、陳真、虞良、童姚、余文、吳中、黃彥、方政、方琢、陳景昌、方惠、余彥、應世昌、陳補、方琦、蔡昌、劉廷章、蕭祥、劉訓、吳亙、求裕、龔友、鄧信、熊海、余中、余清、余元、蔡永昌、高異、譚彥才、藍佳、董俊、劉文、蔡榮、蕭延昌、金祖、金榮、管亙、劉達、蔡昌、蔡昇、鄧聰、姜文、陳通、葉松、胡元、陳才、蔡寧、曾添、鄧正、王彥、李端、鄧盛、鄧明、吳立、余從、嚴忠、劉成、章宇、胡允、藍允、宋清、朱基、沈彥、徐太、胡亮、蔡如聲、李早、范王聖、延國、蔡達、陳伯蘭、何澤、徐台祖、翁俊、系重、葉華、劉川、劉臻、沈貴、龔襲、李寶、大明、李新、高諒、方琮、王政、王聖、王德、余太、余珪、余應、余應中、余圭、吳甲、吳文昌、吳玉、吳志、吳榮二、李昌、李亮、李閏、唐六良、陳充、陳旻、陳達、陳良亮、陳信、陳顯一、黃元、葉正、管致遠、劉廷、劉公達、劉志、劉中、劉沆、劉宗、蔡永、蔡才、鄧安、蕭中、蘭元、丁圭、上官奇、上官玲、丘文、成之、祝允、雇永、湯榮。宋諱殷、敬、竟、徹、恒皆缺筆。每卷有校官銜名三行："州學司書蕭鵬校對、鄉貢進士李大成校勘、左從政郎充贛州州學教授張之綱校"。此書藏於日本。

樂府詩集一百卷目錄二卷　宋郭茂倩撰

宋紹興間（1131－1162）杭州刻本。存七十九卷，餘卷用抄本與元至正元年集慶路儒學刻本配補。半葉十三行，行二十三字。白口，左右雙邊。版心下方記刻工姓名，有王珍、王亮、王通、王介、王玠、王河、李文、李岳、李古、李恂、李懋、李度、徐杲、徐宗、徐昇、徐顏、朱明、朱禮、朱祥、朱初、周用、周浩、周彥、沈敦、沈紹、時舉、時明、余永、余竑、葛彬、葛珍、黄常、蔣先、胡古、姚臻、趙寶、戴全、駱成、雷昇、金茂、毛諫、劉忠等。補版有包端、高彥、程亨、張圭、潘氏四人。宋諱玄、朓、讓、瓛、匡、胤、恒、煦、樹、佶均缺末筆。嫌諱亦謹避，構字右方下無冉，似是後印時剜去者。此書字體方整，結構謹嚴，雕鐫精整，是宋刊之最工者。收藏鈐有"乾學之印"、"健菴"、"葉裕"、"祖仁"、"東吳葉裕祖仁藏書印"、"宋少保石林公二十一世孫裕"、"稷墅堂"、"季振宜字詵兮號滄葦"。此書卷中刻工王珍、徐杲、徐昇、陳恂、姚臻、余永、余竑八人見於宋本杭本廣韻。朱祥、朱禮、沈紹見紹興九年臨安府刻唐文粹。王珍、徐杲、徐昇、余竑又見南海潘氏藏紹興十六年浙東茶鹽司刻事類賦。王珍、徐杲、朱明又見紹興十六年刻高誘注戰國策。李恂、李懋見紹興刻管子。葛珍見明州本文選紹興二十八年補版。諸書均南北宋間浙之杭、越、明諸州刻本，則此本爲同時同地所刻無疑。復以諱字核之，此書避諱極謹，雖嫌字嘗避。卷中避桓字，而構作[illegible]，顯係印行時始剷去。然則其爲始刻於靖康而成於紹興。其補版刻工中包端、高彥又見於紹興三年刻八行本禮記正義，即世稱之黄唐本禮記。則光宗前後又曾修補。此書海内孤本，自李、徐之後，二百年來不顯於世，諸家書目未見著録。文學古籍出版社印本，即據此帙影印。北京圖書館。

樂府混成集一百五册

宋紹興間（1131－1162）内修司刻，一百五册。周密齊東野語：混成集修内司所刊本巨帙百餘，古今歌詞之譜，靡不備具，只大典一類已數百解，他可知矣。然有譜無詞居半，霓裳一曲共三十六段。

王荆公唐百家詩選二十卷　宋王安石輯

宋紹興撫州刻本。半葉十行，行十八字。存卷一至九。上海圖書館藏。

坡門酬唱集二十三卷　宋邵浩编。

天祿後目有影宋紹興本。

宏辭總類四十一卷　不著撰人名氏

宋紹興間(1131-1162)建昌太守陸時雍刻本。

隆興元年癸未(1163)

增修互注禮部韻略五卷　宋毛晃增注　毛居正重增

宋刻本，十行，行十六字，注文雙行二十六字。白口左右雙邊，版心上記字數，下記刻工姓名。凡卷中"增入"、"新增"、"今圖"、"重增"、"晃曰"等字皆以白文别之，版式闊大，高八寸八分，闊六寸。前有紹興三十三年十二月日衢州免解進士毛晃表。鈐有"賜龍堂"、"彭瑞毓图書記"、"定丞過眼"、"鴻寶堂印"、"少題"諸印。

三輔黃圖一卷　不著撰人名氏

宋隆興元年（1163）撫州刻本。半葉十行，行二十二、二十三字。書末有紹興癸未蒲昌言跋刊於撫州州學。爲汲古閣所藏。郘亭云胡心耘有宋本蓋即此本。

寇忠愍公詩集三卷 宋寇準撰

宋隆興元年（1163）辛數道州刻本。

近體樂府三卷 宋歐陽修撰

宋隆興癸未元年（1163）朱松跋。毛斧季云廬陵舊刊三卷。陸敕先云，以本集校訖此卷後有郡人羅祕校正。

隆興二年 甲申（1164）

易説□卷 宋游酢撰

宋隆興二年（1164）李安世刻本。

漢書注一百卷 漢班固撰 唐顏師古注。

宋隆興二年（1164）麻沙劉仲立刻本。

後漢書注九十卷 劉宋范曄撰 唐李賢注 志注補三十卷 梁劉昭撰

宋隆興二年（1164）麻沙劉仲立刻本。

漢書注一百卷 漢班固撰 唐顏師古注。

宋隆興二年（1164）王叔邊刻本。半葉十三行，行二十三字，二十三、四字不等。注文雙行，行二十八字。细黑口，左右雙邊。目錄後有錢塘王叔邊刻書牌記："本家今將前後漢書精加校正並寫作大字鋟板刊行的無差錯收書英傑伏望炳察錢塘王叔邊謹咨"。又有武夷吴驥仲逸校正一行。王叔邊蓋浙人而開設書肆於建陽者。

後漢書注九十卷　劉宋范曄撰，唐李賢注　志注補三十卷　梁劉昭撰

宋隆興二年（1164）前後錢塘王叔邊刻本。半葉十三行，行二十三至二十四不等。注文雙行，行約二十八字。细黑口，左右雙邊。宋諱慎、敦字不缺筆。目錄後有"本家今將前後漢書精加校正並寫作大字鋟板刊行的無差錯收書英傑伏望炳察錢塘王叔邊謹咨"刻書牌記。後隔三行題"武夷吴驥仲逸校正"一行。此書字體秀媚瘦勁，紙墨版式純係南宋建本風格，故後人多定為建本。又因牌記後有"武夷吴驥仲逸校正"一行。而據何義門校本後漢書記載，隆興二年麻沙劉仲立本

并有吳仲遜題款。因推知此書爲隆興二年前後刻本。王叔邊蓋浙人開書肆於建陽。鈐有"趙宋本"、"華亭朱氏珍藏"、"汲古閣印"、"汲古閣世寶"、"汲古閣毛姓秘翫"、"毛晉秘篋"、"子晉"、"毛鳳苞印"、"毛扆之印"、"斧季"、"毛斧季收藏"、"毛氏藏書子孫永寶子孫世昌"、"中吳毛斧季圖書記"、"在處處有神物護持"、"旅谿季振宜印"、"蒼葦"、"季滄葦氏圖書記"、"御史振宜之印"、"揚州季氏蒼葦振宜之印"、"季振宜讀書御史之章"、"乾學徐健菴"、"崑陵周氏九松迂叟藏書記"、"周良金印"、"周氏藏書之印"、"周浩之印"、"伯雅私印"等各印。皆爲海源閣楊氏四經四史之一，又楊氏各印。現藏北京圖書館。

唐六典三十卷　唐玄宗撰　李林甫注

宋刻蝶裝本。題大唐六典。郘亭書目稱有紹興甲申刊本，但紹興無甲申，隆興二年(1164)乃甲申，疑有誤。

辰州風土記六卷　宋田謂撰

宋隆興二年（1164）郡守徐彭年序刊。按：辰州今湖南沅陵縣。

南嶽總勝集三卷　宋陳田夫撰

宋隆興二年（1164）拙叟序。長沙葉氏藏宋本。覆刊後歸莫天一氏。是書亦有從明人影宋本過錄本，前有隆興甲申拙叟序。阮氏進呈。清嘉慶七年唐仲冕刻本，有孫星衍、唐唐仲冕二序，言從宋本出，行款如舊。

武經龜鑑二十卷　宋王彥撰

宋刻本，半葉十二行，行二十字。白口，左右雙邊。保平軍節度使王彥撰。彥字子才，上黨人，宋史有傳。此書依孫子十三篇爲綱，摘錄歷代戰事證之，古爲今用，備當時將帥學習之用。書凡二十卷，自始計篇至用間篇。隆興二年五月孝宗爲作序。此本開版寬大，結體方整，刻工李詢、蔣暉、李憲、李文、李俊、李燒等，皆南宋初期杭州名匠，因推知此書當是隆興、乾道間政府官刻本。宋史全文載乾道三年以武經龜鑑賜鎮江都統戚方、建康郡都統劉源等，疑即此本。此書宋以後公私書目俱未著錄。內閣大庫故物。存零葉十五葉。上海圖書館藏。

管子注二十四卷　唐房玄齡注

宋刻本，半葉十二行，行二十三、二十四字不等。白口，左右雙邊。版心下記刻工姓名。皮紙精印，完整如新。首列大宋甲申楊忱序，卷末有張嵲讀管子一篇，有紹興己未從人借得，改正訛謬藏於家之語，蓋南宋初刻本。此刻又在其後，不能定年，是南宋佳本。常熟瞿氏鐵琴銅劍樓藏。現藏北京圖書館。

丹陽集二十四卷

宋隆興二年（1164）宋晚修補本

西塘先生文集二十卷　宋鄭俠撰

宋隆興二年（1164）盱江郡齋刻本。

乾道元年　乙酉（1165）

六經圖六卷　宋楊甲撰　毛邦翰補

宋乾道元年（1165）刻本。是書凡大易象數鉤深圖一冊、尚書軌範撮要圖一冊、毛詩正變指南圖一冊、周禮文物大全圖一冊、禮記制度示掌圖一冊、春秋削啟徽圖一冊。六經圖有圖三百有九，易七十、書五十五，詩四十四、周禮六十五、禮記四十三、春秋二十九。內有地圖十餘幅。如"春秋諸國地理圖"、"禹貢九州疆界圖"、"舜十二州圖"等。苗昌言序云，陳大夫為撫之期年取六經圖編類為書刊之軍學在乾道元年。序後列銜名陳森、崔棠之、唐次雲、劉淳、毛邦翰、徐世聞、危安古、龔廸、吳掌飛、黃松年、李詢修、趙元輔編。鈐內殿文璽、御府圖書緝熙殿書籍印、文淵閣印。

古玉圖譜三十二卷　宋龍大淵奉敕編

宋乾道元年（1165）為序，後列編纂校閱排次寫圖說色裝潢銜名。

韓非子二十卷　周韓非撰

宋乾道元年（1165）建安黃三八郎書鋪刻。宋刻本早佚，訛快有明翻宋刻本傳世。涵芬樓有清錢曾述古堂影寫宋乾道元年黃三八郎刻本，十三行，行二十四字。序後有"乾道改元日黃三八郎印"一行。黃丕烈手補缺葉，顧廣圻跋。此書已印入四部叢刊初編中。

唐柳先生文集三十二卷外集一卷　唐柳宗元撰

宋乾道元年（1165）永州零陵郡庠刻本。半葉九行十八字。

唐柳先生文集三十二卷外集一卷　唐柳宗元撰

存卷二十九第一、二葉，卷三十二第九至十八葉。外集第一至二十九葉。

宋乾道元年（1165）刻、紹熙二年（1191）、嘉定元年（1208）修補本。半葉九行，行十七至十九字不等。後有嘉定改元汪檝跋：“舊集日槧月益，墨版蠹蝕，字體漫滅，至讀者有以悴為倅，以邁為過者。因委新舂陵理掾朱君敏集諸家善本校讐之，更易朽腐五百餘版，釐革訛舛幾數百字，半朞而工役成，庶可以傳遠。或尚有缺漏，博古君子能嗣而正之，抑斯文之幸也。嘉定改元十月　日郡守鄱陽汪檝跋。”經籍訪古志載柳集殘本九卷外集一卷，有乾道元年十二月十五日畢工一行。又有紹熙辛亥永州州學校授錢重跋，略言為之是正，且俾盡易其板之朽弊者云云。末亦附嘉定汪檝跋。可知此書乾道為初刻本，紹熙之補訂者爲二次補本，嘉定之釐正數百字及五百餘板者爲第三次補本。此爲日本靜嘉堂文庫藏書。

唐柳先生外集一卷　唐柳宗元撰

宋乾道元年（1165）永州零陵郡庠刻本。半葉九行，行十八字。白口，左右雙邊。版心上魚尾下標"外集"二字，下魚尾下記葉數，又下記字數，最下記刻工姓名，有伍咸、唐宏、陸公才、陸公正、趙世昌、李林、如松、公、誠、林、成、材、祥、松等。宋諱缺筆至構字。文集已佚，現存外集一卷。卷首標"外集"二字，次行列目，目後接連本文。末有乾道改元吳興葉程後序"重刊柳文後序按子厚年譜，永貞初自尚書禮部郎出爲邵州刺史，道貶永州司馬，元和中始召至京師，凡居永者十年。今考本集所載，見於遊觀紀詠在永爲多，蒐訪遺蹟，僅獲一二，他皆不可考。郡庠舊有文集，歲久頗刓落，因裒集善本，會同僚參校，凡編次之散，字畫之譌誤，悉釐正之。獨詞旨有互見旁出者兩存之，之學宮。

以竢覽者去取。命工鋟木，歲餘其書始就。噫！零陵號湖湘佳郡，且多秀民，文物之盛，甲於他州，豈子厚之殘膏賸馥沾丐迨今而然耶？然則新是書以流布，豈特補是邦之闕遺而已，學者幸繹其區區焉。乾道改元季冬丙子吳興葉桯書。"是書字體渾穆端莊，摹仿魯公，精刊初印，墨氣濃厚，紙用羅紋皮料，匀潔堅韌，在宋本中亦為罕見。北京圖書館藏。已印入《古逸叢書三編》中。

乾道二年　丙戌（1165）

易傳十卷略例一卷　唐李鼎祚撰

宋乾道二年（1166）四川資中郡守鮮于侃刊

通鑑釋例一卷　宋司馬光撰　司馬伋重編

宋乾道二年（1166）兩浙東路茶鹽司刻本。宋乾道二年為跋，凡三十六例。胡三省通鑑釋文辯誤序：又有通鑑釋例浙東提舉常平茶鹽司板本，乃公休之孫伋所編。

通鑑外紀詳節十卷　宋劉恕編

宋乾道二年（1166）刻本。半葉十四行，行二十五字。白口，左右雙邊。版心下記刻工姓名，有趙昔。前有通鑑御製序，溫公進書表，獎諭詔書，司馬伋通鑑前例後序。後有恕自序。又前例序爲乾道丙戌仲秋癸酉曾孫右朝散郎尚書吏部員外郎賜緋魚袋伋謹書。此葉十行，行十九字。刻工有杜俊、李無。刻工之名諸書不見。其刻法字式斬方，爲浙中所刻，即乾道二年刻本。宋諱缺筆至慎字止。北京圖書館藏。

夢溪筆談二十六卷補筆談一卷續筆談一卷　宋沈括撰

宋乾道二年（1166）湯修年揚州刻本。半葉十二行，行十八字。書末有左迪功郎充揚州州學教授湯修年跋。尾有乾隆丙辰南昌彭元瑞題識二則。後歸湯竹儒，再歸桐城蕭穆，穆又以此書與別人易換他書。據說傅增湘在蘇州曾見此書，因破損殘缺太甚未收。此後便下落不明，很可能已絕於人世。二十六卷本，最早的當推乾道二年揚州州學刻本。

孫公談圃三卷　宋孫升撰

宋乾道二年（1166）孫競刻本。前有建中靖國元年臨江劉延世引。卷末乾道二年其季孫競刊之臨汀序跋。

孫公談圃三卷　宋劉安世撰

宋乾道二年（1166）晁子健刻本。

白孔六帖一百卷　唐白居易　宋孔傳撰

宋乾道二年（1166）刻於衢州，乃書成初刊之本。十行，行十七字，注雙行二十三字。

孔氏六帖三十卷　宋孔傳輯

宋乾道二年（1166）泉南郡庠刻本。十二行，行約十八、九字。小字雙行約二十八字。白口左右雙邊。版心刻工有丁保、李木、李平、李香、李珍、吳太、吳仁、吳正、吳忠、余才、余明、余簡、余蘭、陳才、陳山、陳文、陳順、梁鉞、葉彥、葉聳、劉全、劉柯等人。前有乾道二年韓仲通序云："紹興之初書始成，余守泉南，集此邦儒士相與校讎，刊於郡庠。"天祿琳琅書目後編載。孔帖分門凡一千三百七十一。書院書坊亦有此書刻本。北京圖書館存一卷。

道德經指歸六卷　漢嚴遵撰

宋乾道二年（1166）陸游跋云，此經自開元以來獨傳明皇所解，故諸家盡廢。今世惟此本及貞觀中太史傅奕所校者尚傳，而學者亦罕見。予求之二十年乃盡得之玉笈藏道書二千卷，以此爲首。

純陽真人文集八卷　唐呂嵒撰

宋乾道二年（1166）陳道一序刊。

陳文正公集三十卷　宋陳康伯撰

宋乾道二年（1166）新安門人朱熹序。今本第一卷掇拾表奏遺文數篇，以後俱係附錄、敕書、譜系并自宋迄明諸家紀述題跋之作而已。

東萊先生詩二十卷　宋呂本中撰

宋乾道二年（1166）沈公雅吴郡齋刻本。半葉十一行，行二十字。白口，左右雙邊。版心下記刻工姓名，有惠中、賈琚、李忠、李祥、牛智、蔣成、金章、李憲、項思等人。卷中“慎”字注“御名”。宋乾道元年沈公雅編東萊詩集二十卷，鋟板於吴門郡齋。二年四月曾茶山為之序。前有乾道二年曾幾序，言沈公雅刊於吳門郡齋。此為宋刻全帙。日本内閣文庫藏，蓋宋元時日本人攜歸之書。四部叢刊續編印本，即據此帙影印。

鄂州小集六卷附錄二卷　宋羅願撰

宋乾道二年（1166）鄭王子美刻於新安。

演山文集六十卷　宋黄裳撰

宋乾道二年（1166）建昌軍學刻本。十行，行二十字。前有莆田王悦序，又自序。後有建昌軍學教授廖挺跋，又乾道丙戌子玠跋。有軍學刊書銜名四行："右從政郎建昌軍錄事參軍權判官譚奇卿、左從政郎充建昌軍教授權通判廖挺、右朝請大夫通判建昌軍主管學事兼管内勸農營田事賜紫金魚袋張公袞、右朝請大夫權發遣建昌主管學事兼管内勸農營田事賜紫金魚袋黄玠。"此為舊寫本。鈐有明善堂、安樂堂、"彝尊"、"曹霞子私印""曹溶私印"、"潔躬"各印。又海源閣楊紹和各印。

太倉稊米集七十卷　宋周紫芝撰

宋乾道二年（1166）陳天麟刻本。宋乾道二年（丙戌）陳天麟帥襄陽始鋟諸本。其校勘之不精，刊畫之舛錯，凡三百八十有五，而多字千餘。陳公諮赴襄陽學宫，道九江，見左司仲子畤，得其家藏善本，比至重加是正，命工修整，時淳熙癸卯（十年）孟夏。

蓮峰集三十卷　宋史堯弼撰

宋乾道二年（1166）刻本。乾道丙戌省齋言所著文凡三十卷，刊出與衆共之。此跋不著名氏，當是初刊之歲。紹興再刻即嘉定六年史師道刻本俱已不傳。

樵隱詞一卷　宋毛幵撰

宋乾道柔兆閹茂（二年1166）永嘉王木叔跋。

韻語陽秋二十卷　宋葛立方撰

宋乾道二年（1166）沈詢刻本。半葉十四行，行二十四字。版心不記字數及刻工。前有乾道元年徐林敘。卷末有隆興甲申自序及乾道二年沈詢刊書跋。上海圖書館藏。一九七九年上海古籍出版社據此帙影印。

乾道三年　丁亥（1167）

漢書注一百卷　漢班固撰　唐顏師古注

宋乾道三年（1167）麻沙劉仲立刻本。

宣和奉使高麗圖經四十卷　宋徐兢撰

宋乾道三年（1167）澂江郡齋刻本。半葉九行，行十七字。白口，左右雙邊。版心下記刻工姓名，有黃康、毛福、沈林、沈仲、沈忻、陸榮、徐益、裴舉等人。前有宣和六年徐兢序。後有乾道三年左朝奉郎權發遣江陰軍主管學事徐蕆跋，蓋兢之姪。卷末附張孝伯撰兢行狀。書中構字書太上御名，慎字書今上御名，自餘各帝諱皆不見於書中，緣進呈之書，屬文時已謹避矣。鈐有"虞山錢曾遵王藏書"；又有"五福五代堂寶"、"八徵耄念之寶"、"太上皇帝之寶"、"乾隆御覽之寶"、"天祿琳琅"、"天祿繼鑑"各印璽。故宮博物院藏。

隸釋二十七卷　宋洪适撰

宋乾道三年（1167）洪适刻本。半葉十行，碑行二十字，跋碑亦二十字。

論衡三十卷　漢王充撰　存卷一至二十五，計

二十五卷

宋乾道三年洪适刊於會稽蓬萊閣。半葉十行，行二十字。白口，左右雙邊。版心上記字數，中記論衡幾，下記刻工姓名，可辨者有李文、李憲、王政、王永、陳長、陳振、楊昌、趙通、童志、卓佑、潘亨、章宥諸名。書名標論衡卷第幾，下空五格，題王充。目錄次行低二格，上下兩排。下接連正文。宋諱缺筆至慎字。有細川潤次郎跋，言此書本狩谷掖齋與木村正辭各藏其半，幸得合璧。蓋久析而復完，然尚缺卷二十六至末五卷。日本帝室圖書寮藏。

數鈎隱圖三卷附遺論九事一卷　宋劉牧易撰

宋乾道三年（1167）浙西轉運司劉敏士刻本。直齋書錄解題：易數鈎隱圖二卷，又有三衢劉敏士刻于浙右庾司者，有歐陽公序，文淺俚決非公作。其書三卷與前本大同小異。案：咸淳臨安志，劉敏士乾道三年轉運判官，五年姚憲代之。則此書刊于乾道三、四年。

文昌雜錄二卷　宋龐元英撰

宋乾道三年（1167）夏留尹方公刋置建康。

增廣注釋音辯唐柳先生集四十五卷　唐柳宗元撰　宋童宗説　韓醇等注釋

宋乾道三年（1167）灊山郡齋刻本。

顔魯公集十五卷　唐顔真卿撰

宋乾道三年（1167）喻翊鄱陽郡齋刻本。半葉十二行，行二十字。俞翊刻跋云："……然是邦蹇二公舊治，獨無墨本，而間見于他處，誠缺典也。翊攝乏此來首訪而得之，鳩工鏤板以傳，不朽斯人之春……乾道丁亥五月既望邵武俞翊謹識。"元天曆戊辰家塾歲寒堂刻本即從鄱陽郡齋本出。

范文正公集二十卷别集四卷補編五卷　宋范仲淹撰

宋乾道三年（1167）鄱陽郡齋刻本。

姑溪居士文集五十卷後集二十卷　宋李之儀撰

宋乾道三年（1167）當塗戴翬刻本。昭文張氏藏姑溪集五十卷，乾道丁亥（三年）天臺吴芾假守當塗，得遺稿于邦人，類序之，命郡士戴翬訂正鏤板于郡學。

嵩山集二十卷　宋晁説之撰

宋乾道三年（1167）臨汀郡庠晁子健刻本。半葉九行，行十八字。晁子健刊跋云："先大父待制生平著述甚富，晚遭離亂散失幾盡。紹興初子健編集所得之文止成十二卷。但竊記所亡書目於後，及既宦游江浙蜀淮荊襄，往來博訪所得加多，重編爲二十卷。而東南之士多未見之，謹用鋟木於臨汀郡庠，以廣其傳。乾道三年歲次丁亥晁子健謹記。"

范忠宣公文集二十卷　宋范純仁撰

宋乾道三年（1167）饒州刻本。

西塘先生文集十卷　宋鄭俠撰

宋乾道三年（1167）福州刻本。

西塘先生文集二十卷　宋鄭俠撰

宋乾道三年（1167）林栗九江郡齋刻本。

苕溪漁隱叢話後集四十卷　宋胡仔輯

宋乾道三年（1167）刻本。半葉十一行，行二十二字，白口，左右雙邊。版心記"漁隱後幾"，下記刻工姓名，有許忠、顧肯、李昌、陳明、陳仁、王悦、徐正、徐顏、毛奇、毛璋等人。宋諱缺筆，構字注“太上御名”，當是乾道書成後刊本。字體方嚴，仿歐體，鐫工亦精整，猶是浙杭風氣。卷首自序題丁亥中秋日，考爲乾道三年。次目録，次本書。卷四十後列校勘官銜名五行：“從政郎充紹興府府學教授林思齊校勘　從政郎充兩浙東路提點刑獄司準備差遣盧希度校勘　從政郎充兩浙東路提點刑獄司幹辦公事魏夢熊校勘　文林郎充兩浙東路提點刑獄司檢法官徐綝校勘　弟朝散郎直秘閣兩浙東路提點刑獄公事胡仰”。鈐有“乾學”、“徐健菴”、“李盛鐸印”、“木齋”、“德化李氏凡將閣珍藏”“木犀軒藏書”、“木齋宋元秘笈”各印。現藏北京大學圖書館。

乾道四年戊子（1168）

春秋傳三十卷　宋胡安國撰

宋乾道四年（1168）隆興府刻慶元五年（1199）黄汝嘉修補本。大版心，半葉十行，行二十字，傳低一格，細黑口，版心記字數及刻工姓名，有王立、王受、王禮、上官信、王俊、金山、曾立、陳選、吳榮、吳仲、吳世榮、吳信、吳俊、吳丞二、余章、高仲、高安道、高安禮、高智立、高智廣、袁新、徐信、蔡侃、熊煥。卷一次行結銜："左朝散郎充徽猷閣待制提舉江州太平觀賜紫金袋臣胡安國奉旨纂修"二行。卷十、二十三、二十五、二十八末尾有校勘銜名二行："曾孫脩職郎隆興府司戶參軍 繹校勘從政郎隆興府府學教授黃汝嘉校勘。"卷三十末有黃汝嘉跋，云："乾道四年，忠肅劉公出鎮豫章，鋟木郡齋，以惠後學。歲久磨滅，讀者病之。汝嘉備員分教，輒請歸於學宮，命工刊修。會公之曾孫繹庀職兵曹，因以家傳舊稿，重加是正，始為善本。"北京大學圖書館藏。

韻補五卷 宋吳棫撰

宋刻本。半葉六行，小字每行八字，大字一當小字二。白口，左右雙邊。版心下記刻工姓名，有毛昌、周彥、洪新、洪坦、徐顏、毛永、毛奇、趙通、陳明、許中、李昌、李憲、洪悅、李文等人，均為南宋初期杭州地匠良工。徐颜刻有《廣韻》。毛昌刻有《戰國策》、《白氏文集》。周彦刻《樂府詩集》。洪新刻有《新序》、《水經注》等。徐蕆序撰於乾道四年，證以刻工姓名，刻書時間約在宋孝宗乾道年間，為第一次刻本。每册前後均鈐有清宮五璽，還鈐有"乾學"、"徐健庵"、"范從律印"、"賀氏存有齋圖書子孫其世永保用"等藏印。卷一第八、九兩葉、卷三第一葉系後人抄補。韻補刻本很多，清代以來傳世的宋刻本只有清宮藏本。瞿氏鐵琴銅劍樓、潘氏寶禮堂與葉啟勳均稱宋本實際上三家所藏均為元代刻本。遼寧省圖書館所藏為清宮藏本，是國內現存唯一宋刻本，已印入古逸叢書三編中。

續資治通鑑長編一百八卷 宋李燾撰

宋刻本。半葉十三行，行二十三字。每卷首行題續資治通鑑長編撮要卷第幾，前有燾進書表。文獻通考燾奏進四次：隆興元年知榮州時所進，起建隆，訖開寶為十七卷，乾道四年官禮部侍郎時所進，起建隆訖治平為一百八卷，即此本。淳熙元年知瀘州時撰治平之後，至中興以前為六十卷，合前所進為一百六十八卷，即絳雲樓書目所著錄者。朱竹垞跋以為二百八卷，蓋每卷或分子卷，非有乖剌。淳熙九年知遂寧府又重寫進共九百八十卷，目十卷，舉要六十八卷，通計一千六十三卷，為最完之本，今不傳世。所有者惟此一百八卷本尚為文簡原書。此書刻字畫遒勁，紙墨如新，補鈔亦一筆不苟，雖似虞永興真奇書也。潘氏滂喜齋藏書。日本靜嘉堂文庫藏五十一卷。

隸續二十一卷　宋洪適撰

宋乾道戊子（四年1168）始刻於越十卷。淳熙四年（1177）范石湖增刻四卷於蜀。淳熙六年（1179）靈石李秀長又增刻七卷於越。淳熙七年（1180）尤延之又刻二卷於江東，會而彙其板合之。

河南程氏遺書二十五卷附錄一卷　宋程頤　程顥撰　朱熹編

宋乾道四年（1168）為跋。

硯譜三種

宋乾道四年（1168）洪適刻本。

元氏長慶集六十卷 唐元稹撰

宋乾道四年（1168）洪邁刻於紹興蓬萊閣。半葉十三行，行二十三字。白口，左右雙邊。版心下記刻工姓名，有李詢、王存中、毛昌、周彥、包端、李文、李昌、李憲、許中、陳明、劉文、潘亨。字體方整，仿歐體鐫工精湛。避宋諱至完字止。後有乾道四年洪邁序。又有洪適跋：……書成寘之蓬萊閣，乾道四年歲在戊子二月二十四日觀文殿學士左通奉大夫知紹興府兩浙東路安撫使鄱陽郡洪適景伯書。此書乾道四年洪邁刊於紹興蓬萊閣。明嘉靖董氏茭門別墅刊本，即依此本翻刻。日本靜嘉堂文庫藏，存卷四十至四十二。

蔡忠惠集三十六卷 宋蔡襄撰

宋乾道四年（1168）温陵郡庠刻本。

蔡忠惠集三十六卷 宋蔡襄撰

宋乾道四年（1168）興化軍學蔣邕刻本。

蔡忠惠集三十六卷 宋蔡襄撰

宋乾道四年（1168）刻本。楊協卿藏存宋刊本。二十行，行二十七字。十七卷題端明學士集。

錢塘韋先生文集十八卷　宋韋驤撰

宋乾道四年（1168）臨汀郡庠刻本。半葉十行，行二十字。版心下記刻工姓名，有上官元、劉昌、丘聳、吳正、吳先、杜才、杜仁、杜明、官元、官太、陳通、葉從、劉彥、劉三等人。書後有乾道四年其孫能定跋稱：先大父文稿二十卷，最後二卷遺失，能定大懼歲月寖遠復有亡逸，以集先表，謹命工鋟木於臨汀郡庠。日本靜嘉堂文庫藏。存卷三至十八，凡十六卷。陸心源原題明刻，此本實為宋刻，且屬初印精湛。卷中宋諱亦缺筆，未審陸氏何以疏率至此，題為明初刻本。昔傳明吳寬藏宋刻本，缺第一、第二卷，此本所缺正同，必為吳氏藏本無疑。

新刊嵩山居士文全集五十四卷　宋晁公遡撰　師傅甫輯

宋乾道四年（1168）師傅甫輯刻本。半葉十一行，行二十二字。白口，左右雙邊。有乾道四年門生嘉州州學教授師璿序，刻於蜀中。葉氏菉竹堂、晁瑮寶文堂、劉氏嘉蔭簃遞藏。晁氏鈐一朱文大印刻"顏氏家訓借人典籍"一則。存四十二卷，又目錄一卷。此即葉氏著錄之本，常熟翁斌孫藏。

書屏山集□卷　宋劉屏山撰

宋乾道四年（1168）麻沙劉玶刻本。

唯室集四卷附錄一卷　宋陳長方撰

宋乾道戊子（四年 1168）鲁国唐璩序云：其子將鋟木以廣其傳。

乾道五年　己酉（1169）

周易程氏傳六卷　宋程頤撰

宋乾道五年（1169）婺州刻本。呂祖謙書跋，伊川先生遺言見於世者獨易傳為成書。傳摹浸，失其本真，學者病之。祖謙舊所藏本出尹和靖先生家，標注皆和靖親筆。近複得朱熹元晦所訂，讐校精甚，遂合尹氏朱氏書與一二同志參公其異同兩存之，以待知者。既又從小學家是正其文字，雖未敢謂無遺恨，視諸本亦或庶幾焉。會稽周女能克夫鄮山樓鋟景山方職教東郡，迺刊諸學。乾道七年十月既望東萊呂祖謙書"。景定建康志：書籍，有婺本周易程氏傳。柳貫書婺本易程氏傳後：易程氏傳板本，惟婺州舊刻經東萊成公校定最為完善。

鉅宋廣韻五卷　宋陳彭年等撰

宋乾道五年（1169）建寧黃三八郎書鋪刻本。半葉十二行，注雙行二十三四字不等。白口，左右雙邊。版心上記字數。字體秀勁，仿諸河南。序論後有牌子一行，文曰："己丑建寧黃三八郎書鋪印行"。宋諱避貞字，卷中恒、構、敦、慎皆不避。然以字體刀法核之，是南渡初閩中刻本。此書舊藏日本內閣文庫。書衣有日本人題寶祐元年刻本，有誤。考黃三八郎書鋪乾道元年刻有韓非子二十卷。乾道五年正值己丑，故是書之己丑當為乾道五年之己丑，而非寶祐元年之己丑。上海圖書館亦藏此本。卷四配元刻本。

建康志十卷　宋史正志撰

宋乾道五年（1169）刻本。

四明圖經十二卷　宋張津撰

宋乾道五年（1169）張津編纂刻本。有乾道五年三山黄鼎序。

松漠紀聞一卷　宋洪皓撰

宋乾道五年（1169）洪適刻本。宋乾道五年第二男又搜閲故牘，得北方十有一事，曰補遺。有跋。乾道五年鏤板于歙。

十七史蒙求十卷　宋王令撰　亦題標題註王先生十七史蒙求十卷。

宋乾道五年（1169）建陽麻沙鎮虞千里刻本。半葉九行，行十七字。注文雙行，行二十五字。卷中有木記：麻沙鎮南斋虞千里先生校正，的無差誤。乾道己丑（五年）刊行，哥字。日本帝室圖書寮藏。

節孝集三十卷附録一卷　宋徐積撰

宋乾道己丑（五年 1169）嘉禾刻本。教授許及之以語録附之。許及之節孝語録跋：嘉禾已刊先生文集（乾道己丑五年）。王夬亨淮安本文集序：節孝先生文集山陽舊板燬於兵火。

宋端明殿學士蔡忠惠公文集四十卷 宋蔡襄撰

宋乾道五年(1169)興化郡庠刻本。前有乾道五年十月永嘉王十朋序，略謂乾道四年冬之得郡温陵道出莆田求公遺文，郡與学皆無之，可謂缺典矣。於是移興化鍾離君松傅君自得訪於故家得善本，教授蔣君雝手校正之鋟板於郡庠，得古律詩三百七十首，奏議六十四首，雜文五百八十四首，而以四賢一不肖詩置諸卷首，與奏議之切直舊所不載者，悉編之比它集為最全。

補在節孝集後。

王荆公唐百家詩選二十卷 宋王安石輯

宋撫州刻本。半葉十行，行十八字。白口，左右雙邊。南宋諱不缺筆。版心刻工有高安道、高安國、高安平、高智平、高智廣、高文顯、蔡侃、周彥、周昂、劉正、劉浩、彭師文、李皋、余山、余安、龔授、虞仲、黃明、吳士明、蔡昭等人。高智廣、蔡侃紹興二十二年又刻撫州本謝幼槃文集。高安道、高文顯、周昂、余安淳熙四年又刻撫州公使庫本禮記，因推知此書當是南宋初年撫州官版。是書存一至九卷，上海圖書藏，此為分人本張本，已印入古逸叢書三編中。此書亦題：唐百家詩選二十卷，宋王安石編。宋乾道五年（1169）倪仲傅刻本。有仲傅序。

碧溪詩話十卷　宋黃徹撰

宋乾道己丑（五年 1196）黃燾刻本。黃徹撰并序。乾道四年陳俊卿序。己丑知蘄州事黃永存識，其孫沅州教授黃燾刊。

乾道六年　庚寅（1170）

周易義海撮要十二卷　宋李衡撰

宋乾道六年（1170）婺州郡齋李衡自刻本。周易義海共一百卷，衡因其義意重複，文辭冗瑣，刪削釐定，以為此書，故名撮要。直齋書錄解題作十卷，又傳寫之誤。是書成於紹興十三年至乾道六年，衡以御史守婺州始鋟於木。

學易集二十卷　宋劉跂撰

宋乾道六年（1170）施元之坐嘯齋刻本。

武陽志十卷　宋葛元隲撰

宋乾道六年（1170）廖遲刻本。

洪氏集驗方五卷　宋洪遵輯

宋乾道六年（1170）姑孰郡齋刻公文紙印本。半葉九行，行十六字。白口，左右雙邊。乾道六年洪遵知太平州時刻於姑孰郡齋，云："皆予平生用之有著驗，或雖未及用而傳之審者，刻於姑孰與衆共之。"姑孰蓋為當塗古名。版心下記刻工姓名，有毛用、黄憲、楊謹。目錄一、二、四葉為明初人抄補。卷末有元人手寫賢人留意濟斯民一詩。紙背為淳熙七年八年公文紙。黄氏士禮居刻本，即據此帙影刻。北京圖書館藏。

類證普濟本事方十卷　宋許叔微撰

宋乾道六年（1170）張剡序刊。半葉八行，行十六字。版心有字數，刻工姓名。有曾文、曾挺、李辛、李興、丘立、王理。吳縣黄氏所藏殘本六卷。復翁跋云，共一百四十四番以葉論價合每葉青蚨一百九十五文。此書無刊刻年月，而有自序。又有明人文璧、陳淳觀記。

夢溪筆談二十六卷　宋沈括撰

宋乾道六年（1170）揚州學舍刻本。半葉十二行，行十八字。第七卷首葉板心元泰定補刊字，當是印稍前耳。成邸藏書有題記云，此書譌舛甚多或非乾道原刻本。嘉慶癸酉春成親王重校記，卷中眉端亦有王校語，多引錢竹汀説。藏印有「成親王」、「皇十一子」、「詒晋齋印」、「楊紹和讀過」、「東郡楊紹和觀」。

老子注二卷　晋王弼撰

隋唐爲魏州。今河北之大名縣。

括蒼志七卷　宋曾貢撰

宋乾道六年（1170）太守四明樓璩爲序，郡人陳百朋爲續志一卷。注：括蒼今之浙江麗水縣。

閫　範上下卷　宋呂祖謙撰

前有乾道六年（1170）廣漢張栻序，稱伯恭為嚴州教官時所作。然世無刊本，傳世有明影寫宋本。九行十九字。宋諱貞、匡、惇、慎、構皆缺末筆。存卷上。鈐有“桐軒主人藏書印”、“從道堂圖書記”、“慈閒居士諸印”。此書四庫未收，存目不載，惟直齋書錄題解有之，云呂祖謙撰集經史子傳發明人倫之道見於父子兄弟之間者為一篇。時教授嚴州，張南軒守郡，實為之序。今此序尚存卷上，第原書為十卷，此則分上下為足異耳。其上卷中所采易、春秋、書、詩、周禮、儀禮各自為篇，蓋上帙諸經為六卷，下帙史子傳為四卷。然世無刊本，或過舊鈔本方足質證。劉翰臣（啟瑞）藏宋刻觀史類編殘本。

宋乾道六年（1170）建陽熊克刻本。

杜　審言詩集二卷　唐杜必簡撰

宋乾道六年（1170）吉州刻本。有乾道庚寅（六年）廬陵楊萬里序云：今吉州戶曹趙彥清得詩四十三首，将刊木以傳。

文則二卷　宋陳騤撰

浙江採集遺書總録載：宋乾道六年（1170）自序。

乾道七年　辛卯（1171）

史記集解索隱一百三十卷　劉宋裴駰　唐司馬貞撰

宋乾道七年（1171）建安蔡夢弼東塾刻本。半葉十二行，行二十二字。注文雙行，行二十八字。白口，左右雙邊。卷中宋諱缺筆至慎字。三皇本紀後有"建谿蔡夢弼傅卿親校刻梓於東塾，時歲乾道七月（當是年字）春王正上日書"二行。補史記序、六國表、秦楚之際月表、漢興以來諸侯年表、樂書、曆書後有"建安蔡夢弼傅卿謹案京蜀諸本校理寘梓於東塾"二行。目録後有"三峰樵隱蔡夢弼傅卿校正"一行。五帝本紀、周本紀後有"建谿三峰蔡夢弼傅卿親校謹刻梓於望道亭"二行。殷本紀後有"建谿三峰樵隱蔡夢弼傅卿親校刻梓於東塾"二行。乾道七年建陽書肆蔡夢弼刻本。楊氏四經四史之齋舊史記第一部。此書刻工勁秀，南宋初建本之精者，史記集解索隱合刻者以此為最早。北京圖書館藏。

五代史記七十四卷　宋歐陽修撰　徐無黨注

宋乾道七年（1171）衢州郡齋刻本。

五代史通錄□□卷　宋范質撰

宋乾道七年（1171）施元之坐嘯齋刻本。施元之五代會要跋稱：元之假守信安，得舊板於江陰以來，因併與范魯公所著五代史通錄刻板寘郡齋（乾道七年）。

五代會要三十卷　宋王溥撰

宋乾道七年（1171）衢州軍州學刻本。兩浙古刊本考：「國朝王文康公所纂五代會要三十卷，慶曆中文烈公帥蜀嘗刻行之，兵火以來又佚其傳，元之假守信安，得舊板於江陰以來，因併與范魯公所著五代史通錄刻置郡齋。乾道七年二月旦日左宣教郎權發衢州軍州主管學事兼管內勸農事施元之題。」

傷寒要旨二卷　宋李檉撰

宋乾道七年（1171）姑孰郡齋刻本。半葉九行，行十六字。白口，左右雙邊。書名一册題要旨、一册增一方字。藥方目録連正文葉號銜接。版心下記刻工姓名，存者僅黄憲、毛用、劉青、劉全四人。後附藥方一卷，藥方後有"右傷寒要旨一卷、藥方一卷，乾道辛卯歲刻於姑孰郡齋"兩行。宋諱眩、弦、驚等字均不避，惟丸字尚作圓。此書與遵所刻洪氏集驗方版式全同，刻工黄憲、毛用相同，知爲同時所刻。此書宋史藝文志、直齋書録解題均著録，宋以後無傳，蓋僅存孤本。黄氏士禮居舊藏，百宋一廛著録。鈐有"黄印丕烈"、"蕘翁"、"復翁"、"士禮居"、"讀未見書齋收藏"、"汪印士鐘"、"閬源真賞"、"吴下汪三"、"平陽叔子"、"振勳私印"、"蔡泉父"、"眉泉"、"紳之"、"韓應陛鑒藏宋元名鈔名校各善本于讀有用書齋印記"。現藏北京圖書館。

韋 蘇州集十卷拾遺一卷　唐韋應物撰

宋乾道七年（1171）平江府學刻遞修本，半

葉十行，行十八字。白口，左右雙邊，版心
上記字數，下記刻工姓名，有余同甫等人。
鈐有泰興戴氏藏印及天祿琳琅諸璽。此書袁
克文藏，後歸潘宗周。

趙清獻公文集十卷　宋趙抃撰
宋乾道七年(1171)衢州刻本。

蘇魏公集七十二卷　宋蘇頌撰
宋乾道辛卯(七年1171)施元之三衢刻本。

高峰文集十二卷　宋廖剛撰
宋乾道七年(1173)邵武軍學刻本。刻書緣
起為廖剛之長子奉命來守邵武，因郡博士之
請，鋟梓以傳。刻版存軍學書庫。

蘇子美集十五卷　宋蘇舜欽撰(亦題滄浪集)
宋乾道七年(1171)施元之衢州刻本。施元
之跋曰：蘇子美集十五卷，歐陽文忠公為之
首序。子美具文章瓌奇豪邁，自成一家，不
幸淪落早世，故生平所著方出於此。而近時
亦少見之。元之因俾鏤板於三衢，又得尚書
汪公聖錫所藏豫章先生詩為子美作也，惜其
未大傳，故附之左方若祭文墓誌已見於文忠集

中，茲不復載。乾道辛卯六月己巳吳興施元之書。"

于湖先生長短句五卷拾遺一卷　宋張孝祥撰

張金吾藏影宋刻本。有乾道辛卯（七年 1171）陳應行、湯衡兩序。張氏志云，是書毛氏初刻一卷，繼得全集，續刊兩卷，篇次均經移動，並刪去目錄內所注宮調，此則猶是宋時原本。

乾道八年　壬辰（1172）

毛詩指說一卷　唐成伯璵撰

宋乾道八年（1172）建陽熊克刻本。四庫總目提要：伯璵尚有毛詩斷章二卷，欲合二書刻之，而斷章一書竟求不獲，乃先刻指說。此本末有克跋，蓋即從宋本傳刻，其刻此書時，方分教於京口，故跋稱刻之泮林。

儀禮十七卷釋文一卷識誤三卷

宋乾道八年（1172）兩浙轉運司判官曾逮刻。張淳為之校定。據經義考已佚。是書嚴州本，半葉十四行，行二十五字，注雙行三十字。版心有刻工姓名。此本釋文佚去。吳縣黃氏所獲，因之室名曰士禮居，并為影刊。

孝經鄭氏注一卷

宋乾道八年（1172）建陽熊克刻本。

尊孟辨三卷續二卷別錄一卷　宋余允文撰

首有隆興紀元初建安余允文序。末有乾道八年夏六月甲寅寓東陽毋自欺齋書。

資治通鑑綱目五十九卷　宋朱熹撰

宋乾道八年（1172）刻本。半葉八行，行十七字，注雙行同。紙薄如蟬翼，墨光亦復奪目，經六七百年毫無損污，真天壤鴻寶。首有明弘治改元某人題識。為季滄葦、郁松年舊藏，後歸豐順丁氏。

兩漢博聞十二卷　宋楊侃撰

宋乾道八年（1172）胡元質姑孰郡齋刻本，半葉十行，行十九字。白口，左右雙邊。版心下記刻工姓名，有毛用、胡彥、唐彥、陳震、楊珪、趙通、駱善等人。卷中避宋諱亦謹。字體瘦勁，初印精湛，麻紙細潔可愛。此書已印入古逸叢書三編中。北京圖書館藏。

皇朝新刊實賓錄二十卷　宋馬永錫撰

宋乾道八年（1172）施元之三衢坐嘯齋刻本。序後識云："乾道壬辰九月九日吳興施氏元之刻於三衢坐嘯齋"二行。羅振常善本書所見錄有影鈔宋本。半葉十行，行二十字。李甲曾舊藏。

秋浦志八卷　宋胡兆修

宋乾道八年（1172）刻本。

新儀象法要三卷　宋蘇頌撰

宋乾道八年（1172）吳興施元之三衢坐嘯齋刻本。是書為重修渾儀而作，始于元祐間，成於紹聖中。故遂初堂書目謂為紹聖儀象法要。首列進書狀，卷各有圖，圖各有說，當時奉敕撰進者。宋鈔本卷末有"乾道壬辰九月九日吳興施元之刻於三衢坐嘯齋"二行，此相傳摹本圖樣界畫不爽毫髮不減。遵王氏藏

夷堅志五十卷

宋乾道八年（1172）洪邁贛州刻本。洪邁序云："乾道八年夏五月，以會稽本別刻於贛，去五事，其它亦頗有改處。"

頤堂先生文集五卷　宋王灼撰

宋乾道八年（1172）王撫幹宅刻本。清丁丙跋。半葉十行，行十八字。注文雙行同。白口，左右雙邊。版心下記刻工姓名，可辨者僅有王旬。末有："乾道壬辰六月王撫幹宅謹記"一行。驗其字體雕工，是蜀中風氣，當是蜀本。南京圖書館藏。印入四部叢刊三編中。

乾道九年癸巳（1173）

左氏摘奇十二卷 宋胡元質輯

宋乾道九年（1173）胡元質自刻本。半葉十六行，行二十二字至二十六字不等。文曰："左氏摘奇皆予所約取，鋟木於當塗道院，與同志者共之。乾道癸巳（九年）元日吳郡胡元質書"。鈐有雲間潘氏、鄒氏藏印及宋筠印。盛昱遺書。

論語解十卷 宋張栻撰

宋乾道九年（1173）自序。

南軒先生張侍講孟子詳說七卷 宋張栻撰

前有癸巳序（乾道九年1173）。是書自戊子成於癸巳，故以癸巳名書。宋志、通考俱作癸巳孟子說，而刻者誤題詳說之名，有景定甲子重装於元吉山房手記。宋李周九松舊藏。

松漠紀聞一卷續一卷　宋洪皓撰

宋乾道九年（1173）洪遵建康刻本。乾道九年六月洪遵補遺跋，云："先忠宣松漠紀聞，伯兄鏤板歙越，遵來守建業，又刻之。"洪遵所刻又增加補遺十一事。

諸史提要十五卷　宋錢端禮撰

宋乾道九年（1173）紹興府刻本。半葉九行，行十四字，注文雙行二十八字。白口，左右雙邊。版心題全書名，下記刻工姓名，有李才、李文、李昌、王昌、毛昌、毛奇、陳仁、陳俊、陳明、洪悦、洪新、徐亮、徐顏、許中、施祥、顧宥、朱貴等人。卷中敬、頊、恒、貞、讓、慎、弘、殷，勗皆爲字不成。又兼避鏐、瓘、佐、俶等吴越王錢氏家諱。前列劉孝韙序。卷末有校勘官銜名三行："迪功郎前監潭州南嶽廟李廱朋校正"、"從事郎前平江府吴縣尉主管學事徐似道校正"、"迪功郎紹興府學教授胡紘校正。"鈐印有"樵經閣收藏圖籍印"、"華亭朱氏"、"忍仁"、

"文石朱象玄氏"、"高陽郡圖書印"、"商丘宋犖書府印"、"湘雲館"。

清康熙時曾刻此書，當時內府據抄本付刊，故不知爲何人所撰。天祿琳琅書目卷二載此書爲宋刻本。據陳振孫書録解題知爲吳越錢端禮撰。端禮於紹興間通判明州，累遷至端明殿學士簽樞密院院事兼權參知政事，故序中有參政錢公之語。書中避諱至愼字，當是孝宗時所刻，天祿目謂刊於高宗時，則偶失考。全書擷史籍之清詞麗句，供文人漁獵之用，實開子史精華之先路。第其采輯有法，每卷前附諸帝名字、母后姓氏、陵名、年號及崩葬在位年歲，特爲詳核，足資考證。天祿琳琅鑑藏舊版書聯句詩吳康所詠"提其要取括繁冗"即指此書。北京圖書館藏。

聖門事業圖一卷　宋李元綱撰

宋乾道九年（1173）刻本。前有乾道六年百鍊真隱李元綱序。後有乾道癸巳（九年1173）錢塘李元綱跋。是書宋本爲明楊夢羽舊藏。卷首鈐"海虞楊儀夢羽珍藏圖書記"、"朱文方

印。此書刻為十圖共成一編，

伊雒淵源錄十四卷 宋朱熹撰

四庫全書總目提要：書成於乾道癸巳（九年1173）。蓋宋人談道學宗派，自此書始，而宋人分道學門戶，亦自此書始。

翰苑群書二卷 宋洪遵編

宋乾道九年（1173）洪遵刻於建業。此書末有乾道九年二月洪遵跋，云："嘗會粹遺事一編，來建鄴，以家舊藏李肇、元稹、韋處厚、韋執誼、楊鉅、丁居晦洎我宋數公，凡有紀於此者，并刊之木。"

劉賓客嘉話一卷 唐韋絢錄并序

宋乾道癸巳（九年1173）海陵卞圜跋云：家有先人手校舊本，因鋟板於昌化縣。

佛頂尊勝陀羅尼等靈異神咒二十道一卷

宋乾道九年（1173）秀州惠雲院僧德求刻本。

岑嘉州詩八卷 唐岑參撰

宋乾道九年（1173）陸游刻本。半葉十行，行十八字。楊氏海源閣藏本，後為周暹叔弢所得，解放後捐贈北京圖書館。此本實存八卷之半，雖殘帙是今存最古的蘇詩刊本，且刻版較精，值得珍視。

東坡集四十卷　宋蘇軾撰　存二十三卷

宋刻本。半葉十行，行二十字。白口，左右雙邊。版心上魚尾下記"東坡集第幾"，次記葉數，下記刻工姓名，有王政、王璋、王珍、王文、王敷、毛奇、朱富、朱貴、朱明、朱勁、李政、李忠、李証、李詢、李時、李憲、李師正、李師順、李師信、李元、李恂、周彥、周宣、余正、宋昌、沈慧、洪坦、宋圭、卓允、卓顯、陳用、陳興、陳昌、陳紹先、陳先、陳仲之、惠道、徐高、徐忠、徐逵、俞珍、高彥、許昌、葉青、葉允、葉允中、葉茂、葉宇、葉聲、黃常、黃瑢、施澤、珍、趙通、董暉、劉志、蔣暉、嚴忠。前有乾道九年御製序，半葉八行，行十六字。分卷次第與別本同。此本行款版式與宋刻數本皆不同，審其結體方整，雅近率更，自是南渡後浙杭風度。陳氏直齋書錄解題述東坡集刊板有杭本、蜀本、吉本之別，此斷為杭本無疑。日本内閣文庫藏書。

淮海集四十卷後集六卷長短句三卷　宋秦觀撰

宋乾道九年（1173）王定國高郵軍學刻本。

淮海居士長短句三卷　宋秦觀撰　宋乾道九年高郵軍學刻本，附本集後。十行，行二十一字。白口，左右雙邊。故宫博物院藏，已影印行世。

淮海集四十卷後集六卷長短句三卷　宋秦觀撰

宋乾道九年（1173）高郵軍學刻，紹熙三年（1192）謝雩重修本。半葉十行，行二十一至二十四字不等。白口，左右雙邊。版心上記字數，下記刻工姓名，有曲新、劉仁、劉玉、劉元中、劉文、劉志、劉明、劉宗、李憲、潘正、周佾、趙通等人。宋諱桓、構、慎缺末筆。謝雩爲高郵軍學教授，據蜀本校，增字六十五，去字二十四，易誤三百有奇。此書存十一卷，北京圖書館藏。

膾炙集一卷

宋乾道九年（1173）嚴焕刻本。

忠穆集　　宋吕頤浩撰

宋乾道九年（1173）臨安府刻本。明初板云。

北山集三十卷　宋鄭剛中撰

宋乾道九年（1173）鄭良嗣刻本。鄭忠愍自編北山初集曰筏腹篇，又有編中集。見紹興甲子（十四年1144）自序。其後乃公歿後其子良嗣所編三十卷，乾道癸巳。外有周易窺餘十五卷，又有經史專音，又左氏九六編及他雜着，見良嗣序。

北山小集四十卷　宋程俱撰

宋乾道九年（1173）刻本。半葉十一行，行二十字。錢大昕跋：黃孝廉蕘圃得宋槧本北山小集四十卷。皆用故紙印刷，驗其紙皆乾道官司簿帳，其印記文可辨者曰湖州司理院新朱記，曰湖州戶部贍軍酒庫記，曰湖州監在城酒務記，曰湖州司獄記，曰烏程縣印，曰歸安縣印，曰監湖州都商務印記。蓋此集刻於湖州官廨也。

此集北京圖書館藏有清道光七年張蓉鏡影寫宋鈔本。半葉十行，行二十字。版心下記刻工姓名，有陳擧、朱明、高彥、錢賓、王榮、王昌、李松、陳明、董明、胡寔、施澤、章容、章宗、沈秀、施詢、王明、徐榮、董暉、李林、章彥、章宇、沈祥、滕昱、黄暉、師詢、沈祚、徐寶、董昕、李粹等。此書於八四部叢續編。

屏山集二十卷　宋劉子翚撰

前有墓表朱熹撰，謚議張礩撰，覆議鄭起潛撰。前有紹興二十年胡憲序。乾道癸巳（九年）門人朱熹序云：屏山先生文集二十卷，嗣子玶所編次，已定可繕寫，先生啟手足時，玶年甚幼，以故平生遺文多以散逸。後十年始復訪求以補家書之闕，則皆傳寫失真，異同參錯而不可讀矣。於是反復讐訂又十餘年，並復此二十卷者，始克成書無大譌謬。

歐陽先生文粹　宋歐陽修撰

宋刻公文紙印本。半葉十四行，行二十六字。白口，四周雙邊。行款與南豐文粹同。版式中型，刀法瘦勁，與婺州本三蘇文粹相似。目録後有乾道九年陳亮序文，因推知此書當是南宋中葉婺州刻本。紙背皆宋時公牘文。

原爲明人沈辨之繁露堂藏書。南京圖書館藏。已印入古逸叢書三編中。

竹坡詞三卷　宋周紫芝撰

宋乾道九年（1174）周楘重刻本。周楘稱先刻於潯陽。

乾道間（1165—1173）

新注周易十卷卦德统論一卷略例一卷　宋劉牧撰

宋乾道間（1165—1173）劉敏士刻本。

易數鈎隱圖三卷附遺論九事一卷　宋劉牧撰

宋乾道間（1165—1173）劉敏士刻本。通志堂經解刻本，據以翻刻。

尚書十三卷　題漢孔安國傳

宋乾道間（1165—1173）重修刻本。半葉十行，行二十字，注文雙行二十至二十六字不等。版心下有刻工姓名。宋諱匡、讓、胤、玄、徵、貞、恒、慎均缺筆，惇字不缺，慎字亦有不缺者。爲南宋刻本。乾道中重修。通體五色點抹，眉端墨筆考證，乃元人筆迹。《大誥》篇後有缺。刻工有陳成、宣之、郡元、劉清、吕奐、劉傑、石春、王奇等人。

北京大學圖書館藏。

周禮注十二卷　漢鄭玄撰　唐陸德明釋文

宋乾道（1165—1173）刻本。半葉十行，行十九字。注雙行二十三字。白口，細黑口不一。版心上記字數，下記刻工姓名，有仲甫、蔡昇、彥通、劉丁、江成、應成、李元明等。釋文作白文，左欄外刊小題。宋諱避至慎字。

春秋經傳集解三十卷　晉杜預撰

宋乾道間（1165—1173）江陰軍學刻本。半葉十行，行十九字。注文雙行二十五字。版心下有刻工姓名，有沈忻、沈忭、沈彬、沈源、沈澄、杜俊、周旻、阜允、金文、徐浩、徐益、徐發、陸榮、湯榮、惠民、裘益、裘興、顏奎等人。故宮博物院善本書目為乾道間江陰軍學刻本。此刻諸家未及著録。

春秋疑辨四卷　宋蕭楚撰　胡銓等注

宋乾道間（1165—1173）羅泌刻本。佚。

春秋後傳二十卷　宋陸佃撰　補遺一卷　宋陸宰撰

宋乾道間（1165—1173）陸游嚴州刻本。直齋書錄解題：春秋後傳二十卷，補遺一卷，陸佃撰，補遺者，其子宰所作也。宰字元鈞游之父。

說文解字十五卷 漢許慎撰 南唐徐鉉校定

宋乾道間（1165—1173）刻本。半葉十行，行二十字。注文雙行，行約三十字左右。白口，左右雙邊。卷中刻工約分三期。南宋初葉杭州地區良工何昇、何澤、許忠、顧永、孫仰、阮于、張昇、周明等為第一期。南宋中葉杭州地區補版工人陳壽、董澄、詹世榮、陳彬、陳晃、金嵩、丁松年、劉昭、夏乂、曹鼎為第二期。宋元之際和元時補版工人李德瑛、鄭埜、胡勝、史伯恭、范堅、徐泳、李寶等為第三期。因推知此書刻於南宋初年，迭經宋元兩朝補版。元時版送西湖書院，西湖書院重整書目中有說文解字一目，蓋即此本。清代學者以書宋諱多不缺筆，定為北宋槧本，以訛傳訛，絕非事實。此本傳世可知者凡四帙。一、毛氏汲古閣舊藏本，後歸楊氏海源閣，丁晏有跋，今印入中國版刻圖錄即帙。二、天祿琳琅舊藏本，但無天祿琳琅印記。三、道州何紹基舊藏本，今歸湖南省文物管理委員會。四、孫星衍舊藏本，爲平津館叢書本所自出，清末流入日本靜嘉堂文庫。四部叢刊與續古逸叢書印本，即據此帙影印。此外内閣大庫亦有零星殘帙。上述諸本，都是元時印本。

續資治通鑑節要十三卷　宋李燾撰

宋乾道（1165—1173）刻本。半葉十一行，行二十三字。白口。版心上記字數，下記刻工姓名，有謝珠、瑛合等人。宋諱避至慎字。次行題"朝散郎尚書禮部員外郎兼國史館編修官臣李燾撰"，各段後有"富弼等釋曰"、"呂夷簡等釋曰"，蓋史官論曰贊頌之文。前列乾道四年四月李燾進書表。存目録、卷一至六。鈐有"蔡公惠"、"汪士鍾印"、"閬源真賞"。卷尾有幡式長朱記："嘉興宗德鳳鳴世醫蔡濟公惠家無甔石之儲惟好蓄書於藏爲子孫計因此傳之不朽"朱文二行，蓋宋人所鈐。上海圖書館藏。

乾道臨安志十五卷　宋周淙撰

宋刻本。半葉十行，行十九字。原本十五卷今存首三卷（星詒）。

桂林志二十七卷　宋江文叔撰

宋乾道五年（1169）刻本。

漢雋十卷　宋林鉞撰

宋乾道間（1165—1173）刻本。半葉九行，注雙行三十字，正文大字一約小字二。白口，左右雙邊。版心雙魚尾，上魚尾下記卷數，下魚尾記葉數，再下記刻工姓名，有龔旻、龔亮、蕭茂、黃昇、龔以達、鄧昇、鄧俊、鄧鼎、蔡恭、蔡昌、蔡懋、魏昇、董昇等人。前有紹興壬午上月朔括蒼林鉞序，每行十八九字不等。是書闊版大字，疏朗而精勁，寫刻俱工。與世傳元本迥異，審其字體刻工，當是孝宗時江右刊本。北宋圖書館藏。

海上方一卷　宋錢竽撰

宋括蒼刻本。直齋書錄解題：不著名氏。括蒼刻本，館閣書目有此方，云乾道中知處州錢竽編。

周易極傳　宋乾道间（1165—1173）晁子健刻

太極外傳　宋乾道间（1165—1173）晁子健刻

太極因記　宋乾道间（1165—1173）晁子健刻

修心鑑　宋陸轸撰

宋乾道間（1165—1173）陸游刻本。

武經七書二十五卷六韜六卷孫子三卷吳子二卷司馬法三卷尉繚子五卷黃石公三略三卷李衛公問對三卷

宋刻本（乾道間）半葉十行，行二十字，白口，左右雙邊。版心記字數及刻工姓名，有吳榮、吳榮二、施昌、高異、高英、高興、朱宥、朱雲、朱祥、阮祐、劉昭、金來、金榮、金嵩、汪彥、王文、王政、王恭、呂祖、陳晃、陳鎮、趙良、楊景仁、楊仁、孫斌、孫晃、孫日新、孫春、凌宗、德裕、章宇、李忠、李君忠、李詢、黃常、周彥、周良、葉楮。宋諱至慎字。有抄補十餘葉，極為雅飭。鈐有"明禮部官書"、"宋文大印"及"汪士鐘"、"郁松年藏印"。郁氏宜稼堂書目稿本第十六號記："宋板七書六本，五十元"，即是此書。陸心源得之郎氏。日本静嘉堂文庫藏書。此本已印入古逸叢書中。北京歷史博館藏宋本六韜，乃傅增湘在內閣大庫残紙麻袋中檢出者，其版式與此正同。

十一家注孫子三卷　漢曹操等注

宋刻本（乾道間）半葉八行，行十七字。注文雙行，行二十六字。白口，左右雙邊。版心下有刻工姓名，只有章珍，其它或姓或名有章、通、勉、中、麗。宋諱缺筆至慎字。卷首尾鈐"袁氏珍藏圖書"、"袁埈"、"長安子孫"、"季振宜印"、"滄葦"、"昆山徐氏家藏"、"天祿繼鑑"、"乾隆御覽之寶"八印。上海圖書館藏。一九六一年中華書局上海編輯所影印行世。

北京圖書館藏本（足本）同前本，書尾有承德堂牌記。鈐"鍾溪鑑賞"、"岳飛之章"、"戎馬書生"、"周暹"、"高山流水"五印。周叔弢先生捐獻。

六經天文編二卷　宋王應麟撰

宋乾道間（1165—1173）刻本。

石本金剛經一卷

宋乾道間（1165－1173）劉岑刻印石本金剛經，相傳以為善。

佛頂心觀世音菩薩大陀羅尼經一卷

宋乾道間（1165－1173）蔣岳刻本。半葉六行，行十五字。

南華真經注十卷　晉郭象撰

宋（乾道間）蜀中安仁趙諫議宅刻本。半葉九行，行十七字，注雙行三十字。白口，左右雙邊。版心魚尾下記"莊一"、"莊二"等字。每卷標題後次行頂格標篇名，三行低七格題"郭象注"，注後附音釋，極簡，似取陸氏釋文而節略之，釋音之字以白文。宋諱玄、殷、弘、讓、敬、匡、貞、完、構、慎省缺筆，是孝宗時刊本。版心下刻工姓名可辨者有毋成、張八、張小四、程小六、李珍、李上、趙順、小蘇、又開、楊、鄧、彥、亮等一字。末卷有牌子二行曰"安仁趙諫議宅刊行一樣□子"，"□子"上一字刓去，當是數目字，如四子、六子之類。安仁為臨邛郡屬縣名，即今大邑縣。惟趙諫議爲何人若無明證。

高常侍集十卷 唐高適撰

宋乾道間（1165—1173）陸游刻本。

元微之文集六十卷 唐元稹撰

宋乾道間（1165—1173）洪适刊於越州。

增廣注釋音辯唐柳先生集四十五卷年譜一卷別集二卷附錄一卷 唐柳宗元撰

宋乾道間（1165—1173）吳郡陸之淵刻本。

皇甫持正文集六卷 唐皇甫湜撰

宋乾道間（1165—1173）陸游刻本。半葉十二行，行二十一字。此集放翁父子守嚴州時所刊。

杜審言集二卷 唐杜審言撰

宋乾道間（1165—1173）趙彥清刻本。

樂全先生文集四十卷 宋張方平撰。存十八卷

宋刻本，半葉十二行，行二十二字。白口。左右雙邊。版心雙魚尾，有卷第無書名，上記字數，下記刻工姓名，有國信、黄鼎、江翌、葉正、吳堅、吳宗、李偉、陳石、李章、丘仲、李四、李崇、李虎、沈湜、陳明、李

世文等人及各單字。宋諱玄字聖祖名，頊字注神宗廟諱，桓字注欽宗廟諱。構字注太上御名，獨慎字或注今上御名，或缺末筆。宋諱避至慎字。刻工常見者皆江西地區刻工，推知此書當是南宋初葉江西某地官版。此雖殘帙，然爲海内孤本。鈐"文淵閣印"明内閣舊藏，松江韓氏書，後爲潘宗周收去。現藏北京圖書館。

王狀元集百家注分類東坡先生詩二十五卷　宋蘇軾撰　王十朋纂集

宋乾道間（1165—1173）泉州市舶司刻本。半葉十一行，行十九字，注雙行，行二十五字。細黑口，左右雙邊。目録卷一標題次行署"前禮部尚書端明殿學士贈太師謚文忠蘇軾"。正文與注相凡語涉宋帝上空一格，避宋諱缺末筆。目録最後一葉末行有"泉州提舉市舶司東吳阿老書籍鋪印"。該書刻印俱佳。存十四卷。北京圖書館藏。

豫章黄先生文集三十卷外集十四卷　宋黄庭堅撰

存卷二至十四，十七至十九。外集存卷一至六。

宋乾道（1165—1173）刻本。半葉九行，行十八字，注文雙行，行二十八九字不等。白口左右雙邊。版心上記字數，下記刻工姓名。有上官慶、劉順、劉僅、劉彥、劉成、劉頤、彭新、彭世寧、彭辛、彭立、彭達、蔡順、蔡迪、蔡通、蔡達、蔡寧、蔡革、蔡民、蔡久、蔡岳、蔡華、李倚、李珏、陳久、陳中、陳革、陳範、陳華、王明、王禮、王用、王凡、王月、黃通、黃正、黃戩、徐昌、徐亮、吳恭、吳常、吳世明、吳立、鄧安、鄧茂、鄧感、鄧雲、鄧彥才、鄧七、~~鄧七~~、胡允、林通、周彥、周明、高智平、高智年、弓受、楊才、許安、丘中、丘仲、郭仁、虞宗、葉十七、張中、莊文、湯執、詹興、趙文、夏榮、夏宗、秦岳、田庚、嚴瑞、施光等。有清嘉慶三年黃丕烈跋二則。有"汲古閣"、"廣山毛晉"、"字子晉"、"東吳毛晉"、"在在處處有神物護持"、"汪士鐘藏"、"汪振勳印"、"某泉"、"敦息楊歆原重威章"。此書百宋一廛賦著錄，所謂"異三擇手錄章"

者也。審其字體雕工，疑南宋初江西刻本。

類編增廣黃先生大全文集五十卷　宋黃庭堅撰

宋乾道（1165—1173）麻沙鎮水南劉仲吉宅刻本。半葉十五行，行二十六字。細黑口，四周單邊。前有門目，大字，半葉十行細黑口，左右雙邊。次目錄二卷，半葉十五行，亦左右雙邊。目錄卷下末葉後有牌子："麻沙鎮水南劉仲吉宅近刻到類編增廣黃先生大全文集計五十卷比之先印行者增三分之一不欲私藏庸鑱木以廣其傳幸學士詳鑒焉乾道端午識"。後有黃丕烈跋。鈐有"玉峰徐氏家藏"、"查升之印"、"沈廷芳印"、"菉園"、"古柱下史"、"士禮居"、"黃丕烈印"、"蕘夫"、"百宋一廛"、"復翁"、"汪氏某泉"、"汪士鐘印"、"閬源甫"、"汪振勳印"、"楳泉"、"汪士鐘曾讀"、及"海源閣楊氏父子印"。李木齋藏書。

淮海居士長短句三卷　宋秦觀撰

宋乾道間（1165—1173）刻本。清黃丕烈、蔣培因、沈樹鏞跋。朱孝臧、吳梅、鄧邦述跋。冒廣生題詩。清孫雪鴻題款。上海博物館藏。

姑溪居士前集五十卷後集二十卷　宋李之儀撰
宋乾道間（1165—1173）吳芾當塗郡學刻本。宋乾道間，天臺吳芾爲當塗守，訪得其本，輯成五十卷，序而刻於郡學。

栟櫚先生文集二十五卷　宋鄧肅撰
宋乾道間（1165—1173）刻本。

潏水集十七卷　宋李復撰
宋乾道間（1165—1173）刻於饒州。潏水集四十卷。即朱子所謂信州本。

聖宋文選全集三十二卷　不著編輯名氏
宋乾道（1165—1173）刻本。半葉十六行，行二十八字，白口，左右雙邊。版心下方記字數及刻工姓名，有周彥、李昌、李珍、李忠、張佐、楊昌、陳章、陳彥、余政、吳正、黃忠、劉文、劉斌、余珍、方堅、方至、葉廷、洪誌、趙通等人。宋諱避至慎字。蠅頭細楷，結構精嚴，有歐陽率更意，較蘇文爲厚重，當爲婺本之精者。卷尾有嘉慶八年黃蕘圃跋。鈐有“士禮居”、“蕘圃”、“恩福堂藏書印"、"煦齋藏本"、"介文珍藏"，近人有蔣氏密韻樓、張氏適園、擇是居、蔣祖詒諸印。書衣有"愚齋圖書館藏"朱文大印。此書國立中央圖書館有藏書。南京圖書館藏四卷。

三 蘇先生文粹七十卷 宋蘇洵 蘇軾 蘇轍撰

宋乾道（1165—1173）婺州吴宅桂堂刻本。此爲巾箱本。半葉十四行，行二十六字。白口，左右雙邊。版心下魚尾下記字數及刻工姓名，有李松、吴正、劉正、洪新、陳祥、俞珍、劉才、翁彬、陳明、馮昇、徐宗、蔡元、吴高、元佐、許中、葉遷、師順、金榮、陳元等人。避宋諱至慎字止。字體俊整，鎸工精整。目後有牌子"婺州義烏青口吴宅桂堂刊行"。首葉冠以御製蘇文忠文集叙贊，十一行，行二十字。第一至十一卷老泉先生，十二至四十三卷東坡先生，四十四至七十卷潁濱先生。卷首鈐有"忠孝"白文葫蘆印，是爲海源閣舊藏，有楊紹和及宋存書室諸印。上海圖書館藏

唐百家詩選二十卷　宋王安石編

宋乾道間（1165-1173）倪仲傳刻本。前有仲傳序。

其書世久不傳。

于湖詞三卷　宋張孝祥撰

宋刻本一卷。李福影抄宋乾道刻五卷，拾遺一卷。

花間集十卷　後蜀趙崇祚輯

宋乾道（1165—1173）陸游刻本。

淳熙元年　甲午（1174）

包孝肅奏議十卷　宋包拯撰　張田編

宋淳熙元年（1174）趙磻老廬州刻本。

邃史二十卷　宋蔣芾撰

直齋書錄解題：其曾祖魏公之奇穎叔，所記邃史拾數百冊，兵火散失，捃摭遺稿得六百六事為十九門。淳熙改元（1174）書成為之序。

鹽鐵論十卷　漢桓寬撰

宋淳熙改元（1174）錦谿張監稅宅刻本。半葉九行，行十八字。第十卷末有"淳熙改元錦谿張監稅宅善本"二行楷書木記。刊印頗精雅。

公是先生弟子記四卷　宋劉敞撰
　宋淳熙元年（1174）江溥刻本。
公是先生弟子記四卷　宋劉敞撰
　宋淳熙元年（1174）趙不黯刻本。
寓簡十卷　宋沈作喆撰
　四庫全書總目提要：據書中所叙，當和議初畫成之時。此書自序題甲午歲，以長曆推爲孝宗淳熙元年（1174）。
無垢先生橫浦傳心録三卷橫浦日新録一卷　宋張九成撰　于恕編
　宋淳熙元年（1174）黄巖縣學刻本。宋淳熙元年于恕序。學生黄巖刁駿後序云：出資俸命工鏤板縣庠。中國善本書提要題。
橫浦先生文集二十卷孟子發題一卷橫浦心傳録三卷橫浦日新録一卷　宋張九成撰。宋淳熙元年（1174）于恕序，刁駿後序。明人影寫宋刻本題。
潮溪先生捫蝨新話十卷　宋陳善撰
　宋紹興十九年自序。淳熙元年（1174）陳益序。

昌黎先生集四十卷外集十卷 唐韓愈撰 附一卷。

宋淳熙元年（1174）錦谿張監稅宅刻本。半葉十一行，行二十字，白口，左右雙邊。小版心，近巾箱本。附一卷為蘇軾廟碑及皇甫湜神道碑。有紹興己未（九年）劉昉後序，為潮州刻本而作。序後有"淳熙改元錦谿張監稅宅善本"牌記。存卷一至十。

百宋一廛賦注云小字本，昌黎集每半葉十一行，行二十字。字畫方勁而未有注，當是北宋槧本。此本行款與蕘圃所言一一脗合，惟後有影寫紹興己未劉昉序一葉。序云潮州公舊治大觀初先大夫嘗集京浙閩蜀刊本及趙德舊本參以石刻訂正之，郡以公廟香火錢刊行，中經兵火遂無孑遺。今訪得舊本重刊。序後又有木圖記云"淳熙改元錦谿張監稅宅善本"。以此證之小字本一刊於大觀，再刊於紹興，三刻於淳熙。此刻精勁拔俗，疑為大觀祖本。末後從別本影鈔，不得執此以難蕘圃也，蕘圃所藏僅前十卷，此惟有五卷影寫，餘皆宋刻，可以徵士禮矣。舊為朱筠河藏書。藏印有"元父印"、"九如"、"淳"、"筠河府君遺藏書記"、"朱印錫庚"、"少河"、"椒花吟舫"。

選腴五卷　宋王若撰

直齋書錄題解：以五聲韻編集文選中字。淳熙元年（1174）自序。

淳熙二年乙未（1195）

周易窺餘十五卷　宋鄭剛中撰

宋淳熙二年（1175）鄭良嗣刻本。宋紹興壬申自序，前有淳熙乙未（1175）陳俊卿序，稱今其子又有學問能世其家收拾遺稿為十五卷，將鋟板傳諸學，請序以冠其首。

大戴禮記十三卷　漢戴德撰　周盧辯注

宋淳熙二年（1175）建安郡齋韓元吉刻本。抱經堂藏書志載有韓氏刊書跋一則，可知刻書緣起："予家舊傳此書，嘗得范太史家一本校之，篇卷悉同，其訛缺謬誤則不敢改益，懼其浸而傳，又加舛也，乃刻置建安郡齋，庶可考焉。淳熙乙未歲後九月潁川韓元吉"。

據藏書家朱學勤考證，宋刻之已失傳。明嘉靖十二年袁褧嘉趣堂刻本，翻宋本，宋諱缺末筆。刻刊最為精工。

新定三禮圖集注二十卷　宋聶崇義撰

宋淳熙二年（1175）鎮江府學刻公文紙印本。半葉十六行，行二十二字至四十三字不等。白口，左右雙邊。圖說各為一葉。版心不題書名，亦無魚尾，中縫記字數，下記刻工姓名僅見劉明。紙背公文有淳熙五年鎮江府學教授徐端卿、中奉大夫充徽猷閣待制知鎮江府司馬伋銜名。據嘉定鎮江志，宋時府學教授有熊克、陳伯廣、徐端卿等，淳熙五年知府有司馬伋。此書淳熙二年陳伯廣後跋：熊君子復得蜀本，欲以刻於學而予至，因屬予刻之；與志正合。熊克字子復，建陽人，宋史入文苑傳。司馬笈當即司馬伋。因推之此書確是淳熙二年鎮江府學官版。宋元間為俞琰、俞貞木父子藏書，明嘉靖中歸華夏真賞齋，真賞齋賦著錄，惟華氏誤認為北宋本，應予糾正。至德周氏得之捐入北京圖書館。

已印入古逸叢書三編中。

通鑑紀事本末四十二卷 宋袁樞撰

宋淳熙二年（1175）嚴陵郡庠刻本。半葉十三行，行二十四字至三十字不等。白口，左右雙邊。版心上記字數，下記刻工姓名，有方先、方中、方忠、方茂、方堅、方淳、方岳、宋昌、宋琳、宋鼎、楊泳、楊暹、芦洪、芦適、江浩、江漢、李元、劉元、余斌、金敦、徐宥、馬正、吳寶、阮卞、童泳、葉松、陳才、張暉、毛杞等。袁樞以通鑑文字繁博，乃區別其事實為此書以貫通之，時官嚴州教授，即就郡庠開版，楊萬里出守臨漳過嚴州為之序，故世稱嚴州本。宋史、玉海稱孝宗詔嚴州摹印十冊以賜江上諸帥，亦即此本。宋諱缺筆至慎字。補版絕少。北京圖書館藏。

通鑑紀事本末四十二卷 宋袁樞撰

宋淳熙二年（1175）嚴陵郡庠刻，端平元年（1234）修，淳祐六年（1246）重修本。半葉十三行，行二十四字至三十字不等。白口，左右雙邊。版心刻工有方文虎、方中、方先、方出、方昇、方茂、方堅、方淳、毛元亨、毛杞、毛森、王信、朱明、江大亨、江節、江淮、江漢、余昌、余斌、吳中、吳右、吳琮、宋圭、宋昌、宋琳、李德、阮卞、李大、金昇、金彥、范石、徐仁、翁晉、翁真、翁祐、翁祥、翁華、張明、陳全、陳通、陳震、童泳、黃森、楊永、楊昌、楊通、萬甲、盧文、劉士永、蔡方、韓信、芦洪、芦適等人。

日本靜嘉堂文庫藏有此本。

新安志十卷附一卷　宋羅願撰

宋淳熙二年（1175）自序。宋刻新安志，今時吾郡士大夫家皆無。惟吾族家傳世守此書一本。除此之外，則不可見矣。特延人於涵養書舍中再錄一部，硃墨批點句讀，以便暇中覽閱，得見古之人物出處而有可考。然恐日後失傳，所以附記於後。倘後鋟梓，亦有據焉。趙不悔序。

桂海虞衡志一卷　宋范成大撰

宋淳熙二年（1175）自序。

元豐官志四卷　不著撰人名氏

影寫宋刻本。宋淳熙二年（1175）趙善沛跋云："本朝自開寶三年太祖命宰相趙普定百官品秩，刪去繁冗，正其階級，題為開寶官志。神祖元豐四年又命兩府再加詳定，亦有增刪，凡若干員，題名元豐官志。時淳熙二年上巳日宗安趙善沛題"。此書記宋代官制，四庫未收，宋史藝文志亦未見。

近思錄十四卷　宋朱熹　呂祖謙撰

宋淳熙二年（1175）刻本。森志所載昌平學藏，無刻書年月序跋。

江東集十卷附讒書五卷　唐羅隱撰

宋淳熙二年（1175）姚叔祥知新城合刻為序。

讒書五卷　唐羅隱撰

宋淳熙二年（1175）楊思濟新城刻本。

謝幼槃文集十卷　宋謝邁撰

宋淳熙二年（1175）陽夏趙煜重刻本。與兄謝逸溪堂集稱臨川二謝集。

溪堂集十卷　宋謝逸撰

宋淳熙二年（1175）趙煜刻本。

苕溪漁隱叢話前集六十卷　後集四十卷　宋胡

仔撰

宋淳熙二年（1175）刻本。卷四十後列校官銜五行：從政郎充紹興府府學教授林思齋校勘、從政郎充兩浙東路提舉點刑獄司備差遣盧希度校勘、從政郎充兩浙東路提點刑獄司檢法官徐森校勘．朝散郎直秘閣兩浙東路提點刑獄公事胡仰。寶慶會稽續志：浙東提刑題名胡仰，淳熙元年十一月以朝散大夫直秘閣到任，淳熙二年三月罷任。

淳熙三年 丙申（1176）

大易粹言十二卷 宋曾穜撰

宋淳熙三年（1176）舒州公使庫刻本。半葉十行，行二十字。白口，左右雙邊。版心下記刻工姓名，有胡珏、胡剛、徐亮、劉仲、王明等人相同池陽郡齋本李善文選。故宮博物院藏十五冊。淳熙三年雕本，後牒二通，舒州公使庫雕造本所依奉台旨校正到大易粹言雕造了畢，右具如前。淳熙三年正月日。次校勘銜名有李祐之、許邦瑀、方廸、張棨、程九萬、莫秤、趙善登、方聞一、陸同、曾種諸人。又牒令具，大易粹言一部計二十册。合用紙數印造，上墨錢，下項紙幅耗共一千三百張，裝背饒青紙三十張，背青白紙三十張，後墨糊藥印背匠工食等錢共一貫五百文足，賃板錢一貫二百文足。本庫印造見成出賣，每部價錢八貫文足。右具如前，淳熙三年正月日。雕造所貼司胡至和具，次李清孫校勘無差。是本即種知舒州時，書成刊印。至嘉定癸酉張嗣古，以漫漶重修則在後矣。每册前後有崇古齋文官印。册末紙背印記"國子監崇文閣書籍借讀者必須愛護損壞缺污寧者不許收受。"

春秋經傳集解三十卷　晉杜預撰

宋淳熙三年（1176）左廊司局刻本。後刻印記稱，淳熙三年四月十七日，左廊司局內曹掌典秦玉楨等奏聞。壁经、春秋、左傳、國語、史記等書，多爲蠹魚傷牘，不敢備進上覽。奉敕用棗木椒紙各造十部。四年九月進覽，監造臣曹棟校梓，司局臣郭慶驗讀。末九卷載凡三十四萬五千八百四十四字，經十九萬八千八百十二字，注十四萬六千九百六十二字。

春秋經傳集解三十卷　晉杜預撰　唐陸德明釋文　春秋名號歸一圖二卷　蜀馮繼元撰

宋淳熙三年（1176）閩山阮仲猷種德堂刻本。半葉十行，行十八字。注文雙行，行二十二字。白口左右雙邊。釋文附入，前有釋文序、春秋地理圖、春秋諸侯世子表、歷代世系表、春秋名號歸一圖二卷。卷尾有木記："謹依監本寫作大字，附以釋文，三復校正刊行，如履通衢，了亡窒礙處，誠可嘉矣。兼列圖表於卷首，迹夫唐虞三代之本末源流，雖千歲之久，豁然如一日矣，其明經之指南歟？以是衍傳，願垂清鑑。淳熙柔兆涒灘中夏初吉閩山阮仲猷種德堂刊。"日本賜蘆文庫藏。

春秋左傳正義三十六卷　周左丘明撰　晉杜預注　唐孔穎達疏

宋淳熙三年（1176）種德堂刻小字本。半葉十行，行十八字。小字雙行二十二字。末卷尾有楷書木記："依監本寫作大字，附以釋文，棗刻圖表，淳熙柔兆涒灘，閩山阮仲猷刊”。此則淳熙三年丙申。

史記集解索隱一百三十卷　漢司馬遷撰　劉宋裴駰集解·唐司馬貞索隱

宋淳熙三年（1176）張杅桐川郡齋刻本。半葉十二行，行二十五字。注文雙行，行字同。白口，左右雙邊。版心魚尾下題史記一、三字，又魚尾下記刻工姓名。集解序蔣暉刊，索隱序章楷刊，張跋及目録李師順刊。其他刻工有王中、王楷、李元、李正、李良、李益、李憲、周元、周彥、吳仲、高彥、高秀、余珍、余政、洪新、洪源、洪祖、施珍、施寔、施昌、陳振、陳昌、宋昌、張明、呂祐、劉彥中、朱文貴等人。宋諱缺筆至慎字。淳熙三年廣漢張杅守廣德時，據蜀小字本重刻於郡齋，刻工皆杭州地區良工。此爲張杅原刻，未經耿秉修補之本。紙墨瑩潔，如黃庭初搨，不爽毫髮，存六十三卷。北京圖書館藏。

元和郡縣志四十卷　唐李吉甫纂修

宋淳熙三年（1176）張子顏刻本。為今存地理總志之最古者。自影宋精抄本。十行，行二十二字。口上書名無圖字。前有李吉甫序，後有淳熙二年秘書監程大昌序並跋，又淳熙三年番陽洪邁序，又上秦張子顏跋，言刻板於襄陽幕府。原缺卷十九、二十三、二十四、三十五、三十六，計六卷。存三十四卷。鈐有"怡府世寶"、"明善堂珍藏書畫印記"、"安樂堂藏書記"。又有朱子清收藏各印。

潯陽志十二卷　宋羅百揆撰

宋淳熙三年（1176）曹訓序。

嘯堂集古錄二卷　宋王俅撰

宋刻本。卷首有李邴漢老序。書凡二卷。鐫印絕精，在宋槧中堪稱上乘。卷末有元人書曾機跋，元統改元吳郡干文傳跋。清翁方綱跋四通。阮元跋稱："此二册乃宋刊本，二跋乃元人墨蹟，殊可寶也。嘉慶八年曲阜顏衡齋以此贈元，收入琅環仙館與宋王復齋鐘鼎識共藏之。阮元識。"版式，上列原器及本文，下為釋文，左右雙邊，白口，單魚尾，書名僅題一古字。兩卷各五十葉，葉排長短並不分卷。宋諱桓字缺筆，玄字釋作元。藏印有"謙牧堂藏書記"、"兼牧堂書畫記"、"是本曾藏宋葆淳家"、"翁方綱"、"覃溪"、"覃溪審定"、"蘇齋"、"蘇齋墨緣"、"寶蘇室"、"阮元印"、"阮元私印"、"阮伯元藏鐘鼎文字"、"揚州阮氏琅環僊館藏書印"、"臣元奉敕審釋內府金石文字"、"琅環僊館"、"文選樓"、"積古齋印"、"東壁圖書"、"屏衛森書戟燕寢凝清香"、"吳廷"、"吳廷之印"、"吳文桂私印"、"江邨"、"甘泉岑氏懼盈齋珍藏印"、"德翁"、"隴西癸巳人碩"。北京圖書館藏，已印入續古逸叢書中。

新書十卷　漢賈誼撰

宋淳熙三年（1176）潭州州學刻本。

皇朝仕學規範四十卷　宋張鎡編

宋淳熙三年（1176）刻本。半葉十二行，行二十五字，句加圈。版心下記刻工姓名，有陳雲、文只、李貴、喬恕、壬中、余子云，劉中、劉志中、王梅保、劉興才、文氏、文富、王如、谷保諸人。前有淳熙丙申張鎡自序，次總目。卷一至三為學，四至十三行己，十四至二十八蒞官，二十九至三十一陰德，三十二至三十五作文，三十六至四十作詩。次所編書目計一百件。四庫提要稱徵引原文，各著出典，若所採九朝名臣傳，四科事實，其書皆不傳。除上文所舉外，其已佚書足資採輯者，尚不少也。錢夢廬言新篁里．張叔未解元藏有宋刻宋印本，紙墨如新，為明初袁忠徹所藏。清儀閣藏書散盡，無可蹤跡，此恐為海內僅存之本。藏印有“古燕查氏家藏”、“查林印信”、“櫨林讀過”、“守樸”、“稚凱”。北京圖書館藏。

張叔未藏皇朝仕學規範四十卷　宋張鎡編

宋淳熙三年刻本。半葉十二行，行二十五字。紙白版新，刻字秀麗悅目，為宋刻中之珍品。是書結一廬朱氏舊藏，缺序目及作文作詩二類。嘉興張廷濟用宋槧本影鈔完足。有四明袁氏靜思齋志朱文牌字，樓廉夫白文印。有張廷濟跋稱：「淳熙三年原刻初印本，係楊鐵崖、袁忠徹舊藏本。乾隆時武涉令海昌查宣門聞所珍貯。嘉慶時，余從宣翁之子東庵茂購得，前缺序目，後缺作文作詩二類八卷，余與海鹽朱春甫錦及余次兒慶榮從宋槧復刻本影鈔補之，授慶榮珍之。道光二十五年乙巳七月廿日嘉興竹田里七十八歲老者張廷濟叔未甫」上海圖書館藏有殘缺

唐黃御史集八卷　唐黃滔撰

宋淳熙三年（1176）黃沃刻本。

范文正公尺牘一卷　宋范仲淹撰

宋淳熙三年（1176）張栻刻本。

沈忠敏公龜溪集十二卷　宋沈與求撰

宋淳熙三年（1176）泉州軍州學刻本。

鄖溪集二十八卷　宋鄭獬撰

宋淳熙三年（1176）安陸郡齋刻本。

著作王先生集八卷　宋王蘋撰

宋淳熙三年（1176）蘄春郡庠刻本。

五峰胡先生文集五卷　宋胡宏撰

宋淳熙三年（1176）張栻刻本。

三蘇文粹六十二卷　宋蘇洵　蘇軾　蘇轍撰

宋淳熙三年（1176）武溪游存恭德棻瑩俊齋刻本。天禄琳琊後目卷六載，卷末有"淳熙丙申冬至日刊於瑩俊齋"。

淳熙四年　丁酉（1177）

大易粹言十卷總論三卷　宋曾穜輯

宋淳熙四年（1177）刻本。半葉十二行，行二十二字，細黑口，左右雙邊。序後有牌子楷書二行，文曰："建安劉叔剛宅刻梓"。有曾穜序，淳熙二年九月，伊川易傳序，白雲先生易説序。紹興辛未郭雍、程九萬跋。淳熙四年西秦李祐之跋。序跋皆十行，行十六字。此松江韓氏藏書，有咸豐己未韓應陛小字跋數行。國立中央圖書館藏。

詩集傳二十卷　宋朱熹撰

宋刻本，半葉七行，行十五字，注文雙行，行十五字。白口，左右雙邊。淳熙四年自序。版心單魚尾，下記詩卷第幾，上記大小字數，下記刻工姓名，有黄埜、蔡友、鄭恭、蔡明、王燁、游熙、吳夷、賈直、馬良、何彬、周嵩、張元彧、蔡仁、賈端仁、劉震。宋諱避至鄭字止，蓋成書後第一刻本。舊袁廷檮五硯樓藏書，後歸陳仲魚。仲魚所作綴文定為後山所刻。日本靜嘉堂藏書。此本與北京圖書館所藏內閣殘本同。文學古籍刊行社已影印行世。

儀禮注疏十七卷　漢鄭玄注　唐賈公彥疏

宋淳熙四年（1177）刻本。半葉八行，行十七字。注文雙行同。每卷末悉分經注字數。

禮記注二十卷附陸德明釋文四卷　漢鄭玄撰

宋淳熙四年（1177）撫州公使庫刻本。半葉十行，行十六字。注文雙行，行二十四字。白口，四周雙邊。版心上記大小字數，下記刻工姓名，有王才、王全、陳中、陳文、陳昇、陳先、陳辛、周俊、周昂、周辛、李杲、李高、黃珍、余仁、余中、余安、余定、余俊、余貿、張太、吳明、吳羔、吳俊、吳立、吳山、劉元、劉永、劉振、江翌、江國昌、蔡正、鄧成、鄭才、蕭韶、俞先、阮升、弓顯、朱諒、潘憲、鄒郁、華中、南昌嚴誠、官元、高安國、高安道、高文顯。附陸德明釋文刻工有李果、李高、周昂、周奉、周俊、吳昌、吳山、吳立、吳明、吳平、吳生、王才、王全、王顯、陳昇、陳文、陳中、陳辛、陳祥、陳光、陳才、余中、余仁、余寶、余英、余俊、余定、余文、江國昌、江翌、高安國、高安道、高文顯、嚴太、南昌嚴誠、劉振、劉元、鄭才、鄭韶、阮升、棠仁、鄒郁、鄧成、葉中、潘憲、朱諒、俞光、蔡正、許其、李三、張太、弓顯、黃彥、官元等。宋諱筆至慎字。卷末有淳熙四年撫州公使庫刻書人銜名七行。據黃震日抄咸淳九年修撫州六經跋，知當時刻六經三傳，至咸淳時又添刻論、孟、孝經，以足十二經之數。今傳世撫本諸經，禮記外僅存周易、公羊與春秋左氏傳集解殘帙，他經均佚。此為楊氏四經四史之齋舊藏宋本四經之一。末附陸德明釋文四卷，原藏瞿氏鐵琴銅劍樓，兩書分離已百餘年，今延津劍合，俱歸北京圖書館。此書初印精湛，無一補版，在撫本中，當推甲選。

清嘉慶十一年顧廣圻爲張敦仁校刻本。即據此帙影刻。已印入古逸叢書三編中。

禮記正義六十三卷　漢鄭玄　唐孔穎達撰

宋淳熙四年（1177）撫州公使庫刻二十卷本。半葉十行，行十六字，注文雙行，行二十四字。即張刻之祖本。

經典釋文三十卷　唐陸德明撰　存禮記釋文四卷。

宋淳熙四年（1177）撫州公使庫刻本。半葉十行，每行大小相間，十九、二十字不等。白口，四周雙邊。版心上記大小字數，下記刻工姓名，中記"壬寅刊"、"壬申"、"戊申刊"、"開禧乙丑换"、"淳祐壬寅刊"等。卷各別起，而不題卷二、三等字，葉數通爲長號，凡一百二十三葉。宋刊存者七十四葉，餘四十九葉精寫補入。刻工有和、孔宗、元、喻、戊申朱生刊、施贇、伯言、黄玉、高安國、吳中、鑑、嚴思敬、思明、思贇、周忠、李、胥、定、明、周日新、何樑、吳行重。宋諱缺筆至敦字。此本刊於淳熙四年丁酉，其"壬寅刊"者爲九年，"戊申"者爲十五年，"壬戌"者爲嘉泰二年，"壬申"者爲嘉定五年。此書有曹元忠跋。鈐有"東宮書府"十一疊篆文大朱印。

新增隸續四卷

宋淳熙四年（1177）范成大蜀中刻本。

高郵志三卷續志十卷　宋孫祖義撰

宋淳熙四年（1177）趙不懟刻其書，在圖志中最爲疏略。嘉定中汪綱再修稍詳定。

刑統

宋淳熙四年（1177）國子監重刻本。

顏氏家訓七卷　北齊顏推之撰

宋淳熙四年（1177）台州公使庫刻本。

靈隱佛海禪師語錄

宋刻本，半葉十一行，行二十字。有淳熙四年顏度序，尾有淳熙丙申道能跋。次拙庵跋首墨書"伊勢國多氣郡上野御薗安養寺常住"。日本帝室圖書寮藏。

新刊詁訓唐昌黎先生文集四十卷外集十卷遺文一卷　唐韓愈撰　宋韓醇訓詁

宋淳熙四年（1177）臨邛韓醇刻本。天祿書目載是書前後無序跋，惟卷一標臨邛韓醇，醇宋史無傳。按五百家注昌黎集列諸儒名氏，醇字仲韶，又訓詁柳集亦出醇手。書後有作於孝宗淳熙丙申，稱世所傳昌黎文公文雖屢經名儒手，余昔校以家集，其舛誤尚多，用為之訓詁，則醇為念齋可知。其家在臨邛，當即蜀中所刻。宋葉夢得以蜀本在建本之上，觀此書字精紙潔，刻印俱佳，夢得所言不誣也。此本四庫未收。

新刊詁訓唐柳先生文集四十五卷外集二卷龍城錄二卷附錄二卷集傳一卷

宋淳熙四年（1177）臨邛韓醇刻本。

黃御史集十卷附錄一卷　唐黃滔撰

宋淳熙四年（1177）永豐曾氏刻本。原集久佚，此本乃宋淳熙中其後人所重編。

新雕聖宋文海一百二十卷　宋江鈿編

宋淳熙四年（1177）臨安府刻本。半葉十行，行二十二字。常熟瞿氏藏卷四至卷九，共六卷。書中殷、警、驚、構、桓缺筆。韋素館季氏書目藏有六冊，惜更佚去四冊。每卷鈐有「揚州季氏御史振宜之印」、「季振宜藏書」等印。現藏北京圖書館。建炎以來朝野雜記：臨安書坊有謂聖宋文海者，近歲江鈿所編。孝宗得之命本府校正刻板，時淳熙四年（1177）十一月也。周必大以是書編次無倫請於孝宗命呂祖謙重編，呈進賜名文鑑，文鑑行而是書遂晦。

淳熙五年戊戌（1178）

禮部韻略五卷

宋淳熙五年（1178）國子監刻本。玉海：淳淳元年國子監言韻略前後增改刪削及多差舛，詔校正刊行。

姑孰志五卷　宋林桷撰

宋淳熙五年（1178）太守楊愿刻。

元城先生盡言集十三卷　宋劉安世撰

宋淳熙五年（1178）處州郡齋刻本。梁安世刻書跋：元城先生南遷往還皆道曲江，始得其手帖十餘紙，於州人鄧氏乃刻石清淑堂。上適先生曾孫孝騫自連山來訪，出其家藏盡言集十三卷，因命之鏤板置郡齋。淳熙五年戊戌閏月初吉假守括蒼梁安世謹書。」

東家雜記二卷　宋孔傳撰

宋刻遞修本。半葉十行，行十八至十九字。白口，左右雙邊。補版細黑口。孔傳字世文，孔子四十七世孫。南宋初與孔端友等四人隨高宗南渡，家於衢州。此書當是南宋初期衢州家廟刻本。刻工楊瑞、王子正又刻衢州本歐陽居士集，王子正又於淳熙八年陸游知嚴州時刻世說新語，嚴、衢壤地相接，故刻工可互相支援。補版宋諱缺筆至慎字。卷末淳熙五年五世孫孔擬序文，卷首杏壇圖等，皆後補之葉。黄氏士禮居舊藏。百宋一廛賦著錄。北京圖書館藏。

中興館閣書目七十卷序例一卷

宋淳熙五年（1178）浙西轉運司刻本。玉海：淳熙四年十月少監陳騤等言乞編撰書目，五年六月九日上中興館閣書目七十卷，序例一一卷（序例凡五十五條），凡五十一門，計見在書四萬四千四百八十六卷，較崇文所載多一萬三千八百十七卷，後參三朝史志多八千二百九十卷，兩朝史志多二萬五千九百九十二卷。閏六月十日令浙漕司摹板。王國維兩浙刊本考：宋官私書目皆云中興館閣書目三十卷。

漢雋十卷　宋林鉞撰

宋淳熙五年（1177）滁州刻本。半葉九行，注雙行，行約三十字，每大字一當小字二。白口，左右雙邊。版心無書名，僅記卷數葉排長號凡一百六十五葉，序目在外。下記刻工姓名，有王進、王縉、孫清、孫湛、孫喜、孫濟、陳文、陳真、朱节、方迪、洪悅、洪説、施端等人。宋諱缺筆至愼字。卷首林氏自序撰於紹興壬午，魏汝功守滁陽刊版。後序作於淳熙戊戌，前後相距十七年。天祿琳琅藏是書二部，書目所載均為蔣鶴家山刊本。除林魏二序外，有楊王休序，附記工價及刊校人姓名，其年為淳熙癸卯，後於是本者五載。續古逸叢書有影印本，楊序及工價刊校人姓名均已不存。審其印記即天祿之本，行款與本相同，而刻工各異，故知此為滁州第一刊本，象山本則取是本覆刻。藏印有「思公」、「季振宜藏書」、「楊以增字益之又字至堂晚號冬樵行者」、「隴西節度系關西」「臣绍和印」、「楊绍和讀過」、「绍和筠巖」、「彥合珍玩」、「彥和珍存」、「宋存書室」、「東昌楊氏海源閣藏書記」、「海源閣」、「秘閣校理」、「瀛海僊班」。上海圖書館藏。

楊氏家藏方三十卷　宋楊倓輯

宋淳熙五年（1178）楊倓於當塗郡齋刻本。

楊氏家藏方二十卷

宋淳熙五年（1178）閩山阮仲猷種德堂刻本。首淳熙五年三月乙未朔代郡楊倓序，每半葉九行，行十六字。序後有阮仲猷刊於種德堂木記。次目錄，每半葉十一行，行二十字。小約兩字，容三字。書名題楊氏家藏方卷第幾，中縫楊氏方幾，上記字數，下記刻工姓名有一字者左、昕、旻、昇、成、王友、王民、張彥等。卷帙與宋史藝文志同。四庫未著錄。日本金澤文庫藏。

古尊宿語錄二十九卷

宋刻本，半葉十二行，行字不等。白口，單邊。字數在上魚尾上，葉數在下魚尾下。原序二十二家，現二十五家，有續增。氣象靜穆可敬序曰，賾藏主刊行古尊宿語錄二十二家，有補於宗門多矣。惜不略叙其始末為缺典，就中惟大隋趙州有行狀，樞使嫩窩大居士沈公來殿是邦，權衡此道，一見謂在鼓山德最日，雖傳燈廣燈續燈僧寶傳具載，而衲子未暇檢閱，卒讀則惘然不知宜摭其大槩於卷首，德最謹略具其始終出處有不載者，則缺焉，學者一覽便見是亦一助也。淳熙戊戌臘月望日。北京圖書館藏。

古尊宿語錄十四種十六卷

宋刻本，十二册，十一行，行二十字，白口左右雙邊。

雲門匡真禪師廣錄三卷　宋釋守堅輯

智門祚禪師語錄一卷　宋釋重顯述

汝州南院顒和尚語錄一卷

汝州首山念和尚語錄一卷

舒州白雲山海會演和尚語錄一卷　宋釋才良、清遠輯

滁州琅琊山覺和尚語錄一卷　宋釋元聚輯

汝州葉縣廣教省禪師語錄一卷　宋釋智親輯

潭州神鼎山第一代諲禪師語錄一卷

東林和尚雲門菴主頌古一卷　宋釋吾本輯

舒州法華山舉和尚語要一卷

筠州大愚芝和尚語錄一卷

并州承天嵩禪師語錄一卷

石門山慈照禪師鳳巖集一卷

黄梅東山語錄一卷　宋釋惟慶輯

默堂先生文集二十二卷　宋陳淵撰

景寫崑山徐氏傳是樓藏宋槧本。宋紹興十七年沈度序，淳熙五年楊萬里序。

晦菴集一百卷續集五卷別集七卷　宋朱熹撰

宋淳熙五年（1178）刻續集十一卷。王遂序、

竇氏聯珠集五卷　唐竇常等撰　唐褚藏言輯

宋淳熙五年（1178）王崧刻本。半葉九行，行十七字。白口，四周單邊。唐人褚藏言輯竇氏兄弟五人詩得百首，編爲此書。宋諱缺

筆至構字。末有淳熙五年四月旦日朝散大夫權知蘄州軍州事北海王崧跋，稱刊諸公府，因知為湖北蘄州刻本。何義門校毛氏汲古閣刻本，稱康熙五十年購得葉九來所藏宋本，改正九十餘字，即此帙。黄氏士禮居舊藏，百宋一廛賦著錄。續古逸叢書、四部叢刊印本，即據此帙影印。

徐氏家傳方

宋淳熙五年（1178）當塗刻本。

淳熙六年　己亥（1179）

論語集説十卷　宋蔡節撰

宋淳熙六年（1179）湖州頖宮刻本。

隸續五卷　宋洪适撰

宋淳熙六年（1179）李顏頴又增刻五卷於越。喻良能跋。

增輯隸續五卷

宋淳熙六年（1179）李秀叔刻本。

岳陽風土記一卷　宋范致明撰

宋淳熙六年（1179）秋八月郡守劉谷壁叙稱，岳陽風土記字多漫滅脱誤，漸不可讀，余因加是正撤舊板而新之。

春陵圖志十卷　宋章穎撰

宋淳熙六年（1179）太守趙汝誼序刊。

作邑自箴十卷　宋李元弼撰

宋淳熙六年（1179）浙西提刑司刻本。卷末有"淳熙己亥中元浙西提刑司刊"。鐵琴銅劍樓影鈔宋淳熙刻本。半葉十一行，行十九字。白口，左右雙邊。版心下記刻工姓名，有惠中、蔣詮、項恩中、牛智。卷末有"淳熙己亥□□浙西提刑司刊"。四部叢刊續編印本，即此帙影印。

魏鄭公諫錄五卷　唐王方慶撰

宋淳熙六年（1179）吳興郡齋刻本。此書淳熙本明清以來目錄不載，佚失已久。明正德二年曾大有刻本。卷後有馬萬頃識語。又淳熙己亥李□跋。

妙法蓮華經七卷　後秦鳩羅什譯

宋刻本，十二行，行二十五字。一百七十葉，篆額，跋尾十二葉。前釋道宣序，為他本所無。有紹興二十九年、乾道九年、淳熙六年跋。蔣汝藻藏。

禪宗頌古聯珠通集十卷　宋釋法應編
宋刻本，半葉十行，行二十字，前有淳熙二
年自序，己亥（六年）佚名氏序。卷十末有
徒弟比丘奇康募緣成就一年。日本帝室圖書
寮藏普會續集三卷。

欒城集五十卷欒城後集二十四卷欒城三集十卷
應詔集十二卷　宋蘇轍撰
宋淳熙六年筠陽郡齋刻本。天祿琳瑯書目載
欒城集、後集、三集，宋刻本，凡八十四卷，
無應詔集。其曾孫詡跋云，欒城公集刊行者，
建安本頗多缺謬，在麻沙者尤甚，蜀本舛誤
亦不免。今以家藏舊本並第三集合為八十四
卷，皆曾祖自編類者，謹與同官及兒輩校讐
刊板於筠之公帑，紀年為淳熙己亥。列校官
倪思、鄧光、閭丘泳銜名。又轍四世孫森跋
云，先文定公集，先君吏部淳熙己亥守筠
陽日，命工刊之。森無所肖似，濫承人乏，
到官之初，重念先生所刻家集，板歲久漫滅，
樽節浮費一新之，紀年為寧宗開禧三年丁卯，

距翊鋟板時歷二十九載。父授於前，子繼於後，寧甚毫髮無遺。爲宋刊斯集之冠。且祖孫三世，三治筠陽，俾板刊常新，此中亦有天幸。觀翊、森書跋之字，家法猶存，亦可稱象賢矣。

雙溪集十七卷　宋王炎撰

宋淳熙六年（1179）刻本。

蠹齋鉛刀編三十二卷　宋周孚撰

宋淳熙六年（1179）鄜延解百禧刻本。

河南程氏文集十卷　宋程顥　程頤撰

宋淳熙六年（1179）舂陵郡齋刻本。

古文苑九卷　編者不詳　宋韓元吉訂

宋淳熙六年（1179）韓元吉婺州刻本。半葉十行，行十八字，白口，左右雙邊。版心下有刻工名有金敦、吳正、涂遠、吳浩、宋琳、涂通、李忠、金童、徐彥、張明、金章、周祥等。卷前有目錄，分爲文、賦、詩、歌、曲、敕、啓、狀、書、對、頌、述、贊、銘、箴、雜記、敘、記、碑、誄諸體。宋諱嚴謹，玄、殷、匡、恒、讓、貞、弘、徵、瑗、桓、楨邊、恒等字。鈐有"武陵"、"顏印從德"、"顏晉之印"、"叔印九錫"、"華亭朱氏珍藏"、"青宮侍從之章"、"旅溪後樂園得閑堂印"、"棣亭曹氏藏書"、"雲間翁氏圖書"、"元康"藏及"太上皇帝之寶"、"八徵耄念之寶"、"五福五代堂寶"、"乾隆御覽之印"、"天祿琳琅"、"天祿繼鑒"諸印。北京圖書館藏。

韻語陽秋十卷　宋葛立方撰

宋淳熙六年（1179）葛刻臨川郡齋刻本。

淳熙七年　庚子（1180）

尚書精義五十卷　宋黄倫撰

宋淳熙七年（1180）建安余氏萬卷堂刻本。淳熙庚子（七年）張鳳序，末有建安余氏萬卷堂刊識稱黄公志於經學，余得之不敢以私，敬鋟木與天下共之。

詩集傳二十卷　宋蘇轍撰

宋淳熙七年（1180）筠州公使庫刻本。半葉十行，行十九字。白口，左右雙邊。雙魚尾。版心上記字數，下記刻工姓名，有吳良、陳章、寧楷、葉青、李彬、鄭生、李果、熊亮等，餘爲單字。宋諱缺筆至惇字。卷末有"庚子淳熙七年四月十九日曾孫朝奉大夫權知筠州軍學兼管内勸農營田事（詡）重校證刊于本公使庫"牌記。鈐有"毛晋"、"汲古閣主人印"、"汲古閣"、"鑒賞所珍"四字篆印等。此書宋刻宋印，通體完整，刊印精絶，紙墨如新。歷經名家鑒藏，真傳世之鴻寶，國内外公私藏書家，均不見著録，殆成孤帙。中國書店藏。

論語集義十四卷　宋朱熹撰

前有乾道壬辰元旦文公自序。淳熙庚子（七年1180）冬十一月己丑朔旦江東道院文公記。

隸續一卷

宋淳熙七年（1180）尤袤刻於江東倉臺。《四庫提要》稱：乾道戊子始刻十卷於越。淳熙丁酉范成大又爲四卷於蜀。其後二年己亥德清李顏穎又爲增刻五卷於越。其明年庚子尤袤又爲刻二卷於江東倉臺。肇其版歸之越，前後合爲二十一卷。

契丹國志二十七卷　宋葉隆禮撰

宋淳熙七年（1180）表進。

獨斷二卷　漢蔡邕撰

宋淳熙七年（1180）舒州泮宫刻本。

顏氏家訓七卷　隋顏之推撰　考證一卷

宋淳熙七年（1180）台州沈揆刻本。半葉十二行，行十八字。考證之後有校刊姓氏九行：鄉貢進士州學正林憲同校、迪功郎司户參軍趙善惪監刊、從事郎特添差軍事推官錢慶祖、從事郎軍事推官王枏、承直郎軍事判官崔昷、迪功郎州學教授史昌祖同校、承議郎添差通判軍州事樓鑰、朝請郎通判軍州事管鋭、朝奉郎知台州軍事沈揆。前有無名氏序，後有沈揆序。其所據之本有閩本有蜀本，有謝景思校五代和凝本。顏氏家訓存世者當以此本爲第一本。此本元爲共山書院藏書。清何屺瞻、孫伯淵皆經收藏。義門覆舟黄流平津過南洋湖亦遭陽侯之虐，此書兩度水厄而巍然尚存，豈非鬼神呵護耶！前序後有木圖記云廉台田家印，如琴式甚古雅，他刻所未見。有何焯、孫星衍、黄丕烈、錢大昕題跋。藏

印"、"首齋"、"共山書院"、"同愛堂劉氏
珍藏圖書記"、"琢亭"、"孫氏伯淵"、
"糧驛宋巡鹽五官之印"、"臣星衍"、"嘉
石軒藏書記"、"汪"、"文琛"、"嘉銓"、
"秋浦"、"平江汪嘉秋浦印記"、"汪印
士鍾"、"民部尚書郎"。顏氏家訓，有元翻
宋淳熙台州刻本，孤本，上海圖書館藏。已
印入古逸叢書三編中。

程氏演繁露十六卷　宋程大昌撰　存十卷

宋淳熙七年（1180）刻本。半葉十一行，行
二十字。白口，左右雙邊。版心下方間注刻
工姓名，有吳鉉、知燕、龐知德，餘為單字。
後有"淳熙庚子正月新安程大昌泰之寓吳興
書"一行。此書影入續古逸叢書中。北京圖
書館藏。

續演繁露六卷　宋程大昌撰

宋淳熙七年（1180）陳應行刻本。

陸氏續集驗方二卷　宋陸游撰

宋淳熙七年（1180）陸游刻本。陸游刻書跋
稱："予家自唐丞相宣公在忠州時，著陸氏

集驗方。故家世喜方書。予宦游四方，所獲以百計，擇其尤可傳者，號陸氏續驗方，刻之江西倉司民為心齋。淳熙庚子十一月望日，吳郡陸某謹書。”

山海經傳

宋淳熙七年（1180）池陽郡齋刻本。此本卷首有“山海經序”一篇，不具姓名及年月，是為郭璞原序，又有目錄及劉秀上進書表。正文半葉十行，行二十一字。注文雙行，行字同。白口，左右雙邊。宋諱缺筆至慎字。全書分為三冊，版心上記字數，中間分鐫上中下字，每冊通部葉數，不以卷為起迄，因此舊有稱為三卷本者，下記刻工姓名，有金大有、曹侃、李彥、劉仲、劉文、葉正等，與淳熙八年池陽郡齋所刻文選刻工相同，文選補版之刻工劉彥中、劉用、王明、盛彥、曹侑、唐彬等亦見此書。此本字畫多經後人描失，原版補版，今已無從辨認。世無二帙，此為本書傳世最早刻本。已影入古逸叢書三編中。北京圖書館藏。

夷堅志五十卷　宋洪邁撰

宋淳熙七年（1180）洪邁建安刻本。

考古编十卷　宋程大昌撰

宋淳熙七年（1180）陳應行刻本。

珩璜新論一卷　宋孔平仲撰

宋淳熙七年（1180）渝川丁氏刻本。

大般若波羅蜜多經關法六卷　宋釋永隆撰

宋刻本。有淳熙庚子（七年1180）仲夏某日四明鄞縣太原汶承章題識。蓋汶氏發願所刻。每帖前有"高山寺"、"靜節山房"、"宋本鑒藏之印"、"向黃村珍藏印"、"讀杜草堂"、"寶宋閣珍賞"等印。日本帝室圖書寮藏。

桃花源集二卷　又二卷　不著撰人名氏

直齋書錄解題：宋紹聖丙子四明田䕫序。淳熙庚子（七年1180）縣令趙孝秀重編。

庵松集六卷　宋李處權撰

宋紹興二十四年自序。淳熙六年其弟處全跋。又庚子東陽鄭驤跋。

清真詞　宋周邦彥撰

宋淳熙七年（1180）張煥鋟木於溧水縣斎。

片玉詞二卷　宋周邦彦撰

宋淳熙上章困敦孟陬月（七年1180）晋陽張煥跋。

淳熙八年辛丑（1181）

禹貢論二卷後論一卷山川地理圖二卷　宋程大昌撰

宋淳熙八年（1181）泉州州學刻本。半葉十二行，行二十二字。白口，左右雙邊。版心下有刻工姓名，有龔遂、陳禾、葉志、張才等。淳熙七年程大昌出守泉州，泉州市舶彭椿年從大昌得此書與山川地理圖副本，屬州學教授陳應行刻之郡庠。書末有淳熙八年陳應行刻書跋文曰："閣學尚書程公曩在經筵進黑水之説，上動天聽，因以禹貢爲論，爲圖啟沃帝心。其本藏之秘館，天下學者欲見而不可得。歲在庚子，公以法從出守温陵，而編彭公提舶于此，與公有同舍之舊，得其副本。應行因再拜以請，而三復其説。見其議論宏博，引證詳明，皆先儒之所未及，乃請于公願刊之郡庠，以與學者共之。"此書當是成書後第一刻本。刻字集美、紙墨精瑩，洵為宋刻本之傑作。這部地圖冊雖非彩色套印，但已是世界上最早有確實刊印年代的第一部印刷地圖冊。北京圖書館藏之孤本秘籍之一，已印入古逸叢書三編中。

史　記集解索隱一百三十卷　漢司馬遷撰　劉宋裴駰集解　唐司馬貞索隱　存九十九卷

宋淳熙三年（1176）張杅桐川郡齋刻，淳熙八年（1181）耿秉補刻本。半葉十二行，行二十五字。注文雙行，行字同。白口，左右雙邊。版心記字數及刻工姓名，有呂祐、李幾、李英、李良、張明、高彥、徐喆、徐榮、徐忠、宋端、洪坦、章忠、章珍、呂彥、徐林、徐昌、高同、高秀、章宇、章林、章春、張友文、張昊、陳昌、陳振、陸春、潘亨、潘春年、蔡邁、蔣暉、劉十八、劉文、劉彥中、梅榮、楊三、宋昌、李元、李正、李祐李珍、李益、李憲、李證、吳中、吳仲、余良、余玫、余政、周元、洪源、鄧松、施昌、施政、施珍、施宴、胡貫、韋珍、包彥、丘大成、丘臻、朱文貴、王椿等。避宋諱至慎字止。前有淳熙辛丑耿秉序，淳熙丙申張杅序，蓋張杅初刻於桐川，削去褚少孫補書。耿秉爲郡，復取褚少孫書依次補刊集解之後，繼以索隱，而無正義。此即錢曾欲求其書不可得者。陸心源跋謂以校王、柯、毛本及武英殿本，均有勝處，集解索隱糾正尤多，洵異書也。日本静嘉堂藏書。

隸釋二十七卷隸續十卷　宋洪适撰

宋淳熙八年（1181）合刻本。

荀子注二十卷　唐楊倞注

宋淳熙八年（1181）唐仲友台州刻本。半葉八行，行十六字。注文雙行，行二十五字。白口，左右雙邊。版心下記刻工姓名，有王定、王震、周安、周珣、周言、周侁、陳嘉、陳岳、林檜、林俊、徐通、徐逵、徐道、李忠、蔣輝、宋琳、葉祐、吴亮、僧華等。首有荀子注序，次新目録接序，後每卷首題荀子卷第幾，登仕郎守大理評事楊倞注。卷末有劉向校正，目録上言，又有王子韶同校，呂夏卿重校銜名及熙寧元年國子監劄子官銜十五名。又有淳熙八年唐仲友後序："荀子二十卷三十二篇，唐楊倞注，初漢劉向校讎中孫卿書凡三百二十一篇，除復重，定著三十二篇，為孫卿新書十二卷。至倞分易卷第，更名荀子。皇朝熙寧初儒官校上，詔國子監刊印頒行之。中興蒐補遺逸，監書復具，獨荀子猶闕，學者不見。舊書傳習閩本，文字舛異，仲友於三館睹舊文，大懼湮沒，訪得善本，假守餘隙乃以公帑鋟木，悉視熙寧之故（下略）。大宋淳熙八年歲在辛丑十有一月甲申朝請郎權發遣台州軍州事唐仲友後序。"每卷有"金澤文庫印。日本求古樓藏。清光緒八年黎氏影刊古逸叢書據此本影刊。

荀子注二十卷　唐楊倞注

宋淳熙八年（1181）錢佃於江西漕司刻本。用元豐監本校刊其異同，著之篇末，凡二百二十六條，視他本最為完善。

重廣註揚子法言十三卷　晋李軌等撰　唐柳宗元　宋宋咸　吳祕　司馬光注　音義一卷

宋淳熙八年（1181）唐仲友台州刻本。半葉八行，行十六字。白口，左右雙邊。版心中記書名卷數，下記葉數及刻工姓名，有蔣暉、李忠等人。前有宋咸進重廣註揚子法言表，次淳熙八年歲在辛丑十有一月甲申，朝請郎權發遣台州軍州事唐仲友後序，次宋咸重廣註揚子法言後序。前數卷近影寫刻，後數卷爲浙本歐體之典型面貌。

賈誼新書十卷　漢賈誼撰

宋淳熙八年（1181）潭州州學刻本。

新書十卷　漢賈誼撰

宋淳熙八年（1181）程漕使刻本。

演繁露六卷　宋程大昌撰

宋淳熙八年（1181）泉州軍州學刻本。

演繁露十六卷續演繁露六卷　宋程大昌撰

宋淳熙八年（1181）彭椿年刻本。

昭明太子集七卷　梁蕭統撰

宋淳熙八年（1181）池陽郡齋刻五卷本。淳熙八年袁説友跋。

九家集注杜詩三十六卷　唐杜甫撰　宋郭知達

集注

宋淳熙八年（1181）成都刻本。

昌黎先生集四十卷外集十卷　唐韓愈撰

宋淳熙八年（1181）唐仲友台州刻本。

乖崖集十二卷附録一卷　宋張詠撰

宋淳熙八年（1181）龔夢龍刻本。半葉十一行，行二十一字。有淳熙辛丑龔氏序。

韋齋集十二卷　宋朱松撰　附玉瀾集一卷　宋朱槔撰

宋淳熙八年（1181）刻本。淳熙七年傅自得序。淳熙八年尤袤跋玉瀾集。

鄮峰真隱漫録五十卷　宋史浩撰

四庫全書總目提要：凡詩五卷，雜文三十九卷，詞曲四卷，末二卷為童丱須知三十章。自署辛丑為淳熙八年。

文選注六十卷　梁蕭統編　唐李善注

宋淳熙八年池陽郡齋刻本。半葉十行，行十八字至二十一字不等。注文雙行，行十九至二十二字不等。白口，左右雙邊。版心上記字數，下記刻工姓名，有王政、王亨、王大亨、王辰、王明、王才、李全、李彥、劉用、劉仲、劉文、劉彥中、劉彥龍、劉升、劉其、劉永、陳卞、陳森、陳新、陳祥、陳三、陳縈、張成、張宗、張拱、張桂、葉正、葉友、葉平、葉必先、金大有、大有、金大受、大受、金有、金大、蔡洪、蔡勝、唐才、唐茶、唐彬、黃全、黃寶、黃生、夏旺、新安夏義、蔣正、蔣乙、蔣永、曹但、曹旦、曹白、曹仲、曹中、曹侃、曹侑、馬彌、馬才、盛彥、潘惠、毛用、柯文、翁羽、杜俊、湯執中。戊申重刊（淳熙十五年）王才、唐彬、曹侑、吳志、楊珍、劉彥、余致遠。壬子重刊（紹熙三年）劉昭、劉昇、劉彥中、湯仲、湯盛、夏應、陳亮、呂彥、吳志、曹仲。乙卯重刊（慶元元年）李春、王明、劉瑞、仲甫。乙丑重刊（開禧元年）吳甫、吳嘉祥、劉過、吳元壽、熊才。辛巳重刊（嘉定十四年）徐元龍、曹義。淳熙辛丑尤袤序。宋諱避至慎字。是書為現存李注文選最完整的最早刻本。北京圖書館藏。一九七四年中華書局影印行世。

文選雙字類要三卷　宋蘇易簡撰

宋淳熙八年（1181）袁説友池陽郡齋刻本。半葉十行，行二十字。版心有字數和刻工姓名。佚去中卷，爲清内府所藏，無鈐印，款式如池州文選。

淳熙九年　壬寅（1182）

呂氏家塾讀詩記三十二卷　宋呂祖謙撰

宋淳熙九年尤延之刻小字本。半葉十二行，行二十二字。注文雙行低一格，二十一字。四周雙邊。版心下有刻工姓名，有蔣元、蔣輝、陳元、李忠諸人。細楷端正，搨刷如新，其楮刻之絶絶，似宋小字本太平御覽。卷末有錫山尤袤跋。宋諱殷、玄、禎、慎字缺筆。日本藏書。

呂氏家塾讀詩記三十二卷　宋呂祖謙撰

宋淳熙九年江西漕台刻本。半葉九行，行十八、十九字不等，注文雙行同。白口，左右雙邊。版心上記大小字數，下記刻工姓名，有宋敏、新安周祥刊、彭達、劉安、劉永、范從、鄧安、劉文、高安禮、吳志、毋必、鄧升、周宗、丁茂、劉臻、蔡華、蔡恭、蔡和、蔡錫、鄧俊、鄧昇、鄧鼎、蔡輝、蔡聲、高安寧、文顯、周昂、李彥才、周時、吳拱、李三、李高、李新、李世文、劉仁、吳仲、劉升之、胡元、鄧信、鄧發、劉通、劉達、蔡時、蔡忠、周升、吳良、蔡興、安禮、呂顯、余安、熊煥、嚴方、高安富、王惠、丁茂、周贇、江五、鄧祖、鄧應、嚴浩、聶居、陳千、付成、江通、劉昌、蕭韶、高安國、高安道、余賓、劉安、華新、江潮、江翌、江陵、周信等。宋諱缺筆至慎字。前有淳熙壬寅朱熹序，末又有壬寅尤袤跋："建寧所刻脫遺，其友邱宗卿惜其未廣，鋟木於江西漕台。"此書舊為鐵琴銅劍樓藏，已影入四部叢刊續編中。

三山志四十二卷　宋梁克家撰

宋淳熙九年（1182）福州梁克家自刻本。梁克家在淳熙九年七月八日自序中稱："書成為四十卷，名曰三山志。"

長樂志四十卷　宋梁克家撰

直齋書録解題：宋淳熙九年（1182）序刊。

讀史管見八十卷　宋胡寅撰

宋淳熙九年（1182）温陵中和堂刻本。（温陵即泉州舊稱）半葉十二行，行二十二字。目後有長木記："皆淳熙壬寅中夏既望刊修於州治中和堂奉議郎簽書平海軍節度判官廳公事兼南外宗正簿賜緋魚袋胡大正謹識"四行。此書始刊於州治中和堂，乃初刻之本。明慎獨齋刻本即從此出。

申鑒五卷　漢荀悦撰

宋淳熙九年（1182）尤袤江西漕台刻本。

潛虚一卷　宋司馬光撰　潛虚發微論一卷　宋張敦實撰

宋淳熙九年前邵武刻本。此本缺"餘辭"。

宋淳熙九年（1182）泉州郡庠陳應行刻本。陳應行刊跋云："司馬文正公潛虚，應行嘗恨建陽書肆所刻脱略至多，幾不可讀……既得文公家傳善本餘辭兼備，復以張氏發微論附之……遂以邵武舊本參稽互考刻之郡庠，使人人得見全書，抑何幸耶。淳熙壬寅孟冬朔日迪功郎充泉州州學教授陳應行謹跋。"此本完善無缺。四部叢刊三編本據清初傳寫宋淳熙壬寅泉州郡庠刻本影印。

類編增注傷寒百問歌四卷　宋錢聞禮撰

宋乾道九年湯尹才序。淳熙九年（1182）韓玉跋。

宣和北苑貢茶錄一卷　宋熊蕃撰

宋淳熙九年（1182）熊克刻本。皕宋樓藏書志載存熊克刊書跋："北苑貢茶最盛，然前輩所錄止於慶曆以上……先子親見時事悉能記之成編具存，今閩中漕台所刊茶錄未備，此書庶幾補其缺云。淳熙九年冬十二月四日朝散郎行秘書郎兼國史編修官權直學士院熊克謹記。"此書所述皆建安茶園採焙入貢法式，慶曆至是時未備的均補，自熊克始鋟諸本。

潏水集十六卷　宋李復撰

宋淳熙九年（1182）信州公使庫刻本。

淳熙十年　癸卯（1183）

宋丞相李忠定公奏議六十卷附錄九卷　宋李綱

撰

宋淳熙五年（1178）陳俊卿序、淳熙十年（1183）朱熹序。

急就篇一卷　漢史游撰　唐顔師古注

宋淳熙十年（1183）欽羅顧跋。是書歷石目記、藏在東言段懋堂有宋本急就篇二册，半葉八行，行十七字。有毛晉私印、汲古閣印。今之未見。

漢雋十卷　宋林鉞撰

宋淳熙十年（1183）象山縣學刻本。半葉九行，每行大字十五，小字二十。白口，左右雙邊。版心刻工姓名有王用、王門、張拱、張明詰、張仲寶、余全、余頊、戴良臣、戴世榮、劉升、蔡清、柯文、吳欽等人。有自序及淳熙五年十二月十九日壽春魏汝功序。楊玉林跋："今以善本鋟木儲之縣庠，且籍工墨贏餘為養士之助（淳熙十年）。象山縣學漢雋每部二册，見賣錢六百文足，印造用紙一百六十幅，碧紙二幅，賃板錢一百文足，工墨裝背錢一百六十文足。從事郎明州象山縣主管勸農公事兼主管王泉、鹽場蔣鷄、迪功郎象山縣主簿徐晟，鄉貢免解進士縣學長章鎔校正、鄉貢進士門人樊三英校正"。自一至十為通號凡一百四十六葉。有"桐軒張允清印"、"乾學"、"徐健菴"各印。首尾有"天祿琳琅"、"天祿繼鑑"、"乾隆御覽之寶"。此本涵芬樓影印行世。

司馬太師溫國文正公傳家集八十卷　宋司馬光撰

宋淳熙十年（1183）泉州公使庫刻。卷末題泉州公使庫印書局淳熙十年正月內印造。

太倉稊米集七十卷　宋周紫芝撰

宋淳熙十年（1183）刻本。"校勘之不精，刊畫之舛錯凡三百八十有五，而為字千餘。"陳公始重加是正，命工修整。

淳熙十一年甲辰（1184）

班馬字類五卷　宋婁機撰

宋淳熙十一年（1184）池陽郡庠刻本。此書為清影寫宋淳熙十一年池陽郡庠刻本。大版心，八行，注雙行二十四、五字。白口左右雙邊。後有淳熙甲辰池陽教官鄱陽錢亮刊書跋，九行十六字，上空一格，實十七字。鈐有席鑑諸印。

九 朝通略一百六十八卷

宋淳熙十一年（1184）知台州熊克上詔還一官，做通鑑之體作繫年之書。一載釐為一卷，簡要不如徐度之紀詳備，不如李燾之編。

嚴州重修圖經八卷　宋董棻撰　陳公亮　劉文富重修　存卷一至卷三

宋淳熙十一年刻本。半葉十行，行二十字。版心大黑口，左右雙邊。直齋書錄解題所云新定志八卷，郡守東平董棻令升撰。紹興己未也。淳熙甲辰武義陳公亮重修者，即此書。首載建隆元年太宗初領防禦使詔、宣和二年，太上皇帝初授遂安慶源軍節度使詔及敕書，宣和四年遂安慶源軍節度使康王榜文一通，建炎二年聖旨一通，次為建德府城圖二葉，嚴州全境圖七葉。每卷有"松雪道人"、"嚴蔚豹人"、"嚴蔚"、"二酉齋藏書"印。

日本靜嘉堂文庫藏。

豫章職方乘三卷後乘十二卷　宣和乙亥撰

後乘有淳熙十一年（1184）程叔達序。

衛生家寶產科備要八卷 宋朱端章編

宋淳熙十一年（1184）南康郡齋刻本。半葉九行，行十五字。白口，左右雙邊。淳熙間長樂朱端章輯諸家產科驗方成此書。書中遇欽宗諱嫌名丸字均改作圓。目錄後有翰林醫學差充南康軍駐泊張永校勘一行，卷末有淳熙十一年朱端章刻書跋文三行。黃氏士禮居舊藏，《百宋一廛賦》著錄。一九五六年人民衛生出版社據此本影印行世。北京圖書館藏。

南軒先生文集四十四卷 宋張栻撰 朱熹編定

宋淳熙十一年（1184）朱熹刻本。前有淳熙甲辰十二月新安朱熹序。半葉十一行，行二十字。黑口，四周雙邊，雙魚尾。字大且方，楮墨精良。

淳熙十二年 乙巳（1185）

周易經傳集解三十二卷 宋林栗撰

首為淳熙十二年（1185）序，表言三十二卷。繫辭上下卷，文言雜說卦序，雜本文共為一卷。河圖洛書八卦九疇大衍總會圖六十四卦，立成圖，大衍揲蓍解共爲一卷，總三十六册。

春秋左氏傳事類始末五卷　宋章沖撰

宋淳熙十二年（1185）刻本。淳熙乙巳自序云假守山陽刊之郡庠，揭來天台簿領之暇遂加是正，復刊之郡庠。又臨江謝諤序。

史記法語八卷　宋洪邁輯

宋淳熙十二年（1185）洪邁刻本。卷末署淳熙十二年刊於婺州。晁志史記法語十卷，前漢法語二十卷，東漢精語十六卷，三國志精語六卷。直齋書錄解題作史記十八卷，又晉書精語五卷，南史精語十卷，左傳法言六卷，而史記之卷多異，或後有增刊之故。

前漢法語二十卷　宋洪邁輯

宋淳熙十二年（1185）洪邁婺州刻本。

東漢精語十六卷　宋洪邁輯

宋淳熙十二年（1185）洪邁婺州刻本。

三國志精語六卷　宋洪邁輯

宋淳熙十二年（1185）洪邁婺州刻本。

晉書精語五卷　宋洪邁輯

宋淳熙十二年（1185）洪邁婺州刻本

南史精語十卷　宋洪邁輯
　宋淳熙十二年（1185）婺州刻，影宋鈔本。
左傳法言六卷　宋洪邁輯
　宋淳熙十二年（1185）洪邁婺州刻本。
經子法語二十四卷　宋洪邁輯
　宋淳熙十二年（1185）婺州刻，影鈔本。
三國志注六十五卷　劉宋裴松之撰
　宋淳熙十二年（1185）潼州轉運司刻本。
南康志八卷　宋朱端章撰
　宋淳熙十二年（1185）刻。今江西雩都縣。
吳陵志十卷　不著撰人名氏
　宋淳熙壬寅修，後三年乙巳（十二年1185）
　太守錢塘萬鍾屬僚佐參正而刻之泰州。
歷代地理指掌圖不分卷　題宋蘇軾撰
　宋刻本，半葉十八行，行二十八字。白口，
　左右雙邊。前有蘇軾序，前人謂是托名者。
　後有總論十七行三十字。總論後有牌子一行
　："西川成都府市西俞家印"。前有淳熙乙巳中
　元日浚義趙亮夫茂德序於靜治堂，言徽守桐
　汭，觀書籍中有此圖，字畫漫不可考，乃加

校勘，命工鋟木，續有陸改，無併足之。日本東洋文庫藏。

典故辨疑十二卷　宋李大性撰

宋淳熙十二年（1185）投進序。

橫浦心傳錄三卷　橫浦日新一卷　宋張九成撰

宋淳熙十二年（1185）黃巖縣學刻本。

本草衍義二十卷　宋寇宗奭撰

宋淳熙十二年江西轉運司刻慶元元年重修本。題通直郎充收買藥材所辨驗藥材寇宗奭編。書凡二十卷，前三卷序例，後十七卷論藥物。每卷目錄連正文。半葉十一行，行二十一字。白口，左右雙邊。版心雙魚尾，上記字數，書名題衍義幾，下記刻工姓名，其存者有鄧煒、高興世、范明遠、蔡萬、陳明、劉應、江漢、任興、宋瑞、彭六、張仲、彭雲、蕭受、蔡泰、馮壽諸人。寇氏叙例，謂諱避而易名者原之明存其名，故於山藥下明載上一字犯英宗廟諱，下一字犯唐代宗名豫，改下一字為藥。今人遂呼為山藥云云。又胤字下注犯廟諱，今改為嗣，玄字下注犯聖祖諱，今改爲元。遇京師京都朝廷等字，均空格，蓋宋代官書款式。卷末有「右證類本草計版一千六百二十有二。歲月寖更，版字漫漶者十之八九，觀者難之，鳩工刊補，今復成全書矣。時慶元乙卯秋八月癸丑識」凡四行。本書不及二百版。上文所舉版數，蓋與證類本草同刊而綜計之。後有銜名「儒林郎江南路轉運司主管帳司段果，奉議郎充江南西路轉運司幹辦公事賜緋魚袋徐宇，承議郎充江南西路轉運司幹辦公事賜緋魚袋曾亨，朝奉郎江南西路轉運司主管文字賜緋魚袋江淬，朝（淬）奉郎江南西路轉運司判官吳獵」凡五行。每葉紙背均有「京兆方塘文房」六字正楷朱印一行。前五卷影配。原刻極精，尚缺卷十三。藏印有「周松春靄」、「松靄藏書」、「芚兮」、「子孫世」、「某華書屋」。北京圖書館藏。

經史證類備急本草三十二卷釋音一卷

宋淳熙十二年（1185）江南西路轉運司刻本。半葉十一行，行十九至二十字不等。末有校勘銜名劉忠信、舒林、樓鎮、王子湘等。為明項子京舊藏。

楊氏家藏方二十卷

宋淳熙十二年（1185）阮仲猷種德堂刻本。首載淳熙五年三月自序，九行十六字。末載淳乙巳延璽跋，五行十二字。半葉十一行，行二十字。白口，左右雙邊。版心下有刻工，有王仁、王太、王良、周明、周洄、張顏、其它或姓或名均單字。元翻本，序後有"阮仲猷刊於種德堂"木記。是書四庫提要稱今未見，益可貴重也。日本藏書。

淳熙十三年丙午（1186）

易説五卷 宋趙善譽撰

宋淳熙十三年（1186）秦焴刻本。淳熙丙午（十三年）建康秦焴序稱，往歲假守安陸，而故人畢希簡寄示恕齋易説一篇，是識與同志共人，獨患板大，非書生巾衍所宜，欲為小本，適方開鄖溪集未暇及畢工，則有餘板乃鏤之以廣其傳。

夏氏尚書詳解二十六卷 宋夏僎撰

宋淳熙十三年（1186）劉智明刻本。郘亭目作尚書解二十六卷，云淳熙間麻沙劉氏書坊本。

春秋傳十五卷　宋劉敞撰

春秋權衡十七卷　宋劉敞撰

春秋意林二卷　宋劉敞撰

春秋說例一卷　宋劉敞撰

宋淳熙十三年（1186）瑞安縣學刻本。權衡、意林二書，紙板甚寬大。權衡十三行，意林十二行，行皆二十字。權衡前有自序，又淳熙十三年曾姪孫龜從刊書跋十行：“曾伯祖公是先生所作春秋傳、說例、權衡、意林四書元祐間被旨刊行，今吳蜀江東西皆有本。龜從修縣學既成，鋟板於中，以廣其傳。淳熙十三年十二月初吉曾姪孫通直郎知溫州瑞安縣主管勸農公事兼主管雙鹽場龜從謹識。”

楚州圖經八卷　宋吳莘撰

直齋書錄解題：淳熙十三年（1186）太守錢之望刊。（今四川巴縣）

忠定公奏議六十八卷附錄九卷　宋李綱撰　陳

後鄉編
前有忠定公遺像，清江郭伯寅贊，淳熙丙午
（十三年1186）朱熹序。
釣臺江公奏議□□卷　不著撰人名氏
宋淳熙十三年（1186）陸游嚴州刻本。陸游
釣臺江公奏議跋：某乾道庚寅夏得此書於臨
安，後十七年蒙恩守桐廬訪其家，復得三表及
贈告墓誌，因并刻之，以致生平尊仰之意。
淳熙十三年十一月十有六日笠澤陸游某書。"
羣史姓纂韻譜六卷　宋黄邦先撰
宋淳熙十三年（1186）沈樞刻本。
葉氏錄驗方三卷
影宋舊鈔本。卷末有淳熙丙午（十三年1186）
葉大廉跋及嘉定甲子（四年）李景和跋，其
六行。半葉十行，行十八字。版心有刻手姓
氏。日本楓山秘府藏。
洪範政鑑十二卷　宋仁宗趙禎撰
宋淳熙十三年（1186）內府寫本，朱絲欄，
左右細線，無邊闌，半葉九行，行十七字。
宋諱樹、豎、頊、瑋、桓、構、雊、殼、慎

皆為字不成，敦字不缺筆。前有康定元年七月御製序，本書每卷分上下，凡為子卷二十有四。每卷首鈐有內府文璽、御府圖書，卷尾有緝熙殿書籍印，皆宋代內府所鈐。別有海陽、大本堂印二印。全書桑皮玉版，厚如梵夾，蝶裝絹衣十二冊，猶是宋代宮裝。據宋會要輯稿：淳熙十三年二月八日令秘閣繕寫洪範政鑑一本進納。證以此書避諱至慎字止，其為淳熙十三年秘閣繕進之原帙無疑。筆法清勁，雅近　　唐人寫經，紙格無左右邊闌，猶存卷子本遺制。玉楮朱闌，新若未觸，真孤行天壤之秘籍。原書清宮舊藏。此藏北京圖書館。已印入古逸叢書三編中。

獨醒雜志十卷　宋曾敏行撰

宋淳熙乙巳楊萬里序，又丙午（淳熙十三年）其子三聘跋云，先君不仕，凡所見聞皆筆冊，不肯編次，誠齋先生賜序，刻板家塾。末有紹熙壬子（三年）尤袤、趙汝愚、樓鑰、謝諤諸跋。又慶元丁巳（三年）周必大序，陳博良跋。據此寧宗以後而有再刊為跋者，然無所考。清乾隆乙未（四十年）鮑廷博題識稱：自淳熙丙午家塾版行，而後迄今六百餘年別無雕本。

唐柳先生集四十五卷外集一卷附錄一卷　唐柳宗元撰

宋淳熙十三年（1186）嚴州州學刻本。

丹陽集二十四卷　宋葛勝仲撰

四庫全書提要：據其婿章倧所作行狀，稱有文集八十卷，外集二十卷。初刊板于真州，兵燹殘缺，隆興甲申知州事宋曉修補之，自跋其後。淳熙丙午（十三年）知州事姚格又重鋟。中書舍人王信爲之跋。自明清以來，傳本遂絶。今據永樂大典所載以類裒輯，得文十五卷，詩七卷，詩餘一卷，又附行狀謚議一卷，共成二十四卷。

范文正公集二十卷別集四卷補編五卷　宋范仲淹撰

宋淳熙十三年（1186）綦焕刻本。半葉十二行，行二十字。附遺集三十七篇，尺牘三卷。

中國印刷史稱：宋淳熙十三年（1186）饒州

補刻本。

攡文堂集十五卷 宋慕容彥逢撰

宋淳熙十三年（1186）象州郡學刻本。

淨德集三十八卷 宋呂陶撰

宋淳熙十三年（1186）秦焴刻本。

鄖溪集五十卷 宋鄭獬撰

宋淳熙十三年（1186）秦焴安陸郡學刻本五十卷。四庫提要稱：宋志載鄖溪集五十卷，淳熙十三年秦焴序而刊之，今已久佚。惟從永樂大典內裒輯編次，又以宋文鑑、兩宋名賢小集諸書所載，分類補入，勒為三十卷。

潘默成公集八卷 宋潘良貴撰

宋淳熙丙午（十三年）朱熹序，云公自少至老出入三朝，前後在官不過八百六十餘日，公之清明直諒確然無慾，可謂剛毅而近仁者。有默成居士集十五卷，則今本未為全書。

誠齋先生南海集八卷 宋楊萬里撰

宋淳熙十三年（1186）劉渙刻本。半葉十行，行十八字。白口，左右雙邊。版心雙魚尾，上記字數，下魚尾下記葉數。後有淳熙丙午通判肇慶軍府兼管内勸農事劉渙跋，言先生詩一千八百餘首，分爲五集，今得南海一集，總四百篇，刊而傳之，餘四集將繼以請，則又當與學者共之。此則當是粵中單刊之本。視刊全集早四十九年，且卷數增至倍。日本帝室圖書寮藏。

誠齋先生江湖集十四卷荊溪集十卷西歸集四卷南海集八卷江西道院集五卷朝天續集八卷退休集十四卷　宋楊萬里撰

宋淳熙、紹熙間刻本。十行，行十八字。白口，左右雙邊。北京圖書館藏。

淳熙十四年　丁未（1187）

集韻十卷　宋丁度等撰

宋淳熙十四年（1187）金州軍重刻本。半葉十行，大字三當小字四，小字雙行，行二十九至三十一字。白口，左右雙邊。卷十後有寶元二年九月十一日延和殿奉旨鏤板施行牒文，下列趙師民等銜名十八行。又慶曆三年八月十七日雕印成延和殿進呈，奉聖旨送國子監施行，下列賈昌朝等銜名八行。後有田世卿跋："景祐元年三月太常博士直史館宋祁、三司戶部判官太常丞直史館鄭戩等奏：昨奉差考校御試進士，竊見舉人詩賦多誤使音韻，如敘序、坐坐、武氏之字，或借文用意，或因釋轉音，重疊不分，去留難定，有司論難，互執異同，上煩聖聰親賜裁定。蓋見行廣韻、韻略所載疎漏，子注乖殊，宜棄乃留，當收復闕，一字兩出，數文同見，不詳本意，迷惑後生。欲乞朝廷差官重撰定廣韻，使之適從。詔祁、戩與國子監直講王洙同刊修，刑部郎中知制誥丁度、禮部員外郎知制誥李淑詳定。又以都官員外郎崇政殿說書賈昌朝嘗纂羣經音辨，奏同刊修。至寶元二年九月書成上之。寶元二年九月十一日延和殿進呈奉旨鏤版施行。"世卿舊聞集韻收字最為該博，搜訪積年，竟未能得，皆云此版久已磨滅，不復有也。世卿前年蒙恩將屯安康，偶得蜀本，字多舛誤，間亦脫漏，嘗從暇日委官校正，點畫錯謬者五百三十一字，其間湮晦漫不可省者二百一十五字，正文注解脫漏者三十三字。繼得中原平時舊本重校，修改者一百五十五字。舊本雖善，而書字點畫亦有謬誤，復以說文、爾雅等書是正，改定凡五百一十五字，因令鋟版以廣其傳。自淳熙乙巳九月至丁未五月，僅能畢工，亦庶幾不作無益害有益之義也。武功大夫高州刺史充金州駐劄御前諸軍統制田世卿謹跋"。此書載日本訪書志。此則淳熙十四年金州軍重刻本。

刑統三十卷刑統申明一卷

宋淳熙十四年（1187）國子監重刻本。玉海：淳熙四年二月令國子監重鏤刑統板頒行。又玉海：淳熙十一年臣僚言刑統疏間寶元符間申明訂正凡九十二條，曰申明刑統，同紹興格式，敕令為一書。自乾道書成進表雖有遵守之文，而此書印本廢而不載，淳熙新書不載，遵守之文，而印本又廢而不存，讞議之際無所據依，乞仍鏤板，附淳熙隨敕申明之後，十四年六月令國子監重鏤板頒行。

幽蘭居士東京夢華錄十卷　宋孟元老撰

宋淳熙十四年（1187）趙師俠刻本。是書汲古閣藏宋本，有其序。半葉十四行，行二十二、二十三字不等。細黑口。有刻工吳明、姚宏二人，餘為單字。藏印："毛晉"、"汲古閣主人"、"毛扆之印"、"斧季"、"東吳毛氏圖書"、"宋本"。瞿氏鈔本，據淳熙丁未（十四年）本校。

容齋隨筆十六卷續筆十六卷三筆十六卷四筆十六卷五筆十卷　宋洪邁撰

宋淳熙十四年（1187）刻本。續筆自序：是書先成十六卷，淳熙十四年八月在禁林日入侍至皇帝清閒之燕，聖忽云……而詢之，乃婺女所刻，賈人販鬻于書坊中，中貴人買以入，遂塵乙覽。

河南穆先生集三卷　宋穆修撰

宋淳熙十四年（1187）歐陽楷刻。宋淳熙丁未劉清之跋稱永州教授歐陽楷得其本刊之。

摛文堂集十五卷附錄一卷

前有淳熙十四年劉興祖序，後有淳熙丁未下元日第四孫朝奉郎知象州兼管勸農事□柴綸識語略謂先大父少師公有文集二十卷、内制十卷、外制二十卷、講解五卷、奏議五卷。兵火之後散失殆盡，近於親舊間搜訪所得尚及千篇，分為三十卷，命工鏤板。

新刊劍南詩稾二十卷　宋陸游撰

宋淳熙十四年（1187）嚴州郡齋刻本。半葉十行，行二十字。白口，左右雙邊。版心下方記刻工姓名，有張明、張威、徐通、李忠、金彥、金敦、張定、王恭、張彥、翁祐等。前有序二葉大字九行，題淳熙十四年臘月既望門人迪功郎監嚴州在城都稅務括蒼鄭師尹謹書。卷中有墨書標題於各詩上方，兼有評語，字畫清勁，為宋人手筆。此為放翁知嚴州時所刊，為陸詩最初刻本。明末毛氏汲古閣刻本，即據此本翻刻。存十卷。北京圖書館藏。已印入古逸叢書三編中。

介庵居士集六卷　宋趙彥端撰

宋淳熙十四年（1187）江西運副趙彥操刻本。

花間集十卷　後蜀趙崇祚輯

宋淳熙十四年（1187）鄂州公使庫刻本。半葉十行，行十八字。白口，左右雙邊。海源

閣舊藏，楹書隅錄定為淳熙十四年鄂州公使
庫刻本。

聲畫集八卷　宋孫紹遠編

宋淳熙十四年（1187）刻本。四庫總目提要
稱：所錄皆唐宋人題畫之詩，凡分二十六門。
錢曾讀書敏求記，謂其書不著編者姓氏，後
人以卷首有劉華老題老子畫像詩，因誤為華
老所輯。此本卷首有淳熙丁未（十四年）十
月紹遠自序，謂入廬之明年，以所攜前賢詩
及借之同官，擇其為畫而作者，編為一集，
曰聲畫，用有聲畫無聲詩之意也。日本藏有
宋刻本。有淳熙丁未谷橋孫紹遠稽仲序。

燕喜詞一卷　宋曹冠撰

宋淳熙丁未（十四年1187）刻於宣城。於文
集中析而名之。汲古閣有影宋本，前有陳騤
序，淳熙丁未詹傚序。曹冠著有雙溪集二十
卷，景物類要詩十卷，見直齋書錄解題。其詞
四庫未收，朱竹垞詞綜，亦只字未見，則流
傳之罕可知。

淳熙十五年戊申（1188）

南史八十卷　唐李延壽撰

宋淳熙十五年（1188）陸游重刻本。陸游世說新語跋：郡中舊有南史、劉賓客集，板皆廢於火，世說新語亦不復在，游到官始重刻之。淳熙戊申。

合肥志四卷　宋唐鑄撰

直齋書錄解題：淳熙十五年（1188）郡守鄭興裔刻。

太常因革禮一百卷　宋歐陽修等人撰

首為進書表，淳熙十五年（1188）李壁序曰：錢侯大虛為吾州盡刻蘇氏之書於學宮。是書南北宋之刻不傳已久。

孝史五十卷　宋謝諤撰

讀書敏求記：君紀五卷、後傳一卷、宗表四卷、臣傳三十五卷、婦則二卷、文類二卷、夷附一卷，總計五十卷，并序目。淳熙十五年三月八日狀投進教授臣張侗校正，作後序。此書世罕見其傳。

孔叢子七卷　漢孔鮒撰

宋淳熙戊申（十五年1188）濡須王蘭跋稱夏

官戴卿松鎮江右時，得此書刻之，後又訪得蜀本校之。

世說新語三卷　劉宋劉義慶撰

宋淳熙十五年（1188）陸游刻本。半葉十行，行二十字。陸游世說新語跋：郡中舊有南史、劉賓客集，板皆廢於火，世說亦不復在，游到官始重刊之，存故事。世說最後成，因併識於卷末。淳熙戊申重五日新定郡守笠澤陸游書。

錦繡萬花谷前集四十卷後集四十卷續集四十卷

宋蕭贊元撰

宋刻本，半葉十二行，行十九字。白口，左右雙邊。版心上記字數，下記刻工姓名。淳熙十五年（1188）自序，云凡古人文集，佛老異書，至於百家傳記、醫技、稗官、齊諧小說、荒錄志怪，聞必求，求必覽呂焉，久之乃略有叙。又附之以唐人及國家諸公之詩為三集，每集各四十卷，粲乎有條矣。先是烏江蕭恭父，河南胡恪聞其大概為命之曰錦繡萬花谷，今從其名。此書北京圖書館、北京大學圖書館、日本圖書寮、日本求古樓均藏有残卷。

道德經講義十二卷　宋吕知常撰

宋淳熙十五年（1188）表進。

劉賓客文集三十卷外集十卷　唐劉禹錫撰

宋淳熙十五年（1188）陸游重刻本。半葉十行，行十八字。即嚴州所刻。此淳熙十五年陸放翁守嚴州時重刻。見放翁世説跋。日本宫都崇蘭館藏大字本劉賓客集。

半山集二卷　宋王安石撰

宋淳熙戊申（十五年）陸游跋，云荆公晚歸金陵後所作詩也。丹陽陳輔之编纂刻本，於金陵學舍。今亡矣。見渭南文集卷二十七。

知稼翁詞一卷　宋黄度撰

宋淳熙戊申（十五年1188）其子沃守臨川時刻。

稼軒詞甲乙丙丁集四卷　宋辛棄疾撰

汲古閣影宋精鈔本，十行，行十八字。前有淳戊申正月元日門人范開序。鈔有毛氏父子藏印。北京圖書館藏。

盧溪先生文集五十卷　宋王庭珪撰　劉江編

宋淳熙丁未謝諤、胡銓序。淳熙戊申（十五年）楊萬里序曰，先生之孫澮及曾孫瀲門人劉江詮次詩文將刊以傳，而太守朱公子淵後刊其詩於郡齋。序後有吉州東崗劉氏梅溪書院本記。

淳熙十六年　己酉（1189）

四書集注二十八卷　宋朱熹撰

宋淳熙十六年（1189）序定本，爲朱熹最滿意本。

大學中庸章句二卷　宋朱熹撰

宋淳熙己酉（十六年）自序。孝宗御製序冠首。

兩漢刊誤補遺十卷　宋吳仁傑撰

宋淳熙己酉（十六年1189）刻本。是書前有淳熙己酉曾絳序，稱仁傑知羅田縣時自刻版。又卷末有慶元己未（五年）林瀛跋，稱陳處英刊於全州郡齋，殆初欲刊而未果，抑處英又重刊歟。舊刻久佚。此本係朱彝尊之子昆田鈔自山東李開先家，因傳於世。考陳振孫讀書志附志載西漢刊一卷，東漢刊誤一卷，稱劉攽撰。

郡齋讀書志四卷後志二卷考異一卷附志二卷

讀書志　宋晁公武撰　續志亦公武撰　趙希
弁重編考異附志則希弁撰
宋刻在淳熙己酉（十六年1189）南充游鈞知
衢州時。與淳祐庚戌十年鄱陽黎安朝守袁州
所刻兩本並行。

昌黎先生集四十卷　唐韓愈撰　存卷一至十，
內卷三至五鈔配。
宋刻本，半葉十一行，行二十字。細黑口，
左右雙邊。版心三魚尾最上記字數，上魚尾
下記“韓集幾”，中下魚尾之間記葉數，最
下記刻工姓名，名上以一橫欄界之。卷一刻
工鄧鼎，末葉版中注此卷十七版，共計六千
七百單四字。鄧鼎。卷二刻工鄧俊。末葉版
心注此卷十六版，共計□□□□□□□□。
卷三、四、五鈔配中縫無字。卷六刻工胡元，
末葉版心注此卷九板共三千二百八十八字。
胡元。卷七刻工劉臻，末葉版心注此卷九板，
共計三千五百單二字。卷八刻工蔡和，末葉

版心注此卷十三板，共計伍阡六百九十四字。蔡和刊。卷九刻工寶，末葉版心注此卷十四板，共計□□□□□□□。卷十刻工革。末葉版心注此卷十三板，共計四□□□□□。宋刻本韓集舉正刻工有鄧鼎、劉文、蔡和、蔡懋、蔡恭、胡元、吳正等人。其版心下方記字數。卷一，版心中縫題此卷十七板，計八千五百五十五字。卷二，版心中縫題此卷十六板，共計八千七百五十八字。卷五，版心中縫題此卷十五板，計七千六百九十六字。卷六，版心中縫題此卷十七板，共計八千九百九十三字。卷七，版心中縫題此卷十三板，共計七千一百八十六字。卷八，版心中縫題此卷十三板，共計六千八百六十五字。卷九，版心中縫題此卷十七板，共九千七百七十九字。卷十，版心中縫題此卷十九板，計九千五百單九字。外集，版心中縫題此卷七板，共二千八百六十八字。叙錄，版心中縫題十板，共三千九百五十五字。舉正有淳熙己酉方崧卿後序：：右昌黎先生集四十卷，目錄一卷，外集一卷，附錄五卷，增考年譜一卷，崧卿試郡嶺麓間，日居多課其餘力，護從事於斯，常念韓氏舊集世已罕傳，歲月既久，則散逸殆盡，摭拾其僅存者稽而正之，以還舊觀，亦討古之一助也。第惟淺識謏聞，管窺自信，源流不白，何以傳諸後人，因復次其異同，記其訛舛之自，為舉正十卷，使人人開卷知所自擇，而韓氏義例亦粗見於綱領中。噫！一代文宗，膾炙人口，相傳以熟，莫覺其訛，陋學苦心，儻識者補其遺繆。淳熙己酉二月朔日莆陽方崧卿書。」直齋書錄解題卷十六載昌黎集四十卷，外集一卷，附錄五卷，年譜一卷，舉正十卷，外鈔八卷。稱年譜洪興祖撰，莆田方崧卿增考，且撰舉正以校其異，而刻之南安軍云云。此則為方氏刻於南安者。日本靜嘉堂文庫藏。

寒山詩集一卷　唐釋寒山子撰　附豐干拾得詩

唐釋豐干　拾得撰

宋刻本，半葉八行，行十四字，白口，左右雙邊。版心上記字數。前有七古一首，半葉

六行，行十二字。後有"觀音比丘無我慧身
故書"，蓋集中所缺補行列入者。次閻丘胤
序，半葉九行，行十五字。次朱晦菴與南老
帖四葉。次陸放翁與明老帖一葉有半，皆以
行書手跡摹刻。書名大字占雙行，下分注"豐
干拾得詩附"。後有淳熙十六年歲次己酉孟春
十有九日住山禹穴沙門志南撰天台山國清寺
三隱記。又唐維赤雋若（己丑）臘月上澣華
除鍾易可明跋。別附墨書跋，未署名字。日
本帝室圖書寮藏書。

誠齋先生集一百三十二卷　宋楊萬里撰
宋淳熙十六年（1189）刻本。日本金澤文庫藏。

三隱詩一卷　宋釋志南編
宋淳熙十六年（1189）天臺國清寺僧志南刻。

南湖集十卷　宋張鎡撰
宋淳熙己酉（十六年1189）廬陵楊萬里序。
淳熙間（1174-1189）

九經白文
宋淳熙間（1174-1189）麻沙書坊刻巾箱本。
半葉二十行，行二十七字。版記字數及刻工

姓名，有王良、元章、元德、蔡全、劉才、翁才等人。易二十一頁、書二十六頁、詩四十七頁、左傳一百九十八頁、禮記九十三頁、周禮五十五頁、孝經三頁、論語十六頁、孟子三十四頁。此本結體方峭，筆鋒犀銳，是閩工本色。曾被拜經樓吳騫和天祿琳琅收藏。吳騫爲此書題記云：“九經白文，乃宋麻沙本之佳者，蓋錫山秦氏刊本之祖本也。楮墨古雅，經盧抱經、鮑綠飲、黃蕘圃諸公所賞鑑”。

周易注十卷　魏王弼　晉韓康伯注　略例一卷　王弼撰　唐邢璹注

宋淳熙間（1174-1189）撫州公使庫刻遞修本。半葉十行，行十六字。注文雙行，行二十四字。白口，四周雙邊。版心上記大小字數，下記刻工姓名，有高寧、高安道、高安國、高安富、高榮、劉元、劉明、劉振、劉安全、嚴思明、嚴思敬、嚴卓、李仁、李章、李子章、余仁、余堅、余明、余章、余寶、余安、朱諒、朱京、朱達、吳生、吳申、黎友直、黎明、友直、葉文、弓顯、駱仲、虞大全、大全、曾栢、施贊、黄志誨、周逵、周苡、周昂、鄒郜、鄒通、左彦、占奐、詹奐、思敬、安國等，餘爲單字或名或姓，版心上魚尾下有壬戌刊、壬申重刊、癸丑重刊各字。卷一十六葉有開禧乙丑換五字。此書宋時補版居十之六七，爲寧宗時所補。記壬戌者爲嘉泰二年。記壬申者爲嘉定五年。記癸丑者爲紹熙四年，係寧宗年號。此書影入四部叢刊。北京圖書館藏。

附釋音尚書注疏二十卷

宋淳熙間(1174-1189)劉叔剛一經堂刻本。半葉十行，行十九字。

尚書詳解二十六卷　宋夏僎撰

宋淳熙間(1174-1189)麻沙劉氏書坊刻本。世久無傳。

東萊家塾讀詩記三十二卷　宋呂祖謙撰

宋淳熙間(1174-1189)呂祖儉刻巾箱本。半葉十二行，行十九字。

周禮井田譜二卷　宋夏休撰

宋淳熙間(1174-1189)樓鑰刻本。樓鑰跋：刊既就錢文季文子指其間有不合者胡太初宗岳相與講明，而黄君穀又作問答一卷，皆有益於書。陳君舉許以序，引自湖南遠寄，詞雄義深，尤為著名，遂并刻之，惟文子之說，以微裝薄遽不及，附見當俟他日。直齋書錄解題：進士會稽夏休撰，紹興時表上之，淳熙中樓鑰刻之，永嘉陳止齋為之序。

春秋經傳集解三十卷　晉杜預撰

宋淳熙間（1174-1189）撫州公使庫刻本。半葉十行，行十六字。注文雙行，行二十四字。白口，四周雙邊。版心上記字數大小若干，下記刻工姓名，有高安國、黄琮、王彥、祝全、吳仲、祝士正、思敬、伯言、余定、余章、陳浩、陳中、陳祥、范從、劉明、黎正才、周章、周新、徐彥、鄧成、阮生、張太、李高、志海、俞先、李三等。下魚尾上有癸酉刊、癸丑重刊或作刁、壬戌刊等。其重刊之葉標明癸丑者當為紹熙四年，壬戌者為嘉泰二年，癸酉為嘉定六年。宋諱弘、讓、胤、媾、桓、完、構、慎字缺筆，斑字亦缺筆，為他書所無。鈐有"潘耒私印"、"句拙居士"、"五福五代堂寶"、"八徵耄念之寶"、"太上皇帝之寶"、"乾隆御覽之寶"、"天祿繼鑑"、"天祿琳琅"諸璽。有李氏盛鐸跋:"春秋左傳岳刻大字,淳熙小字為最近古,二刻以明覆本,流傳較廣。其不附釋音者惟日本官庫之興國軍本,歸安陸氏之蜀大字本,均在海外,不可得見。其它蓋無聞焉。此本避諱至慎字止,自是乾道、淳熙間所刊,其重刊之葉標明癸丑者當為紹熙四年,壬戌為嘉泰二年,癸酉為嘉定六年。玩其字體結構刊雕刀法頗為相合,而半葉十行,每行大字十六,小字二十四,與淳熙四年撫州公庫禮記正同。沅叔得此,審為撫州本,良不誣也。撫州本之傳世者禮記外聞有公羊,得是本堪與鼎峙,雖殘珪斷璧,如當球圖視之。癸亥小寒後八日盛鐸記"。北京圖書館藏。

春秋經解十五卷　宋孫覺撰

宋淳熙間(1174-1189)汪綱刻本。

春秋公羊傳解詁十二卷　漢何休撰　附釋文一卷　唐陸德明撰

宋淳熙撫州公使庫刻紹熙四年重修本。半葉十行，行十六字。注文雙行，行二十四字。白口。左右雙邊。版心上記大小字數，上下無定所。書名下間記"癸丑重刊"，蓋紹熙四年重修本。版心下記刊工姓名，吳生、曾柏、周達、朱諒、吳中、吳茂、高箕、高顯、蔡友直、虞大全、高安國、安國、高安富，均見周易者。其它尚有陳忻、陳英、陳文、陳祥、陳浩、余英、余卞、余安、余元、余丁、吳山、吳仲、吳中、高定、高文顯、高安道、鄭才、阮于、李果、李大亨、潘嵩、于卞、婁誠、劉永、劉孝明、劉昌、劉果、徐文、葉從、葉中、蔡伯升、管孝、王全、江坦、范從、翁定、張友、沈于、余實、呂山、黄珍。每卷末記經注字數，卷十二後總記字數，凡一十二萬七百五十七字。經，四萬四千八百四十四字。注，七萬五千九百十三字。釋文，經五千六百三字。注，一萬二千三百十八字。版式字體與撫州公使庫本周易、春秋左氏傳、禮記並同，刻工亦多同，知爲同時官版。藏印："陳氏明卿"、"宋本"、"甲"、"毛晉之印"、"毛晉私印"、"毛晉"、"毛氏子晉"，"子晉"、"子晉書印"、"汲古閣"、"汲古閣主人"、"汲古得脩綆"、"楝亭曹氏藏書"、"孫氏朝讓"。

北京圖書館藏。已印入古逸叢書三編中。

孟子注十四卷　漢趙岐注

宋淳熙間（1174-1189）錢佃江西漕司刻本。

說文解字韻譜五卷　南唐徐鍇撰

宋淳熙間（1174-1189）閩山阮仲猷種德堂刻本。

集韻十卷　宋丁度撰

宋淳熙間（1174-1189）田世卿刻本。半葉十一行，序行二十三、二十四字。

左傳事類本末五卷　宋章冲撰

宋淳熙間（1174-1189）章冲台州刻本。

歷代地理指掌圖六卷

宋淳熙間（1174-1189）趙亮夫靜治堂刻本。

五朝名臣言行錄十卷三朝名臣言行錄十四卷

宋朱熹輯

宋淳熙間（1174-1189）江西刻本。半葉十行，行十七字。白口，四周雙邊。小字低一格，二十字。版心上記字數，下記刻工姓名，有周俊、周通、周升、周時、吴拱、吴充、劉升、劉永、劉光、詹文、江陵、江忠、葉新、陳閏、陳中、余闡、余山、余仁、李立、李辛、李成、謝四、萬十四、張洪、杜明、上官信、官信、柯文、高安道、蔡元、蔡中、蕭韶、楊梆、高道等。宋諱缺筆至慎字。審其刀法，應是豫章刻本。刻工常見者皆江西地區工人。因推知此書乃成書後第一刻本。四部叢刊印本，即據此帙影印。北京圖書館

歷代鐘鼎彝器款識二十卷　宋薛尚功撰

宋淳熙間（1174—1189）江州刻本。

金石録三十卷　宋趙明誠撰

宋淳熙龍舒郡齋刻本。半葉十行，行二十一字。白口，左右雙邊。刻工有胡珏、王才、胡剛、胡震、趙震、劉仲、徐亮、陳明等人。宋諱缺筆至慎字，敦字不缺筆。刻工胡珏、徐亮、胡剛，淳熙三年又刻舒州公使庫本大易粹言。容齋四筆：趙德甫金石録其妻李易

安作後序，今龍舒郡庠刻其書，而此序不見取。今此本無後序，因推知此書當是孝宗朝龍舒郡齋刻本。龍舒郡今安徽舒城。此書經歷宋元明幾朝，一直隱晦不爲人所知。一九五一年趙世暹先生以廉值得之金陵甘氏，捐獻政府，始顯於世。藏北京圖書館。中華書局即據此本用宣紙珂羅版影印。

說苑二十卷　漢劉向撰

宋淳熙間（1174－1189）刻本。

獨斷二卷　漢蔡邕撰

宋淳熙間（1174－1189）呂宗孟刻本。最佳。

中說注十卷　宋阮逸撰

宋淳熙間（1174－1189）唐仲友刻本。

中說注十卷　隋王通撰　宋阮逸注

宋淳熙間（1174－1189）錢佃江西漕司刻本。

全嬰方論二十三卷　宋鄭端友撰

宋刻本，半葉十一行，行二十字。頁面署書有宋鄭端友著，端友淳祐中人。末卷記常所治病，有紹興庚戌、乾道壬午文，則知端友爲高、孝兩朝人。而稱淳祐當是淳熙訛字，其為宋刊不容疑。此書著錄於明文淵閣書目者一部，四冊，缺。李瀕湖本草綱目，又載其方而後流傳遂晦。缺卷一、卷二兩卷。日本福井榕亭藏。

類證普濟本事方十卷　宋許叔微撰

宋淳熙間（1174-1189）刻本。

太極一卷　通書一卷　宋朱熹撰

宋淳熙間（1174-1189）朱熹任南康令時刻印。

習學紀言序目五十卷　宋葉適撰

宋淳熙間（1174-1189）汪綱刻本。

宗門统要集二卷　宋宗永编

宋淳熙間（1174-1189）刻本。半葉十行，行十九、二十字不等。版心刻工有小朱、方祐、王寔、朱坦、施端、洪昌、陳顯、楊昌、董明、蔡忠等人。日本藏書。

妙法蓮華經七卷　後秦釋鳩摩羅什譯

宋淳熙間（1174-1189）王二郎刻本。每開五行，行十七字。

參同契分章通真義三卷明鏡圖訣一卷

宋淳熙間（1174-1189）汪綱刻本。直齋書錄解題：汪綱會稽所刻本，其前題祠部員外郎彭曉孟據秘閣本云。

會昌一品制集

宋淳熙間（1174-1189）浙江刻本。半葉十三行，行二十二字。白口，左右雙邊。

林和靖集四卷　宋林逋撰

宋淳熙間（1174-1189）刻本。

東坡集四十卷後集二十卷　宋蘇軾撰　前集缺卷三十四至三十六　後集存卷一至八

宋刻本，半葉十行，行十八字。白口，左右雙邊。版心下記刻工姓名，有丘才、丘文、江友、余牛、余生、余祐、余堅、余復、余惠、吳山、吳中、吳文、吳志、吳政、吳從、吳智、阮才、阮右、阮正、周文、范仲、范從、~~范從~~、范謙、高顯、張太、張宗、陳琮、陳石、陳迁、陳佺、黃文、黃歸、葉永、裴中、裴榮、劉幸、劉宜、劉清、劉章、蔡萬、蔡清、鄧仁、魏全等人。此本字迹結體方整而有挺勁樸茂之氣，既非杭本亦不類蜀本。考蘇嶠刻於建安，此審其刀法渾成，又無建安棱角峭厲之態，恐即直齋書録解題所稱吉州本。日本帝室圖書寮藏書。

山谷外集詩注十七卷　宋黃庭堅撰

宋淳熙間(1174—1189)刻本。

莆陽居士蔡公文集　宋蔡襄撰

宋刻本，半葉十行，行十九字。細黑口，左右雙邊。宋諱構字注太上御名，慎字注今上御名。刻工姓名與淳熙九年江西漕司本吕氏家塾讀詩記、豫章本黃山谷文集、慶元二年歐陽文忠公集多同，因推知此書當是孝宗朝江西漕司或吉州官版。初印精湛，世無二帙，海内孤本。存十八卷，餘卷清人精寫補全。北京圖書館藏。

淮海集四十卷　宋秦觀撰

宋淳熙間(1174—1189)高郵郡齋刻本。半葉十行，行二十一字。白口，左右雙邊。有黃丕烈題記。明嘉靖間張綖刻本，即翻此本。存卷十二至二十五。北京大學圖書館藏。

侍郎葛公歸愚集二十卷　宋葛立方撰

宋淳熙間(1174—1189)刻本。半葉十二行，行二十二字，白口，左右雙邊。宋諱缺筆至慎字。刻工有余實、高安國、余安、周昂、朱諒、安富，又刻有撫州公使庫本周易、公羊、禮記等。禮記刻於淳熙四年，因推知此書當是淳熙前後撫州地區刻本。原二十卷，存卷五至卷十三，凡九卷。黃氏士禮居舊藏，百宋一廛賦著錄。上海圖書館藏。

鄂州小集十卷　宋羅願撰

宋淳熙間（1174-1189）劉靜春刻本。

誠齋詩集四十二卷　宋楊萬里撰

宋淳熙間（1174-1189）劉伯順刻本。

可齋雜稿三十四卷續稿八卷續稿後十二卷　宋李曾伯撰

宋淳熙間（1174-1189）李氏自刻家塾本。北京圖書館有影寫宋刻本，半葉十行，行二十字，均闕。續稿影摹原序兩葉尤精。卷後有"嗣男杓編次"一行。鈐有汲古閣毛氏及汪閬源諸印。存卷七、八、十一、三十一至三十四卷，計七卷。

精騎六卷　不著撰輯人名氏

宋淳熙間(1174—1189)婺州永康清渭陳宅刻本。中版心，半葉十三行，行二十三字。白口，四周雙邊。目録每卷上有墨蓋子，目後有牌子，文曰"婺州永康清渭陳宅刊行"。第一卷韓退之文、柳子厚文、李文公文、唐文粹。第二卷歐陽公文集、王荊公文集、嘉祐集。第三卷東坡文集、東坡易解。第四卷東坡書解、東坡論語解、穎濱老子。第五卷曾南豐文、張右史文、秦少游。第六卷陳瑩中文、李邦直唐贊、五代紀贊。皆摘録文字精要，爲帖括之用。收藏鈐有"震齋"朱文長印，"季振宜讀書"朱文小印。

後典麗賦四十卷　宋唐仲友編

宋淳熙間(1174—1189)唐仲友刻本。

新雕皇朝文鑑一百五十卷目録三卷　宋吕祖謙輯

宋淳熙間(1174—1189)麻沙劉將仕刻本。半葉十三行，行二十一字。黑口，左右雙邊。目録題新雕皇朝文鑑。遇宋諱以墨圍别之。吕祖謙劄子後有"麻沙劉將仕宅刊行"牌記。

收藏印有"種玉樓藏書印"、"古潭州袁臥雪廬收藏"等印記。北京大學圖書館藏。

三禮圖集注二十卷　宋聶崇義撰

宋淳熙中(1174-1189)陳伯廣重刻本。內府所藏錢曾也是園影宋抄本，每葉為一圖，而說附於後，較為清整易觀。

紹熙元年　庚戌(1190)

四書注二十八卷　宋朱熹撰

宋紹熙元年(1190)朱熹刻於漳州。於是書始有四書之名。

會元曆一卷

直齋書錄解題：夏官正、劉孝榮造，禮部尚書李巘序，紹熙元年。孝宗乾道曆，淳熙曆。光宗紹熙會元曆。

都梁志八卷　宋翟麓撰　周之瑞修

宋紹熙元年(1190)刻。另有附續志一卷，有嘉泰壬戌(二年)郡守耿與義序。

廣陵志十二卷　宋姚一謙撰

宋紹熙元年(1190)太守鄭興裔刻。

襄陽耆舊集一卷　不著撰人名氏

宋紹熙元年（1190）襄陽郡齋吴琚刻。書末有紹熙改元延陵吴琚跋，曰“系江右漕司舊有此板，歲久漫不可讀，於是鋟本郡齋”。所序人物上起周秦，下迄五代。

袁氏世範三卷附集事詩鑑不分卷 宋袁采撰

宋刻本，半葉十一行，行二十字。集事詩鑑行數同，每行减一字，白口，左右雙邊，雙魚尾。書名世範題世幾，集事僅題一詩字。卷首有劉鎮序及作者題詞。卷末有跋，題紹熙改元長至三衢梧坡袁采書於徽州婺源琴堂。全書條數一百九十五條，三卷統計，每隔十條於第一行首旁著圓圈，以墨地白字誌之，亦有隔數十條始見者，每句加點讀音圈發，闌上標列條目，緊要詞句旁施墨擲。宋諱極略，謝玄、房玄齡兩玄字均改元。又警字欠旁缺末筆。蓋爲蒙訓通俗而作，故不拘於功令。藏印：“袁表印”、“袁褧之印”、“袁衡之印”、“臣衡”、“宋京西提刑十七世孫袁惟聃字壽祺”、“惟聃之印”、“壽年”、“袁昶”、“袁家故當有人”、“休復堂印”、

"春穀草堂"、"春穀"、"訪雪齋印"、"子子孫孫永保之"。

能改齋漫錄十八卷　宋吳曾撰

宋紹熙元年（1190）成都郡齋宋鍠刻本。

太上老君混元上德皇帝實錄　宋謝守灝編

影宋抄本。卷末有謝諤跋：九流各專其學，亦各究其書，然專有之究則否，吾儒於書非不究，乃有存而不論之說，則時舉其要，不究其詳。儒且爾，况他乎？道家主虛無，往往多不究，唯吾宗觀復大師危然所究非一。老君實錄，究之尤妙，老君道之祖也，不究可乎？吾於觀復，深賞其用心之專。紹熙元年（1190）三月朔太平興國散吏臨江謝諤書於景符室」美國國會圖書館藏明抄本六卷，九行十七字。

靈溪集七卷　唐王貞白撰

宋紹熙元年（1190）洪邁刻本。

山谷外集詩注十七卷　宋黃庭堅撰　史容注

宋紹熙元年（1190）刻。半葉九行，行十九字，注文雙行同。末有淳熙庚戌孫季溫跋。

莫郘亭藏本。

師　師魯文集二十七卷　宋尹洙撰

宋紹熙元年（1190）尤袤跋曰，往刻師魯文百篇於會稽行臺，今得其全本復梓行之。

聖　宋名賢五百家播芳大全文粹一百卷目錄七卷

宋葉棻編　魏齊賢校正　存一百卷目錄七卷

宋紹熙元年（1190）建陽魏齊賢富學堂刻本。半葉十四行，行二十五字。白口，左右雙邊。版心上記字數。有紹熙改元庚戌八月朔南徐許開仲啟序行書八行。次本朝名賢總目，計五百家，每家標舉謚法或名字，次播芳大全雜文之目，以葉大字占行。目表啟至題跋，為類三十有三。次目錄七卷。目二三行題云："衢山精舍葉棻子實編"、"富學堂魏齊賢仲賢校正"。鈐有"吳江徐氏記事"、"季振宜藏書"、"石川張氏崇古樓珍藏印"、"方岩"、"劉桐珍藏"、"烏程劉桐一字秋崖祕玩"、"花笑庼藏"、"王專"、"陶菴"、"芳洲"、"虞山許氏圖書之印"。北京圖書館藏。

萬首唐人絶句四十六卷 宋洪邁選

宋紹熙元年(1190)洪邁刊於蓬萊閣,初止四十六卷。紹熙三年奏進,吴格又命工修補。

坡門酬唱集二十三卷 宋邵浩編

宋紹熙元年(1190)豫章府刻本。半葉九行,行十六字。白口,左右雙邊。版心下有刻工姓名,有王禮、何文定、吴丙、吴仲、吴良、金先、祝友、高二禮、高文定、高友成、高安、高安禮、高定、袁章、彭下、鄭顯、鄧安、劉仁、劉昌等人。國立中央圖書館藏。

紹熙二年 辛亥(1191)

尚書全解四十卷 宋林之奇撰

宋紹熙二年(1191)建安余氏刻。朱竹垞稱其板不久即亡。

春秋公羊經傳解詁十二卷 漢何休撰

宋紹熙二年(1191)余仁仲萬卷堂刻本。半葉十一行,行十九字。注文雙行,行二十七字。細黑口,左右雙邊。宋諱缺筆至慎字。序後有紹熙二年建安余仁仲刻書廣告六行:"公羊穀梁二書,書肆苦無善本,謹以家藏監本及江浙諸處官本，參校頗加釐正。惟是陸氏釋音字或與正文字不同，如此序釀嘲，陸氏釀作讓；隱元年，嫡子作適，歸含作唅，召公作邵；桓四年，曰蒐作廋。若此者衆，皆不敢以臆見更定，姑兩存之，以俟知者。紹熙辛亥孟冬朔日建安余仁仲敬書"。卷一、二、四、七、十一後有余氏刊於萬卷堂、余仁仲刊于家塾，仁仲比校訖各一行，因推知此即九經三傳沿革例著録之余氏本。清嘉慶間汪喜孫問禮堂刻本，即據此帙摹刻。北京圖書館藏。

春秋穀梁傳疏二十卷　周穀梁赤述　晉范寧注　宋楊士勛疏

宋紹熙二年（1191）建安余仁仲萬卷堂刻本。半葉十行，行十九字。注文雙行，行二十七字。細黑口，左右雙邊。末有經傳注音義字數三行及國學進士余仁仲、劉子庚等題名五行，又"余氏萬卷堂藏書記"木記。萬卷堂所刊尚書、禮記、公羊、穀梁等，世稱"建陽余氏九經本"。公羊何休序後有刊語六行，略謂公羊、穀梁二書若無善本，謹以家藏監本及江浙諸處官本參校，頗加釐正云云。穀梁有隸書小本記曰"余氏萬卷堂藏書記"，卷末有國學進士余仁仲校正等銜名五行。禮記卷三後有"余仁仲刊于家塾"一行。余氏校之審慎，世所公認。清嘉慶汪氏問禮堂刻公羊，古逸叢書所收之穀梁均取余氏刊本。

臨漳四經　宋朱熹撰　古周易十二卷音義二卷　書古經四卷序一卷　芸閣禮記解十六卷　春秋經一卷

宋紹熙二年（1190）朱熹臨漳刻本。此書版片刻成後，還多次校勘，發現錯誤，請刻工為上修改。朱熹在朱文公文集中稱："向在彼得四經四子，當時校勘自謂甚仔細，今觀其間，乃猶有誤字，如書·禹貢'厥貢羽'之'羽'誤作'禹'字，詩·下武'三後在天'之'三'字，今不能盡記，或因過目，遇有此類，幸令匠人隨手改正也。古易音訓最後數板有欲改易處今寫去，所欲全換者兩板，并第三十四板之末行五字。此已是依原板大小及行字疏密寫定，今但只令人依此寫過，看令不錯誤，然後分付匠人，改之為佳。"

四子（論語、孟子、大學、中庸）

宋紹熙二年（1190）朱熹臨漳刻本。朱熹刻書非常重視底本的選擇，反復比較各本的優劣，擇優而從。底本確定之後，請寫工認真抄寫，校對後才付梓。版片刻成後，還有多次校勘，發現錯誤，請刻工馬上修改。朱熹在《朱文公文集·答藤德章》中說："向在彼刊得四經四子。當時校勘自謂仔細，今觀其間，乃猶有誤字，如《書·禹貢》'厥貢羽毛'之'羽'誤作'禹'字，《詩·下武》'三後在天'之'三'誤作'王'字，今不能盡記，或因過目，遇有此類，幸令匠人隨手改正也。古《易》音訓最後數板有欲改易處，今寫去，所全換者兩板，并第三十四板之末行五字。此已是依原板大小及行字疏密寫定，今但只令人依此寫過，看令不錯誤，然後分付匠人，改之為佳。"

少儀外傳一卷　宋呂祖謙撰

宋紹熙二年（1191）呂祖儉跋云，先兄此篇之意蓋以始學之士徒，玩乎見聞汩乎思慮，故指其前言往行，畜知而易考登於策，使之不待考索而自有得於日用之間。丹陽郡文學譚元猷，余之同舍生也，欲刊其書於學宮，因識卷末。又嘉定癸未雲谷胡巖起跋。書久湮沒，館臣輯自永樂大典，據此是書為兩刻俱佚。

注陸宣公奏議十五卷　宋郎曄注

宋刻本，半葉十二行，行二十二字。注雙行，細黑口。版心記字數及刻工姓名。宋諱至慎字止。前有紹興二年進書表，題銜稱迪功郎紹興府嵊縣主簿臣郎曄，不著姓。表後云紹熙二年八月初七日進呈。存卷五、六兩卷。黃氏士禮居舊藏，有士禮居藏書印。皕宋樓故物，今在靜嘉堂文庫。此係婺州刻本，版式不大，與歐陽文粹、南豐文粹字體相同。

鮑氏國策校注十卷　宋鮑彪撰

宋紹熙二年（1191）會稽郡齋刻本。半葉十一行，行二十字。白口，左右雙邊。版心上記國策幾，下記葉數，最下記刻工姓名，有元祐、方堅、毛端、吳顯、宋瑜、李仁、李昌、李澤、徐仁、張仁、許才、許富、許貴等人。虞山瞿氏藏書。現藏北京圖書館。

豐清敏公遺事一卷　宋李樸爲撰

宋紹熙二年（1191）新安朱熹序。

長沙志五十二卷

直齋書録題：郡守趙善俊，以紹熙二年命教授諸葛錫等七人撰，時陳止齋將漕相與考訂，爲略敘序，言當與長樂志並也。

續長沙志十一卷　不著撰人名氏

直齋書録解題：録紹興以後事，長沙土風碑一卷，唐潭州刺史河南張謂撰，前有碑銘，後有湘中記，載事迹十七件。

義陽志八卷　宋關良臣撰

宋紹熙二年（1191）信陽軍唐中州所謂申光蔡、吳元濟所據猶天下之力以取之者。按：義字爲太宗諱，改信陽。今河南新野縣。

重編詳備碎金　卷數不詳

宋紹熙二年（1191）臨安府趙姓書坊刻本。

華陽集四十卷　宋張綱撰

宋紹熙二年（1191）池州郡學刻本。乾道三年其子堅跋。紹熙元年其孫釜跋曰：先叔賛文欲鋟之木，志未遂，釜假守秋浦之明年成先叔之志，刊置郡學。又二年洪邁序。

居士集五十卷　宋歐陽修撰

宋紹熙二年(1191)刻本。十行二十字。居士集凡詩十四卷，文三十六卷。每卷末記："熙寧五年秋七月男發等編定，紹熙二年三月郡人孫謙益校正。"

沈忠敏公龜溪集十二卷　宋沈與求撰

宋紹熙二年(1191)浙西轉運司刻本。李彥穎序：君薨後六十年，當紹熙辛亥公之孫詵為浙漕，始能裒輯類次為十二卷，將以板行於世。

紹熙三年壬子(1192)

周易注疏十三卷　魏王弼　晉韓康伯　唐孔穎達撰

宋紹熙兩浙東路茶鹽司刻宋元遞修本。半葉八行，行十九字。注文雙行，行字同。白口，左右雙邊。此為周易經注單疏合刻第一本，世稱越州本，又稱八行注疏本。黃唐於浙東茶鹽本禮記正義跋文稱：本司舊刊易、書、周禮正經注疏萃見一書。即指此本。宋諱缺筆至構字。刻工約分三期。王禧、毛端、李秀、陳明、毛昌、梁文、朱明、徐茂、顧忠、陳錫等南宋初葉杭州地區良工爲第一期。張裕、劉昭、毛祖、馬祖、徐珙、凌宗、馬松、高異、丁松年、龐知柔、龐汝升、曹興祖、繆春、邵亨等南宋中葉杭州地區補版工人爲第二期。又有元時李德瑛刊一版爲第三期。越州即紹興，與杭州一江之隔，故刻工可互相支持。表、序、卷一原缺，陳鱣據錢孫保傳抄宋本補全並跋尾。北京圖書館藏已印入古逸叢書三編中。

尚書正義二十卷　唐孔穎達撰

宋紹熙三年（1192）兩浙東路茶鹽司刻本。半葉八行，行十六字、十七字、十九字不等。注文雙行，行十九字、二十字不等。白口，左右雙邊。版心刻工有丁之才、丁章、占議、章東、章文、任昌、任錫、張明、張堅、張斌、張昇、張亨、張富、張謙、張昊、周明、劉明、劉仁、劉昭、周明、余敏、余永、徐義、徐杞、徐仁、徐茂、徐浚、徐中、徐顏、徐冰、徐非、徐囦、徐珙、徐亮、徐珣、方至、方信、方堅、錢宗、宋通、蔣榮、蔣宋、吳益、吳祐、吳中、吳洪、吳祥、吳佑、王政、王良佐、王定、王玩、王林、王恭、王壽、王圭、王明、王珍、王進、王寶、何益、何建、何慶、何垕、何宗一、何宗十四、宋琚、唐德潤、蔡邠、朱明、朱靜、朱漁、朱梓、陳良、陳仁、陳伯、陳錫、陳洪、陳俊、陳安、陳浩、李憲、李公正、李詢、李昌、李其、李中、李寔、李訓、李倍、洪美、洪先、洪乘、洪福、顏達、顏佑、方堅、方中吳、毛昌、毛華、毛端、沈茂、洪昌、沈旻、楊春、童遇、孫琦、孫中、賈祚、孫史、孫日新、梁文、秦顯、高諒、高文、金震、金祖、金世榮、金祥、金滋、金友、金嵩、曹鼎、曹云、曹德新、陶春、陸選、錢裕、葉天、鄭春、山朱、夏乂、烏松、久子華、馮棁、繆珍、范堯、范華、范堅、嚴賀、汪忠、第化、三山鄭・鄭埜・時中・良富、毛期、葛辛・許中・包瑞・邵亨・汝朱、滕杲、文昌、劭夫・永昌、臧桀。卷末有"六經疏義自京監蜀本皆省正文及注，又篇章散亂，覽者病焉。本司舊刊易、書、周禮正經注疏萃見一書，便於披繹，它經獨闕，紹熙辛亥仲冬唐備員司庾遂取毛詩、禮記疏義如前三經編彙精加讎正，用鋟木庶廣前人之所未備。乃若春秋一經顧力未暇，姑以貽同志云。壬子秋八月三山黄唐謹識"。此爲尚書經注單疏合刻第一本。此書北京圖書館、日本足利學校均有藏書。

毛詩正義四十卷　唐孔穎達撰

宋紹熙三年（1192）兩浙東路茶鹽司刻本。"六經疏義自京監蜀本皆省正文及注，又篇章散亂，覽者病焉。本司舊刊易、書、周禮正經注疏萃見一書，便於披繹，它經獨闕，紹熙辛亥冬唐備員司庾遂取毛詩、禮記疏義如前三經編彙精加讎正用鋟諸木庶廣前人之所未備，乃若春秋一經顧力未暇，姑以貽同志云。壬子秋八月三山黄唐謹識」。黄唐本久亡。

周禮疏五十卷　唐賈公彥等撰

宋紹熙兩浙東路茶鹽司刻宋元遞修本。半葉八行，行十五字至十七字不等，注疏雙行，行二十二字。白口，左右雙邊。此為周禮經注單疏合刻第一本，黄唐於浙東茶鹽司本禮記正義跋文稱：本司舊刊易、書、周禮，正經注疏萃見一書；即指此本。卷中刻工約分三期。徐亮、梁濟、朱明、陳錫、徐茂、梁文、王珍、丁璋、毛昌、洪乘、陳高、洪新、黄琮、李憲等南宋初葉杭州地區良工為第一期。王恭、宋琚、方至、方堅等南宋中葉補版工人為第二期。鄭埜、何垕、徐囦、陳天錫、何建、李寶、任阿伴、徐友山、李德瑛元時補版工人為第三期。刻工還有徐信、徐榮、徐顏、陳俊、陳用、陳思義、陳洪、陳先、毛用、毛期、朱子文、朱濬、孫中、孫琦、王全、王政、王百九、王桂、王玩、王誠、王璿、王正、王介、王寶、王安、王華、余安、余坦、李琮、李忠、李寔、李諒、李詢、許明、金滋、金震、丁之才、沈祖、沈璋、劭夫、宋益、宋通、劉仁、劉仲、劉昭、童遇、黄安、陸選、潘祐、俞榮、俞聲、卓受、洪福、洪先、婁正、張謙、張子良、張永、張昇、張富、包端、顧達、秦顯、章文、章東、鄭春、蔡邠、賈祐等。此書傳世凡三帙。一、商邱宋牧仲舊藏殘本，存二十七卷，今藏北京大學圖書館。二、故宫博物院藏本，近年董氏誦芬室刻本，即據以上兩帙影刻。三、原爲朱氏結一廬藏書，今藏北京圖書館。

禮記正義七十卷 唐孔穎達撰

宋紹熙三年（1192）兩浙東路茶鹽司刻，宋元遞修本。半葉八行，行十四字、十六字、二十一字不等。注疏雙行，行二十一、二字，二十六、七字不等。白口。左右雙邊。此爲禮記經注單疏合刊第一本。卷末有紹熙三年黄唐刻書跋文："六經疏義自京監蜀本皆省正文及注，又篇章散亂，覽者病焉。本司舊刊易、書、周禮正經注疏萃見一書，便於披繹，它經獨闕。紹熙辛亥仲冬唐備員司庾，遂取毛詩、禮記疏義，如前三經編纂，精加讐正，用鍥諸本，庶廣前人之所未備。乃若春秋一經顧力未暇，姑以貽同志云。壬子秋八月三山黃唐謹書"。刻工有方祐、徐仁、葛異、陶孝、馬松、馬祖、李憲、王佐、周泉、高孝、李師正、王恭、許貴、李涓、王允、方堅、高政、趙通、周孝、毛端、馬春、李用、李良、李信、包端、陳真、楊昌、余政、葛昌、張暉、阮祐、姜仲、鄭復、宋瑜、童志、吳宗、翁祥、蔣仲、蔣信、王宗、毛俊、徐進、宋琳、徐通、馬祐、施珍、徐宥、張樞、許才、許富、李倚、許詠、李光祖、詹俊、施俊、嚴信、金孝、王茂、翁祐、金昇、陳顯、濮宣、吳贇、吳志、馬昇、陳又、劉昭、陸訓、陳瑜、魏奇、周昇、李仁、王椿、李忠、朱周、李俊、王佑、鄭彬、高文、周珍、李通等。各葉版心上均不記字數。字體謹嚴，而筆法勻較峻整，當為原版。其版心上記字數，而刻工姓名為王全、任昌、賈祚、文昌、范華、王桂、陳萬二、李茂、丁銓、劉仁、葛辛、洪來、李德瑛、張珍、徐珙、胡昶、朱渙、高諒、繆珍、鄭埜、章文、王智、徐榮、孫斌、丁山、黄亨、王濟、毛文、文玉、陳思義、朱春、王禧、王壽、子華等。其字體圓軟細瘦，行列亦稍參差，必係後來補版。又刻工茅文龍、蔣佛老、陳琇、鄭堂、何慶、張阿狗、俞聲等，皆元時杭州地區補版工人。潘氏寶禮堂刻本，即據此帙影刻。北京圖書館藏。

四書集注二十八卷　宋朱熹撰

宋紹熙三年（1192）曾集南康刻本。

司馬氏書儀十卷　宋司馬光撰

宋紹熙三年（1192）傳椄堂刻本。半葉十一行，行十九字。

切韻指掌圖一卷　宋司馬光撰

宋紹熙三年（1192）越州讀書堂刻本。八行，字不等，白口，四周雙邊。孤本。北京圖書館藏。已印古逸叢書三編中。

歷代紀年十卷　宋晁公邁撰

宋紹熙三年（1192）盱江郡齋刻本。十行，行十九字。白口，左右雙邊。凡標題、朝代、年號皆陰文。首行下題「晁氏」二字。缺卷第一。有黃丕烈跋。原海虞瞿氏舊藏，現藏北京圖書館。

李侍郎經進六朝通鑑博議十卷　宋李燾撰

宋紹熙三年（1192）畢萬裔富學堂刻本。半葉十二行，行二十二字。前有紹熙三年陳之賢序。首附三國晉南北朝譜系圖，又六朝攻守圖，目錄後有「畢萬裔宅刻梓於富學堂」木記。書中無缺筆字，惟殷作商、桓作元。常熟瞿氏著錄為稽瑞樓舊藏，現藏北京圖書館。

永嘉譜二十四卷　宋曹叔遠撰

直齋書錄解題：凡年譜、人譜、地譜、名譜。時紹熙（1192）太守宛陵孫楙屬曹創為義例。

莆陽志十五卷　宋趙彥勵撰

直齋書錄解題：宋紹熙三年（1192）集郡士為之。

旌川志八卷　宋李瞻撰

直齋書錄解題：宋紹熙三年（1192）謝國昌

序。

清波雜志十二卷　宋周煇撰

宋紹熙間（約1192）刻本。半葉十二行，行二十字。白口，左右雙邊。刻工姓名有蔡成、慈、蔡龙、蔡靖、蔡權、胡彥、胡昌、劉文、劉旻、劉宗、鄧發、鄧振等人。刻工姓名與吉州本歐陽文忠公集、文苑英華、帝王經世圖譜多同。宋諱至敦字止。初印精湛，宋刻上駟。此書海內孤本，世無二帙。續古逸叢書、四部叢刊印本，即據此帙影印。原周叔弢先生藏，捐贈給北京圖書館。

陶淵明詩一卷雜文二卷　晉陶潛撰

宋紹熙三年（1192）曾集刻本。半葉十行，行十六字，小字雙行同。白口，左右雙邊。版心下有刻工姓名，有劉仁、吳中、余仲、胡時、何彥等。首無序目，末有紹熙壬子贛川曾集題。有項子京珍藏印、平陽汪氏藏書印。北京圖書館藏。

重編西湖林和靖先生詩集四卷　宋林逋撰

宋紹熙三年（1192）沈詵浙西漕廨刻本。和靖先生孤風凜凜，可聞而不可見，尚可得而見者，有詩存焉耳。是邦泯然無傳，豈不爲缺典哉。因得舊本訪其遺逸，且與題識而附益之刋置漕廨，庶幾尚友之意云。紹熙壬子七月既望霅溪沈詵書。

梅溪集五十四卷 宋王十朋撰 前集二十卷後集二十九卷奏議四卷廷試策一卷

宋紹熙三年（1192）其子聞詩、聞禮鋟本於江陵歸藏於家。續集爲宋嘉定十五年（1219）刻本。

增廣箋註簡齋集三十卷無住詞一卷 宋胡穉箋註

昭文張氏金吾有宋刋本。前有穉編簡齋年譜一卷，暨續添詩箋正誤。穉字仲孺，以宋人註宋詩，見聞較確，能得作者本意。集中酬贈諸人亦一一考其始末。南宋舊槧，首尾完善。自序題紹熙改元，樓鑰序則題紹熙壬子即紹熙三年（1192）。

文選雙字類要三卷 宋蘇易簡撰

宋紹熙三年（1192）重修本。

紹熙四年癸丑（1193）

春秋經傳十三卷　宋孫覺撰

宋紹熙四年（1193）邵輯刻本。半葉十行，行十九字。

春秋經解十五卷　宋龍學孫公撰

宋紹熙四禩（1193）高郵郡齋刻本。

春秋公羊經傳解詁十二卷　漢何休撰　唐陸德明音義

宋紹熙四年（1193）余仁仲萬卷堂刻本。半葉十一行，行十九字，小字雙行二十七字。細黑口，左右雙邊。卷十二末有"余仁仲刊於家塾，癸丑仲秋重校"。此爲紹熙四年重校印本。台灣省故宫博物院藏。有黄丕烈跋。

春秋穀梁傳十二卷　晋范甯集解　唐陸德明音義

宋紹熙四年（1193）余仁仲萬卷堂刻本。半葉十一行，行十九字，小字雙行二十七、二十八字。細黑口，左右雙邊。宋諱"慎"字缺筆。卷末標示經傳、注、音義總字數。此本僅台灣故宫博物院藏有殘本，存卷七至十二共六卷。卷七、卷八、卷十、卷十一後署"仁仲比校訖"一行，卷十二末署"國學進士余仁仲校正。國學進士劉子庚同校，國學進士陳幾同校，國學進士張肯同校，奉議郎簽書武安軍節度判官廳公事陳應行參校。”並鐫“余氏萬卷堂藏書記”牌記。余氏此本在日本曾有傳本，今已不存。《經籍訪古志》中有記載。有影抄本，收入古逸叢書。此本卷十二末“余氏萬卷堂藏書記”牌記下，有“癸丑仲秋重校訖”字樣，這是和台灣藏本不同之處。這說明余氏此板有兩種不同的印本，一為初印，一為紹熙四年重校印本。

紹熙雲間志三卷續一卷　宋楊潛纂修

是書成於紹熙四年（1193）。

富川志七卷　宋潘廷立撰

直齋書錄解題：宋紹熙四年（1193）趙善宣刻。

丞相魏公譚訓十卷　宋蘇象先輯

宋紹熙四年（1193）周泌刻本。此書述其魏公頌遺訓，分二十七類，凡三百餘事。當靖康元年偶記舊稿而散失脫落，尚多遺逸，因廣而續之，凡三百餘篇，分為十卷。以是一日忘祖訓，而辞諱之誨不可無傳也。蘇公譚訓十卷，公之裔第策欲示訓子孫不祈於傳也。泌既得之於公之曾孫無為判官烨，因刻之郡府。紹熙癸丑孟夏八月濟南周泌。直斋書録解題曰蘇氏譚訓十卷，朝請大夫蘇象先撰，述其祖魏公頌子容遺訓。

玉 玉堂雜記　宋周必大撰

宋紹熙四年（1193）周必大用膠泥銅板，移换摹印自着玉堂雜記。此為世界最早之活字印本。宋代用泥活字印書，最可信者，有宋紹熙四年周必大印自着的玉堂雜記。一九八五年一月二十日上海文滙報報導台灣發南宋活字印刷史料的簡訊，稱臺灣學者黄寬重先生在宋周必大的文集中，發現周氏用膠泥活字印書的記載。周益文忠公集卷一百九十八有紹熙四年與程元成給事札子云："某素號淺拙，老益謬悠，兼之心氣時作，久置斯事。近用沈存中法，以膠泥銅板，移換摹印，今日偶成玉堂雜記二十八事，首恩台覽。尚有十數事，俟追記補段續納。竊計過目念舊，未免太息歲月之瀛瀛也。"周氏玉堂雜記的出版，早於王禎五十年，又早於高麗鑄字本詳定禮文三十一年，是世界第一部活字印本。故此次發現確甚重要，并極難得。

唐李推官披沙集六卷　唐李咸用撰

直齋書錄解題：宋紹熙四年（1193）廬陵楊萬里序。其八世孫居宛陵刻。

東萊標註老泉先生文集十二卷　宋蘇洵撰　呂祖謙註

宋紹熙四年（1193）吳炎刻本。半葉十四行，行二十五字。注文雙行，行字同。細黑口，左右雙邊。版心上魚尾下記"泉幾"，上記字數，闌上有標題，行間有墨擲，宋諱作陰識，或加圓圈以別之。目後有紹熙四年吳炎刻書咨文："先生父子文體不同，世多混亂無別，書肆久亡善本。前後編節刊行，非繁簡失宜，則取舍不當，魚魯亥豕無所是正，觀者病焉。頃在上庠得呂東萊手抄凡五百餘篇，皆可誦習爲矜式者，因與同舍校勘訛謬，析爲三集，逐篇指摘關鍵，標題以發明主意，具有事迹隱晦又從而注釋之，誠使一見本末不遺，義理昭晰，豈曰小補之哉！鼎新作大字鋟木，與天下共之，收書賢士伏幸垂鑒。紹熙癸丑八月既望，從事郎桂陽軍軍學教授吴炎濟之咨。"宋諱缺筆至慎字。吴炎校勘後，建陽書肆為之梓行。此書與東坡、穎濱二集同刻，天祿琳琅書目有東萊先生標注三蘇文集可證，今二集並佚，北京圖書館藏。

新校正老泉先生文集　宋呂祖謙編注

宋紹熙四年（1193）刻本。目録後反面有行草書的大牌子，則分十行，有一百六七十字，相當於一篇刻書序跋。

慶湖遺老詩集九卷拾遺一卷後集補遺一卷　宋賀鑄撰

宋紹熙四年（1193）刻本。前有丙子子月庚戌江夏寶泉監阿堵庵序。後有元豐己未年冬十有二月庚申延平陽時跋。程俱撰墓誌銘。乾道丙戌（二年）歲仲夏望日邯鄲祥翼令威跋。紹熙壬子（三年）七月朔晋陵胡澄跋。補遺又有紹熙癸丑（四年）三月五日胡澄跋。